HAUBOURDIN

SON CANTON, SON AGRICULTURE

PAR

C.-S. SPRIET

> Que serait le passé sans l'histoire ?
> — Un flambeau éteint qui ne pourrait se rallumer.

LILLE
IMPRIMERIE LEFEBVRE-DUCROCQ
1891

HAUBOURDIN

SON CANTON, SON AGRICULTURE

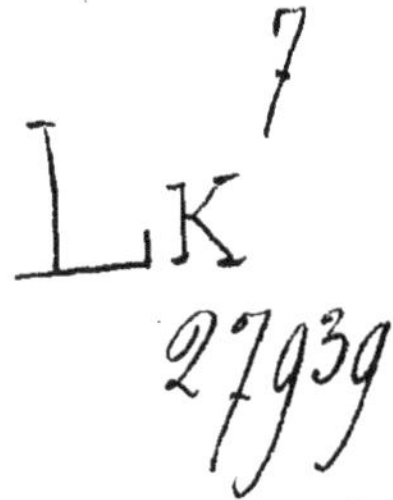

HAUBOURDIN

SON CANTON, SON AGRICULTURE

PAR

C.-S. SPRIET

> Que serait le passé sans l'histoire ?
> — Un flambeau éteint qui ne pourrait
> se rallumer.

LILLE
IMPRIMERIE LEFEBVRE-DUCROCQ
1891

LOOS — Hôtel-de-Ville — XIXe siècle.

LILLE ET FLANDRE

TEMPS ANCIENS

Lorsque les armées romaines pénètrent pour la première fois dans les contrées situées au nord de la Gaule (57 avant J.-C.), notre Flandre, aujourd'hui si belle, si bien parée de ses cultures, était couverte de marais inabordables, de vastes forêts inexploitées livrées au hasard de la végétation primitive, domaine des fauves et de la faune antique que parcouraient les tribus de la grande famille des Ménapiens ; ils venaient du fond de la Germanie et fixés d'abord sur les rivages de la Meuse, ils avaient poussé leur migration jusqu'aux limites du territoire des Morins.

A l'invasion romaine, ils opposent la plus vive résistance. César ne peut pénétrer dans le pays qu'en faisant abattre devant lui la forêt qui leur sert de refuge. Dans ses *Commentaires,* César écrit ainsi, de sa main victorieuse, le premier chapitre de notre histoire et sauve de l'oubli les tribus héroïques dont le patriotisme tenta, mais sans succès, contre ses légions, la défense de leurs foyers. Tacite se plait à décrire les mœurs de ces hommes à qui les dieux, en leur miséricorde, refusèrent l'or et l'argent, et peint la liberté germanique plus forte, plus inébranlable que la tyrannie des

Arsacides ; il confirme ce que César avait avancé, qu'en cette contrée sauvage les peuples n'habitaient point de villes ; ils vivent isolés, dit-il, et dispersés aux lieux où une fontaine, une prairie, un bois les a charmés ; ils ne forment pas leurs villages à notre manière par des maisons réunies et jointes entre elles. Chacun entoure son habitation bâtie en forme de ruche et couverte de roseaux d'un certain espace, soit pour se préserver des incendies, soit par ignorance de l'art de bâtir, soit plutôt par amour de l'indépendance ; toujours en guerre, ils s'occupent médiocrement de l'agriculture, ce premier des arts, ils laissent le soin de cultiver la terre aux femmes, aux vieillards, aux esclaves ; d'immenses troupeaux de porcs vivent dans les campagnes presque aussi féroces que les loups, leurs voisins, et dressés seulement à reconnaître le son du cor de leurs gardiens.

La domination romaine établie par la force, s'affermit par ses bienfaits ; l'agriculture fut encouragée, l'industrie se développa ; la hache abat les forêts obscures et montre de nouveaux champs au soleil ; les landes couvertes de bruyères, les marécages remplis de glaïeuls et de roseaux voient flotter les gerbes d'or du froment qui fut la culture principale ; au centre des forêts ménapiennes sont des plaines nombreuses et de gras pâturages que nourrissent des troupeaux féconds ; les laines que fournissent ces troupeaux, les viandes salées de la Ménapie, dont la sensualité couvre les tables romaines après la conquête, sont les éléments primitifs de l'antique commerce de la Flandre.

Aux premiers siècles de notre ère, le pays de Lille, sans présenter de grandes agglomérations, fut habité en beaucoup d'endroits souvent très rapprochés ; notre région est riche en souvenirs des époques gallo-romaine et franco-mérovingienne : des vestiges d'habitation et de sépulture, des armes, des monnaies, des fragments de poterie ont été découverts à Wazemmes, Esquermes, Fives, Ronchin, Loos, non loin de l'antique voie romaine ; à Lille, des fouilles faites lors de la construction du palais Rameau ont mis à jour les substructions d'une villa gallo-romaine ; notre légendaire fontaine del Saulx fut un centre assez important d'habitations ; en 1869, on trouve à Esquermes, *boulevard Vaillant*, un cimetière mérovingien du VIIe siècle ; plus tard, au même endroit, des vestiges de l'époque romaine, même de l'âge de pierre ; à Houplin, les pilotis d'habitation lacustre ; à Santes, à Marquette, des haches en silex [1].

La pierre à bâtir est en usage aux environs de Lille. Le Pas-Roland à Mons-en-Pévèle est une ancienne carrière. Des routes sillonnaient la contrée. La grande voie romaine de Tournai à la mer passait par Bouvines, Ronchin, se dirigeait sur le plateau d'Ennequin, laissant Loos au N.-E., passait entre Haubourdin au S. et Hallennes au N., au Maisnil à Laventie, au pont d'Estaires, à Castre et à Cassel. Les Flamands appellent la voie romaine d'Estaires à Cassel, *groote Steenstraete*, c'est-à-dire le grand chemin de pierres : de Strazeele à Caestre plusieurs endroits sont encore empierrés

---

1 On retrouve en Flandre ces **Troglodytes**, habitants des cavernes d'abord, puis des huttes de pierre ou de bois, souvent construites sur pilotis dans les lacs ou les étangs, dans les lieux inaccessibles aux bêtes fauves contre lesquelles leur lutte est incessante ; des silex grossièrement taillés, puis façonnés et polis, leur servent d'armes et d'outils.

Les Celtes qui les ont remplacés sur notre sol étaient partis à une époque inconnue, du plateau central de l'Asie avec les aïeux des Pelasges qui s'arrêtent dans la Grèce et l'Italie, et avec ceux des Slaves qui restent à l'orient de l'Europe, longtemps avant les tribus germaniques. Les Celtes s'avancent droit à l'occident tant qu'ils trouvèrent de la terre pour les porter. Arrivés au bord de l'Atlantique, ils voient à l'horizon blanchir les hautes falaises ; ils les atteignent. La grande île qui flanque la Gaule est encore leur domaine ; ils ne s'arrêtent qu'aux derniers promontoires d'Ecosse, d'Irlande, et ne trouvent devant eux que l'immensité de l'Océan... Le grand voyage commencé en Asie est achevé.

Les Belges-Kymris, arrivés les derniers vers l'an 600 avant J.-C., passent le Rhin dans la partie inférieure de son cours. La fertilité du pays les retient ; ils occupent tout le nord de la Gaule jusqu'à la Loire. Celtes, Belges, Germains tendent à se fondre en une seule nation, en une civilisation commune. Il y avait une civilisation gauloise comme il y avait un type gaulois ; ils n'étaient pas nomades comme un grand nombre de tribus germaniques qui erraient sur la rive droite du Rhin ; ils étaient attachés au sol qu'ils cultivaient et sur lequel ils bâtissaient.

à Estaires, *Minariacum* de l'itinéraire d'Antonin, au pont d'Estaires on découvrit au siècle dernier des ruines d'anciens édifices et beaucoup de médailles.

Ces voies magnifiques, mises au nombre des principaux ouvrages de la grandeur romaine, facilitaient la marche des armées, offraient aussi à l'agriculture et au commerce des débouchés qui en étendirent les ressorts ; le long des routes étaient placés de distance en distance des étapes et relais de poste (*mutationes*) composés d'écuries, de remises et de bâtiments pour héberger les voyageurs qui, sous l'empire romain, ne pouvaient voyager en poste qu'avec une autorisation spéciale.

Autour de nous et près des voies romaines s'élèvent et grandissent des villes populeuses ; Tournai compte un *gynécée* [1], fabriques de tissus de laine et de lin teints en bleu par la wède, en vermeil par la garance pour habiller les troupes romaines ; Arras se signale par ses progrès dans l'industrie des tissus ; ses tentures aux brillants coloris sont recherchées à la cour des empereurs ; Bavai, capitale des Nerviens agrandie par Auguste, nous montre ses temples, ses palais, ses aqueducs, ses routes, ses tombeaux ; sa splendeur, ses richesses attirent bientôt sur elle les barbares, la dévastation, la ruine. Citons encore Cambrai, Térouane, capitale des Morins, et Cassel (*Castellum Menapiorum*). Sur nous rayonne cette Rome superbe qui avait pris dans l'agriculture son point d'appui, la base solide de sa puissance ; un champ, un fonds de terre c'est chez elle le fondement de toute fortune. *Ager quod videbatur peculum et pecuniæ esse fundamentum, fundus dictus aut quod fundat quotannis multa.* (*Ter.*) Posséder des champs, acquérir

---

1 Genech, village du canton de Cysoing, tire son nom d'un gynécée, ouvroir pour des filles et femmes serves et fiscalines.

de la terre sera donc pour Rome la première ambition et Cincinnatus glorifiait la charrue qu'il tenait de ses mains triomphantes.

L'agriculture, après la conquête, fit chez nous des progrès rapides. Pline accorde de fréquents éloges aux laboureurs d'un pays qu'il visita au premier siècle de notre ère, ils connaissaient l'usage de la marne, de la chaux, de la cendre pour amender les terres fortes et humides ; ils excellaient dans la culture des prairies sur lesquelles ils élevaient de nombreux troupeaux de vaches, taureaux, moutons, chèvres et ces porcs distingués par la grandeur de leur taille, l'excellence de leur chair ; ils recherchaient les beaux chevaux, par de grands sacrifices ils s'en procuraient du meilleur sang ; ils ont aussi différentes espèces de chiens, des levriers, des chiens de bergers, des chiens de garde et d'autres pour la chasse : parmi ces derniers on estimait beaucoup les chiens-loups, les meilleurs venaient de la Grande-Bretagne, on s'en servait aussi à la guerre ; la Belgique en produisait qui excellaient à dépister les sangliers. Mentionnons le peuple ailé de la basse-cour, les coqs, les poules, les oies dont on vit les Morins conduire des troupeaux jusqu'à Rome. Nombreux étaient les cygnes sur les rivières et les étangs.

Nos ancêtres connaissaient la charrue à train, le coutre ; ils inventèrent la herse et une sorte de moissonneuse qui, poussée dans la masse des épis au moyen d'un cheval attelé à l'arrière, était en outre garni d'un van récoltant les épis sans qu'il s'en perdit un grain ; ils transportaient leurs récoltes dans des chariots appelés en kimrique, *câr* ou *ben*, entourés de cloisons en osier tressé. Les cribles, au moyen desquels ils blutaient leurs blés, étaient faits de crins de cheval. Pline prétend que leur froment et leur orge rendaient de trois à six fois plus de grain que n'en donnaient les blés et les orges d'Italie. Ils connaissent aussi le seigle, le millet, l'avoine : ils les abritent dans des granges, les battent et les enferment ensuite dans des cavités pratiquées dans la terre. Leur nourriture consiste en un pain fait de blé qu'on appelait *brancé,* le blanzé des Wallons, en lait, en fromage, en viande, provenant de leurs troupeaux, en fruits sauvages et en venaison nouvelle. Ils ont aussi l'hydromel et le cidre que Pline écrit *Zit.* Pour cuire leurs aliments, dit Pline, ils n'emploient d'autre combustible que la terre elle-même (la tourbe). Sur leur territoire se complaisent l'asperge, la fève des marais, le raifort, le lin, le pastel. Beaucoup de plantes médicinales y fleurissent : le bétoine, la petite centaurée, l'ancienne pulsatille, sorte de panacée ; l'herbe britannique, cochléaria qui croît près de la mer, et qui guérit du scorbut les soldats de Germanicus ; la verveine qui sert à des pratiques de magie. Le chêne, le hêtre, le coudrier, le mélèze, le bouleau, le saule, l'orme, l'if, l'érable, le sapin peuplent les forêts, ornent les campagnes ; le buis atteint une grande hauteur, on en fait des haies autour des champs ; un arbre, le vaciet, donne une couleur rouge employée à la teinture des vêtements des esclaves. Les riches aiment l'ombre du platane que le fisc romain frappa d'une contribution spéciale.

Les habitants des côtes pratiquent l'art du saunier et sur leurs embarcations légères garnies de cuir affrontent les tempêtes de l'Océan britannique.

Les Gaulois furent traités, surtout depuis Auguste, plus en alliés qu'en sujets. L'avarice des proconsuls ne trouvait pas chez eux ces immenses richesses qui leur avaient fait commettre tant de vexations dans les provinces de la Grèce et de l'Asie. En les combattant ils avaient appris à les estimer ; ils sentaient qu'ils seraient encore dangereux pour Rome s'ils avaient des vengeances à exercer : qu'au contraire, s'ils restaient attachés à l'empire, ils serviraient d'auxiliaires ; l'essaim des nations en marche pressait la frontière allant à la conquête de nouveaux foyers, d'une terre plus fertile, d'un ciel plus clément.

Les Francs occidentaux, les Saliens, habitaient les dunes voisines des bouches du Rhin ; le pays coupé de bois et de marais qui n'avait pas les forteresses nombreuses du Haut-Rhin ne pouvait arrêter leurs courses aventureuses : ils envoient au loin vers la terre promise leurs éclaireurs. « Ceux-ci reviennent » et rapportent que la Gaule était la plus noble des régions, » remplie de toute espèce de biens, plantée de forêts, d'arbres » fruitiers, que c'était une terre fertile propre à tout ce qui peut » subvenir aux besoins de l'homme. Animés par ce récit, les » Francs prennent les armes et s'encouragent les uns les » autres. » Le roi Clodion envoie ses courriers jusqu'à la ville de Cambrai ; lui-même passe le Rhin avec une grande armée, entre dans la forêt charbonnière ; il prit la cité de Tournai et de là s'avança jusqu'à Cambrai, il y résida quelque temps. Ainsi sur les bords fertiles de l'Escaut la nation des Francs s'organise et prélude à ses glorieuses destinées.

Les Francs ont étendu leur domination sur la Gaule entière. Plus nombreux au nord parmi les races indigènes, ils ne forment pas, comme dans la Gaule centrale, des petites bandes de vassaux militaires, appuyés sur leurs armes, cantonnés de loin en loin au milieu d'une population gallo-romaine.

Guerriers terribles dans les combats, laboureurs pendant la paix, ils vivent à l'inverse des Romains, loin des cités, à l'état de tribus ou colonies agricoles, au bord des marécages et des forêts [1] de la province belgique, dans ces vallées aux rivières poissonneuses, aux chênes couverts de glands, où paissent des daims apprivoisés et de grands troupeaux de

---

[1] La possession des forêts était le privilège des rois — *forest de vor-eis*, vieux allemand : forêts où se nourrit le bétail, réservées aux princes. *For*, *voor*, *vooruyt*, *pour*, dans un sens exclusif ; *Est*, *etzen*, *ausen*, faire paître les animaux. Le mot forêt s'appliquait aussi aux étangs royaux, fournissant ainsi le bétail et le poisson. Ainsi, sous les rois francs, la forêt était non-seulement un bois, une terre plantée d'arbres, mais aussi un point couvert d'eau, une pêcherie, un pacage et même un domaine ou portion de territoire comprenant des terres labourables et des lieux cultivés.

porcs, dans ces plaines fertiles de la Ménapie et de la Nervie, jadis vantées par les Romains ; leurs princes eux-mêmes devaient fixer longtemps leur résidence dans les anciennes métairies du fisc devenues le noyau du domaine royal [1] ; ils rendent à l'élément rural son antique prépondérance, laissant à leurs officiers, à leurs comtes, l'administration des villes ; ils réhabilitent les arts utiles et placent, à côté de l'épée qui frappe et détruit, le soc de la charrue qui ne déchire la terre que pour la féconder ; des lois destinées à favoriser l'agriculture mentionnent des prairies que la main de l'homme fertilise en y creusant des ruisseaux, des champs où l'on sème le lin, des jardins clos de haies où la greffe industrieuse adoucit la sève amère des pommiers, des fermes que gardent des chiens vigilants retenus au chenil jusqu'au coucher du soleil, des granges que la loi salique appelle *scuriæ*, chaque animal utile à l'agriculture est protégé par une forte amende qui punit les larcins.

Le Nord glacé avait ouvert ses cataractes, mais l'arche du Christ flottait sur ce déluge des barbares, et quand il eut passé, emportant le colosse romain jadis superbe et puissant

---

1 Tel se présente Vitry sur la Scarpe, près de l'ancien château romain de Victoriacum avec ses bâtiments d'exploitation agricole, des haras, des étables, des bergeries, des granges, les masures des cultivateurs et les cabanes des serfs du domaine. Là se passa, en 575, un drame sanglant dans la querelle des fils de Clother, Sigbert, roi d'Austrasie, et Hilpéric, roi de Neustrie. Dans la plaine vaste bordée de tentes au milieu des Francs en armes, Sigbert, promené sur le bouclier par quatre soldats robustes, est salué roi des Francs, tant de Neustrie que d'Austrasie ; et la multitude, pour rendre ses acclamations plus bruyantes, frappe du plat de l'épée les boucliers garnis de fer. Cette inauguration fut suivie de réjouissances, de combats simulés, de festins somptueux dans lesquels le roi, épuisant les ressources de la ferme de Vitry, à tous faisait les honneurs de son nouveau domaine. A quelques milles de là, Hilpéric trahi, dépossédé, fugitif, était avec Frédegund à Tournai, bloqué par les Austrasiens. Mais Sigbert tombe frappé dans son triomphe sous les coups d'assassins armés par Frédegund ; de tous abandonné, il fut, par les ordres de Hilpéric, enseveli avec pompe au village de Lambres, près Douai, lors siège d'un fisc royal, puis transporté à Soissons, dans la basilique Saint-Médard, près de leur père Clother.

au dehors, déjà rongé et plein de pourriture au dedans, la croix et la charrue refont la société. Après le choc terrible des peuples et la sanglante tumulte de leurs mêlées vinrent d'autres conquérants ; devant eux ne marche pas l'épouvante, ils n'ont pour arme que la parole de Dieu. Ces envoyés de la miséricorde viennent au devant des envoyés de la colère. C'étaient S. Piat, S. Chrysol, S. Eubert, plus tard S. Vaast, S. Éloi, S. Amand. Dans nos campagnes attend la foule des abàndonnés, toute cette classe agricole qui n'est pas encore, qui va surgir à la vie sous le souffle de l'égalité chrétienne. L'Église se penche avec amour sur ces malheureuses victimes de la barbarie du despotisme pour les relever, les délivrer, comme si, de son berceau, elle eut tenu à se déclarer l'alliée la plus naturelle de la liberté, de la dignité humaine.

Pour surprendre le réveil de l'agriculture, allons au sein de ces communautés silencieuses où le cénobite des temps mérovingiens s'est retiré pour défricher le sol, fertiliser, assainir la terre, pour travailler de sa main robuste et de son cœur vaillant à sanctifier, à civiliser la société nouvelle.

Parmi ces abbayes fameuses apparaissent successivement S.-Pierre de Gand et S.-Bavon fondées en 634, longtemps réunies : S.-Amand établie en 639, S.-Bertin à Sithiu [1] en 654, S.-Vaast à Arras vers 675.

---

1 Sithiu (S.-Omer) est bâti près des forêts humides et basses et des eaux stagnantes de l'Aa, barré par les sables amoncelés lors de *la grande tempête* du IIIe siècle ; des marais immenses émergent çà et là des iles fangeuses dont le sol flottant sur l'eau est mouvant sous les pas, *Aquis subjacentibus innatat et suspensa late vacillat* ; mais ce pays n'est pas désert, il y avait là des habitations, des cultures, des moulins, des prés, des pâturages, des étangs, des serfs, des bergers, des troupeaux ; c'était un grand domaine rural. Le pays de Lille, *Ryssel*, nous montre aussi ses forêts humides et basses, bois sans merci où le cruel *Phinaërt et ses soldats mutins rôdant de toutes parts pour faire du butin* mettent à mort Salvaërt, le père de Lidéric, où *l'ermite au bocage allant puiser de l'eau près de son ermitage à la fontaine Delsaulx* trouve Lidéric nouveau né, et ses marais et ses iles fangeuses qui portent le castel où fut enfermée l'infortunée princesse, mère de Lidéric. C'est de la légende, il est vrai, mais les vestiges d'habitation trouvés dans le sol, les sépultures, les noms celtiques, germaniques ou latins de nos villages sont des témoins suffisants de leur antiquité.

Vers 640, S. Éloi [1] institue à Seclin un collège de 12 prêtres pour prêcher la religion dans les villages voisins, à Loos, à Hallennes, au Maisnil..... La plupart des églises rurales, fondées à une époque reculée, ont été placées au bord d'une voie romaine. En dehors des cités (*civitates*) qui sous le régime romain avait acquis une prépondérance exclusive, la population vivait disséminée sur de grands domaines agricoles ; elle se réunissait pour traiter d'affaires, échanger ses produits aux carrois ou carrefours formés par les principales voies de communication dans certains champs consacrés par l'usage ; il parut bon de profiter des assemblées dans ces champs de foire et de choisir ces mêmes lieux pour y élever des oratoires, des églises. Ce fut l'origine de nos villages. Comme des foyers lumineux, les paroisses rurales se multiplient, les solitudes se transforment en campagnes fertiles et animées. Charlemagne comprenant le rôle considérable de l'industrie rurale lui vint en aide par des mesures de protection et d'encouragement.

Le capitulaire de l'an 800, *de villis* (*villages*) *Fisci seu Karolo magno regi pertinentibus*, qui dut avoir une certaine influence sur la condition des cultivateurs, est, en réalité, une instruction adressée par un grand propriétaire à ses intendants, et qui a pour objet de les guider dans la gestion des domaines confiés à leur administration. Cette instruction, qui est évidemment l'œuvre d'un moine, chef de culture d'un grand monastère, trace, pour la culture des terres et les soins

---

1 Primitivement l'évêque seul avait la conduite de ses diocésains. Les prêtres qui le secondaient, résidant auprès de lui, allaient où il les envoyait ; nul n'était attaché à un lieu particulier. Aux églises se rattachaient les écoles et les hôpitaux. On appelait *presbyterum* ces collèges de prêtres institués, ce semble, par les apôtres eux-mêmes et qui se transformèrent en chapitres. L'organisation paroissiale fut longue à établir, elle fut un des événements les plus importants du moyen-âge, celui qui contribua le plus efficacement à développer l'association agricole en créant le village. Avant le IXe siècle les paroisses étaient en petit nombre, quelques habitations élevées autour de l'oratoire constituaient le bourg ; le reste consistait en groupes de maisons éloignés les uns des autres. Ces hameaux ont formé depuis des villages.

à donner aux animaux domestiques, depuis le cheval et le bœuf jusqu'à l'abeille, des règles dénotant une connaissance sérieuse des matières agraires, une véritable intelligence de l'économie rurale. Ce qui dut la recommander surtout à la reconnaissance des colons et des esclaves de l'époque, c'est qu'elle déterminait, avec une grande humanité, le mode suivant lequel ces infortunés déshérités de toute liberté devaient être traités dans les domaines impériaux.

En arrêtant le mouvement extérieur de l'invasion, en réprimant le désordre intérieur, Charlemagne donne aux situations, aux fortunes, aux influences locales, le temps de prendre vraiment possession du sol. Il envoie 60,000 Saxons, depuis Lille jusqu'au pays des Morins. Ces soldats laboureurs, après d'immenses travaux de défrichement, de dessèchement, furent amplement dédommagés de toutes leurs peines par les abondantes moissons qu'ils recueillirent. Un siècle plus tard la Flandre était la province la plus fertile, la plus riche du royaume et devait tenter les pirates normands qui, maîtres des bouches de la Meuse et de l'Escaut, opèrent leurs ravages le long de nos rivières pendant cent vingt-un ans, de 845 à 966, sous Arnoul le jeune.

A l'aspect des Normands, le peuple éperdu se presse dans les églises où l'on entend pour prière : « De la fureur des Normands, délivrez-nous, Seigneur ! » Mais ces pirates forcenés poursuivent leurs victimes jusqu'aux pieds des autels, massacrent les prêtres, les enfants, les femmes, les vieillards, puis las de carnage et chargés de butin, ils remontent sur leurs navires pour revenir bientôt la flamme et le fer dans les mains. Derrière les bandes du Nord marchent la famine, la peste, les loups affamés. La campagne est abandonnée ; les fils des conquérants germains désertent les villæ d'où leurs pères ont chassé les grands propriétaires gallo-romains. Les champs sans culture refusent la nourriture aux malheureux échappés au glaive, et à travers ces plaines désolées, on ne rencontre de loin en loin que des familles chassées du foyer errant sans patrie, sans asile.

Les châteaux, les lieux forts étaient le seul refuge contre le terrible envahisseur. La Flandre, lors accessible et sans défense, se couvre de forteresses. Sur le penchant des collines, dans l'épaisseur des bois, au passage des rivières, se dressent les donjons crénelés, les tours carrées, symbole et boulevard de la féodalité naissante où la noblesse armée, sortie du sol pour le délivrer, rallie les populations fugitives, les protège et reconstitue l'ordre social. Ainsi l'on vit s'élever les châteaux de Wavrin, de Santes, d'Haubourdin, de Loos, la motte castrale du Basenghien, défendue par de grands fossés, un mur de gazon, une haie de pieux et les alluvions de la rivière ; le château de Lomme, primitivement bâti près de la rivière, le *Castrum islense,* ce château du Buc, aux créneaux duquel Baldwin fit attacher les cadavres des Normands qu'il avait vaincus en 863 dans nos environs ; la motte du château, emplacement de N.-D. de la Treille, fut aplanie en 1848. La fière bourgeoisie, née de la guerre comme la féodalité, comme elle ardente et batailleuse, grandit à l'abri des remparts de la jeune cité.

Connaissant leurs forces et se voyant les armes à la main, les comtes et gouverneurs de province arrachent à la faiblesse des derniers Carlovingiens l'hérédité de leurs fiefs et bénéfices, hérédité consacrée par le capitulaire de Kierzy, en 877, sous condition de foi et d'hommage au souverain. Dès 840, la *marche* de Flandre est confiée à Baldwin de Fer, *le comte très fort, le glorieux marquis ;* il était fils d'Ingelram, le Forestier, l'envoyé royal, *missus dominicus,* de Charles le Chauve. Gendre du roi, il eut la supériorité sur les autres comtes et châtelains, et obtint l'inféodation héréditaire et solennelle du comté de Flandre, de tout le pays situé entre l'Escaut, la Somme et l'Océan. Ses places les plus importantes sont au S. Arras, au N. Bruges, où il érige, comme à Gand, de redoutables forteresses ; il fut la terreur des Normands ; ce n'est qu'à sa mort, en 879, qu'ils recommencent leurs incursions sur les côtes de Flandre. La Flandre, jusque-là confondue dans l'unité franke, eut son histoire particulière.

Où les Normands avaient passé, les campagnes étaient désertes, les églises, les monastères dévastés ; on croyait à la fin des temps annoncée pour l'an mil. Ce fut l'aurore du jour nouveau : le sol allait se couvrir d'une blanche robe d'églises neuves, et de ce rajeunissement universel allait sortir une architecture originale et féconde.

Dans ce XIe siècle, le cultivateur flamand renaît à la vie, il construit ses maisons avec plus de solidité, son champ est mieux cultivé. « Que dirai-je, écrit Gervais, évêque de Reims, au comte de Flandre, Bauduin le Pieux ou de Lille, de l'affluence des richesses que le Seigneur a voulu t'attribuer, par droit héréditaire, à un si haut degré qu'il est peu d'hommes qui puissent t'être comparés à cet égard. Que dirai-je des efforts persévérants par lesquels tu as si laborieusement fécondé un sol qui, jusqu'alors inculte, surpasse aujourd'hui les terres les plus fertiles ! Docile aux vœux des laboureurs, il leur prodigue les fruits et les moissons, les prés se couvrent de nombreux troupeaux. Ajouterai-je que tes peuples te doivent le don du vin qui leur était inconnu ? Afin que rien ne manquât aux habitants de tes provinces, tu appris au cultivateur à cultiver la vigne, de sorte qu'après avoir longtemps ignoré ce qu'était le vin, il préside aujourd'hui aux travaux des vendanges. Qu'ajouterai-je sur tes autres trésors, sur tes joyaux et tes vêtements précieux ? Tout ce que le soleil voit naître dans quelque région ou quelque mer que ce soit t'est aussitôt offert, ô prince Bauduin, et puisse-t-il longtemps en être ainsi, puisqu'il n'est personne plus digne que toi de posséder ces biens. »

En 1053, l'empereur Henri envahit la Flandre par le Cambrésis et l'Artois, faisant, sur la route, tout piller et brûler par ses hommes d'armes à la manière habituelle des expéditions guerrières de cette époque ; il se présente devant le château de Lille, où le comte Bauduin et ses barons s'étaient enfermés. Lambert, comte de Lens, gouverneur du château, sort avec une troupe nombreuse. Cette diversion sauve le château. L'empereur se porte sur Tournai qu'il prend et s'éloigne aux approches de l'hiver.

Bauduin fit réparer le château de Lille où il était né, où il faisait sa résidence habituelle ; il fit ceindre de murs les habitations qui entouraient le donjon. Lille prit, dès lors, le rang de bourg ou ville forte ; la collégiale S. Pierre y fut, en 1066, solennellement inaugurée par le comte et son pupille, le roi de France. Pour garantir notre région, Bauduin juge à propos de fermer son comté par un retranchement qui, de la mer, se dirige par Saint-Omer, Aire, Saint-Venant, Merville, Estaires, la Bassée, Berclau et de là par la Deûle, atteint la Scarpe et l'Escaut. Ce système de défense consiste à relier ensemble, par un large fossé, les diverses rivières qui pouvaient empêcher l'entrée du pays. La petite rivière du Bouleurieu, qui joint la Scarpe à la Deûle, fut agrandie et fortifiée d'une manière particulière. Le fossé des Crètes-le-Comte fut creusé pour joindre la Deûle à la Lys, il a cinq lieues environ de parcours, et partant de Berclau passe par la Bassée, cotoie le grand chemin d'Estaires jusqu'à la Lys. Pour opérer la jonction de la Lys à l'Aa, sur une longueur de quatre lieues, fut creusé le Fossé-Neuf.

En ce temps où les procès étaient des batailles, où la guerre sévissait de province à province, de château à château, l'église interdit toutes les violences en proclamant la trève de Dieu, la paix du Seigneur, en défendant la guerre *privée* dont les populations rurales étaient les premières à souffrir. Ne songez plus, disent les évêques, à venger votre sang ou celui de vos proches, mais pardonnez à vos ennemis. Soyez les enfants de la paix.

Par le Concile assemblé à Rouen en 1096, il est ordonné que « toutes les églises et leurs dépendances, les moines et les clercs, les religieuses et les femmes, les pèlerins, les marchands, leurs serviteurs, les bœufs et les chevaux de labour, les laboureurs conduisant charrue ou herse et les chevaux qui leur servent à herser, les hommes se réfugiant auprès de leurs charrues, les terres des Saints et le revenu des clercs, jouiraient d'une paix perpétuelle, afin que jamais, quelque soit le jour, on ne vienne les attaquer, les prendre, les dépouiller ou leur faire aucun dommage. »

Le S. Concile décide que l'excommunication sera lancée contre ceux qui enfreindraient la trève de Dieu, contre les faussaires, les voleurs, les recéleurs, ceux qui se réunissent dans les châteaux pour se livrer au brigandage et contre les seigneurs qui leur donneraient asile.

Cet an 1096 marque le commencement des Croisades. Notre région y prit une part active et souvent prépondérante, elle donne à Jérusalem son premier roi, à Constantinople son premier empereur latin. Les annales nous ont conservé, en partie, les noms des principaux chevaliers qui suivirent en Orient le comte Robert. Les hommes les plus puissants s'étaient rangés sous ses bannières : là brillaient Philippe, vicomte d'Ypres, son frère ; Charles de Danemark, son neveu, qui fut comte de Flandre ; Hugues, comte de S. Pol, et son fils Enguerran ; Fromoald, *prætor*, gouverneur d'Ypres ; Bauduin, Everard, Conon, Ludolphe, Ingelbert de Tournai ; Bauduin, fils de Winemar de Gand, avec Siger, Gislebert, Winemar, ses frères ; Burchard de Comines ; Hellin de Wavrin, (*Variniacensis de Wargny ?*) ; Gérard de Lille ; Enguerran de Lillers ; Jean d'Haverskerke ; Siger de Courtrai ; Hermar de Zomerghem ; Guillaume de S. Omer, avec ses frères Gautier et Hugues et son gendre Bauduin de Bailleul ; Gilbodon de Flêtre ; Raoul de Liederzèle ; Albert de Bailleul ; Gautier, avoué de Bergues ; Folcran, châtelain de Bergues ;

Jean, avoué d'Arras ; Gautier de Douai ; Gérard d'Avesnes ; Godefroid, châtelain de Cassel, son fils Rodolphe ; Arnoul d'Audenarde ; Rasse de Gavre ; Robert de Lisques ; Guillaume d'Hondschoote ; Thémar de Bourbourg ; Francio d'Herzeele ; Eustache de Thérouane ; Erembold, châtelain de Bruges ; Robert, avoué de Béthune ; Guillaume de Messines ; Guillaume de Wervick ; Salomon de Maldeghem ; Lambert de Crombeke ; Servais de Praet ; Thierri de Dixmude ; Daniel de Tenremonde ; Herman d'Aire ; Alard de Warneton ; Hugues de Roubaix.

Ces noms forment la première page du livre d'or de la noblesse régionale. Le résultat immédiat de la Croisade fut d'arrêter la conquête de l'Islam, de diminuer aussi les guerres particulières, jusque-là mal contenues, par l'impuissant obstacle de la *Trêve de Dieu*, de donner aux passions violentes de la chevalerie un vaste champ au dehors où elles pouvaient agir glorieusement. Au pied de la tour féodale qui l'opprimait de son ombre, le village s'éveilla ; les seigneurs quittent leurs domaines, les paysans leurs champs de labeur ; tous, s'abritant sous la croix, se précipitent vers le soleil levant ; la chrétienté réunie dans un même élan connut une communauté d'armes et de gloire.

Au XIIe siècle la Flandre est prospère, peuplée de travailleurs ; ses campagnes sont florissantes, ses villes actives, commerçantes, déjà industrieuses ; les métiers s'apprêtent, par leur richesse et leur entente, à réclamer des souverains la reconnaissance de leurs droits, les chartes des communes.

Guillaume-le-Breton, chapelain du roi Philippe-Auguste, qu'il chante en sa *Philippéide*, peint ainsi la Flandre menacée par les armes du roi.

« L'amour de la guerre fermente en tous les cœurs. La commune de Gand, fière de ses maisons ornées de tours, de ses trésors, de sa population, donne au comte, à ses propres frais, deux fois dix mille hommes, habiles à manier les armes. Après elle, vient la commune d'Ypres, non moins renommée, dont le peuple est célèbre pour la teinture des laines et qui fournit deux légions à cette guerre exécrable.

» La puissante Arras, ville très antique, remplie de richesses, avide de gain et se complaisant dans l'usure, envoie des secours au comte avec d'autant plus de zèle qu'elle est la capitale et la principale ville de Flandre et le siége du gouvernement. Arras qui déjà obéissait à Comius lorsque Jules-César porta ses armes contre les peuples de la Gaule. Au milieu de tant de fracas, Bruges ne manqua pas non plus d'assister le comte de plusieurs milliers d'hommes, choisis entre les plus vigoureux de ses enfants. Bruges qui fabrique des bottines pour couvrir les jambes des puissants seigneurs, Bruges riche de ses grains, de ses prairies ; Damme, le port qui l'avoisine, ajoute à ses richesses.

» Lille déploie pareillement ses armes ennemies et envoie à la guerre de nombreuses phalanges. Lille, ville agréable, dont le peuple poursuit sans cesse la fortune ; Lille qui, se parant de ses marchands somptueux, fait briller dans les royaumes étrangers les étoffes qu'elle teint, et en rapporte les richesses dont elle s'enorgueillit.

» Le peuple, qui révère S. Omer, lié aussi par serment à la cause du comte, lui donne également plusieurs milliers d'hommes, jeunes gens illustres par leur valeur. Hesdin, Gravelines, Bapaume et Douai, Douai ville riche et puissante par ses armes, remplie de citoyens célèbres, envoyèrent chacune des bataillons armés.

» Pourquoi m'arrêter à désigner ainsi chaque ville par son nom, la Flandre entière lança spontanément au combat ses belliqueux enfants.

» La Flandre abonde en productions variées et en toutes sortes de biens. Sa population facile, expansive, sobre pour la nourriture et la boisson, brille par ses vêtements, possède une taille élevée et une grande beauté de formes ; elle porte une riche chevelure, a le teint coloré, la peau blanche.

» Le pays est couvert d'un grand nombre de rivières poissonneuses et d'une quantité de fleuves et de fossés qui obstruent tellement les routes que l'accès en est fort difficile à l'ennemi.

» Ses champs l'enrichissent de grains, ses navires de marchandises, ses troupeaux de lait, son gros bétail de beurre, l'Océan de poissons.

» La terre la plus aride est réchauffée par les herbes marines desséchées dont on la couvre.

» De rares forêts répandent l'ombre dans les plaines.

» Les bataillons resplendissent couverts de richesses et d'ornements aux diverses couleurs : les bannières flottent au vent, les armes frappées des rayons du soleil, doublent l'éclat de sa lumière. Le terrible hennissement des chevaux porte l'effroi : sous leurs pieds les coursiers broient la terre poudreuse. »

Les phalanges nombreuses que Lille envoie à la guerre étaient levées dans la chatellenie, dont les campagnes étaient dès lors bien peuplées et présentaient l'aspect d'une plaine fertile, cultivée avec soin, *grataque planities cereali gramine vernans*. — G. Breton, lib. 10. *Philippéide*.

La paix faite en 1186, Philippe d'Alsace prend la croix au champ sacré de Gisors, février 1188, et se rend à la croisade avec Philippe-Auguste et le roi d'Angleterre, il meurt le 1er juin 1191 en son camp devant Ptolémaïs en Palestine avec cinquante des plus qualifiés de son armée, Hellin, Sgr de Wavrin, qui fut l'honneur du pays pour ses prouesses, et Roger, évêque de Cambrai, son frère.

Bauduin IX, comte de Flandre et de Hainaut fait la guerre au roi de France, son beau-frère, pour la possession de l'Artois ; par une course victorieuse, à la tête de la chevalerie du Hainaut et des communes de Flandre, il s'avance jusqu'à

Péronne et Compiègne. Forcé par Philippe-Auguste de lever le siége d'Arras, dernier boulevard qui reste à la France dans l'Artois, il ne recule que pour engager son rival dans les marais de la Lys et le prendre au milieu des rivières et des canaux, dont il coupe les ponts, perce les digues et lâche les écluses. Jamais Bauduin ne se montra plus grand. En ce temps où l'on mettait l'espoir du succès dans l'impétuosité de l'attaque, il déploya une science de manœuvres qui ferait honneur à nos généraux. Par le traité conclu à Péronne en janvier 1200, S.-Omer, Aire et leurs dépendances, les fiefs de Guines, d'Ardres, de Lillers, de Richebourg, de la Gorgue avec la terre que l'avoué de Béthune tenait outre le Neuf-Fossé vers Flandre sont restitués à la Flandre.

Ces années de guerre 1196 à 1200 sont accompagnées de calamités. Pendant l'automne et l'hiver de 1197, les pluies et les ouragans avaient été effroyables. La guerre avait renversé moins d'arbres et de maisons que les tempêtes. Il y eut en tout le pays de Flandres et lieux circonvoisins si extrême cherté de blé que ce que l'on avait eu l'an précédent pour 4 à 5 sous se vendait lors 48 et 50 sols. Le comte distribue de larges aumônes et commande aux riches d'ouvrir leurs greniers.

En 1201, Bauduin prend la croix en l'église S.-Donat de Bruges avec grand nombre de seigneurs flamands et avec eux Simon, abbé de Loos. Dans son camp devant Valenciennes où il avait convoqué au tournoi sa noblesse, il confirme solennellement les privilèges des églises de ses domaines. Parmi les chevaliers compagnons de sa gloire qui signèrent cet acte, citons : Willem, avoué de Béthune ; Conon, son frère ; Gilles de Trazégnies, connétable de Flandre ; Jacques d'Avesnes, Thiéri de Loz, Pierre de Douai ; Willem, châtelain de S.-Omer ; Bernard de Rosbais, Jacques de Bondues, Thiéri de Tenremonde ; Gilles Bertout, chambellan ; Bauduin de Comines ; Willem de Lickevelde, veneur ; Jean et Gautier de Lens, Michel de Harnes, Robert de Wavrin, sénéchal, Hellin de Wavrin ; Pierre du Maisnil, Willem de Marck, Gilles de Landas, Colard de Capinghem, Eustache de Lys, Godefroid de Cuinghien, Boidin de Rungies, Gautier et Robert de Bambecque ; Robert del Kaisnoy, Bauduin de Haveskerke, junior ; Alelme de Stavèle.

Le triomphe du comte Bauduin, proclamé empereur de Constantinople, jette comme un météore, une lumière éblouissante et rapide. Son élévation fut bientôt suivie de sa chute et de sa mort chez les Bulgares. Lille traverse une période des plus émouvantes de son histoire, la châtellenie suit même fortune. Quand, en 1212, leur ville embrasée fut en proie aux horreurs du carnage, que le sol lui-même naturellement tourbeux prit feu, au dire de G. Breton, les Lillois dans leur affreux naufrage, pour échapper à leur impitoyable vainqueur, s'élancent à travers les broussailles en rase campagne. Hors de tous sentiers, ils se croient toujours près des portes fatales. Ils trouvent un refuge dans les marais d'Esquermes et de Loos, et c'est de ce refuge que les bannis s'échappent pour rebâtir la cité. La châtellenie eut beaucoup à souffrir dans cette terrible expédition, l'armée du roi de France la traverse, emporte le château d'Erquinghem-sur-la-Lys, se dirige sur Cassel ne laissant sur son passage que flammes, que débris.

C'était le prélude de la célèbre victoire remportée à Bouvines, par Philippe-Auguste. L'armée royale avait passé la Deûle au Pont-à-Vendin, et le 26 juillet 1214 assis son camp devant Tournai. Les vieilles chroniques de Phalempin s'accordent à dire que les troupes royales ravagèrent, brûlèrent, tout ce qui se trouvait à droite et à gauche du Pont-à-Vendin, jusqu'au Tournaisis.

Le dimanche 27 juillet se livra la bataille, et le choc de ces deux murs de fer eut un long retentissement. La lutte fut homérique : Eustache de Marquillies, chevalier d'une taille et d'une force extraordinaires, comme un lion, bondissait dans la mêlée criant tue ! tue ! quand une épée française finit sa vie et ses exploits. Parmi les combattants de Bouvines faits prisonniers, citons : Everard d'Iske, Hellin de Wavrin, Arnoul de Landas, Pierre du Maisnil, Gérard d'Avelin, Urson de Fretin, Etienne de Santes, Robert d'Ennetières, Bauduin de Pérenchies, Daniel de Marquillies. Le comte de Flandre Fernand est enfermé à la tour du Louvre, tombeau vivant qui s'ouvrira douze ans plus tard.

Le désastre se répand dans la campagne de Lille qui fut toute ravagée ; l'abbaye de Loos ne fut pas épargnée, elle essuya la fureur des soldats victorieux et irrités. Jamais la Flandre n'éprouva une plus longue et plus rude calamité ; des inondations insolites, des maladies, des épizooties, terminent cette fatale année de 1214.

Une longue paix succède à tant d'agitations, et la Flandre, par l'indomptable énergie de ses enfants, sut bientôt retrouver son ancienne prospérité.

Il s'établit à la suite des croisades entre la Flandre et l'Orient un mouvement qui fit prospérer le commerce, l'industrie, les arts : il y avait en nos villages au XIIIe siècle une industrie naissante ; les moulins à vent nous viennent de l'Orient. Le plus ancien que nous trouvons est mentionné à Loos en 1227. Quinze ans après, il y en avait un certain nombre sur la plaine de Wazemmes.

Aux XIIe et XIIIe siècles, il se fait une véritable conquête du sol non-seulement par les moines, mais sous leur action et à leur exemple par les colons qui aspirent à l'indépendance et à l'égalité. Ce mouvement rural se manifeste par d'immenses défrichements. Depuis longtemps, la condition sociale des classes agricoles s'est adoucie, le servage et la main-morte sont abolis, de nombreux affranchissements sont accordés aux premières années du XIe siècle ; les affranchissements collectifs commencent à la fin du XIIe avec le mouvement des communes qui existaient chez nous longtemps avant les chartes qui leur donnent l'investiture légale. Ce mouvement, d'abord concentré dans les villes, s'étend peu à peu dans les campagnes. De simples villages obtiennent leur charte d'affranchissement; Thierry d'Alsace l'accorde à Steenwerck et Berquin en 1160. D'après le préambule de sa charte, Steenwerck était affranchie par une concession de Robert le jeune et de Clémence, son épouse (1093-1111). Seclin reçut en 1218 ses lettres d'affranchissement de la comtesse Jeanne qui lui concède telle loi, telle liberté, telles coutumes que les bourgeois de Lille tenaient d'elle.

1221. — Hellin de Wavrin, *l'oncle* [1], affranchit ses hôtes d'Herlies et leur concède à perpétuité la terre qu'ils tenaient de lui en ce lieu à charge d'un cens annuel. Ils ne lui doivent rien sinon de leur propre volonté au mariage de sa fille, quand son fils sera armé chevalier, et pour payer sa rançon s'il est pris à la guerre, ils viendront en justice à sa maison de Fontaine ; ils seront traités par les lois en usage dans la châtellenie de Wavrin et jugés par les hôtes d'Herlies ou à leur défaut par ceux de Wavrin, *pares inter pares*.

Nos campagnes furent de bonne heure affranchies et régies par ces coutumes toutes vivifiées du souvenir des

---

1 Ego Hellinus de Wavrino, patruus universis presentibus et futuris presentes litteras inspecturis, notum facio quod ego hospitibus meis de Herlies totam terram quam a me tenent in perpetuum tenendam concessi pro duodecim solidis flandrensis monete de redditu, quos mihi vigilia Circumcisionis annuatim persolvere tenentur, tali modo quod ego neque heredes mei illud redditum crescere non possumus. Et si contigerit quod ego vel heredes mei hospitibus jam dictis aliquid rogavissimus, nihil nobis debent nisi ipsorum voluntate, nisi sit ad matrimonium filie mee vel ad filium meum facere militem vel ad verre captionem, propterea habere debeo introitus meos et exitus et relevamenta duplici redditu et mea theolonia talia quibus utuntur in eorum patria, et se contigerit quod ego, vel alter ab eisdem hospitibus conquerebatur, ipse ad domum meam de Fontana jurifacere venire tenentur et Ego eos ducere debeo per tales leges quæ utatæ sunt in Castellia de Wavrino. — Et si contigerit quod ego satis hospites apud Herlies ad judicandum eos non haberem alii mei hospites de patria eos judicabunt. Quod ut firmat et ratum permaneat presentem cartam munionine Sigilli mei confirmavi.
Actum anno gratie MCCXXI, mense junii. *(Cart. de Loos. Arch. du Nord).*

ancêtres, lois patriarcales qui, perpétuées dans les foyers domestiques, remontaient de race en race aux siècles celtique et germanique et répondaient aux besoins de défense et de sauvegarde[1].

Tout florissait en Flandre sous le gouvernement paternel des comtes. Le peuple avait grande liberté sagement prémunie contre la licence ; devenu tout pacifique, il s'occupait de culture et de métiers. La Flandre était cette terre féconde, riche d'hommes et de moissons que son heureuse situation au milieu du rivage atlantique européen faisait l'entrepôt d'un commerce considérable entre le Nord et le Midi : elle florissait heureuse et désarmée quand la guerre, comme ces tempêtes qui succèdent aux beaux jours de l'été, vint désoler notre région. En 1297, le roi de France, Philippe-le-Bel, descend en Flandre avec une armée puissante et aguerrie, il met d'abord le siége devant Lille qui se rend après une belle résistance contre des forces trop supérieures. On avait abattu les faubourgs, détruit les vergers des glacis, les arbres fruitiers du clos S. Pierre, voisin du palais de la Salle, des vignes du Comte de cette terre de 5 bonniers, *qua vinea dicitur*, possession de l'abbaye de Marquette qui fut elle-même toute brûlée. Les soldats se répandent dans la campagne de Lille portant la flamme sous le chaume et dans nos plaines jaunissantes d'épis mûrs.

Après la bataille de Groninghe ou de Courtrai (1302) dite *Journée des éperons d'or*, ce retour de la fortune flamande, Lille était retourné à la Flandre. Après Mons-en-Pévèle

---

1 Charles-Quint donne ses instructions au Conseil de Gand le 12 août 1531 pour faire un code unique pour nos dix-sept provinces. Philippe II, son fils, roi d'Espagne et souverain des Pays-Bas, soumet les héritages ruraux à une législation régulière. Il fait recueillir, coordonner toutes les coutumes du pays et les promulgue à Bruxelles le 1er juin 1565. Les droits du propriétaire foncier furent mieux établis, mieux connus. La condition du cultivateur s'en ressentit et s'améliora.

(1304), le roi vint asseoir son camp à la porte S.-Pierre devant Lille qui se rendra s'il n'est secouru au 1er octobre. Les milices flamandes, les métiers qui s'étaient rassemblés aux champs de Groninghe et décidés à reporter en leurs foyers la paix ou la victoire dressent le 27 septembre leurs tentes, non loin de l'armée royale. Observant sur une colline la position de l'ennemi et voyant cette multitude de tentes, cette ligne de chariots qui suivant la coutume se déploie en forme de rempart sur la lisière du camp, le roi se retourne vers les seigneurs qui l'accompagnent : « En vérité, beaux sires, je crois que l'air pleut des Flamands, » et par prudence il retire son camp à la porte de Tournai.

Le traité d'Athies près Péronne en Picardie (1305) fut suivi d'un long débat diplomatique terminé seulement en 1320. Le bailliage de Lille, Douai, Orchies resta à la France. Pendant ce temps, la guerre se fait autour de Lille dont les plaines depuis vingt ans n'avaient pas cessé d'être ravagées.

« L'armée de France, dit Delefosse, abbé de Loos, ayant tout ravagé entre Lille et Armentières où elle avait campé, les doyen et chapitre de S.-Pierre ne voulurent rien nous payer de la dîme de Prémecque, et obtinrent modération de la moitié pour l'an suivant, 1314, qui fut une année de stérilité. Les produits du sol atteignent un prix fabuleux. »

1315. — Louis le Hutin vint en Flandre avec une armée formidable devant Courtrai, mais les pluies qui surviennent renversent tous ses projets : roi, princes, chevaliers, soldats, tous sont dans la boue jusqu'aux genoux. Bientôt la famine est dans le camp, le roi lève le siége laissant dans la fange chars, coffres, harnais, armures, tentes, et se retire en septembre dans un camp à Bondues, après avoir brûlé ses bagages. Notre pays a souffert de cette campagne, surtout dans ses biens par le passage de l'armée qui venait de France au mois d'août, et surtout quand elle retourna débandée, délabrée, pillant tout.

En 1335 commence cette longue et terrible guerre, dite de Cent-Ans, entre le roi de France, Philippe VI, et le roi d'Angleterre Edouard, prétendant au trône de France. Louis de Crécy, comte de Flandre, prit parti pour le roi de France, son suzerain. Les Flamands se déclarent pour les Anglais qui leur fournissaient les laines nécessaires à leurs manufactures de draps.

La guerre est chez nous : c'est bien alors que l'on peut appeler la Flandre le théâtre de la guerre. Le roi vint avec une puissante armée camper à Noyelles-lez-Seclin. Les soldats pillent notre ferme de Durmort, dit Delefosse ; les Anglais brûlent Huquin, Wez, Warloi, trois censes de l'abbaye ; les Flamands notre grande cense du Jardin à Obigies. Tout le pays fut entièrement dévasté et ravagé jusques aux portes de Lille et de Tournai.

Dans ce temps d'horrible confusion, le gouverneur de Lille lui-même autorise Landas, son lieutenant, à fourrager dans les villages de la châtellenie et celui-ci, pour *éclairer* la place, brûle les faubourgs sans épargner les églises. Guillaume de Montaigu, comte de Salisbury, lieutenant pour le roi d'Angleterre en Flandre, vint d'Ypres attaquer Armentières que des Génois au service du roi de France défendent vaillamment : ils durent céder au nombre. La ville est emportée et saccagée. Quelques jours après, Salisbury se rendant au siége de Tournai est battu et pris à Marquette par 1,500 hommes sortis de Lille tant bourgeois que gens de guerre, commandés par le Sgr de Roubaix.

Pour défendre Tournai, berceau de la monarchie française, le roi de France y envoya la fleur de sa chevalerie. Le comte du Hainaut, l'allié des Anglais, faisait des courses dans la Flandre wallonne, ravageant la campagne, prenant bourgs, châteaux, abbayes, et renvoyant au siége d'immenses convois de butin. « Et se départirent, dit Froissard, le dis contes et ses oncles, une matinée de l'oost à plus de cincq cens armeures de fier et passèrent costiant la ville de Lille et à la veue de chiaus qui dedens estoient, et vinrent ardoir Habourdins et Seclin, Ronchins et tous les villages de la environ et la ville et abbéie de Chysoing et Baissi et tout le païs jusqu'au Pont-à-Raisse, à une lieue de Douai, et puis se retournèrent viers Landas, et viers Orchies, et les ardirent. Rien n'estoit déporté derrieure euls et devant euls, et quant ils orent fait cette envaïe, ils s'en retournèrent en l'oost. »

Touchée de ces misères, Jeanne de Valois, qui depuis la mort de Guillaume de Hainaut, son époux, était religieuse à Fontenelle près Valenciennes, comme la colombe portant le rameau d'olivier, va au roi de France, son frère, au roi Edouard d'Angleterre qui avait épousé sa fille ; le 25 septembre 1340, la trève est signée dans l'église du village d'Esplechin, les armes sont déposées, la tempête de la guerre s'apaise, le pauvre laboureur qui *s'aherdit au labourier et au gagnier dou nouviel* ne retrouve aux champs où il ramène la charrue que la désolation, la ruine. Bientôt trompant son espérance, la guerre reprend une ardeur nouvelle.

1347. — Le roi Philippe de France assemble merveilleusement grande puissance ; n'ayant pu porter secours à la ville de Calais lors assiégée par les Anglais, il envoya ses gens exploiter la guerre en toute fureur et cruauté, au pays de Lalleue, allié avec les Flamands. D'un autre côté, ceux-ci avec bonne troupe de gens, tirent vers la châtellenie de Lille, sous le bâtard de Renty, leur capitaine ; ils sont mis en fuite près de Quesnoy-sur-Deûle, par Charles de Montmorency, gouverneur, et Jean de Luxembourg, châtelain héréditaire de Lille et Sgr de Haubourdin. (Annales d'Oudegheerst.)

Les pauvres gens de la châtellenie souffraient cruellement de guerres continuelles ; Français, Anglais, Wallons, Flamands bataillaient ferme. Les écluses de Don et de Haubourdin rompues, toute la vallée fut inondée. La peste, la guerre, la famine, ces trois furies vont ensemble ; en ces années 1348-49, la grande mort, la peste noire moissonne à pleine faulx.

1360 fut encore une année de grand hiver où le blé gela entièrement.

1369. — Charles, roi de France, remet Louis de Mâle, comte de Flandre, en possession des villes de Lille, Douai, Orchies, en faveur du mariage de Philippe le Hardi, duc de Bourgogne, son frère avec Marguerite, héritière de Flandre, fille de Louis. Le roi mande aux magistrats de ces villes de reconnaître Louis de Mâle pour leur seigneur, et de leur prêter serment de fidélité, il en retire les garnisons.

1379. — Jean Pruniaux, un des capitaines des Gantois rebelles au comte, ayant été livré par le comte de Hainaut, fut roué à Lille avec quelques-uns de ses complices. D'autres hordes, commandées par des chefs comme Gérard le More, mettaient à feu et à sang notre contrée, elles furent dispersées.

1381. — Gérard de Rassenghien, Sgr de Basserode, gouverneur de Lille, entre à mains armées à Haubourdin, bat le geôlier du châtelain de Lille, seigneur de la terre souveraine d'Haubourdin qui la tenait de Dieu et de son épée, brûle les prisons pour en faire sortir Enguerran de Bimay et ses varlets ; ils se disaient clercs et leur procès s'instruisait devant l'official de Tournai ; ils avaient été bannis par les officiers du comte, pour les crimes dont ils s'étaient rendus coupables, et malgré leur bannissement ils étaient demeurés dans le pays. Leur présence à Haubourdin, avec grand foison de bannis, jetait l'épouvante dans la contrée, et devenait redoutable aux marchands qui fréquentaient la ville de Lille. Le rude gouverneur emmena les prisonniers, les fit décapiter, rouer et exposer à des fourches dressées au hameau d'Ennequin, le plus près possible de la juridiction d'Haubourdin, comme pour plus grande dérision. Au sujet de cet exploit de justice exercé par Gérard de Rassenghien, le duc de Bourgogne envoie à Valeran de Luxembourg, Sgr d'Haubourdin, des lettres de non préjudice (14 mai 1392), par lesquelles il reconnaît que Haubourdin est terre de franc empire, qui n'est en rien *sujette en fief ne en ressort de la Salle de Lille.*

1382. — Les Flamands, sous le commandement de Philippe Arteveld, ravagent la châtellenie de Lille, désolent nos campagnes. Le duc de Bourgogne conduit en Flandre le roi Charles VI, lors jeune d'âge, avec une puissante armée ; il passe à Arras, Lens, Pont-à-Vendin, campe à Seclin, et sur sa route les fermes sont dévastées.

Le roi couche à Marquette, passe la Lys à Warneton, et le 14 novembre, bat les Flamands à Rosebeke.

1383. — Les Gantois seuls n'étaient pas rentrés dans l'obéissance. Les Anglais débarqués à Calais pour leur porter secours mettent le siége devant Ypres. Jean Van Houtre, qui en était vicomte, rase et brûle tous les faubourgs où vivait une nombreuse population de tisserands, foulons et teinturiers qui se retire dans la ville, il se réduisit à en défendre l'entrée qu'il avait fortifiée d'un rempart de terre et d'un fossé ; après plusieurs assauts, les Anglais furent obligés de lever le siége.

Les ducs de Bourgogne ne permirent pas le rétablissement des faubourgs, d'où venaient les séditions, et les tisserands d'Ypres portèrent leur industrie à Wervicq, à Comines. Haubourdin eut dès cette époque une fabrication de draps florissante. Un traité de paix, passé à Tournai 18 décembre 1385, mit fin à la guerre communale. Mais la fière commune de Gand ne fut domptée qu'à la sanglante défaite de Gavre, 22 juillet 1453, que lui infligea le duc de Bourgogne, dont la bannière était portée par le Sgr de Haubourdin.

Louis de Flandre, dit de Male, trespassa de ce siècle en la ville de S.-Omer, le 10 janvier 1383 et fut son corps à Lôs, en une abbaye lez la ville de Lille, apporté ainsi que celui de sa femme la comtesse Marguerite, trespassée cinq ans auparavant.

« Nos religieux, dit Delefosse, qui avaient voulu alternativement réciter le psautier, leur firent le lendemain un service solennel, après lequel les corps furent conduits jusqu'à la porte des Malades de Lille, où l'archevêque de Reims, lors, notre métropolitain, les attendait accompagné des évêques de Paris, de Tournai, de Cambrai, d'Arras, et cinq abbés dont le nôtre. Le duc de Bourgogne y était en grand deuil, avec une quantité de seigneurs de la première qualité qu'il y avait invités de France et des Pays-Bas. Cette auguste compagnie tout en habits noirs, flambeau à la main, conduisit avec toute la pompe et la magnificence, digne d'un tel prince, jusqu'à S.-Pierre, les corps qui étaient portés par les seigneurs les plus distingués. Les échevins, avec les conseillers des autres tribunaux et les principaux officiers et ministres de la cour, au nombre de 400, portaient les flambeaux, et les seigneurs marchaient deux par deux. Lorsque l'on fut arrivé à S.-Pierre, on porta les corps sous un grand catafalque fort élevé, entouré de 700 cierges d'une livre ; le chœur et la nef étaient éclairés de 1400 cierges pareils. L'archevêque, les évêques et les abbés y firent les obsèques, et inhumèrent les corps dans la chapelle de N.-D. de la Treille, où plus tard fut élevé un superbe mausolée. Avec Louis de Male, on conduisait le deuil du vieux comté de Flandre qui fut dévolu à Philippe-le-Hardi, duc de Bourgogne, fils de France, et à la duchesse Marguerite, sa femme, fille et héritière de Louis.

Le XVe siècle s'ouvre avec la rivalité sanglante du duc d'Orléans et du nouveau duc de Bourgogne, Jean-sans-Peur, fils de Philippe-le-Hardi. La France livrée aux factions, la vieille guerre des Anglais se rallume : l'Artois est envahi. Le duc de Bourgogne refuse son appui au roi, mais fidèle à l'honneur, la noblesse de notre région se retrouve sous la bannière royale aux champs funestes d'Azincourt (1415). La couronne des Valois allait être sauvée par l'héroïsme populaire ; les milices communales d'Orléans se défendent avec désespoir ; une fille des champs, *la grande pastoure*, Jeanne d'Arc, leur apporte la victoire et la délivrance (1429). Le salut venait du chaume.

Tout s'agite et combat autour de nous ; la châtellenie reste calme : au bruit des armes, elle prospère tant étaient grandes l'énergie de ses enfants, la richesse produite par son libre commerce. Ce fut en Flandre une époque de luxe et de somptuosité. La cour de Bourgogne tantôt à Lille, à Bruxelles, à Bruges déploie une splendeur que l'on avait jamais vue. Philippe-le-Bon, *le grand duc d'Occident*, duc de Bourgogne, comte de Flandre, fut le plus grand souverain de son temps, nul roi n'avait tant de puissance et de richesses ; sa cour était composée de princes qui lui formaient un pompeux cortége. Son nom avait rempli la chrétienté et retenti dans l'Orient.

Charles-le-Téméraire, son fils, lui succède ; avec la première armée permanente connue, des coffres bien remplis, il tente sans succès de centraliser nos provinces en un royaume de Bourgogne. Sa chute devant Nancy (1477) laisse à son unique enfant, Marie, ce vaste héritage qu'elle porte par son mariage avec Maximilien dans la maison d'Autriche. Louis XI envahit l'Artois et le Hainaut, occupe Tournai. Les gens d'armes, dit Philippe de Comines, firent merveilleux dommages en Hainaut comme en Flandre, comme d'avoir pillé et brûlé maints beaux villages, maintes belles censes. Les Français de la garnison de Tournai brûlent la cense de Tressin, le 11 juillet 1477, et celle d'Ennequin avec le hameau, le 3 septembre suivant. Toutes deux appartenaient à l'abbaye de Loos qui ne fut pas plus épargnée de son côté, car l'ennemi brûla le moulin de la Haute Porte et la ferme de Durmort.

La garnison de Tournai fait une course aux environs d'Orchies ; Valéran de Stainbourg qui était dans cette ville avec ses soldats, trouvant la position peu tenable, dit *qu'il vauldrait mieux y bouter le feu que soy y laisser enclore et y estre prins.* Sur cette parole deux soldats mettent le feu à la ville qui est en partie détruite après avoir été pillée. Le refuge de la cense de Huquin appartenant à l'abbaye de Loos disparut dans cet incendie. Là ne se bornent pas les pertes du monastère. Le 1er mai 1479, la garnison française cantonnée à Béthune se jette dans la communauté où elle enlève chariots, chevaux, vaches, porcs, literies, meubles et emmène huit domestiques prisonniers.

Le récit des souffrances des habitants des campagnes dans ces courses sans cesse renouvelées est long et lamentable. Des bandes qui n'appartenaient à aucun des partis guerroyants, des compagnons *mauvais garchons de la verde tente*, qui n'avaient d'autre abri que les bois et la voûte des arbres, se répandent dans la châtellenie, pillant les métairies, enlevant les animaux, rançonnant les habitants, les molestant de mille manières. Pour éviter le pillage et les violences, on guette au clocher, le tocsin tinte à l'approche de l'ennemi. On cherche un refuge dans la ville.

Les habitants de la châtellenie fatigués des exactions de ces pillards se précipitent un jour sur les traînards, en massacrent une partie, en ramènent d'autres chargés de fers.

Las de soutenir la politique astucieuse de Louis XI, Maximilien qui venait de perdre sa femme, la douce princesse Marie, s'efforce de faire la paix qui fut signée à Arras le 23 décembre 1482. Il abandonne à la France l'Artois et la Bourgogne.

Pendant la guerre qui divisait les communes de Flandre et Maximilien, Philippe de Crèvecœur, Sgr d'Esquerdes, maréchal de France, gouverneur d'Artois et de Picardie, tenait partie pour les Flamands, foulait nos frontières vers l'Artois. Un traité de neutralité fut signé au château de Wavrin entre la France et la Flandre wallonne. Les trois ordres des Etats de la châtellenie de Lille, Douai, Orchies signent ce traité chacun en son rang, comme s'en suit :

« En témoin de ce, Nous les abbés d'Anchin, de Marchiennes, de Loos, de Cisoing, de Phalempin ; les prévôts, doyens et chapitres des collégiales S.-Pierre à Lille, S.-Amé à Douai, S.-Piat à Seclin pour l'état du clergé ; Bauduin de Lannoy, gouverneur des villes et châtellenies de Lille, Douai, Orchies ; Nous les baillis du châtelain de Lille, des seigneurs de Cisoing, de Wavrin, de Comines qui sont les hauts justiciers ; Jean, Sgr de Lannoy ; Pierre, Sgr de Roubaix ; Marc de Montmorency, Sgr de Croisilles ; Charles d'Ongnies, Sgr d'Estrées ; Philippe de Lannoy, Sgr de Santes ; Antoine, Sgr de Rosimbos ; Lion de Barbençon, Sgr d'Avelin, pour les nobles ; Nous rewart, échevins, Conseil et huit hommes de la ville de Lille ; échevins et Conseil de la ville de Douai, échevins et Conseil de la ville d'Orchies pour lesdites villes et communautés, avons ce présent traité scellé de nos sceaux et des sceaux desdites villes, le 14 décembre 1488. »

Du mariage de Philippe-le-Beau, fils de Maximilien et de Marie de Bourgogne avec Jeanne, fille de Ferdinand et d'Isabelle, souverains de Castille, naît à Gand, en 1500, ce Charles, appelé à réunir sous un même sceptre l'Espagne, les Pays-Bas, d'autres vastes royaumes jusqu'aux plus lointains climats et qui fut Charles-Quint. Le temps de sa minorité passa tranquillement dans la châtellenie de Lille à la faveur du traité de Wavrin. Malgré la guerre qui sévit à nos portes, le commerce et l'opulence prennent un accroissement considérable, grâce à la prépondérance européenne de l'empereur, à ses nombreux états situés sur toutes les mers.

1549. — Charles-Quint passe à Haubourdin se rendant avec son fils, Philippe, de Béthune à Lille où il fut reçu en grand triomphe, avec magnificence. Philippe, comme seigneur du pays, fit serment de garder les privilèges de la ville de Lille.

1555, 25 octobre. — Dans une assemblée solennelle des Etats convoquée à Bruxelles, l'empereur abdique la souveraineté des duchés, marquisats, comtés, baronies, cités, villes, châteaux de l'héritage de Bourgogne, y compris naturellement les dix-sept provinces, en faveur de Philippe, son fils, déjà roi titulaire d'Angleterre par son mariage avec la reine ; souverain de Sicile, Naples, Milan.

Les dix-sept provinces réunies sous un même sceptre forment un état puissant le plus riche de l'Europe. Heureux et libre sous la Constitution que nul prince, pas même Charles-Quint dans toute sa puissance n'eut voulu renverser, il se livrait en paix à un commerce de jour en jour plus florissant. Ce riche territoire compte 208 villes murées, (plusieurs sont parmi les plus belles de la chrétienté), 150 bourgs et villes ouvertes ; 6,300 villages sans compter grand nombre de hameaux élèvent leurs clochers et leurs donjons.

Quinze siècles ont passé, en ces lieux jadis pleins de bois, de marais que parcouraient des tribus guerrières et sans culture, trois millions d'hommes se pressent. Pour l'agriculture, le commerce, l'industrie, c'est la première nation du monde. Ses produits agricoles ont une valeur plus grande que si l'huile et le vin inondaient ses campagnes bénies du ciel.

Les fabriques de Lille, Tournai, Arras, Bruxelles, Gand, Bruges n'ont pas de rivales. « Lille, belle et riche, pleine de beaux édifices, de grande noblesse et de grand nombre de gros marchands menant grand trafic, compte aussi plusieurs industrieux artisans qui font grande quantité de diverses sortes de marchandises de *saies*, *ostades*, *reversés*, *changeans* à la façon du Levant, de manière que cette ville pour la marchandise et pour les arts est tenue, après Anvers et Amsterdam, la première des Pays-Bas. »

Anvers est la grande métropole commerciale de la chrétienté avec sa Bourse majestueuse où se rassemblent tous les jours 5,000 marchands [1], son vaste port où l'on voit souvent

---

[1] Jean Daens, marchand d'Anvers, reçoit l'empereur à sa table et brûle au dessert un billet de deux millions de florins qu'il avait prêtés au souverain.

2.500 navires à la fois, où 500 bâtiments entrent et sortent par jour. Les mines de richesses que l'agriculture et l'industrie avaient ouvertes fournissaient quatre fois plus de revenus [1] au Trésor impérial que les mines si vantées du Mexique et du Pérou.

La Flandre doit ses richesses à ses bonnes institutions; affranchies de bonne heure, administrées sans frais par des magistrats librement élus, ses campagnes, ses villes pouvant tout entreprendre ont exécuté des travaux de canalisation, de dessèchement. Des routes qui rendirent les communications nombreuses et faciles augmentèrent la valeur des terres et des récoltes. C'est dans l'ancienne châtellenie de Lille que fut créé un système régulier et raisonné des diverses moissons. Outre les céréales, on cultive en grand la wède; nous avons à Lille la rue Ban-de-Wède. Le ban ou marché est rempli de petits pains oblongs de couleur noirâtre qui ne sont que les feuilles de pastel finement broyées et comprimées ; le magistrat prohibait toute teinture qui ne serait pas provenue de plantes récoltées dans la châtellenie ; du dénombrement de 1545, il résulte que 26 communes comptaient entre elles 54 cultivateurs faisant commerce de wède. Il y avait à Loos, à Haubourdin, à Wazemmes, des moulins à broyer le wède. Olivier de Serres avait trouvé la garance très répandue en Flandre, *la meilleure garance vient de ce pays comme de son propre terroir où elle se plaît par sus toute autre ;* elle en fournit bonne partie de l'Europe. On cultivait aussi le lin, il n'est en Flandre de femme qui ne soit filandière. C'est le travail héréditaire des Flamandes. Cette culture des climats doux et humides nous donnait les toiles et les dentelles.

Il est de tradition que la vigne fut cultivée sur le plateau

---

1 Nos provinces industrieuses, opulentes, fournissent par an deux millions d'écus d'or, l'Espagne et les Indes chacune un demi-million seulement.

d'Ennequin à Loos de 1450 à 1500. On peut attribuer la disparition des vignobles dans nos contrées au refroidissement des saisons, mais surtout à un changement dans les goûts. Au moyen-âge on fabrique l'hypocras, mélange de vin, de coriandre, de canelle, de miel qui devait adoucir l'acidité du crû.

Les houblons, les colzas viennent bien en Flandre, la pomme de terre y fut cultivée à la fin du XVIe siècle, longtemps avant que Parmentier offrit une fleur de cette plante à Louis XVI en sa cour de Versailles. Vers ce temps, Ogier de Busbeke nous rapporte d'Orient les tulipes et les lilas.

Les haies vives qui entourent les possessions particulières, les nombreuses plantations de haute futaie le long des routes fournissent des bois au pays et concourrent, avec le creusement des fossés, à enlever au sol l'excès d'humidité nuisible à la végétation. Ces plantations font paraître la Flandre verte de forêts, tandis qu'elles y sont très rares.

« Lille a grande châtellenie et bon domaine ; le terroir gras outre mesure est très fertile pour toute chose, mais surtout pour le froment, garance, wède très excellents, pour très bons pâturages dont le bétail rend bon et grand fruit, dit Guiciardin en 1567. » Il décrit ainsi la Flandre :

« Les campagnes ont très belle prospective et regard, pour les arbres drus et bien arrangés qui se voient avec leurs fruits et pour le grand nombre de belles prairies qui pleines de tout genre de bétail partout s'aperçoivent. Les bœufs, les moutons sont très grands et les chairs excellentes en tant que excepté le bœuf d'Angleterre où il est peut-être plus parfait, elles n'ont leur semblable en tout le monde. Les vaches rendent toute l'année bon fromage et beurre, de sorte que le pays qui en consomme quantité infinie n'en demeure pourtant défourni, mais aussi dehors es autres provinces s'en envoie pour grand argent. Les laines sont un peu grossettes et de beaucoup en bonté différentes à celles d'Espaigne et d'Angleterre ; la cause, outre l'air, est que les pâtures sont tant nutritives que les bêtes en produisent le poil plus gros, plus long et rude.

» Le pays procrée spécialement Hollande, Frise, Gueldre, Flandre, nombre très grand de chevaux, grands, robustes, beaux et bons à toutes choses, principalement en guerre, en tant que pour un rencontre de lance, par leur force, n'ont guères leur semblable ; néanmoins excepté la plupart de ceux de Flandre sont un peu trop pesants.

» La Flandre produit grand nombre de chevaux très beaux et plus légers qui, pour leur agilité et beauté bien qu'ils soient bien plus gros, ressemblent à chevaux bâtards d'Espagne. Les Flamands ont coutume de recueillir des provinces circonvoisines de jeunes chevaux qui, bien qu'ils soient de nature petits, deviennent propices, beaux et grands d'un tel air et si bons pâturages. »

Les comtes de Flandre avaient le droit de haras (*caballaria*) pour élever exclusivement les chevaux qui devaient entretenir leur gendarmerie ; personne ne pouvait en élever ni en vendre que par leur autorisation : les bœufs alors servaient au labourage des terres. Philippe d'Alsace, en 1188, déroge à cet usage dans la charte communale qu'il donne aux habitants d'Orchies : *Concedo etiam... ut liceant in perpetum furnos et cambas* (*brasseries*) *facere et etiam molendinaria, caballaria* (*haras*)... La comtesse Marguerite, par deux diplômes de 1246-1271, concède aux Lillois une franche foire[1] de chevaux

[1] Lille avait encore sa grande foire d'août. Le marché du mercredi fut de bonne heure très fréquenté. C'était au moyen-âge une petite foire où se vendaient les produits de la campagne de Lille : laines, lins, peaux fraiches et salées, plantes tinctoriales, wède, garance, blés et céréales, bestiaux en grande quantité. Les habitants des petites villes et villages voisins venaient acheter ce dont ils avaient besoin. Bruges, Courtrai, Cassel, Thourout, eurent des marchés réguliers, premiers germes du commerce intérieur sous Bauduin-le-Jeune. Buzelin ajoute aux marchés institués par Bauduin ceux de Lille, Douai, Orchies. Ce comte fit, vers 960, quelques règlements pour les échanges, afin que ceux qui n'avaient pas de monnaie pussent donner un coq pour deux poules, une brebis pour deux agneaux, une vache pour deux veaux, un veau pour deux brebis, trois génisses pour un bœuf. Cette manière de commercer prouve combien alors l'argent était rare en Flandre.

et de bestiaux durant cinq jours, et qui s'ouvrait le lendemain de la procession de Lille avec le concours immense de peuple qu'avait attiré cette solennité religieuse. Par lettres de 1334 le comte Louis de Crécy donne octroi aux marchands de Frise de pouvoir mener en Flandre chevaux, bœufs, vaches et les vendre à leur plaisir, réservé seulement que le comte ou son commis pourra choisir et avoir ce qui lui en faudra moyennant prix raisonnables.

Au XIVe siècle un cheval vaut 15 liv. ; un bœuf 9 liv. ; un mouton 9 sols ; un porc gras 2 liv. 12 s. ; une oie 2 s. ; l'agneau qui figure dans les comptes de l'Ascension 4 s. ; l'ouvrier peut mettre la poule au pot ; elle se vend de 6 à 12 deniers ; le paon, le cygne sont des mets de grand luxe et d'un prix fort élevé, on les paie aisément 10 s. la valeur des plus beaux moutons.

Le prix du blé au moyen-âge varie beaucoup, suivant l'abondance de la récolte, dans des lieux souvent fort rapprochés ; en 1187 le blé vaut 4 s. 8 d. ; l'avoine 1 s. 2 d. ; le mouth brai à brasser 1 s. 2 d. la rasière ; le chapon 6 d. 1/2 l'un. — 1197, pluies, ouragans effroyables, le blé vaut 50 s.

1128, fin septembre, une gelée violente gâte les vignes, empêche la vendange ; en janvier le froid cessant, les neiges et pluies sont si abondantes que les rivières débordent, emportant des édifices et ruinant beaucoup de gens. (J. Legroux, fl. Gall.)

1257. — An de grâce, fut le temps si doulx qu'au mois de janvier ne géla que deux jours et trouvait-on les violettes et les fleurs de fraisiers et estoient les pommiers tout blancz floris.

1322. — Disette et cherté de vivres ; il gèle si fort le 16 avril que la glace porte un âne bien chargé ; par suite sont détruits les blés, les arbres en boutons, les vignes.

1451. — On établit à Lille une sorte d'échelle mobile pour régler le prix du blé, depuis 10 jusque 60 s. la rasière. — 1482. On fixe à 68 s. le prix maximum.

1557. — La sécheresse de l'été précédent amène grande cherté, le blé se vend 10 liv. la rasière ; l'août venu il ne vaut plus que 21 patars.

Au XIVe siècle les gages d'un garçon de charrue sont de 7 liv. par an ; ceux d'un berger 3 liv. 10 s.; d'un vacher 50 s.

Les journaliers moissonneurs gagnent 2 s. 6 d. ; les faucheurs d'avoine, les batteurs en grange 18 d. ; les batteurs à la tâche gagnent par muid de froment 12 s. ; par muid d'avoine 8 s.

1450. — A Lille, l'ouvrier de bâtiment, charpentier, maçon, gagne en moyenne 4 fr. par jour. L'ouvrier de même style gagne aujourd'hui 4 fr. La valeur d'un franc égale celle d'un sol en 1450. La journée des ouvriers suit une progression lente mais toujours en rapport inverse avec la dépréciation des espèces métalliques, par la raison que les besoins de l'homme ne changent pas.

1224. — D. Guillaume de Carnin, abbé de Loos, achète 6 bonn. de terre à Obigies, 30 liv., monn. de Tournai, 10 ans après la journée de Bouvines, désastreuse pour nos contrées.

1252. — 23 bonn. près et bois à Cysoing valent 50 liv. le bonn., nouvelle monnaie de Flandre. — 1260. 35 bonn. à Wez près Tournai, tant bois que terre, près et rivière, à la mesure de Lille sont achetés par l'abbé de Loos 1021 liv. 14 s. et tenus du châtelain de Tournai à 4 loenisiens de cens par an au bonn. — Un demi-bonn. de près, sis à Wez, vendu 40 liv. parisis.

1282-85. — Gui, comte de Flandre, vend aux chevaliers du Temple 4 bonn. moer et *tout le treffons gisant sur le muer d'Ardembourg*, chaque bonn. 40 liv. monn. de Flandre. 1289. 7 bonn. moer, paroisse d'Assenède, chaque bonnier 60 liv.

1296. — 6 bonn. terre, près, bois, eaux, sis devant la *Viescourt de Markète*, au pont de Marcq, sont vendus 44 marcs le bonn. devant Jehan Cauweliers de Noïelle, bailli du Sgr de Wavrin, seigneur de cette terre.

1396. — Le bonnier vaut près de Lille 92 francs.

1451. — D. Six achète un bonn. sis près la cense d'Avesnes 90 florins; en 1351 il valait 30 florins. — 1470. 5 bonn. sis à Haubourdin et Loos, près de la chaussée et du moulin de l'Abbaye, sont vendus, pour le gros du marché, 800 liv. p. Le rendage des fermiers se paie en denrées. Un bail de 1387 à Ferrières porte 10 rasières au bonn. à charge de tenir la terre 9 ans en blé, 9 ans en semis de mars, 9 ans en jachères. Le bonnier se donne à ferme pour 8 l. parisis à la fin du XVIe siècle, pour 40 l. au XVIIe, 128 l. au XVIIIe.

WEPPES ET MÉLANTOIS

Les villages du canton d'Haubourdin.

La villa gallo-romaine, transmise aux Francs par la conquête, tire son nom de *vehere vehilla*, lieu où se font les charois agricoles ; c'est un centre d'exploitation et d'habitation des grands domaines, des bâtiments disséminés dans les campagnes, où vivent en commun Francs et Gallo-Romains, vainqueurs et vaincus, hommes libres et serfs ; ceux-ci étaient nombreux. S. Remi, évêque de Reims, écrit en 481 à Clovis, lors à Tournai, sa capitale, pour le complimenter de son avénement : Vous voilà possesseur de toute la fortune de votre père Childéric, achetez des captifs et rendez-leur la liberté.

Les capitulaires mérovingiens et carlovingiens, mentionnent l'existence de villas, villages, exploités et cultivés au compte du prince, soit à celui des corporations ecclésiastiques, des leudes ou fidèles par des serfs de poëste *potestatis* de possession, serfs de la glèbe attachés à la terre comme les arbres qui l'ombragent, ayant à leur tête un intendant *villicus major potentior*. Parfois le village a deux à cinq lieues de circonférence, alors le propriétaire de ce grand village en donne à cultiver les parties basses, pâturages (*ham flandrice pratum*), il s'y forme insensiblement un amas d'habitations, un hameau. Au commencement de l'époque féodale, le territoire est plus divisé, les fiefs sont plus divers, plus inégaux que n'étaient jadis les domaines des grands propriétaires gallo-romains. Les sous-inféodations contribuent à l'affranchissement général des serfs de corps, ainsi devenus par le morcellement des terres, colons tributaires mansuaires, exploitant une manse et douze bonniers.

Au temps de la féodalité primitive et rurale, le seigneur est cantonné en plein champ dans son manoir, à côté du vassal, du roturier, *ruptuarius rumpere*, du rupteur, celui qui rompt, laboure la terre ; ce seigneur, que nous entourons du prestige de sa dignité, de son droit de haute justice, porte les armes et conduit la charrue. Herred, le premier mari d'Adèle de Selnesse, mère commune des barons d'Ardres, de Fienne, d'Alembon, laboure sa terre, le sayon relevé, d'où son surnom *Krock-Roh*, il eut été roi dans la langue de la Bible ou d'Homère.

Dans les assemblées locales des anciens germains, appelés *mâls* dans leur langue, *placita* en latin, cour plénière ou plaid général, on rend la justice, on délibère sur les affaires communes, les affaires civiles, les contrats se consomment là et reçoivent la publicité, l'authenticité que les notaires et les officiers publics furent plus tard chargés de leur donner. Dans ces assemblées figurent des personnages de notre région.

1116. — Bauduin, comte de Flandre, étant en l'abbaye de S. Amand avec sa cour, règle les droits et les devoirs du prévôt de la ville de S. Amand, vassal de l'abbé. Parmi les témoins : Roger, prévôt de Lille ; Jean de Herchengehem.

1147, 7 juin. — Thierry, comte de Flandre, atteste que les moines de Clairvaux ont acheté, pour les besoins de l'église (abbaye) S. Marie de Lôs, la terre de Bernard d'Anekin que celui-ci a reçue en fief de Pierre de Bargues qui la tenait du seigneur Comte. Tém. : Roger de Wavrin ; Pierre du Mesnil ; Hughes de Lôs ; Derbald, son frère ; Lambert, son fils ; Jean Pulcher.

1152. — Même attestation pour la terre qu'Etienne de

Prémesques tient de Gautier de Durmort et que Gautier tient du comte. Celui-ci règle, assure les franchises et libertés de l'église de Lòs contre tout pouvoir séculier. Tém. : Philippe, fils du comte ; le prévôt et le châtelain de Bruges ; Robert du Temple ; Gilbert, sénéchal ; Roger de Wavrin ; Eustache de Cambrai ; de la main de Gautier, chapelain et notaire.

1152. — Thierry décharge les rentes dues sur la terre de Lòs où est située l'église de ce nom et s'élevant à 5 muids, 7 raz. froment, que les frères très pauvres, après l'an de disette 1149 et tout occupés de bâtir les premiers édifices de l'abbaye ne peuvent payer. Tém. : Gérard, év. de Tournai ; Roger, prévôt de Bruges ; Didier, prév. de Lille ; Robert, prév. de Tournai ; Hughes, abbé de S. Amand ; Walter, abbé de S. Martin de Tournai ; Mathieu, prév. de Cassel ; Robert, abbé de S. Nicolas de Tournai ; Renaud, châtelain de Lille ; Etienne de Landas ; Philippe de Seclin ; Hughes de Lomme ; Hughes d'Englos.

1162. — Thierry, étant à Douai dans le cloître S. Amé avec les comtes Philippe et Mathieu, ses fils, fait donation à l'abbaye de Marchiennes. Parmi les barons du comte figurent Hughes de Lomme ; Roger de Wavrin, sénéchal.

1163, Lille. — Thierry atteste que Jordan, maire d'Ennetières, *Villicus* d'Anatirs a reçu en prêt de Walter, abbé de S. Pierre de Gand 40 marcs d'argent pour le terme de 40 ans et que, du consentement de ses fils, il donne en gage tout ce qu'il tient à Ennetières de l'abbaye, excepté son fief et ce qui est notoirement de son office de maire. Tém. : Renaud, châtelain de Lille ; Roger, son fils ; les échevins d'Anatirs.

1169. — Dans une cession de 7 bonn. entre Lôs et Anekin, comparaissent Jean, prêtre de Radinghehem ; Robert Ruffus de Wavrin ; Walter de Haubourdin ; Hunauld le meunier ; Walter de Armentières ; Ibert, Chl[r] *miles* de Radinghehem ; Walter de Lôs, Chl[r] ; Anastase d'Avesne ; Clarbaut de Lôs.

1176. — Philippe partant pour la croisade, confirme

toutes les donations faites à l'abbaye de Lôs par son père, le comte Thierry et par sa mère Sybille d'Anjou ; il lui donne l'eau de son vivier avec le droit de pêche depuis le pont d'Haubourdin jusqu'au moulin de Chenest près de Lôs ; il cède ce vivier que tient en fief Jean Petypas avec tous les droits de haute et basse justice qu'il possède lui-même. C'est en grande partie l'enclos de l'abbaye, il s'étend depuis le pont-levis jusqu'à la porte de Durmort et d'Haubourdin à la Planche-à-Quesnoy. On le dessécha par de nombreux canaux ; l'abbaye avait là ses bosquets, ses charmilles. Le comte cède, en outre, à l'abbé Samuel et aux frères de Lôs, les prés et marais d'Englos adjacens aux eaux et prairies du monastère jusqu'au pont d'Haubourdin et 3 bonn. et demi de son fief d'Ancoisnes cédés par Hughes d'Englos qui les tient de Robert. Tém. : Pierre, frère du comte de Flandre ; Jean, châtelain de Lille ; Robert, prévôt de Lille ; Hellin de Wavrin, sénéchal ; Robert de Sainghin, son frère ; Hughes de Lomme ; Renier de Bevrekes ; Robert de Durmort.

1178. Frumauld, év. d'Arras, confirme les possessions de l'abbaye en son diocèse à Ilgies, Graveleng, Mesplau, Morecurth, Herlies, Fournes, Brulle, Bealvoor, Fagus, Salvincula, Liniacum, Cosne, Halennes, Markelgies, Alescuelg, Riscum, Straeles, Baszeia, Armenteries, Gamans, Ansteng, Aegremont, Perenchies, Ruelle, Phalempin, Tolsach, Tegulatum, Senghin, Maingehem, Boscus.

1188 mai, Douai. — Philippe dote Orchies de sa charte communale. Parmi les témoins, figure, après la comtesse dite *reine Mahaut*, Pierre du Mesnil. — 1188. Philippe confirme aux bourgeois d'Aire leurs libertés, leurs franchises, les statuts de leur commune dite l'*Amitié*.

1195. — Mathilde, *Mathildis regina comitissa Flandriæ* jugeant au milieu de ses vassaux, *in curia apud Insulam*, déclare que Roger d'Englos se déporta solennellement des prés et marais d'Englos appartenant à l'abbaye qu'il avait retenus méchamment, qu'en réparation il se mit à genoux aux pieds de l'abbé de Lôs *ad pedes abbatis flexis genibus veniam imploravit.* Parmi les témoins, Robert de Wavrin, sire de Sainghin ; Pierre du Mesnil.

1197. — Mathilde règle un différend soulevé entre l'abbaye de Lôs et Urson de Fretin, pour leurs sujets de Formestrel, ancienne dépendance de Lesquin, entre ce village et Avelin. Les témoins sont tous Lillois : Jean, châtelain de Lille ; Pierre du Mesnil ; Robert de Sainghin ; Gérard d'Avelin ; Hughes de Forest ; Théry de Martinsart, chevaliers; Bauduin, fils de Robert d'Anstaing ; Henri Troleit, de cette bourgeoisie marchande de Lille qui marche dès lors de pair avec la noblesse chevaleresque.

1197, Courtrai. — Bauduin IX, comte de Flandre et de Hainaut, termine un différend qu'avait élevé sa cousine Sibille de Flandre, dame de Lillers, v^{ve} de Robert, sire de Wavrin, sénéchal, contre l'abbaye de S. Amand, au sujet de la dîme de Lecca. Parmi les juges du procès figurent Jean, châtelain de Lille ; Sohier de Gand ; Pierre de Douai ; Pierre du Mesnil, Robert de Wavrin, dit l'oncle.

1198. — Le comte confirme les privilèges de S. Omer, en présence de Jean, châtelain de Lille ; de Pierre du Mesnil qui avaient secondé le comte, leur seigneur, dans la guerre qui le rétablit dans la possession de S. Omer, d'Aire.

1203. — Pierre du Maisnil confirme la donation faite à l'abbaye de Lôs, par son père, de tous ses revenus et des hotes qu'il a sur Esquermes. Cette donation se fit quand le père précité posa, après Roger de Wavrin, la seconde pierre fondamentale de l'église de Lôs (abbaye).

1204, juillet. — En la cour du comte de Flandre, à Cassel, aux plaids tenus par la reine Mahaut et par Philippe, comte de Namur, frère de Bauduin de Constantinople, Gilbert de Bourghelles, châtelain *intérimaire* de Lille ; Pierre du Maisnil ; Pierre de Radingehan jugent, avec leurs pairs, un procès entre l'abbaye et l'avoué de Marchiennes. (Arch., fond. de March.)

1214. — Nicolas de Scaubeke vend à l'abbaye de Lôs la dîme de Scaubeke qu'il tenait de Pierre du Maisnil et celui-ci, combattant de Bouvines, sorti de la captivité du roi de France, confirme cette vente dans l'âtre d'Halennes devant ses hommes, Jacques du Maisnil, Théobald del Chaisnoit.

1218, mars. — Devant Nicolas, doyen de chrétienté, Robert de Anethières ; Elisabeth, sa fille, assemblés en l'église d'Englos, donnent à l'église de Lôs, pour le salut de leurs âmes, les deux parts de la dime sur 22 bonn. sis à Lôs. Tém. : Eustache de Mote, Chl^r ; Roger de Latre ; Jean li Boutiliers qui affirme et jure, au nom de son épouse fille de Robert ; Roger de Lestrée de Anethières ; Jehan de Beaufremez.

1218, avril. — Roger, châtelain de Lille, confirme la vente du 6e de la dîme de Lôs faite à l'abbaye par Alard de Lôs qui la tenait de Robert, fils d'Heldiard, parti pour Jérusalem. à cens de 18 ras. d'avoine et de 2 muids de blé, dont 6 ras. du meilleur froment provenant de la dime. Tém. : J..., abbé de Phalempin ; Anselme Paniers, Roger d'Englos, Hugo de Amerin, Chlrs. ; Gilles de Habordin, Lambert et Bauduin del Albel.

Ces chartes où figurent les barons, seigneurs de la terre et *moult boines gens*, les fils des champs, nos laboureurs sont les témoins d'une histoire vivante et pleine de mouvement.

En notre Flandre riche et féconde, les fiefs fort divisés dès le XIIIe siècle sont passés de la noblesse militaire et chevaleresque aux bourgeois enrichis par le commerce, puissants par leurs richesses. Les familles rurales, solides assises de toute société, ont dès lors conquis l'indépendance ; les hôtes, les tenanciers sont libres, ont capacité de succéder, d'acquérir, de transmettre, de tester ; ils sont obligés, par leur tenure, à certaines redevances, mais ces charges sont fixes, ne peuvent être augmentées.

Le pays découpé en champs, en prés, en vergers, offre l'aspect d'une plaine doucement vallonnée, toute diaprée de labours ou de moissons, arrosée par la Deûle qui s'épanche en des marais ou viviers poissonneux, séparant le plateau crayeux, rive droite, des sables tertiaires, rive gauche ; de ce côté, sur le sol recouvert de riches alluvions, les censes, les habitations disséminées, à demi cachées sous les arbres forment de riants enclos ; à droite, les habitations sont groupées en villages bien distincts séparés par de grandes étendues de terre cultivées, fertiles en céréales ; c'est une plaine à sous-sol calcaire profondément ravinée par les *bas chemins*[1] creusés par le ruissellement des eaux de l'époque quaternaire. C'était la plaine de Lille dite des malades, d'une léproserie fondée au faubourg méridional de cette ville et limitée entre Sainghin, Lesquin, Seclin, Houplin, Haubourdin, Loos, Lille. Dans la vallée le château de Wavrin dresse son fier doyon ; l'abbaye de Los dessine les contours de son architecture simple et noble, caractère de l'architecture cistéréienne.

---

1 L'époque quaternaire qui précède les temps historiques est marquée par le refroidissement ; de là, une exagération momentanée des précipitations atmosphériques, une extrême activité des agents d'érosion et d'alluvionnement. Sur les pentes, le ruissellement de pluies diluviennes creuse de profonds sillons ; des ruisseaux torrentiels produits par ces fortes pluies descendent sur les versants, entraînant avec eux des cailloux, des limons. La Deûle coule à pleins bords, roulant des graviers dans son cours violent.

Les pluies cessent, le ruissellement s'arrête brusquement, la rivière alimentée par les sources qui se font jour dans les fissures de la craie, devient tout à coup limpide et tranquille, elle comble par de la tourbe son large lit bien supérieur à ses besoins. Cette phase de l'époque quaternaire touche à l'âge de l'histoire pendant lequel une population connaissant la pierre polie, les animaux domestiques, les céréales, construit ses habitations sur pilotis dites *palafites* (à Houplin, à Santes). A part quelques alternatives d'invasion et de retrait de la mer du Nord par la rupture du cordon littoral, le contour du continent est fixé. Au IIIe siècle, d'effroyables tempêtes, véritables cataclysmes modifient les rivages, les vagues brumeuses roulent sur le sol qui, de nos jours, délivré des eaux, nous révèle sous la tourbe le séjour des Romains et porte d'abondantes moissons, *Seges ubi mare fuit* : des bancs de sable jetés à l'embouchure des rivières arrêtent l'écoulement des eaux. De vastes inondations déposent une couche d'argile tourbeuse ; la Deûle cherche péniblement un nouveau lit à travers les marécages. En 839, 26 décembre, la plus affreuse tempête se déchaine sur la mer du Nord, les vagues enflées par les vents surmontent les dunes, la Frise est inondée, les sables en s'amoncelant ferment l'embouchure que le Rhin avait près de Carwyck.

La rivière dite de Wavrin portant de petits bâteaux se sépare en deux branches au pont d'Haubourdin dont l'une, dite rivière de Santes (de nos jours la tortue), après avoir fait tourner un moulin, entre en l'enclos de l'abbaye ; l'autre, dite *viese navie*, passe plus près de la route de Béthune. Cette eau se réunit à la Planche-à-Quesnoy où elle fait tourner un tordoir à huile et forme deux autres branches à l'endroit dit *le Fourchon*, l'une est le filet de Canteleu (lit actuel de la Deûle), l'autre (l'Arbonnoise) entre au vivier d'Esquermes et fait tourner un moulin.

Ce fut un grand évènement pour le pays que la canalisation de la Deûle[1]. En 1271, Jean, châtelain de Lille, Sgr de la Bassée, Haubourdin, Sainghin-Weppes, par une charte dont les archives de Lille gardent l'original, s'engage envers les huit hommes et jurés de la ville, de canaliser à ses frais et dépens et de rendre navigable la rivière et le *fossé mouvant qui viegne de la Bassée treschi à Haubourdin.*

L'acte fixe la largeur de la rivière à 40 pieds avec 4 pieds de tirant d'eau, aux temps les plus secs. Pour ces travaux, la Ville payera au châtelain 1500 liv. d'Artois, monn. de Flandre. On s'étonnera, sans doute, qu'une somme aussi faible put suffire aux travaux, à l'achat des terrains, sauf ceux du Riez de Canteleu qui appartiennent à la Ville[2],

---

1 La Deûle sort des sources de Carency et de Souchez ; à Lens, où elle passe, on la nomme Souchez, elle entre dans le département du Nord avec direction N.-E. près Bauvin (côte 23), contourne au N. le plateau crayeux des environs de Lille, reçoit la Marque et se jette dans la Lys, à Deulémont (côte 14).

2 La Ville avait un aspect tout champêtre. Elle possède *au riez de Canteleu*, 14 bonn. de prés Le bourgeois de Lille peut envoyer paître au riez, 2 vaches et 1 veau, à condition d'y transporter *une carrée de fiens par bête.*

1275. — La comtesse approuve la prisée faite par son féal Bauduin, sire de Comines, Michel de le Deûle, bailli, et Paul de Beaufremez, bourgeois de Lille, des terres, prés, haies, chaingles, prises pour le canal, depuis la maison Renier au pont de Canteleu, jusqu'à la gaukerie de Lôs. L'estimation porte sur le revenu annuel, et les riverains reçurent une rente équivalente.

De la maison Renier à la caingle du Temple, pour les pres non plantés, le revenu et les terres que l'abbaye de Lôs cède en échange du droit d'aller par le canal qui la traverse. Au XIIIe siècle, 1500 liv. équivalent, en poids à une somme, de nos jours, 19 fois plus forte, soit 28.500 et dont la puissance 6 fois plus grande représente un chiffre de 171.000 francs ; une livre avait le poids de 19 de nos francs et la valeur de 114.

171,000 francs suffirent pour retirer les vases qui, par place, entravaient la circulation et pour conduire le canal jusqu'à Berclau, de là jusque la Bassée par le fossé des *Crêtes le Comte* creusé en 1054 par Bauduin.

Au XIIIe siècle, les routes étaient rares, impraticables une grande partie de l'année, le canal offrait de grands avantages dont profitèrent Lille et la Bassée, qui devint l'entrepôt des produits de l'Artois ; il servait à amener par navire blés, avoines, wèdes, laignes (bois) et toutes marchandises du pays d'Artois jusqu'au lieu où l'on fait rivage desdites marchandises, dit le Wault au plus près de la ville de Lille.

La branche se dirigeant vers le pont de Canteleu fut seule canalisée, l'autre qui descendait directement jusqu'aux murs de la ville en passant sur le territoire d'Esquermes et de Wazemmes, fut laissée telle que la nature l'avait faite, telle que l'avaient vue les premiers temps, telle que nous l'avons connue il y a 40 ans dans nos parties de canotage. Poursuivant son cours, l'Arbonnoise faisait tourner les moulins de

---

est évalué à 4 s. d'Artois par cent de terre ; pour les prés plantés, 5 s. ; pour les jardins, 7 s.

Le long du fossé qui vient de l'abbaye de Lôs parmi les prés de la S[rie] des Fresnes jusqu'au moulin de Kesnoit ; les prés de Mgr Sogier de Hautemoustre; ceux du chapelain de la Haye et la dime de Rameau, chaque cent vaut en revenu annuel, 4 s. 6 d. d'Artois.

Pour les prés de Mgr Jean de Menin et les prés des pauvres de Lôs, le cent vaut en revenu, 4 s. d'Artois ; pour ce qu'on a pris à André de Landast, le cent de terre vaut en revenu annuel, 3 s. 6 d. d'Artois ; de ce qu'on a pris du fossé Heudiaert-Delemotte, le cent de terre vaut en revenu, 6 s. d'Artois; de ce qu'on a pris ou prendra de la terre Gillon d'Houplin, le cent vaut en revenu, 4 s. 6 d. d'Artois.

Dix sols en ce temps représentent la valeur moyenne d'un hectolitre de blé.

Wazemmes, au lieu dit *la Porte rouge*, dont l'emplacement correspond à l'intersection du boulevard Vauban et de la rue Nationale, puis elle coulait dans les près appartenant à l'évêché de Tournai jusqu'au moulin *del Saulch* (École de natation.)

Nous produisons nos histoires des villages et des villageois parmi les terriers qui nombrent et décrivent toutes les terres, parmi les enquêtes de répartition de taille qui comptent et nomment les habitants et devancent l'état-civil[1] ; nous y trouvons ces familles aussi anciennes que le village, foyer domestique agrandi, dont la vive flamme sans cesse se renouvelle.

Le Mélantois *Medenentensis pagus*, pays du milieu cité en 670 par S. Ouen dans la vie de S. Eloi, puis dans l'acte de partage des Etats de Louis le Débonnaire en 835, est compris entre la Marque et la Deûle. Seclin en est la capitale. On y voit aussi Annappes, Anstaing, Ascq, Avelin, **Emmerin, Esquermes,** Faches, Fives, Flers, Fretin, **Haubourdin,** Hellemmes, Houplin, Lesquin, Lezennes, Lille,[2] **Loos,** La Madeleine, Mons-en-Barœul, Noyelles, Péronne, Ronchin, Sainghin, Templemars, Tressin, Vendeville, Wattignies, **Wazemmes.**

---

1 A une époque assez moderne et par les ordonnances de 1539, 1579, 1629, il fut enjoint aux curés d'inscrire sur des registres réguliers, les mariages, baptêmes, sépultures. Les paroissiaux remontent à Beaucamps, à 1613. — Emmerin, 1601. — Englos, 1658. — Ennetières, 1648. — Erquinghem-Sec, 1607. — Escobecques, 1678. — Hallennes, 1647. — Haubourdin, 1605. — Le Maisnil, 1601. — Ligny, 1661. — Lomme, 1600, quelques feuillets de 1567. — Capinghem, 1591. — Loos, 1645. — Radinghem, 1792. — Santes, 1614. — Sequedin, 1582. — Wavrin, 1642. — Esquermes, 1638. — Wazemmes, 1577.

2 Par son vaste marché qui occupait alors la grande, la petite place et lieux voisins, la Bourse et le Théâtre n'existant pas, Lille eut la prééminence sur le pays voisin. Le titre de fondation de S: Pierre, en 1066, cite Lomme, Frelinghien Ennetières, La Bassée au territoire de Lille. La monnaie qu'on y frappe à cette époque prouve son antique commerce.

Le Weppes, *Weppis*, ainsi nommé de sa position à l'occident, *ad vesperum*, démembrement de *pagus Adertisus* Artois est cité dans les chartes de S. Pierre de Gand, en 984, *in Weppis alodem Salomonis mansum*, Salomé ; en 1037, *Villa Anatirs* Ennetières ; il est borné à l'O. par l'Artois, au N. par la Lys, à l'E. et S. par la Deûle qui le sépare du Mélantois. Le chef-lieu est Wavrin. La Bassée, Armentières, l'Abbaye-de-Loos occupent trois angles de ce territoire. On y voit aussi Aubers, **Beaucamps,** Capinghem, **Englos, Ennetières,** Erquinghem-Lys, **Erquinghem-le-Sec, Escobecques,** Fournes, Frelinghien, **Hallennes-lez-Haubourdin,** Hantay, Herlies, Houplines, Illies, Lambersart, **Le Maisnil, Ligny, Lomme,** Marquillies, Premesques, **Radinghem,** Sainghin, Salomé, **Santes, Sequedin, Wavrin,** Wicres.

Mélantois, Carembault, Pévèle, Weppes, Ferrain sont les cinq quartiers de la châtellenie de Lille. Cette division territoriale qui remonte aux origines de la féodalité fut en usage jusqu'en 1789. A cette date encore, nous étions au diocèse de Tournai, dont le premier évêque est S. Eleuthère, vers 500. Réuni à celui de Noyon, depuis S. Médard, S. Eloi, il en fut séparé en 1146 quand Anselme fut à Rome sacré solennellement évêque de Tournai par le pape Eugène III. Cet évêché, resserré entre ceux d'Arras, Térouane, Cambrai, qui tous ont Reims comme métropole, compte 900,000 âmes, avec les villes de Gand, Bruges.... le territoire de Lille. Cette grande population nous montre les progrès de l'agriculture flamande, de l'industrie et du commerce dès 1146.

1559, 12 mai. — A la demande de Philippe II, qui voulait soustraire les évêchés des Pays-Bas à la suprématie d'une métropole française, et malgré les réclamations de l'archevêque de Reims, le pape érige en métropole le siége de Cambrai, avec les évêchés d'Arras, St-Omer, Tournai, Namur, comme suffragants. Depuis 1369, il y avait en la châtellenie de Lille 2 décanats : Lille et Seclin, ressortant de l'archidiaconé de Tournai. Le décanat de Lille fut, en 1588, par Jean de Vandeville, évêque de Tournai, divisé en trois : Lille, Quesnoy, Wavrin. Tous nos villages sont du décanat de Wavrin, excepté Lôs et Emmerin, qui sont de celui de Quesnoy ; Wazemmes et Esquermes sont du décanat de Lille.

Beaucamps, *bellus campus*, est près de la voie romaine de Tournai au pont d'Estaires. C'est un nom de situation qui désigne une belle plaine, une campagne agréable.

1203. — Vivaient Hués Douvrin, chl^{r}, Euphémie Boussoy, sa femme, d'où Euphémie Douvrin, femme de Bauduin de Moriaumez, fils de Simon et de Béatrix de Pérenchies.

Renier Douvrin, chl^{r}, Sr de Beaucamps, de Barge, capitaine de Crèvecœur, Renaud, son fils.

1331. — Walter du Poncel, *de poncellis*, chl^{r}, Sr de Beaucamps en partie. (*Arch. du Nord*, Muissart).

Marie, fille de Jacques, Sr de Beauchamps, de Lambersart (fief à Cysoing), épouse Hués de Bournel, sire de Thiembronne, fils de Pierre souvent cité par Froissard. De cette union, Louis de Bournel qui s'allie à Marie de Croy, sœur de Jean, auteur de la branche des princes de Chimay.

La seigneurie de Beaucamps, dont on ne connaît la contenance ni la mouvance, a été au comte de Berlaymont à cause de sa femme, la comtesse de Lalaing, dame de Wavrin et de Beaucamps, et passe dans la maison d'Oignies.

Claude d'Oignies, chl^{r}, Sr de Coupigny (à Fournes), de Beaucamps, créé comte de Coupigny 6 mai 1624, meurt 10 janvier 1640 ; il avait épousé 1° Anne de Rubempré, 2° Anne de Croy, veuve de Robert de S. Omer, fille de Philippe, premier baron de Solre, chl^{r} de la Toison d'or.

Des six enfants qu'ils eurent, Balthazar-Guillaume, comte de Coupigny, Sr de Rouvroy, Beaucamps, eut de son épouse

Agnès de Montmorency, Cosme-Claude d'Oignies, comte de Coupigny, Sr de Beaucamps, chl[r] de la Toison d'or, mestre de camp général de S. M. catholique Charles II, mort à Malines en 1709, à 63 ans. Il avait épousé en 1678 Isabelle-Thérèse de Bournonville, fille d'Alexandre-Hippolyte, duc et prince de Bournonville, Sr de Bondues et de Jeanne-Ernestine-Françoise d'Aremberg.

Leur fils aîné, Ferdinand-J[h]-Charles d'Oignies, comte de Coupigny, lieut[t] général des armées du roi catholique en 1706, décédé en 1723, avait épousé Charlotte de Berghes, fille de Philippe-François, prince de Berghes, chl[r] de la Toison d'or, gouverneur de Bruxelles, et de Marie-J[h] de Lalaing, comtesse de Renebourg.

Leur fille unique, Maximilienne-Thérèse d'Oignies, dame de Beaucamps, est morte à Bruxelles en 1774, elle avait épousé Ferdinand-Gaston-J[h]-Alexandre, duc de Croy, prince du S. Empire, chl[r] de la Toison d'or, grand d'Espagne. Cette maison porte de sinople à fasce d'hermine.

A la fin du siècle, la seigneurie de Beaucamps passe à la maison de Flandres. Alexis-J[h] de Flandres, chl[r], Sr de Radinghem, fils de Pierre-André, épouse *Christine-Thérèse* Rouvroy : leur fille, Françoise-Sophie de Flandres.

La **Fresnoye**[1], à Beaucamps, fief vicomtier tenu de la salle de Lille à X L., de relief cont[t] 12 bonn. 3 c. avec lieu manoir, 1 bonn. 2 c. et des rentes.

1372, 6 mars. — Rapport de Gilles de Wiquette.

1389, 18 juillet. — Rapport de Jean d'Escaubeke, bourgeois

---

1 Le château de la **Fresnoye** est à un quart de lieue de Rosimbos, autant du Maisnil. — Le **Bruisle** est un hameau entre Beaucamps et Ligny. — **Rosimbos**, à Fournes, fief vicomtier tenu de Cisoing comprenant 6 fiefs, Rosimbos, Despretz, Duremort, Reningeghem, la Parchonnerie, le Rieu du bois réunis en 1525, avec château forteresse, bassecourt, moulin à blé, eaux, bois, prés, pâtures, rejets, riez, terres à labour 76 bonn., soit au gros du donjon de Rosimbos, parmi château forteresse, prés, jardins à fruits, tenant ensemble à l'usance du donjon 30 bonn., le reste baillé en cense avec la bassecourt. Adrien d'Oignies, chl[r], Sr de Willerval, Pérenchies, Rosimbos, à cause d'Anne de Rosimbos, son épouse, 1591.

de Lille ; le fief passe à Jean d'Escaubeke, son fils, puis à Josse Regnier, à Jacques, son fils.

1496, 1er juin. — Bauduin de Croix dit de Drumetz, Sr de Wasquehal, de la Haverie à Roubaix, décédé en 1516, époux de Marguerite de Landas, dame du Bus, fille de Jacques, chlr, et de Catherine Gommer.

Pierre de Croix, leur 2e fils, fut Sr de la Fresnoye, mort en 1567, veuf de Marguerite de le Ruelle, dame de le Court et de le Vigne.

L'aîné des huit enfants, François de Croix, écuyer, Sr de la Fresnoye, épouse en 1564 Catherine de Preys, fille de Pierre et de Madeleine Vilain dite de la Boucharderie, il meurt en 1569.

Perceval de Croix, qui relève la Fresnoye au trépas de son père, meurt en 1570.

Pierre, son frère, Sr de la Fresnoye, fait rapport en 1594, il épouse Madeleine des Thiennes, fille de Jean, Sr de Willerzies et de Marguerite Ghislin.

Thomas de Croix, leur fils aîné, Sr de Daele, relève en 1622 et vend en 1626 à Guillaume Lefebvre de Lattre le fief, qui passe ensuite à Floris-Alexandre Lefebvre de Lattre, à Charles-François Lefebvre de Lattre, Sr de Ligny, à Michel-Alexandre Lefebvre de Lattre, écuyer.

Beaurepaire, à Beaucamps, fief en l'air comprenant des rentes dont le 5e se paye aux pauvres de S. Sauveur à Lille.

Au XVIe siècle, à Jean le Sauvage, Sr d'Escobeque, relevé en 1590 après son trépas par Antoine de Mol.

1615, 27 août. — Guillaume de Mol, Sr de Rollant, tuteur de René de Mol, Sr d'Escobeque, fait le rapport.

1647, 19 décembre. — Féauté et hommage par Dame Anne de Mol, vve de D. Antonio de Velanda. — Louis-Henri de Rouvroy, Sr de Beaurepaire, député de la noblesse en 1787, fils de Jacques-François-Alexandre de Rouvroy, Sr de Fournes, et de Marie-Claire-Bonne Jacobs, fille de Martin, Sr d'Ascq.

Blocus, tenu de Beaurepaire, comprenant manoir, jardin, motte toute environnée d'eau et 6 c. sur le chemin de Ligny à Beaucamps.

1615, à Jean d'Englos, à cause de sa femme, Marie de Cuinghien, dite de Hem, fille unique de feu Daniel.

Francs alleux, mêmes seigneurs que Beaurepaire.

Ollehain, tenu du châtel de Wavrin, à 60 s. de relief cont[t] 4 bonn. 9 c. terre ahanable et 6 bonn. 5 c. de soietés, enclavé entre les terres de la Fresnoye, ab[t] par devant au chemin du Maisnil à Wavrin et par derrière aux terres du fief du Faù.

1379. — Robert, sire de Wavrin, donne à Jean d'Escaubeke ce fief à la prière de son très cher et grand ami Jacques Artus, oncle de Jean d'Escaubeke ; le fief est plus tard à Pierre de Croix, à Perceval, son fils.

Grand Faù, à Beaucamps, fief vicomtier tenu de Bertran Regnier, de son fief de Verbois, cont[t] 25 bonn. avec manoir, pré et jardinage. — 1484, 18 nov. Jean de Beaufremez, de Lille, fils de Gui, achète le fief pour le gros 2100 L. monn. de fl. de 20 gros., quant au hanap de Mgr S. Thomas de Cantorbéry, il maintient qu'il lui est dû.

Jean de Beaufremez, écuyer, recev. du domaine et assis de Lille et de la châtellenie, m[tre] de la Chambre des Comptes, en 1532, fils de Jean et de Cath. de la Lacherie.

1720. — A Pierre de Flandres, Sr de Radinghem et du Faù.

La grande garde, fief tenu du Faù, cont[t] 4 bonn. 11 c. labour et des rentes.

1571. — Acquis par André Buisine, de Jean de Morienne.

1449, 25 octobre. — Par devant nous, Gautier de Croix dit de Durmez, lieutenant du gouverneur de Lille ; maître Jehan de Mortaigne ; Daniel Thieulaine, tous conseillers du duc de Bourgogne et Jehan le Tailleur comparurent aucuns des manans de la paroisse de Beaucamp est assavoir : Jehan Lambert l'aîné ; Pierre Hennebault ; Collard Coquel ; Jehan Lambert le joine ; Collard Rostu ; Jehan Gaillet ; Mathieu

Lambert ; Hellin Bustin ; Jacquart Ruion et Toussains de le Lacerie, collecteur de leur taille, lesquels, après le serment par eulx fait, nous firent ostention du billet de l'assiete et cache de leur taille par lequel appert que ils avaient été assis à la darraine assiete qui fu, l'an 1448, à XVIII liv. de XL gros la liv. et dient qu'ils estoient LXI personnes paians taille avec compris VIII maisnies et qu'ils n'assoient point à taille les hiretages des forains et dudit nombre de gens paians taille en y a qui, à présent, prendent des biens des povres X ou environ. Requis assavoir si ils ont aucuns enclavemens en lad. paroisse non paians taille, dient que non. Requis assavoir s'ils sont ameuris de nombre de personnes et de chevance depuis X à XII ans, dient que si et la cause si est pour ce que Jehan de le Sauch deffunt paioit XXVIII s. et le louagier en son lieu ne paie que V s. Jehan Damide deffunt paioit 4 s. et le louagier en son lieu paie XVI s. Jehan Gobet aussi deffunt avec sa femme paioit XXXVII s. et le censier, en son lieu, paie XXVIII s. Jehan Lambert le père, deffunt, paioit XXXV s. et son fils, en son lieu, ne paie que XVIII s. Jehan Lelezit, deffunt paioit XXX s. et le censier, en son lieu, ne paie que XX s. Jehan Harnain, aussi deffunt, paioit XX s. et le censier ne paie que VIII s. Robert Ruion soloit paier XX s., lequel est apovri et à présent ne paie que VIII s. Miquiel Ruion paioit XVI s., lequel est parti et son censier ne paie que V s. et plusieurs autres semblablement qui sont morts ou partis, dont ils ne sont point recors. Requis assavoir si, depuis ledit temps, aucuns sont venus demourer en lad. paroisse dont ils soient enrichis, dient que non. Requis assavoir la ricesse des manans de lad. paroisse, et combien ils paient de taille, dient que Demiselle le Blanch a XXVI bonniers de terre et est bien meublée et paie C. s., Miquelle de Bauvin a VII bonniers et demi de terre parmi un lieu et paie XLVI s. Jehan Lambert, le joisne, a V bonniers et demi de terre parmi un lieu et paie XXXIX s. a aussi C. s. de rente viagère. Jehenne Gaillet a VII bonniers de terre et paie XXX s. Jehan Lambert, laisné, a trois bonniers de terre parmi un lieu et paie XXVII s., et les autres en dessoubs paient semblablement à l'avenant de leur chevance. Requis assavoir que leurs terres valent en cense et combien en vente l'une parmi l'autre, dient qu'elles valent en cense

XIII R. de grain à l'avesture, mesure de Lille, et en vente XX frans le bonnier et doivent de rente, l'une parmi l'autre, LX s. le bonn. Requis assavoir si ils se dient estre plus hault taillés que les villes voisines, dient que puisqu'il convient paier taille, ils sont assez bien au regard de leurs voisins et sont contents de ainsi demourer, mais néanmoins, vaulroient bien avoir diminution, se pouvoit et pour ce avoir, ont requis.

1498. — Comparurent sire Jehan Fyot, curé propriétaire ; David de Bauvins ; Alard Agaiche ; Charles et Jehan Bustin ; Jehan Turpin qui affirment, led. sire Jehan *in verbo sacerdotis*, et les autres par le serment de leur corps, qu'au village y a 45 ou 46 feux, desquels les 12 ou 14 prennent les biens de la carité des povres et si en y a 5 ou 6 qui envoient leurs enfants quérir leur pain d'huis en huis continuellement, et le restant sont gens laboureurs ou manouvriers. — Dient sur ce interrogés, qu'en lad. paroisse y a 8 ou 9 attelées dont les 4 bonnes attelées feraient le labeur de ce qui est à faire et le surplus pour entretenement de voicturer pour autrui.

Interrogés sur l'augmentation ou dépopulation du village depuis 1491, où la dernière reformation de l'assiete se fit, dient que le nombre de gens et de bétail est bien aussi grand ou mieux, mais ils se dient plus povres beaucoup qu'ils n'estoient lors. Dient que pour la présente année ils ont payé en toutes aides XXXVI L. de XL gros.

1549. — Il y avait à Beaucamps, en jardins, 31 bonn. 12c, revenu estimé à 18 L. le bonn., en labour, 219 bonn. 15c, revenu estimé 12 L. le bonn.

1 moulin, 1 tordoir, 75 feux, 17 chevaux, 100 vaches, 208 blanches bêtes. Revenu de dime, compris 10c de jardin, 56 L. Les dîmes et dîmerons rapportent 121 L. 10c.

1720. On y compte 122 feux, la terre porte blé, avoine, colza, qui se vendent à Lille, par où sont adressées les lettres. On y file de la grosse laine pour faire des couvertures de lit.

Le revenu de la cure est de 600 L. parisis à la collation du recteur des Jésuites de Tournai, comme prieur d'Englos, qui avait 2 parts dans la dîme. L'église est sous l'invocation de S. Pierre. Curés : J.-B. Delahaïe 1694-1700. — V. Dorchies

1700-37. — Aug. Petit 1737-45. — Duhamel 1745. — Morcou 1745. — Lesage 1746-77. — Ig. Jean Breckevelt 1777-91, émigra. — *J.-C. Bouchaut* 1791, constitutionnel. — Breckevelt susdit 1802. — H. Schlim 1802-6. — Hubert 1806-31. — J.-B. Salomez 1831. Dédicace, le dimanche de la Fête-Dieu.

Thomas Becket, archevêque de Cantorbéry, primat chancelier, depuis martyr de J. C., fuyait l'Angleterre. Dénué de tout, mourant de fatigue, il avait été recueilli par un pêcheur et conduit aux rivages de Flandre qu'il traversa sous l'humble nom de frère Christian. Sous cette bure grossière on retrouve celui qui porta la soie et l'hermine ; plus d'une fois la grâce exquise de ses manières le trahit quand il voulait rester inconnu au manse hospitalier du laboureur ; il vint en nos contrées vers 1165 au manoir du grand Faù ; un puits près duquel souvent il se reposa donnait une eau salutaire aux personnes atteintes de fièvre. Beaucamps et Radinghem conservent pieusement divers ustensiles qui furent à son usage ; l'église de Beaucamps garde l'écuelle de bois que le saint voyageur reçut des mains d'un paysan pour étancher sa soif.

Rappelons ici la mémoire des époux, derniers seigneurs du château, Henri-Julien-Léon Bidé, comte de la Granville de Lawe, né à Beaucamps, fils de Louis-Julien et de Françoise-Joseph-Sophie de Flandres, mort le 1er juin 1870, à 78 ans, en son château ; il avait épousé, le 5 août 1818, Marie-Caroline de Beauffort, née en 1794, à Anvers, 7e enfant de Charles-Louis, marquis de Beauffort et de Honorine-Léopoldine Ghislaine, contesse de Mérode ; elle est morte à Beaucamps le 6 septembre 1865.

Attentifs à donner une bonne éducation à la jeunesse ils fondent une école de filles, en 1839 à Loos, en 1841 à Prémesque qui, plus tard, est doté d'une maison de sœurs et d'un pensionnat. En 1842 ils font construire l'école de Beaucamps et invitent 3 frères maristes à venir la diriger.

Bientôt de nouveaux frères sont appelés, de nouveaux bâtiments s'élèvent, l'humble école est devenue un vaste pensionnat ; en 1850 une immense chapelle est construite ; un noviciat de frères maristes contigu au pensionnat est établi, pépinière qui étend ses rameaux sur la France, l'Angleterre, la Belgique.

M. le comte de la Grandville possédait au hameau de Boisgrenier qui, par ses soins, est érigé en paroisse et en commune, une chapelle et une ancienne demeure seigneuriale depuis longtemps inhabitée. La chapelle devient une église paroissiale de beau style, le château cédé à la commune sert de presbytère et de maison d'école ; enfin le don d'une école pour les filles complète cet ensemble et le hameau devient un village florissant. L'église de Loos, celle de Beaucamps où ils reposent, sont aussi des monuments de l'inépuisable charité de ces infatigables bienfaiteurs.

Emmerin, *Amering*. Parmi les autels appartenant à l'abbaye S. Eloi, une bulle du pape Adrien de 1158 mentionne l'autel d'Emmerin *Altare de Amering*. C'est un nom germanique *Ameringhem*, demeure d'Aymard ou d'Emeri.

Ce village a 104 bonn. en la châtellenie de Lille, le reste est terre franche ou d'empire relevant du comté de Hainaut et de la Cour de Mons comme Haubourdin, avec les mêmes seigneurs, les mêmes coutumes. Il paye lui-même les aides au souverain comme font les provinces, il donne son nom à une famille chevaleresque. 1218. — Hugo d'Amerin, chl^r^.

De divers registres des archives de Lille on voyait en 1286 Jehan d'Amerin, fiùs Jehan le Roy et ceux de Duremort.

1295. — Jehan, sire d'Amerin.

1316. — Monsr Jehan, sire d'Amerin, dame Jeanne de Duremort, sa femme ; Bourars d'Amerin, leur fils.

1347. — Bourars d'Amerin, écuyer.

1372. — Jehan, sire d'Amerin, chl^r^, relève le fief de Durmort à Sequedin.

Guermanez Emmerin avec château occupé par le seigneur, au XVIe siècle, à Agnès de Cuinghien.

Au XVIIe, Jacques de Fourmestraux et Robert, son frère, mort en 1641. Alard de Fourmestraux, Sr de Guermanez et du château d'Emmerin, échevin de Lille anobli par Louis XIV.

Pierre-François-Robert de Fourmestraux, écuyer, allié à Marie-Anne Bava, dont l'héritière épouse en 1723, Ferdinand-Ignace Hespel, S^r des blancs gants, mort en 1762.

César-Auguste Hespel, Sr de Guermanez et de Lestoquoi, représente la noblesse du baillage de Lille à l'élection des députés aux Etats-Généraux en 1789.

Des Nepveux, fief cont^t 2 bonn. 6 c. terre à labour des rentes s^riales allant en cense pour 15 R. blé 1 Hav. pois. Vers 1560, à Jean Glorieux.

Martinsart cont^t parmi leur manoir, près, bois, terre à labour ; vers 1560, acquis par Jean Barge de Guilbert de Thieffries, passe à Pasquier Barge.

1449, 13 novembre. — Comparurent aucuns des manans de la paroisse d'Amerin, assavoir Gaspart Le Clerc, Jacquart Gravelin, Jehan Bauduin et Pier Deffontaines, collecteur, lesquels, après serment par eulx fait, nous montrèrent le billet de l'assiete et cache de leur taille, par lequel appert que ils avoient esté assis à la darraine assiete qui fu l'an 1448 à XIII liv. de XL gros la liv. et dient que ils estoient XXI personnes paians taille et quatre maisnies, et que ils n'assoient point à taille les héritages des forains, et dudit nombre de gens paians taille en y a qui, à présent, prendent des biens des povres, XVII ou environ. Item dient que en ladite paroisse y a XL maisnages situés en l'Empire qui point ne paient taille et ne sont les dessusdits paians que le reste des manans dudit lieu. Requis assavoir si ils sont ameuris du nombre de personnes et de chevance depuis X ou XII ans, et si ils se plaindent de trop de taille dient que si et la cause si est pour ce que Jehan Cottry, dit Marissal, paioit XL s., lequel est parti et laisse son bien vaghe ; Jehan de le Ruelle, aussi parti, paioit LX s., son louagier en son lieu ne paye que VI s. ; Martin Beudart, pareillement parti, paioit XL s., son louagier ne paie que VI s.; Jehan Raoul, aussi parti, paioit XLVI s. et son lieu est à ruine. Maroie Rogier soloit paier XVIII s. est apovrie, et à présent ne paie que VI s. Maroie Markant, partie, paioit XVIII s., et le louagier en son lieu ne paie que III s. Bertrand de Martinsart, aussi parti, paioit XXV s., et le louagier ne paie que VI s. Jehan Heddebaut, aussi parti, paioit XL s., et en son lieu le louagier ne paie que V s., et semblablement d'autres plusieurs dont ils ne sont recors. Requis assavoir si ils sont enrichis et si aucuns depuis ledit temps sont venus demourer en lad. paroisse, dient que non. Requis assavoir la ricesse des manans de lad. paroisse et combien ils paient de taille, dient que Jaspart Leclerc a IIII bonniers et XIII^{c} de terre parmi ung lieu et paie IIII L. II s ; Martin Glorieux a en héritage XL L. de revenu par an et paie LXXI s.; Jehan Bauduin a un bonnier de terre en deux lieux et paie XXXVII s.; Jacquart Gravelin a III^{c} de terre parmi ung lieu et paie XXXI s.; la veuve Jacquart du Puch a ung quartier de terre parmi ung lieu et paie XXVII s. Valentin de Clenquemeure a la moitié d'ung lieu cont^{t} ung quartron de terre et paie XXIIII s. et les autres paient pareillement à l'avenant de leur chevance. Requis assavoir que leurs terres valent en cense et combien en vente l'une parmi l'autre, dient qu'elles valent en cense XVI R. de grain à l'avesture, mesure de Lille, et IIII^{xx} frans le bonnier et doivent, l'une parmi l'autre, disme et terrage qui est de XI garbes deux, terrage livré en la grange de ceulx à qui il est dû. Requis assavoir se ils se dient estre plus hault taillés que les villes voisines, dient qu'il leur semble que ceulx de Santes et de Lôs ont bon marché de taille au regard d'eulx et de leur chevance.

1498. — Sire Robert Vedasty, prêtre, curé d'Emmerin, Melcor Leclercq, Jehan Delecroix, Huart Lemesre, sur ce interrogés, dient, sire Robert, *in verbo sacerdotis*, les autres par le serment de leur corps, qu'à Emmerin y a 22 feux sur la châtellenie de Lille paians et contribuans en tous aides desquels les 15 prennent les biens des povres et le demeurant sont gens de labour et autrement vivant de manœuvres du mieux qu'ils peuvent. Dient, sur ce interrogés, qu'il y a 7 chevaux de labour. Interrogés si le village est à présent mieux peuplé de gens et de bestail qu'il n'estoit en 1491, dient qu'en tant qu'il touche le nombre de gens il est assez égal qu'il estoit lors ; quant au bétail, il est moindre qu'il n'estoit en 1491, et que ledit lieu est diminué de chevance. Dient qu'ils ont paié et fourni pour l'année courante, qui expire à la St-Jean prochain venant à Philippe Duquesne, receveur des aides, la somme de XIIII L. IIII S. de XL gros la liv. et ce, compris l'aide de Gheldres.

1549. — Il y avait à Emmerin, châtellenie de Lille, en jardins, 7 bonn. 11c, revenu estimé à 20 L. le bonn., en labour, 96 bonn. 9c, revenu estimé 15 L. 5 S. le bonn., 22 feux, 4 chevaux, 16 vaches. Un particulier fait marchandise de wede pour environ 600 L. La dîme rapporte 85 L. 10 S

1720. — On compte à Emmerin 120 feux, la terre produit blé, sucrion, colza, avoine, autres graines, qui se consomment à Lille.

Revenu de la cure, 350 fl. à la collation de l'abbaye de S. Eloi ; depuis le Concordat, Emmerin est au diocèse de Cambrai comme tous nos villages. Curés : 1862 L.-J. Leroy. — 1807 M.-F. Wacquez. — 1825 Manniane. — 1829 Chaland, — 1836 Desplanques.

L'église, sous l'invocation de S. Barthélemi, fut reconstruite en 1840, sur le cimetière comme l'ancienne, par les soins de MM. Decarnes, de la Grandville, Debuchy, maire depuis 1821, de Marquette, arch. à Lille ; elle fut bénie par M. Lefebvre, doyen-curé de S. Etienne à Lille, le 24 août 1841.

De vastes terrains les marais étaient dès le XIIe siècle, de ventables paturages dits *communes patures* où les habitants envoyaient paître leurs bestiaux. C'était l'usage en Flandre d'y laisser les porcs en liberté ; ceux que l'abbé de Lôs avait mis aux marais et wattines d'Emmerin et de Wattignies s'étaient multipliés au point que les laboureurs se plaignirent ; l'abbé dut limiter leur nombre à 120.

Le marais d'Emmerin, par suite de contestations commencées en 1689, fut partagé et séparé de celui d'Haubourdin par arrêt du Conseil du 4 avril 1752.

Le château d'Emmerin brûle en 1641 ; celui de Guermanez fut, en 1855, affecté avec ses dépendances à l'Institut agricole pénitentiaire fondé par le Dr Faucher, transféré à Loos.

Quand Lille eut besoin d'eaux salubres, elle prit les eaux d'Emmerin aux sources de Guermanez, Billaut et de la Cressonnière fournissant un rapport de 11.250 mètres cubes par jour. C'est le quart de la distribution complète.[1]

Englos, cité en 1152, au cartulaire de l'abbaye de Lôs. Ce nom est-il germanique ou latin : *Eng*, *Enge*, dans les anciennes langues du Nord signifie étroit resserré. Engloos, Enge-loos est-il pour *angustus locus* ou *lucus*.

Anglos, *anglée*, *engle* s'est dit en vieux français pour angle, coin, du latin *angulus* ; angleux pour anguleux ; *angulosus*, qui a beaucoup d'angles, de recoins, s'il s'agit d'un territoire. Englos est-il une altération du mot enclos, inclusus. Armoiries de sable, à l'écu d'argent ; en 1374, le seigneur d'Englos brise cet écu d'un lambel de gueules.

Cette terre, de mouvance inconnue, donne son nom à une famille de gentilshommes ; plusieurs sont recommandables par leurs vertus chrétiennes et militaires.

1152. Hughes d'Englos (cart. de Lôs.)

1195-1218. Roger d'Englos. — 1221, Eustache d'Englos.

1256. — Jehan d'Englos, chlr ; Robert, son frère ; Grard du Mesnil, leur beau-frère.

En 1296, vivaient Mahaut, dame d'Englos, veuve de Jehan et Bernard d'Englos, son fils,

---

1 De Wingles qui reçoit les eaux des collines d'Artois à Wattignies, sur un espace de 19 kilomètres de long, 8 de large, 152 en carré, existe un réservoir naturel d'eaux pluviales formé par l'imperméabilité du tun et limité à droite par le coteau de la Deûle, à gauche par le niveau de retenue du canal, en face par les monts d'Ennequin et de l'Arbrisseau, sous lesquels le tun se relève beaucoup. Cet étang souterrain se révèle par des sources nombreuses, des clairs, des marais, il reçoit par an 103 millions de mètres cubes d'eau de pluie dont le trop-plein ne peut s'écouler que par des syphons insuffisants sous la Deûle et fournit aux besoins d'eaux de la ville.

1289-1304. — Robert d'Englos, x^e abbé de Lôs.

1312. — Hughes Li Pers d'Englos, XIIIe abbé, neveu de l'abbé Robert comme Jacques d'Englos, religieux de Lôs, fils de Jean Li Pers d'Englos et de dame Julienne, tous deux très nobles et inhumés au cloître de l'abbaye de Lôs.

1320. — Robert d'Englos, sire de Fournes.

1344. — Bernard et Robert d'Englos, Jean du Mesnil procèdent à Paris contre les Lillois pour l'abolition du droit d'arsin.

1382 à 1395. — Marie d'Englos assiste à la ruine de sa famille engagée dans une guerre privée pleine de meurtres[1].

---

[1] Dans l'esprit des lois germaniques, la réparation du meurtre d'un homme libre appartient à ses proches ; la puissance publique intervient plus en arbitre qu'en juge. C'est ainsi que la guerre est déclarée entre les d'Englos et les de *Neuféglise (village* de la châtellenie de Bailleul.)

Jean de Neuféglise ; Jacques Chlr., son frère ; les Barisel et autres de leur lignage, aussi *ceux du lignage* d'Englos, du Berquin, du Bos firent plusieurs assemblées et chevauchées les uns contre les autres. Un certain jour, Jean d'Englos avec grand nombre de gens s'était précipité dans l'âtre de Richebourg et, sans provocation préalable, il avait navré vilainement Jean de Neuféglise ; il l'avait, depuis, par plusieurs fois, guetté lui et les siens, pour leur porter dommage.

La comtesse de Bar, informée de ce sanglant démêlé, avait fait juger et crier dans sa terre trèves entre les parties, selon la coutume ; malgré cela, Jean d'Englos avait recherché et attaqué par surprise *Jean de Neuféglise et Hanekin Joie*, son cousin qui se croyaient protégés par la trève. Ce dernier n'avait guère survécu à la rencontre ; Jean d'Englos et ses complices furent bannis du pays de Flandre par la loi de la comtesse de Bar. Louis de Mâle intervint alors dans le débat et, par son bailli de Merville, fit prendre et donner de nouvelles trèves qui ne furent pas mieux respectées. Jean d'Englos tombe sur Jean de Neuféglise qui, cette fois, succombe.

« Après ledit feu d'Englos mit à mort, Gilet Parisel proisme aux de Neuféglise aussi icelui d'Englos et ses complices tuèrent Jean le Creton ; depuis ils copèrent le pié à Jean de Bailleul, parent aux Neuféglise ; aussi Anieus du Bois, proisme aux d'Englos, avec d'autres, navrèrent et mirent en péril de mort Mathieu de Bailleul, sergent de Monsr le Roy ; aussi *Bourard d'Englos, frère* de Jean et Jean du Bois, leur cousin, accompagnés de plusieurs bannis navrèrent, en la ville d'Estères, Jean Ackerman, proisme aux Neuféglise. »

Ces violences se passaient au temps troublé qui précède la bataille de Rosebeke. Aussi Wautier du Brequin, oncle d'Anieus du Bos et Jean Boidin, oncle bâtard d'icelui Anieus, durant les rebellions qui, dernièrement ont été en notre pays de Flandre, firent prendre, amener à Ypres, Colard Dumoulin, parent aux Neuféglise et livrer illecq. aux hofmans de *Philippe Arteveld, par lesquels icelui Colard fut* piteusement décapité. Aussi, avait été tué Jackèmes de Lalaing, sur l'âtre d'Esterres, par ceux de la partie des d'Englos et Bacquelroit.

A ces allégations, les d'Englos n'étaient pas sans réplique ; ils disent qu'en une *feste assemblée* à la Couture, Jean et Jacques de Neuféglise, Gilles Barisel avaient couru sur les d'Englos et sur Jean Tonin, leur demi frère, chassé vilainement celui-ci

1417. — Victor de le Douve dit de Rabeke, chl[r], hérite un fief sur Wambrechies et Marquette par le trépas de Marie d'Englos, sa mère.

Au xve siècle, la seigneurie d'Englos est aux mains de Hughes de Montmorency, Sr de Bours, Courrières, époux de Marguerite d'Oignies, fille de Bauduin, chl[r], S[r] d'Estrées (châtell. de Douai), de Gruson, gouverneur de Lille.

1486. — Il donne à Marie, sa fille aînée, la terre et S[rie] d'Englos qui se comprend en 2 fiefs.

En 1546, la seigneurie fait partie des nombreuses terres de Maximilien Vilain dit de Gand, Sr de Lomme (voir Lomme), gouverneur de Lille et passe, en 1767, à Guillaume Camille de Gand, marquis de Hem.

---

et navré de 12 plaies Jacques Meurin alors bailli des religieux de S. Vaast en l'Alleu ; pour ce fait, ils furent *condempné par loi* selon les chartes du pays de l'Alleu ; après, Jean de Neuféglise avec plusieurs de ses complices avait assailli la maison de Jean du Bos, tiré et lanchié sur icelle tellement qu'ils y tuèrent Jean Touin.

Las de ces désordres, Philippe le Hardi, en son nom et au nom du comte, son beau-père, envoie Philippe Blondel, bailli de Lens, à Richebourg, où s'étaient retirés en l'église les partisans de Neuféglise : ceux-ci chassèrent le bailli et ses gens. Me Jacques et ses complices mirent à mort Jean d'Englos que le comte avait *laissié elargir* de la prison de Lille et navrèrent, au pont d'Estaires, Bourard d'Englos, père de Jean. L'affront sanglant que l'autorité du comte de Flandre avait subi devant l'église de Richebourg, les forfaits commis dans la lutte atroce des deux familles d'Englos et de Neuféglise dans laquelle 25 personnes avaient péri, appelaient une répression : Philippe le Hardi, à son avènement au comté de Flandre, évoque cette affaire en son conseil.

Jacques de Neuféglise, comme principal chef de son parti ; Watier du Brequin ; Jean et Anieus du Bos, au nom du parti d'Englos, s'étaient soumis à cette haute juridiction. On prit jour à la Gorgue le 20 7bre 1392 pour la comparution des parties et de leurs témoins, mais là aucune ne produit des témoins ; les Neuféglise prétendent que la procédure est nulle, attendu que les d'Englos n'ont pas fait leur soumission ; les représentants de ceux-ci disent que Jean d'Englos, fils de feu Bourard, était *chief de ladite guerre* et qu'ils n'ont *pooir de produire aucuns témoins*.

Une sentence intervient le 11 octobre 1392 (Arch. du Nord, 8e regist. des chartes, f° 67) qui condamne *Me Jacques de Neufeglise et ses plèges en 600 nobles, Wautier de Brequin et Jean du Bos en 400* en amendes devers *nous et s'aucune des parties par deseur ladicte paix procedant contre l'autre par voie de fait, nous en ferons faire pugnicion comme de paix enfreinte*.

Vers 1440, Jean d'Englos banni pour homicide, se tient avec sa bande en l'église de Laventie ; il n'en sort que pour menacer, battre, rançonner, piller, soutenu par des parents qui sont à Illies, Wicres, Haubourdin.

1442. — Jeanne de Guerboval, v[ve] de Jean d'Englos, fait à Jeanne de Luxembourg, bâtarde de S. Pol, l'aveu d'un fief qu'elle tient d'elle à cause de la terre et S[rie] de le Boutillerie.

Lassus à Englos, tenu de Phalempin, consist[t] en un manoir et 10 c. sur la place d'Englos à Huès de Montmorency, chl[r], Sr de Bours, Courrières, Englos.

Riencourt à Englos, fief vicomtier tenu de Phalempin cont[t] 3 bonn. 1/2, près du chemin d'Englos à Haubourdin ; modération de la dîme à 3 du cent pour les aveties qui y croissent. — 1389. A Jean Fourlignies.

Vers 1600, Hector Destailleurs fait rapport de ce fief à lui succédé par le trépas de D[elle] Cath. Destailleurs, sa tante, fille de Jean, femme d'Antoine de Berlettes, écuyer.

La prévôté de S. Piat de Seclin à Englos et Hallennes. Les biens de S. Piat, sis en ces paroisses constituent une seigneurie sous la juridiction d'un prévôt.

1449, 28 octobre. — Comparurent aucuns des manans de la paroisse d'Englos, assavoir Gillet-Delatre, Estiévenart Delahaye, Pierre Delatre le père et Pierre Delatre son fils, Henri Delatre, collecteur, qui nous firent ostension du billet de l'assiete et cache de leur taille par lequel appert qu'ils avoient été assis à la darraine assiete qui fu, l'an 1448, à la somme de XV L. de XL gros la LIV. et dient qu'ils estoient XXVIII personnes paiant taille et qu'ils avoient assis IIII maisnies à taille, mais ils ne assoient point les héritages des forains et du nombre de gens paians taille en y a qui, à présent, prendent des biens des povres, VII ou environ. Requis s'ils ont aucuns enclavements en lad. paroisse non paiant taille, dient que non. Requis assavoir s'ils sont ameuris du nombre de personnes et de chevance depuis X ou XII ans, et s'ils se plaindent de trop de taille, dient que si et la cause si est pour ce que Jehan Chevalier deffunt paioit L S., sa veuve ne paie que IIII S. Jehan de Hanin, deffunt, paioit XX S., et son lieu est à ruine. Colard Descamps, deffunt, paioit XII S. et son lieu est à ruine. Gillot Chevalier, deffunt, paioit XL S. et son louagier ne paie que IX S. Jehan Mienuit, deffunt, paioit XL S. et sa veuve ne paie que XVI S. Rogier Tancré, deffunt, paioit XL S. et son restor ne paie que III S. Jehan Potier, deffunt, paioit XXXII S., le louagier en son lieu ne paie que III S. Jehan Carlier, aussi deffunt, paioit XXX S. et son lieu est à ruine, et plusieurs autres pareillement sont mors ou partis, dont ils ne sont recors ; dient que depuis quatre ans ils ont été mangiés et composés de gens d'armes qui les ont domagiés de VII^xx L. Requis assavoir s'ils sont enrichis depuis led. temps, dient que non. Requis assavoir la chevance des plus riches de la paroisse et combien ils paient de taille, dient que Wille Fissel a un lieu avec XIIII bonn. de terre et aucunes rentes viagères et paie IIII LX S. Gillet Delatre a six bonn. de terre parmi un lieu et paie IIII L. 10 s. Estiévenart Delahaye a trois bonn. de terre parmi un lieu et paie LX s. Jehan Fournier a trois bonn. de terre parmi un lieu et paie XLVI S. Pierre Delatre a trois bonn. de terre paie XLII S., et les autres en dessous paient à l'avenant de leur chevance. Requis assavoir que leurs terres valent en cense et combien en vente, l'une parmi l'autre, dient qu'elles valent en cense XVIII R. de grain à l'avesture, mesure de Lille, et en vente XLVIII frans le bonnier, et doivent de rente, l'une parmi l'autre, XL S. le bonn. Requis assavoir s'ils se dient estre plus hault taillés que les villes voisines, dient qu'ils n'y ont point pensé et pour en vérité, en parler par serment, ils ne le saroient dire.

1498. — Comparurent : Jehan du Vrelier, collecteur, et Pierard de Houssoye, qui affirment par leur serment, qu'à Englos, il y a 18 feux, dont la moitié prennent les biens de la carité des povres et le demourant sont labouriers et manouvriers vivans du mieulx que peuvent, Dient que y a 2 paires de chevaulx. Interrogés sur la dépopulation ou augmentation, dient que en tant qu'il touche le nombre de gens ils le trouvent comme égal, mais ils sçavent bien qu'il y a plus de bestail ; Dient qu'ils ont payé pour l'année courante, pour tous aides, 16 L. 10 S.

1549. — La taille est de 44 L. 2 S. Il y avait à Englos, en jardins, 17 bonn. 9^c 11 q., revenu estimé 24 L. le bonn.; en labour, 77 bonn. 13^c 11 q., revenu estimé 12 L.; en prés, 11 bonn., revenu estimé 24 L.; en bois, 11 bonn. 11^c, revenu estimé 15 L. 1 moulin à moudre blé, revenu estimé 86 L. 8 S., 40 feux, 2 chevaux, 47 vaches, 40 blanches bêtes (moutons). La dîme rapporte 116 L.

1720. — Le village semble diminué. On y compte 99 bonn. 9^c, 37 feux. La terre porte blé, avoine, colza, lin, fèves, trèfles et autres pâturages. Le sable fait l'objet d'une extraction déjà fort ancienne : en 1591 le bailli de Lille donne pouvoir de tirer le sablon sur certain chemin royal à Englos.

L'église porte la date 1569, elle est bien ornée. On y voit un reliquaire en argent très ancien, un christ en marbre. Le culte qu'on rend à S. Corneille[1] attire en ce lieu la foule des pélerins. C'était autrefois un prieuré de bénédictins réuni par l'évêque Jean de Vendeville au collège des Jésuites de Tournai qui donnent portion au chapelain et lèvent la dîme ; il n'y a d'autre curé que celui de Beaucamps au nom duquel un vicaire fait les fonctions pastorales. Vers 1650, Me Nicolas du Quesnoy, prêtre chapelain, pasteur d'Englos, meurt à l'abbaye de Marquette où il s'était retiré.

Après le Concordat, Englos devint une succursale. Curés : L.-J. Delattre 1803-4, mort en 1831 ; F. Boutri 1805-8, mort en 1840. Uni à Ennetières en 1808, Englos reprend le titre de succursale en 1828. Leblanc 1828-30 ; Honoré 1830-37. Aug. Laumondays 1837, chlr du S. Sépulchre, décédé en 1882, curé d'Englos, d'Escobecque ; E. Budin, vic. de la paroisse.

Ennetières, 1066. — Titre de fondation de S. Pierre de Lille, *in Anetières juxta Pietre I mansum.*

1163. — Titre de S. Pierre de Gand, *Anetirs.* Ce mot vient du latin *Aneta*, canard, anette en patois, et désigne un lieu où séjournent des canards sauvages attirés par des prés couverts d'eau, un endroit disposé pour les prendre, une canardière, peut-être aussi ce mot désigne-t-il un lieu planté d'aulnes, *alnetum.*

---

1 S. Corneille fut martyrisé à Rome le 14 septembre 255. Lucie, dame romaine, le fit enterrer dans une sablonnière de sa maison, non loin du cimetière de S. Calixte établi sur la voie appienne où reposent plus de 174.000 martyrs et 46 papes.

En **1111**, Balderic, évêque des siéges unis de Tournai et de Noyon, donne au frère Ansbold, abbé de S. Pierre de Gand, l'autel d'Ennetières, dont la possession est confirmée, en 1120, par Charles le Bon, comte de Flandre, en 1145, par le pape Eugène III. L'abbé de S. Pierre est patron, seigneur et décimateur d'Ennetières qui avait aussi un maire héréditaire. Le châtelain de Lille est avoué de cette terre et doit, quand le ban de guerre est crié, amener ses hommes d'Ennetières *en ost avec la ville* (avec les bourgeois de Lille).

1225. *A tous féaulx de Dieu qui ces présentes verront Roger, châtelain de Lille, salut en celui qui est salutation de tous et vie sans fin des Saints*. .. Sacent' que l'église S. Pierre de Gand a, au terroir de Weppes, une villa nommée Anetières avec banc d'échevins de ses hôtes résidens ; yceulx échevins doit le Mayeur de S. Pierre en lad. villa sur toutes complaintes conjurer et tout doit être traité par la loy de la villa et jugement des échevins, en lad. villa, A l'abbé de S. Pierre, ses rentes, tonlieux, aforages, cambages, reliefs. Aussi a le castelain de Lille, larsin, le reube, l'homicide, le larron.... Si le malfaiteur est pris par les sergents de l'abbé ou du castellain, il doit être amené es maisons de S. Pierre en la présence des échevins.

Se aucun, sans jugement des échevins, en appelait en camp de bataille, toute la juridiction du camp est au castellain. .. et du corps et des meubles du vaincu fera-t-il sa volonté, et l'abbé de l'héritage, s'il est jugé.....

En lad. villa, le castellain a ses rentes, corvées, ses cars, son ost et sa chevauchée comme ses ancêtres ont eu. Nul ne porra vin vendre ou jouer à dés, si ce n'est du commun assent de l'abbé et du castellain.

Quatre sergens et non plus porra le castellain mettre en août pour warder les blés de S. Pierre et des gens de la villa, ils porront *pryer garbes* qu'on donnera ou refusera sans forfait.

Le castellain est tenu de warder, franchir, deffendre les coses de S. Pierre, les gens de la villa et leurs coses, car il en est advoés, *ce ne poet nuls tenir fors cils qui est castellains de Lille.*

Par la coutume locale d'Ennetières, les religieux abbé et le couvent de S. Pierre de Gand ont le Xe denier de droit seigneurial à la vente, don ou transport comme aussi a le Mayeur héritier pour les héritages tenus de sa mairie et à 2 gros de relief au bonnier. Arrêt de corps ou action personnelle a lieu en lad. S^{rie} contre les non résidens en icelle, seulement, pourvu qu'il se fasse par le bailli, son lieutenant ou sergent des religieux ou par le Mayeur, son bailli ou lieutenant.

1582. — Lors des troubles, l'abbé de S. Pierre de Gand et ses religieux refugiés à Tournai abandonnent à titre d'engagère à Maximilien, comte d'Isenghien, baron de Rassenghien, gouverneur de Lille, le titre seigneurial d'Ennetières avec les prérogatives. Le comte promet de veiller à la sauvegarde des habitants. Après la mort du seigneur comte, sa veuve, Philippe de Mastaing, ayant la garde noble et l'administration des biens de ses enfants fut, en 1589, autorisée par l'abbaye d'apposer ses armes au village, sous condition de les enlever au remboursement de la somme engagée. Aussi, la S[rie] d'Ennetières figure parmi les domaines que recueille Jacques Philippe de Gand ; elle ne parait plus chez ses successeurs, le rachat était effectué à sa mort en 1628.

En 1163, pour 40 marcs prêtés au terme de 40 ans, Jordan, mayeur d'Ennetières, du gré de Walter, Hughes, Denis, ses fils ; de Lambert, Odelin, ses neveux, engage à l'abbaye de S. Pierre les batteurs qu'il a établis dans la grange d'Ennetières, la paille du blé battu, le grain qui tombe quand on vanne, tout le fumier, les cultures dont il partage la moitié des fruits...., toute la dime du lin dont il paye, par an, 3 nappes, 3 muids de seigle qu'il a de le Court, 15 charetées de bois ou 30 s., la nourriture et les souliers qu'il a de le Court au temps de la moisson, l'avoine qu'on donne à son cheval chaque nuit à la moisson et devant la porte, quand il va au moulin, le relief qu'il a coutume de recevoir à la vente ou transport des terres, les 2 muids d'avoine qu'il prend à la Noël, hors du cens, le tonlieu qu'il perçoit de la ville d'Ennetières.

En 1281, le Court d'Ennetières et ses dépendances valent 300 l. non compris les droits de justice, les werps des terres, les hommages, de valeur inconnue ; elle est donnée à bail, en 1360, à Jacques de la Bassée, à Marguerite, sa femme ; en 1368, à Gilles de l'Apostelerie, bailli en 1388. Jean de l'Apostelerie, mayeur 1388, descend de Willem de l'Apostelerie (1318).

L'Épine l'Apostole, *l'apostre*, à Ennetières, domaine des comtes de Flandre et membre de l'échevinage de Weppes. Banc d'échevins, coutumes particulières.

1441. — Jacques Marissal, bailli du Weppe. (Cart. de Marquette).

1464. — Jean Huette, lieut[t] de Jacques du Ponchel, bailli du Weppe ; Jean Dumez ; Jean Barat ; Tristan Hercqmar ; Jacq. Flouret ; Gui Berque, juges rentiers de l'epine apostole

1493. — Jean Cappart, bailli du Weppe ; Robert Delefortrie ; Christophe Hermé ; Ricquier Blanche, juges rentiers.

Le moulin d'Ennetières, tenu de Molimont à Houplines, à une paire de blancs gants.

1306. — Gérard du Maisnil, Sr de Molimont, vend à Enlard de Poucques le fief et moulin d'Houplines dit de Molimont, il retient ce fief, son moulin à vent d'Ennetières, et déclare que tous ceux du mosnant du fief, et du mosnage[1] des moulins dessusdits, peuvent porter tant et quand il leur plaira à son moulin d'Ennetières sans destraindre, sans être destraints, sans amende.

1388. — Ce moulin est aux du Maisnil de Rosimbos.

Le Maresquiel à Ennetières, fief vicomtier tenu de le Salle, comprend un lieu de plaisance édifié en briques, avec la maison du censier, granges, portes, étables et plusieurs autres édifices cont[t] parmi jardin avéqué planté d'arbres fruits portants et bois montants, près, bois, chaingles, fossés, terre à labour, 25 bonn. 3[c] en une masse ten[t] au chemin qui va du grand chemin du Maisnil au poncel Bouton.

---

1 Il s'étend en 1388, outre en outre la Lys, des moulins à la chaussée de Frelinghien jusqu'à la croix de Verlinghem ; de là jusqu'a une épinette devant le moustier de Pérenchies ; de là passant le moustier de Prémecque jusqu'à la sablonnière d'Ennetières et revenant par l'Épine l'Apostole, Wez-Macquart, au pont de la Lys à Armentières et si aucuns demeurant dans ces mètes (limites) du franc mosnage allaient à d'autres moulins et qu'ils fussent pris par le sergent ils payeront 60 s. char, chevaux, brouettes portant la farine, seront retenus et peut on prendre et arrêter jusque le pain au four. *La Sablonnière d'Ennetières est en exploitation dès 1388.*

1372. -- Jean Lipois.

Jean du Bois, chlr baron d'Esnes, Sr d'Esquerdes, époux de Jeanne de Lens, fille de Bauduin, gouverneur de Lille ; Jean, leur 2e fils, épouse Cath. de Poix.

1447. — Leur fille, Béatrix du Bois, dame du Val, vve de Guillaume de Gavre, relève le fief.

Un siècle après, il est à Eustache de Fiennes, chlr, Sr d'Esquerdes de même famille ; il avait abandonné le surnom du Bois.

Vers 1560, à Robert des Muliers.[1]

1592-1615 — Martin des Muliers, prêtre chanoine de l'église cathédrale N.-D. de Tournai, fils héritier de Robert, relève le fief.

1633. — Aux enfants de Catherine des Muliers, à son trépas, femme d'Etienne Imbert, Sr de l'Espierre.

Aussi le château est dit château de *l'Espierre*.

A demi lieue d'Ennetières et Premesque, sur le chemin de

---

1 Reçu de Delle du Quesnoy, Vve de Robert des Muliers, demt à Lille, 740 L. pour taxe du fief du **Maresquiel** ct manoir et 25 bonn., plus 3 bonn. 15a 3e tenus en en franc alleu de le Salle. allant les 2 parties en cense avec 8 bonn. 1 q. terre cottière pour mil L. parisis par an, 40 R. blé, six douzaines de lin.

Reçu de Jacq. Desprets 108 L. pour le fief des **Grugères** à Ennetières, tenu de la Srie d'Erquinghem-s/-Lys en grandeur, 4 bonn. 10e labour avec 7 L. psis et une auwe (oie) de rente sriale acquis en 1559, allant en cense avec un lieu, manoir et 8 bonn. de terre cottière pour 18 L. de gros.

Reçu de Jacq. Ghemart, fils de Guillaume, 229 L. pour le fief de **Quennesonnière** à Ennetières, tenu de Ch. Delescluse de la Srie de Watre, contt 9 bonn. 10e acquis en 1550, allant en cense avec 16 bonn. et demi, terre cottière pour 278 fl. 12 R. blé par an.

Reçu de Jacq. Dancoisne, fils de Jude de Lille, 80 L. pour le fief de **Hongrie** ct parmi lieu manoir, jardin, terre à labeur, 5 bonn. 2e héritage à Ennetières tenu du Sr de Premesque, acquis en 1567, vaillable en cense, 60 flor. par an.

Lad. taxe ainsi arbitrée en regard aux services par lui faits au découvrement de la trahison de Lille, à sa pauvreté et que sa maison a été brûlée.

Reçu de Nicolas Mulier, fils de Jehan de Templemars, 72 L. pour un fief des **Mottelettes** ct 5 bonn. vaillables en cense 72 L. psis par an.

Reçu de Pierre Host, fils de Jean de Lompret, 89 L. pour 3 bonn. de fief et 2e d'autre héritage sur quoi sont assis les édifices et amasement de certain manoir, amasé de maison manable, grange, étables et autres édifices contt parmi jardin avéqué et planté d'arbres fruits portans et bois montants, terres à labour, le nombre de 8 bonn. 3e 18v héritage nommé la **Cense du Petit Marez** gist Ennetières, tenu de Phalempin.

Lille à Armentières, se trouvait autrefois un château dit de *Chausne*, parce qu'il fut à Charles Obert, vicomte de Chausne qui obtint des lettres de chevalerie données à Versailles en 1675, reconnaissant la noblesse de sa famille depuis 1475. Ce château qu'il acquit de la famille Nieuvenhove passe au comte de S. Aldegonde.

Les Mottelettes à Ennetières, terres de le Salle, à x l. de relief, consist[t] au gros en manoir et 5 bonn. labour, en une masse enclose de fossés avec les ruyelles et issues ab[t] d'E. au fief de la Quennesonnière.

1372. — Rapport de Pierre de Sevelenghes.

Catherine des Muliers, fille de Jean, bourgeois de Lille, S[r] des Mottelettes et du Maresquiel et de Cath. de Landas, épouse, en 1623, Etienne Imbert, S[r] de l'Espierre, du magistrat de Lille, fils de Nicolas, Sr de la Phalecque. Ce dernier, né à Arras, dem[t] à Lille, anobli pour services signalés rendus au roi Philippe II, aux archiducs, comme membre des Etats de Lille, Douai, Orchies et comme échevin de Lille.

Henri-J[h] Imbert de la Phalecque, chl[r], décédé à Lille en 1858, à 82 ans. Charles-François-J[h] Imbert, S[r] des Mottelettes, né en 1735, à Bruges, fils de Nicolas-Ignace, chef de la branche, fut en 1816, reconnu membre de la noblesse héréditaire des Pays-Bas.

Maux-Sergeans, Ennetières tenu de la Salle, 102 verges compris en la ruelle des Maux-Sergeans, ab[t] au chemin du poncel Caudrelier à l'Epine l'Apostre.

1496. — Antoine du Bacq.

1635. — Nicolas de la Haye, fils de Nicolas, par le trépas de son père.

La Vigne à Ennetières et Premesque.

1496. — Rapport de Louis Dubois.

Relevé par D[elle] Marie du Bois, fille de Louis, femme d'Antoine de Varennes.

Chanteraine, manoir, jardin et 26[c] terre, rente s[riale].

Acquis de Jean Leschevin, par Loïs Domessent, m^re^ des comptes à Lille, le fief passe à Philippe fils de Loïs.

Le Burg. 4 bonn. 1/2 et des rentes s^riales^ qui se lèvent à Ennetières et Premesque.

1500. — Ch. Vlieghe, écuyer.

Hameaux et lieux dits, en 1890 : la Fosse, Blanc Coulon, Fleur d'Ecosse, Wez-Macquart, Loussoye, le Quesne, la Vallée, la Rue au Sac.

1449, 29 octobre. — Comparurent aucuns des manans de la paroisse d'Ennetières : Jehan Huette, Clay de Clenquemeure, collecteur de leur taille, Jacquart Delescaut, Jehan Lefeure, Jacquart Dausy, Jehan Duthoit, qui firent ostension du billet de l'assiète et cache de leur taille par lequel appert qu'ils avoient été assis à la darraine assiète en 1448 à LXXII L. de XL gros. et dient qu'ils sont VI^xx^ XXI personnes paians tailles en ce comprins XVII maisnies qu'ils avaient assis, mais ils ne assoient point à taille les héritages des forains et dudit nombre de gens paians taille en y a qui à présent prendent des biens des povres XVIII. Requis s'ils ont aucun enclavement en la paroisse non paiant taille, dient que non. Requis assavoir s'ils sont amenris de nombre de personnes et de chevance depuis X à XII ans et s'ils se plaindent de trop de taille, dient que si et la cause si est pour ce que Jehan Dupuch, brasseur, paioit VI L. XV S. et le louagier en son lieu ne paie que XII S. Grard Beghin est apovri, soloit paier LX S. et son louagier en son lieu ne paie que XIII S. Jehan Cohier soloit paier XLV S. lequel est apovri et ne paie que XXX S. La veuve Hellin Casier deffunt paioit LXVI S. et le louagier en son lieu ne paie que VI S. Brodoul Caillel paioit XVII S. lequel est parti et le louagier en son lieu ne paie que XXI S. Pierre Delaubel parti paioit XLVIII S. et le louagier en son lieu ne paie que VI S. Jehan le Quesne soloit paier LX S. et obstant sa povreté ne paie que XXIIII S. et ainsi de plusieurs autres qui sont morts ou partis dont ils ne sont recors. Requis assavoir s'ils sont aucunement enrichis depuis lors, dient que non. Requis assavoir la chevance des plus riches manans de la paroisse et combien ils paient de taille, dient que Demiselle Dupont a XII bonn. de terre parmi un lieu est bien meublée paye VII L. XIIII S. Miquiel Dubos a six bonn. de terre parmi un lieu et paie VI L. III S. Jehenne Defâches est censière bien meublée a trois bonn. de terre parmi un lieu paie IIII L. X S. Jehan Lefeure a chincq bonn. de terre parmi un lieu paie CXI S. Jehenne Feutris a quatre bonn. de terre parmi un lieu paie IIII L. XVI S. Pierre le Grant a quatre bonn. de terre parmi un lieu paie IIII L. X S. et les autres en dessoubs paient selon leur chevance. Requis assavoir que leurs terres valent en cense et combien en vente l'une parmi l'autre, dient que les meilleures valent en cense XVI R. de grain, les moyennes XII R., les moindres X R de grain à l'avesture, mesure de Lille, le bonnier. Et valent en vente l'une parmi l'autre LX L. le bonnier et doivent de rente, l'un portant l'autre, environ XL S. le bonnier chacun an. Requis assavoir s'ils se dient estre plus hault taillés que les villes voisines, dient que rien n'en savent.

1498. — Sont comparus : Sire Nicole Blanquart, prêtre vice-curé ; Jehan Caullier ; Hellin Caisier ; Jehan Delescault ; Piérart Cauret et Thiébault Delecroix qui affirment qu'à Ennetières y a six vingt feux que bons que autres dont les trente-huit prennent les biens de la carité des povres et le demourant sont labouriers pour la pluspart gaignant leur vie à la païne de leur corps devant autruy.

Dient que audit village y a onze attelées que bonnes que autres, néanmoins neuf attelées feraient bien le labour qui est nécessaire faire audit lieu.

Interrogés sur l'augmentation ou dépopulation dudit lieu depuis l'an 1491, dient que pour le nombre des gens et du bestail, il est beaucoup plus grand qu'il n'était lors, mais ils se dient fort povres et adomagés à cause de la guerre, car il y a peu de gens aujourd'hui demourant audit village qui n'aient été pris ou pillés des franchois.

Dient qu'ils ont paié et fourni cette année pour tous aides quatre-vingt-quinze L, IIII S de XL gros.

En 1549 la taille est de 202 L. 13 S. On compte à Ennetières 84 bonn. 11c en jardins, revenu estimé 15 L. le bonn., en labour 483 bonn. 10c, revenu estimé 10 L. le bonn., en près 8 bonn. 12c, en riez et patures 7 bonn. 7c, en bois 10 bonn. 8c. Revenu des dismes et terrage 132 l. 10 s. ; 2 molins, l'un à blé l'autre à tordre huile, revenu estimé 162 l. On compte 112 feux, 24 chevaux, 204 vaches, 440 blanches bêtes (moutons).

Gens d'église exempts de taille occupent 1 feu, 3c en labour.

On porte à 984 l., y compris les dîmes et terrage, le revenu de la cense de MM. de St-Pierre-lez-Gand contt 4 bonn. de jardin, 48 bonn. de labour.

En 1720 on y trouve 280 chefs de famille. La terre (595 bonn. 3c) porte blé, colza, lin fin, trèfles... On y fabrique des toiles.

Le revenu de la cure est de mille l. parisis à la collation de l'Abbaye de St-Pierre de Gand à qui appartient cette terre à titre de vicomté qu'elle tient indépendamment du baillage de Lille, le patron est St-Martin.

Curés : Alex. Pottier, 1648 — J. Dauwe, 1667 — Léopd Lelong, 1694 — Vanhouck, 1699 — P.-L. Bourgeois, 1735 — Owzelacq, 1736 — Dervaux, 1745 — Lepercq, 1779-91 — P.-Jean Maugrez, 1791 — Boutry, 1802 — Six, 1803 — Lamour, 1814 — A. Delesalle, 1828 — L. Delesalle, 1838 — Gombert, 1846.

L'église reconstruite en 1829, sur les plans de l'architecte Dewarlez, fut bénie, le 19 oct. 1830, par M. Wicart alors grand doyen, curé de S. Catherine à Lille ; elle fut élevée par les habitants sous l'administration de M. Deroubaix, avec le concours généreux de MM. de la Grandville, Poteau d'Hancardrie, Lemesre.

Entre Englos et Ennetières sur le plateau central qui domine tout le canton, un fort s'élève, il fut achevé en 1880-81. La France armée veille au milieu des moissonneurs ; au loin la campagne verdoyante et fleurie, partout riche, fertile, heureuse, s'étend à l'infini, coupée d'enclos, émaillée de censes, peuplée de clochers.

Escobecques,[1] seigneurie vicomtière tenue du châtelain de Lille à X L. de relief, compr^{t} maison sur motte entourée d'eau avec 5 bonn. 1/2 d'héritage, 15 bonn. 13^{c} terre ahanable, 9^{c} 1/2 terre réincorporée ; un terrage rejets plantis Bailli, lieutenant, hommes de loi, plusieurs hommages.

1214. — Nicolas de Scaubeke vend à l'abbaye de Lôs, la dîme de Scaubeke qu'il tient de Pierre du Mesnil.

1303-62. — Jean, Jacques, Jean d'Escobeque. Jean d'Escaubeque, bourgeois de Lille, changeur, (*banquier, gros négociant*), roi de l'épinette en 1380, anobli par Charles VI en 1391, ne fut pas seigneur d'Escobecques.

1389. — Après Marie d'Auberchicourt, dame d'Estaimbourg d'Escobecques, le fief passe à Gérard de Herbaumez, chl^{r}. Bonne, sa fille, épouse 1° Jean d'Utkerke ; 2° Estout d'Estouteville, chl^{r}, Sr de Beaumont, qui vend en 1444, pour 7,400 L., la s^{rie} d'Escobecques, à Jean d'Escaubeque, fils de Jean ; vainqueur des joutes en 1409, à Bruges, à la *fête des forestiers*, roi de l'épinette, échanson du duc, commissaire de la loi Jean d'Escaubeque porte de sinople à trois trèfles d'or, il meurt en 1459 Il eut de Jeanne Markant, issue de Wavrin, 2 filles : Catherine mariée à Bauduin de Noielle, de famille chevaleresque et Jeanne d'Escaubeque, femme de Josse Regnier aussi changeur à Lille, roi de l'épinette.

Jacques Regnier, leur fils, épouse Cath. de Mailly ; après sa mort (1484), Escobecque fut vendu, par décret à Jean le Sauvage, conseiller du roi de Castille, son président en la Chambre du Conseil de Flandre, chancelier de l'empereur Charles V, mort à Saragosse en 1519 ; Jean le Sauvage, son fils,

---

1 1096. Au nombre des chevaliers qui se croisent au fameux tournoi d'Anchin, figurent Gossuin de Escobec et *Hugo d. a. Paramenteria filius ejus.*

Escobecques, qu'on dit dans le pays Ecobec, peut s'interpréter par ruisseau des frênes ou des chênes. Beke, Bach, germ. veut dire ruisseau ; esch, eschage, fraxinus frêne ; ick, eich, quercus, chêne.

épouse Antoinette d'Oignies, fille de François, Sr de Ligny.

Jean le Sauvage, leur fils, chlr, Sr d'Escobecque.

Armes : Porte d'azur à 3 têtes de licorne d'argent.

Antoine de Mol, son neveu, chlr, Sr d'Escobecque, Ligny, Beauvoir, épouse Jeanne de Ligne.

1613. — René de Mol, fils mineur d'Antoine — Anne de Mol, n'eut pas d'enfants de son mariage avec D. Antonio de Velanda.

Henri de Broide, chlr, Sr d'Escobecque, Gondecourt, Beaufremez, conseiller de la ville de Lille en 1694.

N... de Broide, sa fille, vve de N... Imbert, esc., Sr d'Inglemarets, conseiller au parlement de Flandre.

La Croix de Marbre à Escobecque, tenu de la Salle, au relief d'une blanche lance, contt 100 pieds de long, 10 de large par le milieu, le tout venant à néant en la longueur, sis sur le grand chemin royal venant d'Artois en Flandre.

1565. — Rapport de Guillaume de Warenghien.

1592. — Jean de Warenghien, au nom de Servais de Warenghien, fils de feu Guillaume. — 1638. Pierre Pouille par achat.

Fief en franc alleu à Escobecque contt 9c, tent aux héritages de l'abbaye de Lôs et de Philippe de Poutrewart, des rentes, sans charge de relief, les 9 cents baillés en arrentement héritable pour 4 L. psis.

1496. — Rapport de Louis du Bois, fils de feu Robert.

A Me Louis de Lannoy, chlr, Sr de Haultpont.

Hameau en 1890. Fin de la Guerre.

1449, 30 octobre. — Comparurent aucuns des manans de la paroisse d'Escaubecque, Jehan Rostut, Daniel de le Bassée, Jacques Cuignet, Jacques Cousin, Ansel du Fossé Guillebert Mortelecque, qui nous firent ostension du billet de l'assiete et cache de leur taille par lequel appert qu'ils avoient esté assis à la darraine assiete qui fu l'an 1448 à XV L. de LX gros et dient qu'ils estoient XXI personnes paians taille, qu'ils n'assoient point à taille leurs maisnies, ni les héritages des forains, et du nombre de gens paians taille, en y a qui à présent prendent des biens des pauvres six ou environ. Requis assavoir s'ils ont aucuns enclavemens en lad. paroisse non paiant taille, dient que non. Requis assavoir s'ils sont amenris de nombre de personnes et de chevance depuis x ou xii ans et s'ils se plaindent de trop de taille, dient que si et la cause si est pour ce que Collard Dutrau paioit vi l. lequel est parti, son louagier ne paie que xl s. Jacquart de l'Apostelerie deffunt paioit c s., le louagier en son lieu ne paie que x s. La demiselle Deleplanque aussi deffunte, paioit vi l. et le censier en son lieu ne paie que xii s. Gillet Beghin deffunt, paioit c s. et son restor ne paie que lxx s. Jehenne Didier paioit xxvii s. laquelle est partie et son restor ne paie que xiiii s. Mehaut Cousin deffunte, paioit iiii l. et sa fille en son lieu ne paie que xv s. et plusieurs autres semblablement qui sont mors ou partis, dont ils ne sont recors. Dient en outre, que depuis v ans, ils ont esté mangiés et composés de gens d'armes, qui les ont dommagiés l'un parmi l'autre de le some de c frans et plus. Requis assavoir s'ils sont enrichis depuis ledit temps, dient que non. Requis assavoir la chevance des plus riches manans de la paroisse et combien ils paient de taille, dient que Jacquart Cuignet a deux bonniers de terre parmi un lieu et paie lxx s. Jehan Rostu a trois bonniers de terre parmi un lieu et paie lxx s. Ansel du Flocq a deux bonniers de terre parmi un lieu et paie lxx s. Jacques Cousin a deux bonniers et demi de terre et paie lxii s. Jacq. de Marquillies a deux bonniers xiiii^c de terre et paie xl s. et les autres en-dessous paient à l'avenant de leur chevance. Requis assavoir que leurs terres valent en cense et combien en vente l'une parmi l'autre, dient qu'elles valent en cense xiiii r. de grain à l'avesture mesure de Lille et en vente c l. le bonnier et se doivent de rente fonssière l'une parmi l'autre, chacun bonnier environ xxiiii s. Requis assavoir s'ils se dient estre plus hault taillés que les villes voisines, dient que si au regard de leur chevance parce qu'à Beaucamp, Collard Rostut a viii bonniers de terre parmi un lieu et ne paie de taille que xiiii s. Jehan Lambert le Joisne, audit lieu a vi bonniers de terre parmi un lieu avec rente viagère et ne paie que xxxix s. La demiselle le Blanch est trois fois plus riche que nul de ceux de Beaucamp et ne paie que C S. Item à Erquinghem-le-Sec, Henri Gobet a trois lieux et six bonniers de terre et ne paie que IIII L. XV S. et Jehan Delebar audit lieu a quatre bonniers de terre et ne paie que XLVI S. et se les dessus nommés estoient demourans audit lieu d'Escaubecque, ils paieroient la moitié plus qu'ils ne font en leurs paroisses, par quoi appert qu'ils sont plus harlt taillés que leurs voisins, dient aussi qu'il y a encore d'autres villes moins taillées qu'eux, mais qu'ils n'en sçavoient justement la cause.

1498. — Comparurent : Sire Jacques Lepercq, curé propriétaire dudit lieu, Jacquemart Deleboé, Amé Rostrud, Willem le Grand, Collard Jacquemart et Pierard Cousin, qui, interrogés sur le contenu esdites lettres patentes, affirment Sire Jacques in verbo sacerdotis et les autres par le serment de leur corps qu'à Escaubecque y a quatorze feux dont les deux ou trois prennent les biens de la carité des povres, le demourant sont gens vivans de labour et autrement de northon de bestes à cornes, en faisant avec ce toutes manières de œuvres de corps, dient sur ce interrogés, qu'il y a six paires de chevaulx dont néantmoins les trois paires feroient bien le labour qui y est.

Interrogés sur l'augmentation ou dépopulation dudit lieu en peuple et bétail depuis 1491, dient qu'il y a bien autant de gens qu'il y avait lors, mais ils treuvent le bétail moindre.

Dient aussi sur ce interrogés, qu'ils ont paié cette année en tous aides XX L. et cinq sols de XL gros.

1549. — La taille est de 38 L. 19 S. Il y avait à Escaubecque en jardins, 10 bonn. 4c, revenu estimé pour 2 bonn. à 15 L., pour le reste à 12 L. le bonn. ; en labour, 97 bonn. 4c, revenu estimé 16 R. de grain à l'aveture le bonn. ; en prés, 1 bonn. 11c ; en bois. 8c ; en riez, 15c, revenu estimé 12 L. le bonn. ; la dîme rapporte 114 L. On compte 18 feux, 8 chevaux, 38 vaches, 130 blanches bêtes.

Gens d'église exempts de taille, occupent 1 bonn. 1c.

1720. — On y compte 26 feux, le terroir, (101 bonn. 12c), produit blé, lin, colza. Le revenu de la cure, desservie par le curé de Radinghem, est de 72 FL. L'abbé de S. Éloi de Noyon, est collateur et patron.

La nouvelle église bénie le 29 oct. 1844, sous l'invocation de N.-D. de la Visitation, fut élevée par donation de M. et Mme de la Grandville et des notables d'Escobecques réuni à la paroisse d'Englos depuis 1836 ; elle possède une croix de procession fort ouvragée, bien ciselée, ornée de 6 statuettes, fort admirée des antiquaires.

Erquinghem-le-Sec[1] compris dans la seigneurie en nom collectif Hallennes-Erquinghem, porte d'or à 5 bâtons et un canton de gueules.

En 1224, Marguerite de Gamecines remet aux mains de Roger, châtelain de Lille, la dîme d'Erquinghem qu'elle tenait de lui en fief. Le châtelain la cède libre de tout service, pour la fondation d'une chapellenie à Waziers, à Hellin de Wavrin dit l'Oncle qui, n'ayant pu lui donner cette destination, la vend en 1226 à l'abbaye de Lôs.

1348. — Gilles, Sr d'Erkinghem, chlr.

Aux XIV et XV siècles, il est une famille du nom d'Erquinghem dit le machon.

1308. — Jehan et Henri d'Erkinghem, fils Jehan le machon.

1332. — Pierre d'Erkinghem, fils d'Henri.

1363. — Hector d'Erkinghem, fils Piéron.

1381. — Jehan d'Erkinghem, fils de feu Pierre.

1454. — Jehan d'Erkinghem, fils de feu Jehan.

1449, 27 octobre. — Comparurent aucuns des manans de la paroisse, Henri Gobet, Jehan Delebar, Piat de Henin, Jehan Beghin, Jehan Julyen, Robert Cuignet, Jehan Ruion, Alard Fissel, Jean Lefeure, Wille Tahon qui firent ostension du billet de l'assiete et cache de leur taille par lequel appert qu'ils avaient été assis à IX L. de XL gros et dient qu'ils

---

1 Erkan, qu'on écrit aussi Erken, était un nom d'homme chez les Francs : Erkembold est évêque de Terouanne en 722. Erkenghem comme Erkenville veut dire village d'Erken, son premier seigneur ou propriétaire.

estoient quinze personnes paians taille et qu'ils n'assoient point à taille des héritages des forains et aucuns maisnies et dud. nombre de gens paians taille en y a présent VIII qui prendent des biens des povres. Requis assavoir s'ils ont aucuns enclavemens en la paroisse non paians taille dient que non. Requis assavoir s'ils sont amenris du nombre de personnes et de chevance depuis X ou XII ans dient que si pour ce que Jacqmart Beghin paioit IIII L. et il est si apovri que à présent ne paie que VI S. Jacqmart Delebar paioit IIII L. lequel est parti et son censier ne paie que VII S. Loys Delecroix aussi parti paioit XXIIII S., le censier en son lieu ne paie que VII S. ainsi de plusieurs qui sont mors ou partis dont ils ne sont recors. Dient avoir en logis de gens d'armes, qui les ont domagés depuis V ans de IIII^C L. Requis assavoir s'ils sont enrichis ou augmentés de gens depuis led. temps dient que non. Requis assavoir la chevance des plus riches manans de la paroisse et combien ils paient de taille dient que Jehan Gobet a VII bonniers de terre parmi deux lieux avec IIII L. de rente viagère, bien meublé, paie IIII L. XV S. Wille Tahon a trois bonniers de terre parmi la moitié d'un lieu, paie LXVII S. Jehan Delebar a quatre bonniers et un quartier de terre parmi un lieu, paie XLVI S. Robert Cuignet a VII mencaudées de terre parmi la moitié de un lieu, paie XXIII S. et les autres en dessous paient semblablement selon leur chevance. Requis assavoir que leurs terres valent en cense et combien en vente, dient qu'elles valent XII R. le bonn. en cense à l'avesture, mesure de Lille et en vente XL L. le bonn. et doivent de rente l'une portant l'autre III R. de blé et une R. d'avoine par an chacun bonn. Requis assavoir s'ils se dient être plus haut taillés que les terres voisins dient que rien n'est scavent.

1498. — Comparurent : Sire Pierre Dumollin, prêtre, vice-curé, Jacqueme Malaisie, Jehan Carlier, Jehan Billau et Pasquier Fischel, lesquels interrogés, affirment qu'à Erquinghem y a onze feux desquels les sept prennent les biens de la carité des povres, le demourant sont laboureurs et manouvriers.

Dient sur ce interrogés, qu'il y a quatre paires de chevaux de labour, dont les deux paires feroient bien toute le labeur qui est au village.

Dient aussi sur ce interrogés, que le nombre du peuple du village est bien pour aujourd'hui aussi grant qu'il estoit l'an

1491, mais il est diminué en bestail et chevance, à cause de la guerre qui a régné. Dient encore qu'ils ont paié et furni ceste année en tous aides XVII LIV. X S. de XL gros.

En 1549. — La contribution est de 42 L. 3 s. On trouve à Erquinghem 9 bonn 6c en jardins revenu estimé 24 L. le bonn.; en labour, 86 bonn. 14c revenu estimé 17 L. La dîme rapporte 105 L. 8 s. On y compte 20 feux, 6 chevaux, 28 vaches.

Gens d'église ; le curé occupe un feu, sa part de dîme un cent en jardin.

En 1720. — On y compte 42 feux, compris 12 de pauvres gens. Le terroir (113 bonn. 13c) produit blé, colza, lin, avoine.

Le revenu de la cure est de 300 FL. à la collation de l'abbé de S. Éloi à Noyon, qui avait le 6e de la dîme, le curé l'autre 6e, l'abbé de Lôs le reste.

Curés : 1683, Ant. Platel ; 1693, Pre Devoldre depuis le Concordat, les curés d'Hallennes. L'église est dédiée à N. Dame. La cloche bénie en 1527 porte cette inscription :

Denise fut nômée et baptisée
Par Damp Denis surnommé de Bauvin,
Abbé de Lôs, icelle meisme année
Que Bourbon print pape et Rome en butin.

Hallennes [1] était un lieu d'entrepôt de denrées et de produits du sol, sur l'ancienne voie romaine de Tournai à Cassel, par le pont d'Estaires. Le cartulaire de Lôs mentionne ce village au XIIe siècle, il appartient en partie à l'abbaye comme le confirme, en 1164, une bulle du pape Alexandre.

1262. — Willem *dictus viduus* de Habordin donne à l'abbaye de Lôs un demi bonnier *infra methas parrochiæ*

---

1 Hall, *Hallen* en flamand, ville du Brabant. Ce mot désigne une demeure, un marché et dérive de *Hallen*, germ. conserver. *Halle* veut aussi dire portique, hangar; *heale* saxon, palais ; *aula palatium*.

de Halesnes vers le moulin à vent; un bonnier *ad forcas de Halesnes* vers les fourches, le pilori ; une terre à l'Obipret qu'il tient du seigneur de Halesnes. Le seigneur d'Hallennes, en 1374, porte de sable semé de croix au pied fiché et deux dauphins adossés d'or, brochant sur le tout.

1443. — Jacques Scac, écuyer, S^r de le Hame et de Scardeau, à cause de Catherine d'Hallennes, sa femme, S^r d'Hallennes et d'Erquinghem-le-Sec.

Grard de Cuinghien, chl^r, S^r d'Hallennes, eut de N.... Mallet, sa femme, Antoine et Bauduin de Cuinghien, vivant en 1478.

1493. — Thomas de Cuinghien, fils de Grard, S^r d'Hallennes.

1497-1500. — Marc de Cuinghien, écuyer, S^r d'Hallennes.

Jean de Harchies, chl^r, Sr de Milomez épouse Alix de Cuinghien, *Van Coyghem*, fille de Roland et de Marguerite d'Hallennes, d'où Arnoul de Harchies qui épousa Antoinette de Thieulaine, dame de Langlée.

Arnoul de Harchies, fils d'Arnoul, chl^r, Sr de Milomez, Hallennes, Erquinghem-le-Sec, grand prévôt de Tournai en 1567, mort en 1580, fut inhumé à Hallennes ; de son épouse, Guillemette de Clèves Ravenstein, il eut Léon de Harchies ; Arnoul, S^r d'Hallennes ; Gérard, Sr du Basinghien.

Léon de Harchies, écuyer, Sr de Milomez, S^r d'Hallennes et d'Erquinghem-le-Sec, 2 villages à clocher, après son frère Arnoul ; il eut 9 enfants de son épouse Isabelle Uuten-Ham et mourut en 1624.

Jehan de Harchies de Ville dit d'Estrepi dit Drinckwaert, fils de Léon, né en 1596, Sr de Milomez, d'Hallennes, Erquinghem-le-Sec; du Basinghien, de Menin, à Lôs, de Lestrée à Santes, créé chevalier en 1641, pour services de guerre, par Philippe IV, roi d'Espagne, souverain des Pays-Bas, meurt à Tournai en 1652. Sa veuve, Marie-Antoinette-Florence de Griboval, dame de Quevaucamps. Sweveghem, fille de Florent, chl^r, Sr de Marchenelle, à Annappes, épouse à Hallennes, le 19 juillet 1657, Charles-Philippe d'Oignies, chl^{r}, fils de Claude, chl^{r}. Sr de Coupigny, Morckoven, Wize, Beaucamps, Rouvroy, comte de Coupigny et d'Anne de Croy-Solre. Il fit, en 1665, ériger la terre de Sweveghem en comté qui passe, en 1686, à sa mort, à son beau-fils.

Louis-J^{h} de Harchies de Ville dit d'Estrepi, fils de Jean, né à Tournai, en 1650, chl^{r}, comte et S^{r} d'Hallennes, de Sweveghem, Sr de Milomez, d'Erquinghem-le-Sec, du Basinghien, de Menin, à Lôs, grand prévôt de Tournai, du magistrat de cette ville, 1684-96 ; il meurt en 1697, après avoir fait enregistrer ses armes à l'armorial de France, ne laissant pas d'enfants de son épouse Marie-Brigitte de Créquy, fille d'Antoine, chl^{r}, Sr de Vroiland. Le comté d'Hallennes [1] passe à son neveu, Joseph-Ignace-Florent-Louis de Nassau, comte de Conroy (Namur), fils de Marie-Catherine-Florence de Harchies, sa sœur et de Maximilien de Nassau, baron de Warcoing en Tournesis.

Le nouveau seigneur est parrain à Hallennes le 18 novembre 1697, de Louis-Ignace Platel, fils de Pierre, fermier-brasseur et de Marie-F^{çoise} Brame.

De son épouse, Marie-Anne-Adrienne de Ghistelle, il eut Guillaume-Adrien-J^{h} de Nassau, comte de Conroy et d'Hallennes.

La S^{rie} d'Hallennes et d'Erquinghem réunis, tenue de la baronne de Cisoing en justice vicomtière, avec pouvoir de commettre en l'un et l'autre village, bailli, greffier, un plein banc de 7 échevins et 3 plaids généraux par an consiste en lieu et terre ahanable 17 bonn., rentes justiciables et sous rentes 9 hommages héritiers et plusieurs viagers.

---

1 La terre d'Hallennes fut vendue sur Anne-Thérèse de Harchies, sœur de Louis, comtesse de Cruys-Hauten et d'Hallennes dans certains actes, pour 71.000 fl., à la charge du douaire de Marie-Brigitte de Créquy, comtesse d'Hallennes. Cette liquidation amena plusieurs procès.

1738. — Jehan Defrennes, bailli d'Hallennes; Charles de Bonte lieutenant ; Médard Glorian, sergent.

Son premier homme de fief, Waleran de Croix, Sr de Waregny, tient un fief de 13 bonn. 9c en ces villages et, à cause de ce fief, est maire d'Hallennes. — Autres fiefs tenus par Jacques de Langlée, chl^r, Sr de Pecq, par Charles de Landas, écuyer, Sr de Mérignies — une ruyelle à Erquinghem qui va du Riez de Glateny à l'âtre d'Erquinghem, est aussi tenue d'Hallennes. (Dénombrement de Cisoing en 1591).

Frômez à Hallennes en tenu comprenant parmi un lieu, manoir, jardin, prés, chaingles, terre ahanable 13 b. 1 q. tenant ensemble, qui doit de relief à la mort de l'héritier 10 L. et un cheval d'ost. de 30 s. quand le seigneur va en ost coutumière.

1575. — A Jérome Hilbaut, par donation d'Arnoul de Harchies, père de Léon, réincorporé, depuis, au gros du fief ; vendu à Nicolas Imbert, bourgeois et m^d dem^t à Lille, qui paye 254 L. de nouvel acquêt. Le manoir porte ses armes et sa devise : *Benedicite imber et ros Domino (fecundat imber).*

Censiers de Fromez en 1660 : Antoine Lernould et Marg^te Lefebvre sa femme ; en 1681, Josse Lernould et Christine Lernould ; en 1739, Michel Bernard et Jeanne-Thérèse Platel.

Fief de **Chimpret** à Hallennes, consiste en une maison de plaisance enclose d'eau, motte, jardin, 23c d'héritage, ab^t d'E à la Chapelle d'Haubourdin.

Fief du **Chatelain**, tenu de Phalempin, se comprend en rente g^rale sur 3 bonn. — en 1500 Jacques de Cuinghien, écuyer.

1328. — Les Dames de la *Noeve Abbaye* (Sœurs de Lille de l'ordre des frères prêcheurs, plus tard Jacobines), *dalès Lille*, ont acquis à Hallennes : 1° 3 bonn. de terre qu'elles tiennent l'un de Willame de Pontrohart, les deux autres de l'évêque de Tournai, valant par an 8 L. 19 s.; 2° un bonnier demi de terre qui est de leurs *alloes* où elles ont *basse justice et haulte*, valant par an 4 L. 10 s.

1449, 27 octobre. — Comparurent aucuns des manans de la paroisse de Halennes; Jehan Potier, Jacques Lecocq,

Wille Lemester, Jehan Potier le fils, qui nous firent ostension du billet de l'assiette et cache de leur taille par lequel appert qu'ils avoient esté assis en 1448 à xxxvi l. de xl gros et dient qu'ils estoient xlviii personnes paians taille, qu'ils assoient à taille leurs maisnies, mais à présent n'en avoient nulles et n'assoient point les héritages des forains, et du nombre de gens paians taille en y a qui à présent prendent des biens des povres xvi. Requis assavoir s'ils ont aucun enclavement en la paroisse non paians taille, dient que non. Requis assavoir s'ils sont amenris de nombre de personnes et de chevance depuis x ou xii ans, dient que si pour ce que Jacquart Carpentier deffunt paioit vi l. x s. et son lieu est à ruine. Mahieu Fissel paioit cx s., il est parti et son censier ne paie que xxxix s. Jehan de Franguelle deffunt paioit l s. et son lieu est à ruine. Jacquart Casier paioit xlvii s. il est parti, en son lieu demeure une femme qui paie x s. Christophe le Cacheux paioit xviii s. en son lieu n'a point de restor. Abraham Béghin deffunt paioit lxix s. et son lieu est à ruine. Jacquart Rymbaut parti paioit xv s. et son lieu est à ruine. Béatrix Béghin partie payait c s. et son lieu est vaghe et plusieurs autres semblablement qui sont morts ou partis dont ils ne sont recors. Dient aussi avoir esté mangiés par les gens d'armes depuis v ou vi ans de le sôme de ii^c l. et pour estre préservés et gardés dedits gens d'armes paient chacun an à Monsr de Habourdin la somme de xii l. Requis assavoir s'ils sont enrichis ou augmentés de gens riches, dient que non. Requis assavoir la chevance des plus riches manans de la paroisse et combien ils paient de taille, dient que Jehan Potier a viii bonniers de terre parmi un lieu et paie ix l. Jehan Despierres a 2 bonniers 1/2 parmi un lieu et paie vi l. iii s. Jehan Potier le fils a 3 bonniers parmi un lieu et paie c s. Wille le Mester a 1 bonnier 1/2 parmi un lieu et paie iiii l. Jehan le Mester a 2 bonniers et paie lxxii s. et les autres en dessous paient à l'avenant de leur chevance. Requis assavoir que leurs terres valent en cense et combien en vente l'une parmi l'autre, dient qu'elles valent en cense xvi r. de grain à l'avesture mesure de Lille et en vente cinquante frans le bonnier et doivent de rente l'une parmi l'autre 2 rasiers, 2 havots de blé et 2 cappons le bonnier chacun an. Requis assavoir s'ils se dient estre plus hault taillés que les villes voisines, dient que si, parce que en la paroisse d'Englos Wille Fissel et Gillet Delattre ne paient chacun an que IIII L. X S. de taille et chacun d'eulx a plus de bon héritage sans les rentes viagères qu'ils ont, que ledit Jehan Potier l'aisné qui paie IX L. de taille, item à Sequedin Jehan Dubos ne paie que IIII L. IIII S. il a autant de chevance que ledit Jehan Potier, item audit lieu, Jehan Chevalier ne paie que L S. de rente et si est autant riche que Jehan Potier le fils, demourant audit lieu d'Englos qui paye C S. à Erquinghem-le-Sec, Henri Gobet ne paie que IIII L. il a autant de chevance que Jehan Potier l'aisné, qui paie IX L. et à Beaucamp, demiselle le Blanch a beaucoup plus d'avoir que Jehan Potier l'aisné.

1498. — Sont comparus maistre Jehan de la Lacherie, prêtre, curé, propriétaire ; Hellin Le Mestre ; Bauduin Grandire ; Grard Pottier et Pierard Businne qui affirment Mre Jehan *in verbo sacerdotis* et les autres par le serment de leur corps que, à Hallennes y a 24 feux dont la moitié prennent les biens de la carité des povres entre lesquels en y a quatre qui vont quérir leur pain d'huys à autre et par espécial à l'abbaye de Lôs et le demourant sont héritiers jusques au nombre de quatre personnages fort chargés de pensions et le reste de manouvriers vivant du mieux qu'ils peuvent.

Dient que audit village y a 8 paires de chevaux et autrement, mais les 4 paires furniraient bien le labeur qui y est.

Interrogés sur l'augmentation en dépopulation dudit lieu, depuis 1491, dient que le nombre de gens est augmenté et pareillement de bétail, mais ils se dient povres à cause des guerres qui ont régné.

Dient qu'ils ont paié pour tous aides XXVII L. de XL gros.

En 1549, la contribution est de 92 L. 15 S., on compte à Hallennes 20 bonn. 6c en jardins, 1 bonn. 12c en prés, revenu estimé 24 L. le bonn., 235 bonn. 8 c. en labour. revenu estimé 18 R, de grain à l'avesture 1 bonn. 8c en bois, revenu estimé 14 L.

La dîme rapporte 200 L., un moulin à vent à moudre blé 120 L.

Il y a 36 feux, 8 chevaux, 44 vaches, 200 blanches bêtes.

Gens d'église exempts de taille occupent en jardins 8c, en labeur 1 bonn. ; le curé occupe sa partie de dîme, un feu.

En 1720, on compte 55 feux, y compris 27 de pauvres ; le terroir (222 bonn. 13c) produit blé, colza, lin, avoine.

L'abbesse de Denain présente à la cure, dont le revenu est de 500 fl. et lève la dîme dont le curé avait un tiers. Curés : J. Lesecq, 1647. — Jean-Fçois Erouart, 1672. — J.-F. Prévost, 1724. — L.-C. Druon, 1765. — Martin-Delmer venant de Comines 1766-78. — Delannoy. — F.-J. Delesalle, 1791-92. — Carpentier, constitutionnel, 1797-1801. — Serrurier, 1801. — Lescornez, 1803-5. — Serrurier susdit 1805-14. — Behague 1814, mort en 1828. — Leblanc, 1828-31. — Prevost, 1831-33. — Becuwe, mort en 1868. — Pennequin, mort en 1891. — Rousselle,

Coutre du latin *custos ecclesiæ* gardien de l'église ; cet officier de l'église, remplissait les fonctions de clerc et de greffier, il avait aussi pour mission de tenir école et d'instruire la jeunesse — 1591. Jean Mariage. — Charles Mariage, mort en 1682. — Louis-Jh Dehon.

L'église, sous l'invocation de S. Vaast, est dans un lieu solitaire entouré de verdure la plus riante. Son beau clocher porte sous la voûte et sur la partie méridionale en briques plombées, la date de sa construction, 1518. Elle fut restaurée en 1837 ; les 3 autels en marbre massif, le pavé du chœur, les stalles, la chaire, les tableaux surmontant les autels sont des restes de son ancienne splendeur. La famille de Nassau a son caveau dans la chapelle de gauche, le niveau révolutionnaire effaça les inscriptions tumulaires.

Le manoir à tourelle crénelée, à pignon étagé, de renaissance flamande du XVIe siècle, était parfois visité par le seigneur d'Hallennes ; c'est de nos jours la ferme Bauduin Castelain.

Haubourdin[1], terre souveraine, domaine particulier du châtelain de Lille qui de si longtemps qu'il n'est mémoire du contraire la tient de Dieu et de l'épée, dit-il, mais réellement du comté de Hainaut, en franc alleu, et médiatement de l'Empire. Armoiries de gueules au lion d'or, armé, compassé et couronné d'azur. — En 1374 le sire de Habarding porté de gueules au lion d'argent.

A Saswales, châtelain de Lille, fondateur de l'abbaye de Phalempin en 1039, succède Gérard *du Buc;* à celui-ci, Roger, châtelain de Lille, mort de ses blessures au siége d'Antioche en 1098 laissant, de son épouse Ogive, Roger II. Hugues, troisième fils de Roger III, continue la postérité en épousant Ermentrude ; Jean, leur fils, mort en 1200, eut quatre fils et une fille, Elisabeth, qui après la mort sans lignée de ses frères fut héritière universelle et s'allia avec le châtelain de Péronne, d'où vint Jean II, chatelain de Lille, après ses oncles, Roger et Willaume, et de Péronne. Auteur de la seconde maison de Lille, il eut de Mahaut de Béthune, dame de Pontrüart au pays de Bergues, de Blaringhem, Jean III, châtelain de Lille, Sgr d'Haubourdin, d'Emmerin, de Sainghin-en-Weppes qui entreprit le canal de La Bassée en 1271.

Jean III, mort en 1276, fut inhumé à l'abbaye de Loos près de son père sous une *tombe* élevée, où il fut représenté

---

1 S'écrit, au XIIe siècle, *Arbodem, Harboden, Habordin*. C'est un mot d'origine germanique. *Aardbodem* en Hollande signifie terre ferme, territoire, par opposition aux eaux et terrains aquatiques. L'église d'Haubourdin, son berceau dominait les marais et bas-fonds qui l'avoisinent vers le couchant; d'Arbodem on fit Habordin Haubourdin.

Harebodem peut encore signifier le domaine du Seigneur, de *har, her*, Seigneur maitre, et *bodem*, fonds, terres, domaines. On fit aussi d'Haubourdin un mot celtique, *Al-bur-den* qui veut dire : *à une courbure de rivière*, un mot latin, *alta bordena, altus burgus.*

La motte à Haubourdin, *la motte castrale* par les vestiges d'antique construction retrouvés de nos jours, nous révèle l'emplacement de la forteresse élevée au temps des invasions des pirates normands. Le lieu dit *les Cattelaines*, jadis du domaine des seigneurs chatelains orné de beaux arbres, fait la séparation de Santes et d'Haubourdin.

avec sa femme et leurs quatorze enfants. Celle-ci, Mahaut, fille d'Arnoul, S^gr de Mortagne, châtelain de Tournai, survécut à son mari trente-cinq ans qu'elle passa au Plouich et fut inhumée à Phalempin au chœur de l'église.

Jean IV, leur fils, mort en 1292 devant Castellamare en Italie où il accompagnait Philippe de Flandre, fils du comte Gui, eut de Béatrix de Clermont-Neele, fille de Simon, l'un des régents de France, Jean V qui tombe à Courtrai en 1302 avec la chevalerie de France, et Guyotte, héritière de la châtellenie de Lille, du comté d'Herlies, de la Bassée, dame d'Haubourdin, d'Emmerin, qu'elle porte par son mariage en 1305 avec Waleran de Luxembourg, sire de Ligny, Roucy, Beaurevoir, fils de Waleran, dans la maison de Luxembourg. Cette maison, grande dans ses origines, presque aussi ancienne que la monarchie française, alliée aux comtes de Flandre, aux ducs de Bourgogne, donna des empereurs à l'Allemagne et des reines à la France.

Pendant cette période, il y avait une famille du nom de Haubourdin : 1169. — Walter de Habordin; 1218, Gilles de Habordin.

1225. — Aëlide, dame de la vicomté d'Haubourdin et Roger, son mari, donnent, pour faire des aumônes à la porte de l'abbaye de Lôs, la dîme d'Haubourdin, qu'Aëlide tient en fief de Roger, châtelain de Lille.

1262. — Willem de Habordin, *dictus viduus*, et Marie, son épouse, n'ayant pas de postérité, font donation à l'abbaye de Lôs.

1266. — Un différend soutenu les armes à la main s'élève entre Pierre et Jean de Bevreck, Wautier de Habordin et Gherart, son frère Celui-ci succombe. La comtesse Marguerite, par jugement de ses officiers de justice, condamne les Bevreck à payer 220 L. à Wautier.

1275. — Pierre du Mares vend à l'abbaye 4 muids de blé, 3 d'avoine sur la dîme de Lôs qu'il tient de Robert de Habourdin dit *de Lassus*.

1312, 7 avril, nuit de Pâques fleuries. — Guillaume, comte de Hainaut, confirme l'acte par lequel Waleran de Luxembourg, chevalier, sire de Ligny, et Guyotte, sa femme, cèdent à l'abbaye S.-Sauveur d'Anchin la justice dans les marais d'Emmerin, excepté les quatre cas souverains.

1319, 24 mai. — Waleran et Guyotte se déclarent redevables vers l'abbaye de Lôs pour l'obit anniversaire de Jean, châtelain de Lille, fondé en l'abbaye d'une rente de 6 livres parisis assigné sur la vente des bois de Plouich. Ils échangent, d'accord avec l'abbaye, cette rente contre une autre. Ils exemptent l'abbaye de tout péage sur les quatre ponts de Mélantois qui sont ceux de Marcq, de Bouvines, de Tressin, de l'Emponpout.

1320, mars. — Ils remettent Jean Le Mès, bourgeois de de Lille, en possession d'un fief à Haubourdin.

1325. — Sauvales Crespin et Jean, son frère, chevaliers de famille riche et puissante d'Arras, violent avec leurs suppôts la franchise du territoire d'Haubourdin, y traquent deux fugitifs, Baudes de le Motte, et Grars du Hars, *boutent fu en une maison où ils estoient*, les enlèvent et les livrent à la justice française qui les met à mort. Waleran de Luxembourg condamne les auteurs de cet attentat contre sa justice à payer 400 livres destinées à fonder deux chapelles expiatoires, et par acte du 13 juillet 1330, de concert avec Guyotte et Jean, son fils, il fait donation de terres et de rentes pour l'entretien de deux chapelains ordonnant que chaque jour la messe fut célébrée pour le repos de leur âme et pour celle des victimes. L'une des chapelles fut plus tard annexée à l'hospice, l'autre était sur la place de l'hôtel-de-ville récemment démoli. Elle servit au culte jusqu'en 1789 sous l'invocation de S. Jean et de S. Eloi. Un des chapelains devait suivre le seigneur à la guerre.

Guyotte de Lille, dame d'Haubourdin fonde, en 1336, la chapelle S. Catherine à la Neuville de Phalempin qui fut érigée en paroisse. Elle meurt le 7 août 1337 et repose à Phalempin en la chapelle S.-Jean-l'Evangéliste qu'elle avait aussi fondée. Waleran fit son séjour ordinaire à Beaurevoir, parfois à Cambrai où il fut inhumé en l'église N.-Dame.

Jean de Luxembourg, sire de Ligny Roucy, châtelain de Lille, Sgr d'Haubourdin, d'Emmerin, épouse, le 10 juillet 1330,

Alix, dame de Richebourg, fille de Guy de Flandre, bâtard du comte Guy de Dampierre.

Ce seigneur était d'esprit fort conciliant, on recherchait son arbitrage. La communauté d'Hérin, celle de Gondecourt avaient terminé un procès pour leurs marais communs. La communauté d'Hérin du gré d'Ansel, leur seigneur, qui tient de lui comme châtelain de Lille la pairie d'Hérin, lui donne 5 bonniers à prendre au marais le long du ruisseau d'Escueil ; il s'en déporte pour une redevance annuelle de 4 deniers par cheval, vache ou porc que les habitants mènent au marais, de 2 s. pour cent moutons, de 4 deniers par faux et pelle fauchant et tourbant au marais, *excepté tant seulement la maison d'Anseil à Hérin qui de tout che païer doit estre franke; fust ke Ansiaus y demorast à mantion ou ke il l'eust donnée à cense.* Septembre 1341.

1347. — Le châtelain de Lille déclare que Pierre dit Bruneau, écuyer, Sr d'Illies, son homme, ayant abusivement supprimé une rente qui lui était due sur une partie du manoir des religieux de Lôs en la paroisse d'Illies, nommé l'Escuel, près du grand chemin qui va au moustier d'Illies, la tenure et la justice dudit lieu lui fut dévolue à cause de forfaiture, mais, que désirant vivre en paix avec la S. Église, il laisse à l'abbaye une partie du manoir en franc alleu, le reste en fief, en justice de vicomte au relief d'un éperon d'or.

Jean de Luxembourg fut avec son fils Guy otage du roi Jean, fait prisonnier à Poitiers ; mort en Angleterre le 17 mai 1364, il fut inhumé à Phalempin au chœur de l'église, près de son épouse, Alix de Flandre, morte le 4 mai 1346.

Jean de Luxembourg, dit *Caulus*, le bâtard de Ligny, fils de Jean et de Jeanne Bosquet d'Haubourdin, Sr de Forest, du Bos, d'Emmerin, donne aux religieux de Lôs un bonnier près du moulin mouvant du châtel d'Amerin, pour célébrer tous les ans un anniversaire solennel pour le salut des âmes de haut et puissant Seigneur, son cher père, Mgr Jean de Luxembourg et de demiselle Jeanne Bosquet, sa mère aimée. La donation est passée devant Jean de Saimon, Brice Fremault, Jean Moriel, Jean Raes, hommes de fief, jour de S. Vincent, janvier 1402.

Mort en 1403, il repose en l'abbaye de Phalempin près de son épouse Jeanne d'Encre, dame de Forest et du Bos, morte en 1432.

Guy de Luxembourg, châtelain de Lille, S[r] d'Haubourdin, de Beaurevoir, de Richebourg, d'Erquinghem-sur-Lys, gouverneur d'Arras en 1359, créé comte de Ligny par Charles V en 1367, meurt en 1371. De son épouse Mahaut de Chatillon, comtesse de S. Pol, dame de Bohain et de Dourlens, il eut Waleran son successeur, et Jean de Luxembourg, Sire de Beaurevoir, Richebourg, dont le fils Pierre continuera la postérité.

Waleran III de Luxembourg, né en 1355, chevalier à 15 ans, comte de S. Pol, de Ligny, châtelain de Lille. Sr de Fiennes, de Bohain, d'Haubourdin, épouse Mahaut, fille de Thomas de Holland, comte de Kent, demi-sœur de Richard II roi d'Angleterre, puis Bonne de Bar, dame de Gravelines, fille de Robert, duc de Bar et de Marie de France. Grand-maitre des eaux et forêts, gouverneur de Gênes, qui se donna à la France, connétable de France en 1411, il meurt 1er avril 1415 au château d'Ivoy, au comté de Ligny, laissant par testament la S[rie] d'Haubourdin, Emmerin à Jean dit Hennequin, le fameux bâtard de S. Pol, son fils, qu'il eut d'Agnès de Bris, son amie.

Jeanne de Luxembourg, sa fille du 1er lit, épouse Antoine de Bourgogne, comte de Rethel, fils de Philippe le Hardi et de Marguerite de Flandre; elle eut en dot la châtellenie de Lille, la S[rie] d'Erquinghem, Armentières, les possessions de Robert de Fiennes, le mariage se fit à Arras, 24 avril 1402. Les échevins de Lille offrirent aux époux 18 écuelles d'argent. Jeanne meurt en 1407, Antoine de Bourgogne est tué à Azincourt.

Philippe de Bourgogne, leur fils, né en 1404, hérite des comtés de S. Pol, de Ligny, de la S[rie] d'Armentières, de la châtellenie de Lille où il fit son entrée 17 nov. 1422 [1], il meurt en 1430. Les biens qu'il tenait de sa mère retournent à la maison de Luxembourg, aux enfants de Jean, Sire de Beaurevoir, 2e fils du châtelain Guy, comte de Ligny La châtellenie échut à l'aîné, Pierre de Luxembourg.

Jean de Luxembourg, le sire d'Haubourdin, chlr de la Toison-d'Or, conseiller et chambellan du duc légitimé par lettres de Philippe-le-Bon données à Arras en 1443, était dit Comines un beau chevalier vaillant ès bon état de guerre, nourri ès anciennes guerres de France et d'Angleterre, il avait grand crédit avec le comte de Charolais, Charles-le-Hardi ; était pourvu des principales charges dans l'armée. Signalé dans les combats et les tournois, il tint en 1447 un pas pour faire armes près de S.-Omer. La Croix pèlerine sur la route de Calais, monument érigé en mémoire de ce tournoi nous apparait comme un fragment de chronique tout à coup retrouvé. Il se fit appeler le chevalier de la belle pèlerine, il y parut vêtu et armé comme devait l'être Lancelot du Lac. En guise des rênes de son cheval, « couvert d'orfavrerie très richement, » il tenait une gross echaine d'or que l'on estimait peser plus de mille écus Il avait devant lui six écuyers dont Anthoine de Hérin « vestus de blancs manteaux, portant le bordon en brodure devant et derrière servant à deux fins, l'une pour misthère de la pèlerine et se nommoyent pèlerins et communément tous pèlerins chargent le bordon, secondement c'était la devise de tout temps dudit seigneur de Haubourdin. » Il se montra le digne fils de ce Waleran de Luxembourg qui par sa grâce et sa valeur conquit, en

---

1 Mr de S. Pol, lors châtelain de Lille, fit serment en halle comme châtelain, lors de sa première entrée en cette ville ; Philippe de Pontrewart, lors rewart de la ville, pour et au nom de la communauté d'icelle, fait serment au châtelain, à La Loy, de Lille, le magistrat accompagné d'un grand nombre de bourgeois notables et de manans, se rendirent au-devant de Mr le châtelain jusqu'Haubourdin où il était lors, lui présentèrent une queuwe de vin vermeil et 10 marcs de vaisselle blanche au marc de Flandre.

Angleterre, la main de la princesse Mathilde et la palme des tournois. Il a laissé à Haubourdin un souvenir plus cher à la religion, à l'humanité en y fondant avec Jacqueline de la Trémoille, son épouse, l'hôpital au lieu qu'on dit de le Croix, et neuf lits pour héberger les malades, les pauvres passants, les pélerins qui se rendent aux lieux saints aux tombeaux vénérés des apôtres. Il fonde aussi une messe qui se dira chaque jour audit hôpital.

La dépense est évaluée à 160 L. et pour satisfaire et furnir, avons mis et transporté, dit l'acte de fondation, en la main de ceux qui par nous, seront commis à gouvernement dudit hôpital et après nos trépas, en la main de celui ou ceux qui seront commis par bailly et hommes de fief dud. Haubourdin le lieu fief et terres, que l'on dit des Bosqués, séant en la paroisse d'Haubourdin, vaillable huit vingt L. (160) de vingt gros la liv. chacun an, pour en jouir à toujours perpétuellement lequel fief et terres, avons acquis du Seigneur d'Emmerin et se comprend en un lieu, manoir amasé de maison manable, colombier, autres édifices et caves, avec le jardin que l'on dit de Bauvin, tenu de M[rs] les abbés et couvent de Loz, lesquels lieux, prés, eaux, herbaige de bois, vont à louaise avec trois cens de terrain, un enclos et quatre cens de prets à 16 L., monnoie de Flandre chacun an; et s'y append douze bonniers et quatorze cens de terre, qui ont couru par devant à cense à XVII R. de grain, maintenant sont à XIX R. et s'y appartient en rentes justiciables 30 L. qui est due chacun an sur la maison du Cygne (auberge), que tient à présent Hugues d'Ablain; et à tout ce que dict est tenir et entretenir et mesmement, moi Jacqueline de la Trémouille, sur ce dûment autorisée de mon Seigneur et mari, obligeons la terre des Bosquetz sans y rien retenir, sauf la Seigneurie haute, moyenne et basse, qui y peut être et qui doit demeurer à nous nos vies durantes et après nos trépas, au Seigneur d'Emmerin et pour les choses être fermes et stables, avons les présentes scellées de nos sceaulx, signées de nos sings manuels, prions et requérons à Jacques Desmarez et François-Jean de Tiefferies, Jean Delobel, Guillaume Mois, Gilles Moriel et Me Nicolas Maupard, tous hommes de fief de notre terre et S[rie] d'Haubourdin, qu'ils veuillent à ces présentes, mettre et pendre leurs sceaux avec les nôtres. 24 avril 1466.

Le seigneur d'Haubourdin mourut le 28 juillet, son épouse le 10 août de cet an 1466; ils sont inhumés en l'église d'Ailly-sur-Noye, où leur tombeau se voit encore, il ne laissa pas de postérité, la terre d'Haubourdin retourne à son cousin

Louis de Luxembourg, connétable de France, fils de Pierre, châtelain de Lille, petit-fils de Jean, duc de Beaurevoir.

Louis de Luxembourg, né en 1418, comte de S. Pol, de Ligny, châtelain de Lille, S[r] d'Enghien, d'Haubourdin, épouse 1° Jeanne de Bar, comtesse de Bar, fille de Robert, comte de Soissons, Marle, Oisy en Cambrésis, Dunkerque, tué à Azincourt, et de Jeanne de Béthune, vicomtesse de Meaux ; 2° Marie de Savoie, sœur de la reine qui lui apporte le comté de Guines. D'un caractère artificieux, plus ambitieux que politique, le désastré connétable vit les trois plus grands princes de son temps conspirer à sa ruine, les rois de France, d'Angleterre et Charles, duc de Bourgogne. Ce qui est plus déplorable en sa mésaventure, c'est que le premier était son beau-frère, le second avait épousé sa nièce. Décapité en Grève, 19 décembre 1475, il gît aux Frères mineurs de Paris.

Charles-le-Téméraire mit la main sur les nombreux domaines que le condamné possède en Flandre. Il fut tué devant Nancy, et Pierre de Luxembourg, fils de Louis, par requête à la duchesse Marie, héritière de Bourgogne, revendique les propriétés situées dans la ville et la châtellenie de Lille, Douai, Orchies, invoquant l'exemption dont cette province avait toujours joui. Jean de Rosimbos, chl[r], Sr de Fromelles, gouverneur de Lille, convoque en la Salle les nobles de la châtellenie. Ce sont : Waleran, chl[r], Sr de Wavrin, 58 ans ; Jean, Sr de Hames et de Bondues, 46 ans ; Philippe de Lannoy, chl[r], Sr de Santes et de Willerval, 56 ans ; Charles d'Oignies, S[r] d'Estrées, 32 ans ; Antoine de Werquigneul, chl[r], Sr de Beaufremez, 68 ans ; Jean, Sr de Croix et de Flers, 59 ans ; Jean d'Estaimbourg, chl[r], Sr de Gondecourt, 31 ans. Léon de Barbançon, chl[r], S[r] d'Avelin, 40 ans ; Henri de Tenremonde, 83 ans ; Jacques de Croix, écuyer, 56 ans ; Antoine de Berlettes, écuyer, 40 ans ; Philippe Fremault, écuyer, 62 ans ; Jacques Gomer, maïeur de Lille, 63 ans, ils affirment par serment que la ville et sa châtellenie et les sujets en icelle sont frans, quittes, exempts de toute confiscation. Marie de Bourgogne accorda la main levée des terres et biens du comte de S.-Pol situés en la châtellenie.

Pierre II de Luxembourg, comte de S.-Pol, S[r] d'Haubourdin, chl[r] de la Toison-d'Or, réintégré dans les possessions de sa famille, prête serment comme châtelain de Lille, 25 juillet 1481. Mort en 1482, il fut inhumé en l'abbaye de Cercamp. Il avait épousé Marguerite de Savoie, sœur aînée de sa belle-mère et de la reine de France.

Marie de Luxembourg, sa fille, comtesse de S.-Pol, châtelaine de Lille, dame d'Enghien, d'Oisy, Dunkerque, Bourbourg, Gravelines, Ham, Beaurevoir, Haubourdin, épouse: 1° à 15 ans ,14 janvier 1484, Jacques de Savoie, son oncle maternel, oncle de Charles VIII, roi de France ; 2° 8 septembre 1487, François de Bourbon, comte de Vendôme, âgé de 17 ans, fils unique, seul héritier du très puissant prince, Mgr Jean de Bourbon et de très vertueuse dame Isabelle de Beauvau dont Charles de Bourbon l'aîné, premier duc de Vendôme, né en 1489, mort en 1537 avant sa mère, Marie de Luxembourg, morte à La Fère, 1er avril 1546. Elle s'occupa de sa terre d'Haubourdin. Nous avons des rapports et dénombrements qui lui furent adressés. Elle confirme des règlements anciens, en promulgue des nouveaux qui eurent force de loi jusqu'à la Révolution, prescrit en 1527 l'élargissement de la grande route d'Haubourdin qui n'était pas encore pavée.

Antoine de Bourbon, fils de Charles et de Françoise, duchesse d'Alençon, duc de Vendôme, châtelain de Lille, S[r] d'Haubourdin, épouse, en 1548, Jeanne d'Albret, fille d'Antoine, roi de Navarre et de Marguerite de Valois. Roi de Navarre après la mort de son beau-père, 1555, il meurt le 17 septembre 1562 laissant ce fils de glorieuse mémoire,

Henri de Bourbon, dit le Grand, né le 13 décembre 1553, roi de Navarre, châtelain de Lille, S[r] d'Haubourdin et d'Emmerin en 1562, parvenu à la couronne de France en

1589 ; ce roi magnanime n'était pas riche quand il luttait pour la couronne. Il affecta sa S^rie d'Haubourdin pour sûreté d'une rente héritière au capital de 583 fl. créée par lui au profit de Jacques de Flandres, bourgeois de Lille, qui l'assigna devant la justice locale pour le paiement des arrérages ; faisant droit à sa requête, les Mayeur et Echevins par arrêt du 17 novembre 1590 établirent mise de fait sur la propriété du seigneur roi, ordonnant qu'elle fut administrée au profit du créancier. Nos pères pratiquaient l'égalité devant la justice, le respect du droit.

En ce temps furent enregistrées les coutumes particulières d'Haubourdin et d'Emmerin. Ces lois natales, ces coutumes locales héréditaires règlent les successions, les obligations, les ventes, le droit qu'a le parent du vendeur de retraire l'héritage, hommage rendu aux propriétés de famille.

Coutumes de Haubourdin et d'Ammerin extraites du Registre au Conseil et affaires de la châtellenie de Lille, cour et halle de Phalempin et seigneurie de Haubourdin et Ammerin.

1599, 18 mai. — Par-devant Bauduin de Croix, esc., Sr de Wayembourg, grand bailli ; Me Hippolite Petipas, esc., Sr de Walle, avocat ; Jean Cuvillon, procureur ; Simon Cuvillon, greffier.

Ledit jour, ledit Procureur a rapporté à ce Conseil la déclaration des coutumes et usages des terres et seigneuries de Hauboürdin et Ammerin, derogeant à celles de la châtellenie de Lille, à lui mise en mains par Mgr de Manicamp, à l'effet de les faire enregistrer au Registre de ce Conseil, desquelles la teneur s'ensuit :

I. En la terre et seigneurie de Haubourdin, laquelle est terre tenue de Dieu et de l'espée et aussi en celle d'Ammerin dépendant dudit Haubourdin, y a toutes voies de poursuites, tant par plainte à Loi, saisie, mise de fait, purges, complainte, partie formée, arrêt de corps et actions personnelles.

III. Esdites seigneuries et des cours en ressortissant tous héritages y séans et en tenus, soit acquest ou autrement, ressortent et sont réputés comme patrimoniaux.

VII. Une personne ayant vendu un lieu, manoir ou héritage, venant de patrimoine ou acquest, retraite à titre a lieu de proximité, mais, est requis que la redemande se fasse sur le champ du déshéritement ou adhéritement, fait et baillé ou le même jour en dedans soleil couchant.

VIII. De tous héritages vendus, droit seigneurial est dû, tel que le 5e denier, comme aussi est à donation ou transport.

X. Toutes sentences ou interlocutoires rendues par Mayeur et Échevins, peuvent rappeler par-devant Bailli et hommes de fief de Haubourdin et pour relever leur appel, ont temps de six semaines et ne se peuvent icelles sentences ou interlocutoires, ni lettres de taxe, de dépens, mettre en exécution durant le litige de l'appel.

XI. Toutes sentences, interlocutoires et lettres de taxe rendues par bailli et hommes de fief, se mettent en exécution et n'y doit avoir appellation, ni ressort ailleurs.

XV. Pour transport d'héritage ou biens meubles et réputés pour meubles valides, est requis qu'il soit passé et livré effectuellement par-devant la justice et pour transport des lettres de rentes, combien qu'elles soient hypotéquées sur héritages et tenues desdites seigneuries, n'est requis qu'icelui soit passé, ni reconnu par-devant justice; ains suffit de notaire public.

Le roi Henri vend, en 1603, la seigneurie d'Haubourdin, qui se trouvait sous la domination étrangère des archiducs Albert et Isabelle, il garde la châtellenie de Lille.

Louis XIII, vers 1620, sert aux archiducs le rapport de la châtellenie de Lille qui, malgré la réunion définitive à la France en 1667, conservera sa constitution féodale. Louis XIV, Louis XV et Louis XVI sont châtelains héréditaires de Lille. Charles X se dit comte de Lille.

Henri, par la grâce de Dieu, roi de France et de Navare, seigneur souverain de Haubourdin et d'Emmerin, châtelain de Lille, à tous... salut... En notre nom et sur notre bon plaisir furent vendues à noble Antoine du Chastel, Sr de Cavrines, au nom et comme procureur de Nicolas du Chastel, chl[r], Sr de la Hovardrie, son père, les terres et seigneuries, franchises et souverainetés de Haubourdin, Emmerin, enclavées en la châtellenie de Lille, appartenances et dépendances avec le domaine et tous droits à nous appartenant à cause desdites seigneuries, fors le fief de Fremaux moyennant la somme de 36,000 florins Carolus de 20 patars; sur ce, déduit 1,800 florins pour le fief de Fremaux, vendu le 4 février 1603 au S[r] de le Walle. Fait et passé par devant Cuvillon, notaire à Lille, 28 mai 1603.

Aux châtelains de Lille, des maisons de Lille, Luxembourg. Bourbon succède la famille du Chastel de la Howarderie, issue des châtelains de Valenciennes ou, selon d'autres, d'un cadet de la maison de Gavre, au XIIe siècle. Les grands jours de la féodalité sont passés ; c'en est fait de la seigneurie souveraine, elle est érigée en vicomté.

Albert et Isabelle-Clare-Eugénie, par la grâce de Dieu, archiducs d'Autrice, ducs de Bourgogne, à tous... salut... Comme ci-devant ayant été mû difficulté entre les officiers de feu le roi Philippe II, notre très $h^{ré}$ S^{r} et père et les S^{rs} de la maison de Luxembourg et de Vendôme comme seigneurs de Haubourdin et Emmerin, à cause de la souveraineté, juridiction ressort desdites seigneuries, ensemble sur le fait de la contribution des aydes ; et que depuis quelque temps ença icelles ont été vendues par le roi très chrétien, héritier desdites maisons à notre amé et féal Nicolas du Chastel, Sr de la Hovardrie qui fit proposer quelques offres, pour vider et mettre fin à la difficulté ; Ont été tenues aucunes conférences entre ceux qui de notre part en ont eu la charge et le Sr de Cavrines, fils du seigneur de la Hovardrie, ayant pouvoir tant d'icelui que des manans et habitants desdits lieux, dont et des points sur ce conclus nous ayant été fait relation particulière; Savoir faisons qu'ayant les déclarations des seigneurs de la Hovardrie et manans d'Haubourdin et Emmerin pour agréables et désirant les traiter favorablement, érigeons par ces présentes la seigneurie d'Haubourdin, Emmerin en un fief noble avec titre et prééminence de vicomté, à tenir et relever de nous et nos successeurs comte et comtesse de Hainaut en toute justice haute, moienne et basse, comme elle a été exercée du passé à x L. de relief par changement d'héritier, sans préjudice ou innovation à la nature ou qualité des arrière-fiefs, ni des coutumes locales d'Haubourdin et d'Emmerin selon lesquelles lesdits fiefs se régleront, étant néanmoins notre intention que nonobstant le relief feauté et hommage, la Terre, Seigneurie et Vicomté d'Haubourdin, Emmerin ne soit sujette à la justice de notre pays d'Haynaut, ains aura ressort en notre grand Conseil séant à Malines immédiatement vers lequel se pourront adresser par appel ceux qui voudront prétendre être grevés par le jugement des hommes de fief et gens de loi desdits lieux ; Voulons et entendons qu'au surplus le Sr de la Hovardrie, ses hoirs ou ayant-cause jouiront de tous autres droits, franchises, libertés, prérogatives, autorités dont ont joui leurs prédécesseurs de Luxembourg, de Vendôme, sauf et réservé à Nous les souveraineté, feauté, hommage, relief et ressort que dessus ; Si accordons par ces présentes que les manans, habitants desdits lieux ne seront compris ni cotisés es aides ordinaires ou extraordinaires des autres provinces voisines, soit pays de Hainaut, comté de Flandre, châtellenie de Lille, Douai, Orchies, ni chargés de gens de guerre, toutes et quantes fois les provinces voisines nous feront quelques aides ou à nos successeurs, lesdits manans et inhabitants passeront en payant à notre profit, et de nos successeurs en rédemption des aides la somme de sept cens L. de XL gros par an es mains de notre receveur de nos domaines à Lille. Donné à Bruxelles, le 3 octobre 1605.

Nicolas du Chastel de la Hovardrie, chl^r, vicomte d'Haubourdin et d'Emmerin, meurt en 1610 et repose à Hovardrie sous un superbe monument orné de statues et de 48 quartiers de noblesse.

Antoine du Chastel, chl^r, vicomte d'Haubourdin, d'Emmerin, son fils du deuxième lit, fait, en 1611, le dénombrement de la vicomté d'Haubourdin, dénombrement reconnu en 1616-18 par la communauté de ce lieu qui fit quelques restrictions relatives à une partie des marais. Il meurt au château de la Hovardrie en 1639 ayant épousé :

1° 1594, Anne de Recourt de Lens, de Licques, fille de François, chl^r, châtelain de Lens et d'Isabeau de S.-Omer, Wallon-Cappel ; 2° 1614, Jeanne Lamberte, princesse de Croy, fille d'Eustache. Du premier lit sont nés : François du Chastel, chl^r, né à Cavrines en 1597, connu sous le nom de vicomte d'Emmerin, page de l'archiduc Albert, capitaine de cent cuirassiers, tué à Fleurus en 1622, qui se distingue par sa bravoure dans la première période de la guerre de Trente-Ans.

Nicolas du Chastel, chl^r, né en 1606, vicomte d'Emmerin après son frère, capitaine de 200 hommes au service de l'empereur, mort à Howardries en 1631.

Jean-Marc-Antoine du Chastel, chl^r, né au château de Cavrines en 1609, vicomte d'Haubourdin, d'Emmerin en 1639, mort en 1668, eut de Claire-Isabelle-Eugénie de Robles, fille d'Alexandre, comte d'Annappes, filleule de l'archiduchesse

Isabelle, Jean-François du Chastel, chl[r], vicomte d'Emmerin, tué en duel, 14 août 1666, et Béatrice du Chastel.

Béatrice-Jeanne-Claire-Thérèse du Chastel, vicomtesse d'Haubourdin, Emmerin, né à Tournai en 1647, épouse en 1668, Charles-Claude de Houchin, chl[r], marquis de Longastre et d'Annezin, lieutenant-colonel au service de France, fils de Philippe, d'une ancienne famille noble d'Artois, reçue dans tous les chapitres nobles des Pays-Bas.

Louis-François de Houchin, marquis de Longastre, vicomte de Haubourdin, S[r] d'Emmerin, d'Annezin, épouse Marie-Thérèse-Guillaine de Thiennes, marquise de Berthe et de Claerhout.

Jean-Joseph-Aimé de Houchin, chl[r], marquis de Longastre et de Berthe, vicomte d'Haubourdin, Emmerin, baron de Brouck, Claerhout, épouse le 20 août 1754, Marie-Jeanne-Georgette Toussaint Kerouartz.

Marie-Louise-Isabelle-Claire-Eugénie, leur fille aînée, épouse en 1779, à Paris, François-Rose-Barthélemi de Bessuejouls, chl[r], marquis de Roquelaure, colonel du 2e régiment Artois infanterie ; de famille du Languedoc.

Ils sont morts tous deux à Paris pendant la Révolution. Leur fils Louis-Georges Bessuejouls-Roquelaure les suit au tombeau ; il meurt à Paris, 2 prairial an VII, laissant le domaine d'Haubourdin non vendu, mais sous séquestre, à sa tante Marie-Thérèse-Louise-Jeanne-Charlotte de Houchin qui meurt sans postérité à Paris, 17 octobre 1835.

Par jugement du tribunal de Lille, 11 mai 1837, ce domaine fut vendu sur la demande des héritiers, François-Marie-Louis de Kerouartz, propriétaire à Morlaix, et Jacques-Louis-François-Marie Toussaint, marquis de Kerouartz, chl[r] de S.-Louis, ex-colonel de cavalerie, propriétaire à Guingamp.

Beaupré à Haubourdin. — Consiste en lieu manoir, jardin, près, eauwes, et 9 bonniers ; relève du Sr de Haubourdin, doit en relief à la mort de l'héritier, un cheval et armes, et sy suffisant que pour entrer en camp et bataille avec le Sr de Haubourdin.

1377, 25 juin. — Pierre Delcourt vend une prairie au profit de Jean de Bieauprez.

1528, 18 février. — Noel de Pontrewart vend la terre de Beaupré à Jean de Baufremez, écuyer, conseiller de l'empereur Charles V, maître de la Chambre des comptes de Lille. A cette époque, le château aux tourelles dans le style espagnol remplaça l'antique maison des dames de Denain. Il a servi au roi Henri, Sr de Haubourdin, de rendez-vous de chasse.

1619, 25 janvier. — André de Fourmestraulx achète le fief de Beaupré aux enfants de François de Baufremez, Sr de Harnes, et de Jeanne de Longueval. — Jean-André Fourmestraulx, chl^r, S^r des Waziers, relève le fief au trépas de sa mère Jeanne Delyot, le 26 avril 1648. — Jean-André-François Fourmestraulx des Waziers, écuyer, Sr de Beaupré, épouse Marie-Jeanne-Henriette de Vicq, dame de Tilloy. — Eugène-Hyacinthe Fourmestraulx des Waziers, Sr de Beaupré, épouse Françoise de Lannoy. — Eugène-François-Dominique Fourmestraulx des Waziers, Sr de Beaupré, épouse Madeleine-Françoise Cuvillon, dame de Roncq, 3 octobre 1721. Leur fils Pierre-Auguste-Marie de Fourmestraulx des Waziers, écuyer, Sr de Roncq, grand bailli de la terre de Comines pour le duc d'Orléans, créé comte en 1768.

Marie-Madeleine-Françoise des Waziers, dame de Beaupré à Haubourdin et de la Rive à Marquette, héritière de son frère en 1781, sert le 2 avril 1784 le rapport des franchises et S^rie de Roncq, elle émigre à la Révolution, et le 21 ventôse an VIII, le château de Beaupré fut vendu à Charles-Simon Dinet, homme de loi. Il appartient (1890) à la famille d'Herbigny.

Lassus. — Tenu de la S^rie d'Haubourdin-Emmerin au relief d'un cheval qu'on put monter tout armé pour entrer en camp et bataille avec le S^r d'Haubourdin, contient un manoir et 5 bonn. 1/2 d'héritage sur le chemin d'Emmerin.

A G^{me} le Clercq.— Anne le Clercq, sa fille, épouse Jean du Flez, 1532.

Bosquet ou **Bocqueau** à Haubourdin — Fief sans justice tenu du châtel d'Emmerin à 30 s. de relief.

1359. — Accord entre l'abbaye et Pierre Bosquet, écuyer demeurant à Haubourdin, pour le bornage de ce fief qui touche aux prés des Riskailles à la terre Huon Bosquet.

Caulus de Luxembourg est fils de Jeanne Bosquet, sœur de Pierre, tous deux enfants de Mahieu Bosquet.

1466. — Donné à l'hôpital d'Haubourdin. (Cense Potié, 1890).

La Croix à Haubourdin près l'Hôpital. — S^{rie} acquise en 1416 par Louis de le Walle à la succession de Thomas de le Croix. Elle est ensuite à Pierre Bracle, écuyer, qui épouse, en 1591, Catherine Deliot ; depuis à Jacqueline le Prevôt, héritière de Bracle, alliée à François, baron de Brune.

Les Fremaux. — Fief tenu d'Haubourdin à Antoine de Villers en 1400, compris pour 1,800 fl. dans la vente de la S^{rie} d'Haubourdin. — En 1603, Hippolyte Petipas, écuyer, Sr de Gamans, de le Walle des Fremaux.

Ronchin à Haubourdin. — Fief vicomtier tenu de la S^{rie} d'Haubourdin-Emmerin, comprend 2 bonn. 1/2 d'héritage en prés, bois, haies, eaux gisant au marais de Canteraisnes.

1532. — Jean d'Ablaing, fils de feu Jean.

La Baignerie. — Fief tenu de le Haye d'Ennequin à 10 L. de relief, comprend 5^{c} d'héritage à usage de flegard avec droit de plantis le long du chemin qui va du moulin de l'abbaye de Lôs à l'église d'Haubourdin (rue Laiguerue).

La draperie fut prospère à Haubourdin aux XVIe et XVIIe siècles. Du compte-rendu en 1549 par Jean Ristaux, receveur de la terre et S^{rie} d'Haubourdin, il se voit que 1,459 pièces de drap donnent 66 L. 15 s. de droits au profit du seigneur qui perçoit 1 patar de chaque pièce de drap, 2 liards de chaque pièce d'escamote. Dans les chartes figurent comme témoins des drapiers et des ***navieurs***. La bâtellerie est une autre industrie d'Haubourdin.

1582. — Philippe Becquet, drapier et m[d] à Haubourdin, fils de Philippe, celui-ci fils de Thomas, mayeur en 1545.

1625. — Devant Nicolas Groullan, notaire d'Englos, comparurent : Jean Hochart, Guillaume Willemet, 58 ans ; Eloi Henneron, 52 ans ; Pol Rengheman, tous drapiers à Haubourdin ; Jérôme Deleporte, 64 ans, tisserand en drap ; David Becquet, 51 ans, rapoineteur de drap ; Jacques de Lalaing, 45 ans ; Martin Guilbert, 67 ans, navieurs ; Isabeau de Watignes, Vve G[me] Bresol, 62 ans, naviresse; Jean Willemet, 62 ans, brasseur ; Pierre de Roubaix, hôte, ils attestent que la rivierette qui va de la brasserie du *Cygne* au canal est à l'abbaye de Lôs dont les possessions s'étendent jusqu'à la chaussée (*du jadis fort*) d'Haubourdin où elle a issue de ses bois et près. Jean de Causerbeke est bailli, Pierre Leroy greffier d'Haubourdin.

De temps ancien, il y avait à Haubourdin des moulins à eau ruinés par le châtelain de Lille en 1271, par un accord fait avec ceux de Lille. Ils se trouvaient au bas de la rue de l'Etang, où fut une fontaine d'eau vive et salubre aujourd'hui disparue. En 1615 fut érigé un moulin pris par Luc Carpentier en arrentement du seigneur d'Haubourdin qui voulut contraindre les habitants d'y porter leurs grains. Ceux-ci disent qu'ils ont toujours été en bonne et paisible possession de faire moudre leur grain ou bon leur semble, que pendant le temps qu'ils avaient eu pour seigneurs les rois de France, ils n'avaient oncques été inquiétés. Le conseil de Malines ordonne la démolition du moulin à l'eau à usage de fouler drap et moudre blé que le S[r] d'Haubourdin voulait faire sur le canal, et déclare en 1627 le moulin d'Haubourdin franc et libre du droit de banalité. Haubourdin doit son accroissement à ses franchises, à l'exemption de droits sur boissons et autres denrées qui se répandaient en fraude dans la contrée voisine; quand cet abus fut entravé, on vint consommer sur place.

A la différence des échevinages ruraux complètement

dépendants du seigneur, l'échevinage d'Haubourdin se distingue par ses prérogatives qui l'assimilent à un échevinage urbain.

Mayeurs : 1545, Thomas Becquet. — 1553, Ant. Senechal. — 1562, Louis Malfait. — 1593, Claude Mirabel. — 1613, F^ois Bataille. — 1615, Jean Becquet. — 1625, Etienne Béhague. 1629, Pierre Duthoit. — 1633, Eustache Gossart. — 1636, Barthélemi Carpentier. — 1649, Antoine Watrelô. — 1670, Pierre Watterlos. — 1679, Fery Béghin. — 1680, Betremieux Carpentier. — 1682, Antoine Grimbel. — 1686, Josse Carpentier. — 1687, Paul Delattre. — 1689, Jean Crépin. — 1692, Jean-Martin Blanquart. — 1698, Gérard Becquet. — 1704, Paul Delattre. — 1708, Charles Descamps. — 1711, Etienne Meurille. — 1718, Nicolas Butin. — 1723, Luc Carpentier. — 1730, Pierre Cordonnier. — 1738, Jean-F^ois Heddebault. — 1743, Pierre Cordonnier. — 1750, Pierre Cazier. — 1755, Nicolas Cordonnier. — 1761, Ch.-Louis Bresou. — 1770, J.-B. Weugue. — 1778, J.-B-Albéric Blondeaux. — 1789, Marc Livre, chl^r de S.-Louis. Substitut : Célestin Clarisse. Echevins : Constantin Bernard, Antoine Deledeuille, Eug. Dillies, J.-B. Choquet, Placide Couture, Ignace Masquelier.

1720. — On compte à Haubourdin 281 chefs de famille. Le terroir consiste en labours, près, bois de raspe. Les *clairs* donnaient le meilleur poisson. On y fait beaucoup de draps pour Lille et les villes voisines. Cette fabrication a disparu. La dernière fabrique se trouvait à l'hospice en l'an XII.

La cure vaut 350 fl. au rapport du curé à la collation des chanoinesses de Denain. Curés : 1629, Valentin Moncherig. — 1665, J.-B. Lecocq. — 1677, Jean Reinselaire. — 1681, Minneclaux, — 1704, Ph. Prevost. — 1739, Etienne Thion, licencié en théologie. — 1750, Balth.-F^ois Batteur, mort en 1768. — 1769, Jean Perche. — 1770, Jean Testelin. — 1792, J.-B. Herbo, curé constitutionnel. — Curés-doyens, 1802, Dacheu. — 1812, F. Leclercq. — 1817, Pierre Herreng, mort en 1820. — N. Bellain, mort en 1841. — Charles Dhalluin. — 1857, Ravaux. — 1877, Catteau, de Bousbecque.

L'église paroissiale du XVIe siècle est dédiée à S.-Maclou. Le clocher portait la date de 1513. Elle fut réparée en 1804, mais elle devint bientôt insuffisante pour une population qui s'accroît tous les ans. En 1853, une Commission fut chargée d'étudier les moyens de construire une église neuve sur la place. Le cabaret de la *Maison-Blanche* en y ajoutant deux autres maisons présentait la superficie strictement nécessaire. Dans sa séance du 11 août 1855, le Conseil municipal décide la restauration de l'ancienne église, au même lieu que fut le berceau de la ville, son agrandissement nécessaire pour une population de 5 à 6 mille habitants, l'agrandissement de la chapelle de l'hospice. L'église fut reconstruite en 3 parties : 1° *aux années* 1867-68-69, le chœur et transept ; 2° le reste de l'église et la tour, commencée en 1870, achevée en 1875 ; 3° la flèche de mars à 7bre 1879, il reste à façon les tailles et sculptures de la tour ; dépense totale 300,000 fr. Cet édifice, de style gothique du XIIIe siècle, fait honneur à l'excellent architecte M. Cordonnier. On y remarque un autel votif élevé au Sacré-Cœur par les Dames d'Haubourdin.

L'hospice avait été, par édit de Louis XIV en 1672, réuni à l'ordre de N.-D. du Mont-Carmel et de S.-Lazare. Des lettres patentes de 1693 annulent cette réunion, d'autres lettres de 1698 y rétablissent l'hospitalité en faveur des pauvres passants et des malades.

1726. — Par supplique au Parlement de Flandre, Lernould avec autres hommes de fiefs d'Haubourdin demande la reddition des comptes de l'hospice et signale les dépenses absorbant grande part du revenu annuel de 900 fl. pour le logement, avec chevaux et carosse du seigneur de Longastre, qui n'avait pas sa résidence à Haubourdin, mais seulement une maison de recette.

1785. — Sur la proposition de Bresol, bailli d'Haubourdin

faite au nom du marquis de Roquelaure, agréée par le Parlement, les mayeur, échevins, l'hospice reçut des orphelins nés à Haubourdin à qui l'on apprit un état, le filage de la laine. Cet hospice, recommandable soit par l'aspect du lieu, soit par les soins qu'y trouvent les malades, édifice du xve siècle, assez élégant, fut reconstruit en 1878, achevé en 1881. Dépense, 136.000 fr. Il reçoit les vieillards, les malades, de jeunes orphelins. Sa population est de 60 personnes.

Ligny de le Gauquerie. — 1168. Robertus de Latiniaco [1] (Sr de Ligny), dit aussi de Liniaco, figure comme témoin dans une charte de Philippe d'Alsace, comte de Flandre, en faveur de l'abbaye. (*Cart. de Lôs.*)

A l'ouverture du xiiie siècle, Godefroy de Ligny, trouvère heureux, qui termine le roman de Lancelot, dédié à la comtesse de Flandre, femme de Bauduin IX.

Gossuin de Ligny, chl^{r} *homo meus* dit le sénéchal Robert II, dans sa charte du 31 octobre 1259 où il cite Robert, fils aîné du Sr de Ligny, et il ajoute *terra sua de Ligni quam tenet de me in feodum.*

1285. — Robert, chl^{r}, sire de Ligny et Marie, sa femme, devant les *eskevins des Timaux* et *des frans alues* vendent une terre située vers le Fraisnoye en la paroche de Beaucamp.

Ligny, éclissé de Wavrin en 1390, porte d'azur à l'écu d'argent au sautoir de gueules brochant sur le tout.

Le fief de Ligny, tenu de Wavrin en justice de vicomté, consiste en village à clocher, châtel sur motte environné d'eaux avec pont-levis, basse-cour, cense au pied du châtel, jardins, prés, bois, terres ahanables, le nombre de 63 bonn. sur Ligny,

---

1 *Latiniacum*, domaine de *Latinius* du nom d'un romain qui, le premier, vint s'y établir. De Latini, on fit par contraction lagny, laigny, legny, ligny, formes diverses de ce nom dans les titres anciens.
La Gauquerie indique un lieu planté de noyers.

Santes, Wavrin, Fournes, moulin à blé moulant à vent sis entre Ligny et Beaucamp, maison sise à Beaucamp nommé le lieu de Wavrin, contenant parmi jardin, terres ahanables, 15 bonn. 10c réincorporé avec le fief de Ligny, — rentes Sriales, — plusieurs hommages féodaux.

Cette terre est entrée dans la maison d'Oignies vers 1430 par l'alliance de Bauduin d'Oignies, chlr, Sr d'Estrées, Gruson, gouverneur de Lille en 1435, avec Pierône Guilbaut, fille de Guy, dame de Quesnoy-s.-Deûle et de Ligny, d'où vint :

Antoine d'Oignies, chlr, Sr de Bruay, Ligny, gouverneur de Lille en 1465 qui, de Jeanne de Brimeu, dame de Chaulnes, fille de Jean, bailli d'Amiens, laissa Gilles, Sr de Bruay et François d'Oignies, Sr de Ligny, époux de Marie d'Hérines.

Antoinette d'Oignies, dame de Ligny, leur fille, épouse Jean le Sauvage, chlr, fils de Jean, Sr d'Escobèques et de Jacqueline de Boulogne, Sr d'Escobèques après son frère, Antoine le Sauvage qui n'eut pas d'enfants de son épouse, N. de Mérode.

On voyait, en l'église de Ligny, cet épitaphe sur une lame de cuivre :

Chy gisent noble homme Jean le Sauvage en son vivant Sr d'Escaubecq, conseiller, Me des requestes de l'hôtel de l'empereur Charles V, notre souverain seigneur, et Delle Antoinette d'Oignies, son espeuse, dame de ce lieu, lesquels trépassèrent ledit seigneur, Ier jour d'août l'an 1550, ladite demoiselle, XVII juin 1531.

Priez Dieu pour leurs âmes.

Ils eurent trois enfants : Jean [1], Sr d'Escobecques et de

---

1 Jean le Sauvage fut l'ami familier du prince d'Orange. « Doué d'une éloquence admirable... quand il étoit question de traiter de matière d'Etat, il en discouroit gravement et subtilement, s'aidant fort à propos de règles et maximes de Platon, Aristote, Démosthènes, Xénophon, Cicéron sans oublier Machiavel et les singularités qu'il avoit remarquées à la cour d'Espagne, France, provinces d'Italie, d'Allemagne et canton des Suisses. Quand il étoit question de rire, c'était l'homme du monde qui rencontroit le mieux, n'ayant jamais faute de sornettes, propos facétieux qu'il tiroit des œuvres de Lucien, Erasme, Rabelais, pour ceste cause étoit sur tous autres en la bonne grâce des seigneurs et bien venu en toutes compagnies. » Il fut accusé de calvinisme en 1567. Le duc d'Albe, malgré la protestation du magistrat de Lille, fait saisir et sequestrer tous les biens, papiers, titres trouvés au château de Ligny. La fortune du sire d'Escobecques et de Ligny était une riche proie. Le revenu annuel des terres saisies dans la châtellenie était de 20,000 L.

Ligny, mort sans postérité ; François, Sr du Maisnil, Antoinette, leur sœur, épouse Jean de Mol, chl[r], S[r] d'Oetinghe, fils de Gaspart, prévôt de Bruxelles.

Antoine de Mol, chl[r], Sr de Ligny et d'Escobecques, après son oncle Jean le Sauvage, épouse Jeanne de Ligne.

René de Mol, leur fils, vend la terre de Ligny à Michel-Alexandre Hangouart, un des quatre baillis hauts justiciers de la châtellenie, époux de N. Lefebvre dit de Lattre.

Après sa mort, Ligny fut vendu, rattrait, revendu, et, par arrêt du Parlement de Flandre, 1731, resta à Charles-François Lefebvre de Lattre, écuyer, Sr de la Fresnoye et de Ligny, fils de Floris Alexandre. — Michel-Alexandre Lefebvre de Lattre, écuyer.

1449, 28 octobre. — Comparurent aucuns des manans de Ligny, Jehan Buisine, Clay le Cordier qui déclarent qu'à la darraine assiete de taille en 1448, ils avaient été assis à 11 L. de XL gros, qu'ils estoient VIII personnes parmi les maisnies paians taille. Requis assavoir s'ils se plaindent de trop de taille, dient qu'ils voulraient bien estre amenris se faire se povoit et néanmoins estoient contents de paier ainsi qu'ils ont accoustumé. Requis assavoir la ricesse des manans de la paroisse et combien ils paient de taille, dient que Clay le Cordier a six mencaudées de terre qui donnent à l'avenant de X R. d'avaine le bonn. de rente par an, avec un lieu contenant un quartier qui doit X cappons et XIII quarels d'avaine. Jehan Buisine a IIII bonniers de terre parmi un lieu qui donnent à l'avenant de III R. de blé, III cappons le bonnier de rente par an, et tous les autres manans sont povres gens qui n'ont quelconques héritages.

1498. — Pour Ligny de le Gauquerie sont comparus : sire Pierre du Mollin prêtre, vice-curé ; Andrieu de le Fortrie, Jehan du Bos qui affirment sire Pierre *in verbo sacerdotis*, les autres par le serment de leurs corps que y a sept feux dont les trois prennent les biens de la carité des pauvres et les autres sont gens vivant de labeur. Dient que y a deux paires de chevaux de labour. Dient outre sur ce interrogez que le nombre de gens est un peu augmenté depuis l'an 1491, mais il est diminué en bestail et chevance à cause de la guerre qui a régné. Dient aussi qu'ils ont paié cet an pour tous aides, IIII L. XII, 5 de XII gros.

1549. — La contribution est de 16 L. 14 S. On compte à Ligny, 6 bonn. 7c en jardins et près ; revenu estimé, 20 L. le bonn.; en labeur, 31 bonn. 12c ; revenu estimé, 18 R. de grains à l'avêture ; il y a des marais communs [1], 10 chevaux, 16 vaches, 100 moutons.

Gens d'église. — Le curé occupe le lieu prébraire, la dîme lui appartient. *Gens nobles.* — 3 bonn. 8c bois à coppe.

1720. — On y compte 23 feux, la terre porte blé et autres grains, il s'y trouve un petit bois et un hameau. Le revenu de la cure est de 200 fl. à la collation du seigneur, à charge d'entretenir l'église, la maison pastorale, de les rebâtir en cas d'incendie et de fournir pain, vin, luminaire, ornements. L'église ou plutôt la chapelle de Ligny était jadis sur la motte du château. Elle fut reportée en 1701 à l'endroit qu'elle occupe aujourd'hui, allongée en 1738. Malgré sa petite population, Ligny eut toujours son pasteur, citons en 1677, Me Grégoire Platel. La cure fut en 1801, au Concordat, réunie à celle de Beaucamps.

Lomme est cité pour la première fois en 1066, dans l'acte de fondation de la collégiale S.-Pierre de Lille à laquelle Bauduin, comte de Flandre, donne entre autres des terres sur ce village *In territorio Islensi in villa quæ dicitur Ulma* VIII *mansos terræ.* Les anciennes formes latines du

---

1 1778. — Une contestation pour les marais s'éleva entre Wavrin et Ligny. Par sentence arbitrale du 24 ventôse an II, Ligny obtint 28 portions de marais, soit 7 hect. 66a.

mot *ulmo* indiquent assez qu'il vient de *ulmus, orme* par déplacement de *l' l* portée en avant du mot.

Armoiries : Bandé d'or et de gueules de 6 pièces.

1066. — Hugo de Ulmo témoin à la charte de fondation de S. Pierre de Lille.

1176. — Hugues de Lomme, témoin à la donation que Philippe d'Alsace fait à l'abbaye de Loos.

1225. — Hugues de Lomme, Chl[r] (Hugo miles del Oulme), vend à l'église N. Dame de Lôs 8 bonn. labour, prés et marais, et une pièce d'eau voisine des étangs que possède Raoul de Lomme, son oncle, intendant de la comtesse, et qui s'étendent depuis les eaux courantes du moulin d'Haubourdin jusqu'aux Obeaux de Bevreckes.

1269. — Huon de Lomme, cité dans un acte de vente de terre à Seque 'in, tenues de lui.

1287. — Michel de Lomme, de l'official de Tournai.

1305. — Huon de Lomme, S[r] dudit lieu.

Au XIVe siècle, aux seigneurs décimés et ruinés aux croisades, succède la bourgeoisie, que les libertés communales et le développement du commerce avaient faite riche, influente.

Li Borgne, famille de grands marchands, bourgeois de Lille anoblis, porte de gueules à trois aigles d'or.

Pierre li Borgne, appelé aussi le trésorier de Lille, florissait sous le roi S. Louis. Ce gentil ménestrel se distingue en ses chants par la grâce, la fraicheur, la délicatesse de pensée.

Bauduin ou Baudon li Borgne, chl[r], fils de Baudon *le Cangeur*, bourgeois de Lille, échevin de cette ville, eut de Joye de le Rive (de Marquette), Pierre li Borgne qui, de N... de le Barre, fille de Bettremieux, eut Jeanne li Borgne et gît à Lomme.

Jacques le Prevost, fils de Jacques, Chl[r], et de Marie de Kiewrue, dame de Campinghehem, épouse, en 1321, Jean li Borgne, héritière de Lomme.

Jacques le Prevost, leur fils, Sr de Capinghem et de Lomme, épouse, en 1348, Isabeau Wiere dont il eut Roger et Marie.

Roger le Prevost, chl[r], Sr de Lomme et de Capinghem, épouse, 1380, Catherine de Poucques, héritière de Molimont, fief à Houplines dont il sert le rapport en 1388.

Marie le Prevost, héritière de son frère, épouse Jehan de Bauffremez dit Hutin, chl[r]. Cette famille, sortie de la très illustre maison de Wavrin citée en 1160, porte d'azur à l'écusson d'argent à trois merlettes d'or en chef et crie : Wavrin.

Epitaphes dans l'église de Fournes :

Ci gist Jehan de Beauffremez, chl[r], S[r] dudit lieu de Bauffremez et de Fournes qui trépassa l'an de grâce 1387.

Ci gist Marie de Capinghem, dame dudit lieu et de Lome, qui fut femme audit Sr de Bauffremez, si en eut deux fieux et deux filles et trépassa l'an de grâce 1397.

Ci gist Jehan de Bauffremez et de Frayne, chl[r], leur fils, S[r] desdits lieux et de Haponlieu, qui trépassa l'an 1400. — *Item*, Colart de Bauffremez et Gadifer, écuyer, fils desdits conjoints, S[rs] desdits lieux qui trépassa à Reims à la Madeleine, l'an 1402. — *Item*, Agnès, fille desdits conjoints, dame desdits lieux, femme de noble homme Jehan de Hingettes, chl[r], S[r] des Obeaux et d'Aubers.

Ci gist Jehenne de Bauffremez, fille desdits conjoints, qui trépassa l'an de grâce 1400.

Priez pour leurs âmes.

Agnès de Bauffremez dite de Fournes et de Frayne, fille de Jehan dit Hutin, hérite de son frère Jehan dit Gadifer, les S[ries] de Fournes, Hauponlieu, Foucquereuille, Lomme, Capinghem, qu'elle porta par mariage à Jean de Hingettes, chl[r], S[r] des Obeaux.

Waleran de Hingettes, leur fils, chl[r], S[r] des Obeaux, de Capinghem et de Lomme, chambellan et conseiller du duc de Bourgogne, épouse : 1° Marie de Recourd, châtelaine de Lens; 2° Antoine d'Inchy, dame cambrésienne, et ne laissa pas d'enfants. Il fonde en 1457 la collégiale de S.-Pierre à Lille, la chapelle S.-Adrien de Capinghem, où il fut inhumé.

Au dedans de la chapelle, contre la muraille, vis-à-vis de l'autel, on lit :

Chy gisent nobles hommes Jehan des Aubeaux, chl[rs], sig[r] dudict lieux des Aubeaux, de Lôme, de Campinghehem et d'Aubierch quy trespassa le x[e] jour de juillet mil IIII[c] et XXV, et dame Agnès de Baufrumet, son espeuse qui trespassa le XIIII[e] jour de décembre mil IIII[c] et XLIII, et maistre Alart des Aubeaux, maistre es arts, docteur es loix, chanoine et trésorier de cette église et chanoine de Tournai qui trépassa le XIIII[e] jour de février mil IIII[c] et XXII.

Priez Dieu pour leurs âmes.

Côté de l'épître, on lit : Cygist noble homme messire Walran, en son vivant chl[r] et seigneur des Aubeaux, fils de feu messire Jehan, en son vivant aussi S[r] des Aubeaux qui trépassa le III[e] jour d'octobre, l'an mil IIII[c] LXIII.

Cy gist dame Marie de Recourd en son vivant châtelaine de Lens et femme dudit messire Walran, S[r] des Aubeaux, qui trépassa le XIIII[e] jour de juillet de l'an mil IIII[c] XLIII.

Cy gist dame Antoine Dinchy en son vivant dame de Canteleu et seconde femme dudict messire Walran qui trépassa le XIX[e] jour de novembre l'an mil IIII[c] LXXVIII, lequel messire Walran meu de bonne dévotion, considérant que messes et prières sont salutaires aux âmes de bons chevaliers catholiques, a fait faire construire et édifier des biens que Dieu lui a presté cette présente chapelle en l'honneur de Dieu et de monsieur S.-Adrien ; et ordonné de en icelle faire célébrer perpétuellement en chacune semaine cincq messes. Pour ce faire il a donné et amorty à perpétuité une disme courant au terroir de Campinghehem.

Le tombeau du sire des Aubeaux présentait un entrelacs de l'arbre dit Aubel ou Aubeaux. Ses deux épouses sont à ses côtés, perdues dans des robes d'une ampleur démesurée, plutôt un suaire, ne laissant voir de tout le corps que le nez, la bouche et les yeux. Il laissa son important héritage à Jeanne, sa sœur, qui épouse *Gérard de Cuinghien* [1], Sr de S.-Jean Steen, fils d'Olivier et de Jeanne de Forest, dame de Hem, fille d'Allard.

Jean de Cuinghien dit de Hem, fils de Gérard, épouse Jeanne de Fretin dite de S.-Pierre, meurt en 1483.

---

1 Les armes de **Hingettes** sont d'argent au chevron de gueules, chargé en chef d'un écu de gueules au lion d'argent.

Cuinghien porte de gueules à quatre chevrons d'argent.

Marie de Cuinghien, leur unique héritière, épouse Adrien Vilain de Gand, chl^{r}, Sr de Rassenghien qui réunit en sa main les S^{ries} de Lomme, Sailly, Hem, Aubeaux, Esquermes, Aubers, Sainghin, S.-Jean Steen, conseiller et chambellan de l'archiduc Maximilien d'Autriche qui le nomma général des troupes levées au quartier de Gand. Il fut tué le 12 juin 1490 traîtreusement par Philippe de Clèves en révolte. Adrien, son fils, naquit au château de Lomme trois mois après. Sa veuve, après 1496, épouse Daniel de Herselles, chl^{r}, Sr de Lilaer, dont :

Josse de Herselles, Sr de Lomme et de Capinghem. Le château de Lomme fut bâti en ce temps par Daniel ou par son fils. On voyait sur la porte leurs armes : de gueules au chevron d'or lampassé de sable. — Josse de Herselles meurt en 1546 sans enfants de Jeanne de Bailleul, fille du Sr de Douxlieu, laissant son vaste héritage à Maximilien Vilain de Gand, deuxième fils d'Adrien (son frère utérin), et de Marguerite de Stavèle, fille de Jean, chl^{r}, S^{r} d'Isenghien.

Maximilien Vilain de Gand, le célèbre baron de Rassenghien, chl^{r}, franc seigneur de S.-Jean Steen, Sr de Lomme, Capinghem, Englos, Hem, Sailly, Forest, du Conseil d'Etat et chef des finances aux Pays-Bas. Gouverneur de Lille, il prête serment à la ville, 30 avril 1566. Il poursuit avec grande vigueur l'hérésie, la rébellion : capitaine, ambassadeur, il joue grand rôle dans les troubles des Pays-Bas. En 1576, il est envoyé en Espagne par le Conseil d'Etat de Bruxelles pour rendre compte des affaires au roi. Le 28 octobre 1577 se trouvant à Gand, il est arrêté dans un soulèvement du peuple excité par Ryhôve et Hembize, nobles Gantois de race antique, mais de fortune déchue, et jeté en prison avec Philippe de Croy, duc d'Aerschot, gouverneur des Flandres, les évêques d'Ypres, de Bruges, le Sr de Sveweghem et d'autres du parti royaliste catholique.

Pendant ce temps furent successivement gouverneurs de Lille et de la châtellenie : François de Montmorency, chl^{r}, baron de Wastines, Sr de Bersée ; Hughes de Bournel, chl^r, Sr de Steenbecque ; Adrien d'Oignies, chl^r, Sr de Willerval, nommé au gouvernement de Lille, 12 juin 1578, l'exerça jusqu'au 15 juin 1579. Le baron de Rassenghien, échappé de prison, vint alors le reprendre.

Créé comte d'Isenghien, 10 mai 1582, il meurt à Tournai le 3 juin 1583 à 53 ans et repose en l'église de Lomme sous une tombe relevée près de son épouse, Philippa Jauche dite Mastaing, dame de Masmines. Ils sont représentés à genoux. De leurs onze enfants, citons : Jacques Philippe, qui suit ; Gilbert, tige du marquis de Hem ; Maximilien, évêque de Tournai, mort à 74 ans en 1644, etc.

Jacques-Philippe de Gand, comte d'Isenghien, recueille les S^ries de Lomme, Capinghem, Sequedin, Englos, Ennetières. Il accompagne en Espagne l'archiduc Albert lors de son mariage avec l'infante Isabelle. Conseiller d'Etat en 1603 aux gages de 1,200 L. par an, il meurt le 5 janvier 1628 et repose en l'église de Lomme avec ses deux épouses, Odile de Claerhout et Isabeau de Berghes, sous une tombe relevée où se lit : XIIII A Vilain sans reproche XIIII

Odile de Claerhout, fille de Jacques, baron de Maldeghem, et d'Anne de Mérode, lui donna Philippe Lamoral, qui suit, et François de Gand, évêque de Tournai, mort le 29 déc. 1666.

Philippe Lamoral de Gand, comte d'Isenghien, armé chevalier, 18 mars 1618 par l'archiduc Albert, ambassadeur de ce prince près de Ferdinand de Bavière, prince de Liège, électeur de Cologne.

Gouverneur de Lille, il prête le serment à la ville le 12 mai 1624. Mort à Lille, 6 janvier 1631 à 44 ans, il repose à Lomme Marguerite-Isabelle de Mérode, son épouse, fille de Philippe, comte de Middelbourg, vicomte d'Ypres et de Jeanne de Montmorency, dame de Croisilles, lui survécut quarante-huit ans ; elle lui apporta les S^ries de Linselles, Lannoy, Lys et lui donna **Maximilien de Gand**, comte d'Isenghien,

Sr de Lomme, mort sans postérité en 1636; Balthazar-Philippe qui suit ; Louise de Gand, 33e abbesse de Marquette.

Balthazar-Philippe de Gand, 1er prince de Masmines, en 1640, comte d'Isenghien, de Middelbourg, vicomte d'Ypres, baron de Rassenghien, Sr de Lomme, Lannoy, Lys, meurt en 1680 à 63 ans, doyen des chevaliers de la Toison d'or.

Jean-Alphonse de Gand, de Mérode, de Montmorency, prince de Masmines, créé prince d'Isenghien par Louis XIV en 1678, Sr de Lomme, Capinghem, Englos, Sequedin, Lannoy, Lys, Linselles, Houplines, né à Bruxelles, 13 juillet 1655, épouse en l'église S.-Maurice de Lille, 10 février 1677, Marie-Thérèse de Crevant, fille ainée de Louis, duc de Humières, chlr des ordres du roi, pair et maréchal de France, grand maître de l'artillerie, gouverneur de Lille. La comtesse douairière d'Isenghien, Isabelle de Mérode, au mariage de son petit-fils, donne grand repas au refuge de l'abbaye de Loos à Lille, son hôtel étant trop petit.

Louis de Gand, de Mérode, de Montmorency, prince d'Isenghien, de Masmines, comte du S.-Empire, de Middelbourg, d'Oignies, vicomte de Wahagnies, baron de Rassenghien, Warneton, Sr de Lomme, Capinghem, Englos, Sequedin, Lannoy, Lys, Houplines, chlr des ordres du roi, maréchal de France. Né à Lille, 16 juillet 1678, mort sans postérité, 6 juin 1767. Le vieux château fut démoli en 1749.

Guillaume-Camille de Gand, dit le comte de Gand, marquis de Hem, Sr de Sailly, Forest, né en 1751, fils de Jean-Guillaume François, branche des marquis de Hem, et de Louise-Angélique des Fossez, dame de Pottes devint en 1767 chef du nom et des armes de sa maison par la mort du maréchal, prince d'Isenghien. Emigré amnistié, il est de retour à Hem; par arrêté préfectoral du 17 germinal an XII, il est mis en surveillance à S.-Quentin pour avoir menacé les acquéreurs de biens nationaux de sa prochaine vengeance.

La très anchienne maison surnommée Vilayn de laquelle

on dict : il n'y a vilains nobles qu'en Flandre, porte de sable au chief d'argent et crie : Vilaeyn le noble ! à Gand le noble Vilaeyn sans reproche.

Le fief de Lomme, qu'il ne faut pas confondre avec le village, est éclissé de Capinghem, *Maubûs*, auteur estimé, dit Lomme en Capinghien. Cette terre (1372) est de 82 bonn. au relief de 9 muids de froment. Le fief vicomtier de La Madeleine, faubourg de Lille, était tenu de Lomme.

Nous avons des rapports et dénombrements du fief de Lomme de 1458, de 1496 (celui-ci servi par Marie de Cuinghien, veuve de M. Adrien Vilain, chl[r]), de 1589, de 1615.

Lomme, fief tenu en justice de vicomte de la Salle, gis[t] paroisse de Lomme, Armentières, Ennetières-en-Weppes, Englos, Bondues, Linselles, Sequedin, S.-André, S.-Sauveur, Lambersart, contenant au gros : 1° le château de Lomme compris la cense des Wastinettes (19 bonn.), 76 bonniers ab[t] aux héritages de MM. de S.-Pierre, du Sr du Breucq, de l'abbaye de Lôs, aux fiefs du Quesnoy et de la Baraterie ; 2° 7 bonniers terre à labour à Capinghem joignant au gros du fief de Capinghem au grand chemin d'Armentières à la motte du moulin de Lomme.

Au fief de Lomme appendent rentes justiciables et seigneuriales, plusieurs hommages et arrière-fiefs suivants.

La Wastine, à Lomme, cont[t] parmi donjon sur lequel il y a salle, sallette et plusieurs édifices, enclos d'eaux, basse-court aussi enclose d'eau, jardinages, prés, eaux, rejets, terres labourables, 11 bonn. 1 q. au relief de x l., et si doit chacun an 24 s. au presbitraige et à l'église de Lomme, 70 s. pour la fondation des obits de G[me] Rat, Sr de Vendeville, possesseur du fief qui passe à Sainte, sa sœur, veuve de N. Fontaine, vivant encore en 1496 ; plus tard, à Françoise le Sauvage, épouse de François de Haynin, chl[r], Sr du Breucq.

Le Grand-Bus à Lomme, fief vicomtier, cont[t] 4 bonn. dont 2c en jardin où est assis le manoir, ab[t] au chemin menant d'Ypres à la Bassée — 1323, à Jacques du Bus.

1496, à Me Rufin de le Ruielle — 1561, à Gilles Picavet, bourgeois de Lille, échevin. Le fief passe à sa mort, en 1574, à Jean Picavet, son fils, mayeur, rewart de Lille — en 1607, à la mort de Jean Picavet, à Josse Parmentier,[1] son neveu qui, mort en 1662, laisse son héritage à sa fille Marguerite, épouse de M. Jean du Fresnel.

Le Molinel, contt 14 bonn. tenant aux terres de la Huardière et par devant au chemin menant d'Ypres à La Bassée — 1389, à Daniel de Hallewyn, à Jean, son frère — 1398, à Grard Herbaumez, chlr qui l'acquit de Jean Ferrières; à Jean d'Uutkerke, époux de Bonne Herbaumez — au fils bâtard de Grard, Jean d'Herbaumez, écuyer — 1456, à sa mort, à Jean, son fils — 1496, à Bauduin Cauwet; 1561, à Jacqueline Cauwet, vve de Pierre Cuvillon; 1576, à Baulde Cuvillon, conseiller du roi, Me de la Chambre des comptes à Lille.

1599. Le fief partagé entre Baulde Cuvillon et Maximilienne, sa sœur, épouse de Jean de la Vichte, Sr de Nieuvenhove, réuni en 1620 dans la main de Jean de la Vichte, leur fils, est en 1693, à Barthélemi Hangouart, baron d'Avelin, par son mariage avec Isabelle-Fçoise de la Vichte; 1713, à Barthélemi, leur fils; en 1752, à Pierre de Waresquiel, écuyer, Sr de S.-Aubin, par son mariage avec N. d'Hangouart. C'est le dernier seigneur féodal du Molinel; ce fief avait jolie campagne et bonne ferme.

De la Rue, fief en l'air *en dessus* 12c jardinage tentt aux héritages de Jean Picavet auquel appendent des rentes

1447, à Jean de le Ruielle; 1496, à Nicaise de le Ruielle; 1589, à Jacques-François de Landas, fils de Claude.

---

1 Josse Parmentier, écuyer, licencié ès-droits, Sr du Grand-Bus, tient de la Salle de Lille un autre fief de 25 bonn. 2c (Petit-Bus), dont 19 bonn. 12c labour abt 1° à la terre du comte d'Iseughien; 2° à celle de Chrétien Sarrasin, chlr, Sr de Lambersart; 3° aux hoirs Pierre Six; 4° à ses terres, d'un bout aux terres des hoirs Baude Cuvillon. — 4 bonn. 1/2 labour au grand chemin d'Ypres à la Bassée. — 14c labour devant la porte de la cense du Grand-Bus, tenant aux terres des hoirs Pierre Six, et de Jean du Bosquiel, écuyer, Sr des Planques.

1589. — Marie Dupret, fille de Bettremieux de Lomme, tient un fief de 4e labour près la cense de la Baratrie, pour lequel il est dû une paire d'éperons à la mort de l'héritier.

1589. — Gme Cuvillon, écuy., Sr de Hollebeque, tient 3 fiefs de 2e labour chacun tenant ensemble, abt à la bèque qui descend du château vers Lompret, à une paire de blancs gants à la mort.

1589. — Jean Tahon, fils de François de Lomme, tient un fief de 4e jardinage avéqué pourplanté, hébergé à un voire de relief.

Robert le Mesre, d'Arras, à cause de Delle de Barghy, sa femme, tient un fief et manoir tent aux eaux du moulin, abt au chemin menant de Lille à Armentières de deux sens, au chemin d'Ypres à La Bassée, à ses héritages tenus en cotterie de la Srie de Lomme au relief d'une blanche lance (ferme Six).

Ces fiefs sis à Lomme sont tenus de la Srie de Lomme ainsi que Bauffremez sur Linselles et Bondues, Bevrecques sur Sequedin, etc. C'est le rapport que fait en 1589, en son château de Lomme, Jacques Philippe, comte d'Isenghien, Sr de Lomme et de Capinghem.

Huardières. — Ce fief, qui est la Srie de Capinghem, contient 24 bonn. herbages et labour, manoir et jardin, rentes tenu de la Salle au relief de 10 L. — aux seigneurs de Lomme.

Fief et dîme de Capinghem, sur 125 bonn. 10e au relief de 10 L. au rapport de Jacques le Prevost en 1372 vaut par an, 7 muids de blé — aux chapelains de S.-Pierre pour le service de la chapelle S.-Adrien.

Madringhem, une des cinq pairies de la châtellenie de Lille dont le fief se paye au châtelain et le droit seigneurial au souverain, consiste *en 24 pieds de terre* tenant au cimetière de Lomme, formant le gros du fief -- en rentes sur héritages sis à S.-André, S.-Maurice, Haubourdin, Ennevelin et un hommage.

1389. — Pierre de Laoutre, Robert de Laoutre ; 1397, Jacq. Flavie ; 1458, Grard Thieulaine ; 1496, Antoine Mallet, Sr de Berlettes, relèvent cette pairie. Jacqueline Mallet, dame de Berlettes, petite-fille d'Antoine, le porte en mariage à Claude d'Oignies, chlr, Sr d'Estrées ; 1636, à Madeleine d'Oignies, fille héritière de messire Eustache par relief.

Verts-Crunequets consist[t] en portion de flégard et 2 crunequets ou montagnettes vertes de 100 pieds de long sur 2 de large, sur le chemin de Lille à Lomme près la *Carnoye*, érigé en fief tenu de la Salle au relief de 2 chapons, au profit de Jean le Fel, licencié en droit, en 1571 ; acheté par Jean le Duc qui le vend à Pierre Pollet, procureur (1617).

1650. Féauté et hommage par M[e] Philippe Pollet.

Autre fief flégard sur une petite montagne plantée d'arbres à l'issue de la Carnoye, à l'endroit du camp, sur le chemin de Lille à Lomme, — en 1593. Jean Brabant, procureur.

Thiembronne à Lomme tenu de la S[rie] de la Cessoye, cont[t] 2 bonn. 12[c] et des rentes allant en cense avec 5 cents 3 quartrons terre cottière pour 27 R. de blé acquis en 1533.

Jean Parent, bourgeois de Lille, paye 403 L., droit de nouvel acquêt.

Quesnoy à Lomme que tient de la S[rie] de Quesnoy-s-Deûle le comte d'Isenghien, S[r] de Lomme, cont[t] au gros 7 bonn. labour ab[t] d'un long au gros du fief de Lomme, d'autre long, confrontant la ruelle men[t] de l'église de Lomme à la croix du Temple, près de l'issue de la cense des Wattines

La Mairie, S[rie] et château du xve siècle, avec une ferme très ancienne, domaine du maïeur héréditaire de Lomme, déjà cité dans les comptes de S. Pierre en 1237, limite le terroir de Lomme du côté d'Englos — 1629, à Jean de Haynin chl[r], Sr du Maisnil et de Wattines.

Edouard-Paul Ingiliard, Sr de Fromelles, la Mairie, grand bailli des Etats de Lille, mort en 1751 — Marie-Thérèse Ingiliart de Fromelles, dame de la Mairie, morte en 1818, mariée en 1760 à Julien-Louis-François Bidé, comte de la Grandville Lauwe laissant postérité.

Le Temple de la Haie, terre d'enclavement. Le commandeur a toute justice et S[rie] dans son fief s'étendant sur Lomme, Esquermes, Sequedin, Ennetières, Weppes, Lille.

1205. — Hildebaut, maître du Temple au pays de Flandre,

reconnait qu'en échange de 17 cents de pré enclavés en leurs fossés, les frères de Lôs lui ont cédé d'autres terres voisines du Temple. Tém. : Jean, prieur ; Henri cellerier; Jean Villanus, moine ; Roger, le pêcheur ; Hugo, maître de Durmort, convers de Lôs ; Jean et Renaud, Etienne et Engelard, frères du Temple ; Walter du Marais, hôte de la Haie.

1273. — Watier de Villers, commandeur du Temple, renonce aux droits qu'il peut avoir sur le canal de la Bassée.

1294. — Les Templiers[1] qui tiennent par eux-mêmes leur ferme, prétendent avoir droit de passer, de *navyer de grande et de petite nef* par le vivier d'Esquermes. Les arbitres Sohier, frère chapelain de la maison du Temple, Henri de Tournai, rentier de la maison de Lôs avec Jean de la Haie, chlr, ne purent s'accorder ; le débat fut porté devant le baillage de Lille qui condamna les Templiers.

1373. — Le Temple de la Haie comprenait 28 bonn. de terre, 14 de bois, prés et pâturages, un moulin à vent qui rendent par an, charges payées, la chapelle desservie, L moutons d'or français d'une valeur de LXII frans.

Le nom du Temple est resté à cette belle et vaste cense qui se voit à gauche du pont de Canteleu parmi les prés fertiles que la Deûle arrose. Jusqu'à la Révolution on dit messe trois fois par semaine en une chapelle aujourd'hui disparue qui se trouvait au milieu de la cour.

La Haye Comtesse comprenant 122 bonn. sur

---

1 Les Templiers *milites Templi*, héros des croisades, reçurent de S. Bernard la règle et l'ample manteau orné d'une croix rouge qui recouvrait leurs armes. Quand la chrétienté eut renoncé aux croisades ils revinrent en Occident ranimer l'agriculture, le commerce, l'industrie, les arts par les trésors qu'avaient amassés leurs belliqueux travaux ; bientôt cet ordre, par son union et ses richesses, fut suspect à l'autorité royale et aboli en 1312. Ses biens furent donnés aux Chevaliers hospitaliers de S. Jean de Jérusalem connus depuis sous le nom de Chevaliers de Malte. Ceux-ci portaient robe et manteau noir avec croix blanche à 8 pointes.

Le Temple de la Haie de Lomme qui était de la Commanderie de Haut-Avesnes (Artois) passa, en 1546, à la Commanderie de Caestre (Flandre) ; il y avait encore la maison de Pérenchies au territoire de Verlinghem avec 22 bonn. de terre rapportant, en 1373, 39 L. par an ; la Seigneurie du grand Maisnil au territoire de Radinghem.

Lomme que la comtesse Jeanne échangea, en 1227, avec les religieux de Lôs contre la cense de la Vieille Court qui contient 44 bonn. prés, labour, un moulin où fut bâtie l'abbaye de Marquette. Ces terres furent déclarées exemptes de la dîme prétendue par le Chapitre S. Pierre.

1588. — D. Carpentier, abbé de Lôs, achète la cense de la Baratrie à Lomme avec les édifices et 3 bonn. 4c que le comte d'Isenghien amortit, l'exemptant de tout droit seigneurial moyennant quittance de 500 fl. prêtés par l'abbé La vieille cense de Durmort à l'abbaye fut démolie, en 1608, pour agrandir l'enclos ; les matériaux servirent à rebâtir la cense de la Baratrie qui devint le chef-lieu de la Srie de la Haye. L'abbaye possédait 146 bonniers sur Lomme.

Hameaux et lieux dits : Mont-à-Camp, le Marais, la Mitterie, le Flaquet, le Grand-Bus, la Croix de pierre.

1449, 3 novembre. — Comparurent aucuns des manans de de la paroisse de Lomme : Robert Petipas, Simon Ramery, Jehan Blancart, Nicaise de Sains, Pierre Levesque, Pierre Blancart, Jacquart Blancart, Colin Cappon, qui firent ostension du billet de l'assiete et cache de leur taille, par lequel appert qu'ils avoient été assis à la darraine assiete en 1448 à LIIII L. de XL gros, dient qu'ils estoient IIIIxx XIII personnes paians taille avec X maisnies qu'ils avoient taillé, qu'ils n'assoient point à taille les héritages des forains et du nombre de gens paians taille en y a qui à présent prendent des biens des povres XXX Requis assavoir s'ils ont aucun enclavement en la paroisse non paians taille dient que non, saulf seulement le *Censier des Templiers*. Requis assavoir s'ils sont amenris du nombre de personnes depuis X ou XII ans, dient que non. Requis assavoir s'ils se plaindent de trop de taille dient que si, et la cause si est pour ce que Collard de la Ruelle, deffunt, paioit XV L., sa veuve ne paie que X L. XVI s. Simon Ramery paioit VI L., il est apovri tellement qu'il ne paie que VIII s. Robert Petipas soloit paier VII L , et obstant sa povreté, ne paie que IX s. Jehan Fremin paioit VI L., il est parti, et son restor ne paie que XV s. Hustin Barbery, deffunt, paioit IIII L., le censier en son lieu ne paie que XVI s. Jehan Fremin, deffunt, paioit LX L., le censier en son lieu ne paie que XXXVIII s. Pier Deffontaine paioit LVI s., il est parti, et le louagier en son lieu ne paie que XIIII s. Jehan Brivane, deffunt, paioit L s., en son lieu ne demeure personne. Ansel Gobert, deffunt, paioit LX s., le censier en son lieu ne paie que XIX s., et plusieurs autres semblablement sont mors et partis dont ils ne sont recors. Requis assavoir s'ils sont aucunement enrichis depuis ledit temps, dient que non. Requis assavoir la chevance des plus riches manans de la paroisse, dient que la Vve Colard de le Ruelle est riche de XVI bonn. de terre et paie LXVI s. Robert Fremin a XII bonn. parmi un lieu et paie IX L. VIII s. Les enfants Pier Blancart ont VII bonn., paient IIII L. XV s. Jehan Blancart a VIII bonn. parmi un lieu, est aussi bien meublé, paie IIII L. XV s. Jehan du Four a trois bonn., paie LXIIII s. Pierre le Carlier a trois bonniers 5^{c} parmi un lieu, paie LX s., les autres paient semblablement à l'avenant de leur chevance. Requis assavoir que leurs terres valent en cense et combien en vente l'une parmi l'autre, dient qu'elles valent en cense XIII R. de grain à l'avesture, mesure de Lille, et en vente IIII^{xx} L. le bonnier et doivent de rente, l'une parmi l'autre, IX havots de blé le bonnier. Requis assavoir s'ils se dient estre plus hault taillés que les villes voisines, dient: à Marquette, Philippart Six à XI bonniers de terre avec un lieu, et bien C L. de rente viagère et ne paie que LX s. s'il demouroit à Lomme il paieroit la moitié plus. Item à Premecque, Jehan de Mélantois a bien II^{c} francs de rente, tant héritière que viagère, et ne paie que C. s., s'il demeuroit à Lomme, il paieroit deux fois plus. La Vve Wille, à Premecque, a XVIII bonn. de terre avec ses enfants et ne paie que C. s. et ne y a quelconques personnes à Lome si riches de la moitié et ce non obstant ils paient plus la moitié de taille que la paroisse de Premecque, et leur semble que ceux de Sequedin, Verlinghehem, Lambersart et autres lieux voisins ont meilleur marché qu'ils n'ont.

1498. — Pour Lomme comparurent Regnault de Hem, bailli, Pasquier Le Zaire, Henry Le Mestre, Ernoul Garsette, collecteur, Jehan Dupret et Andrieu Pollet, qui affirment que y a 70 feux dont 34 prennent des biens de la carité des povres, entre lesquels 10 ménages vont journellement demander aumosne d'huys à autre, le demeurant sont labouriers, gens de mestier et manouvriers vivant du mieux qu'ils peuvent. Dient outre, sur ce interrogés, que y a 9 paires de chevaux. Interrogés sur l'augmentation ou dépopulation du village en peuple ou bestail depuis 1491, dient et déposent qu'ils treuvent ledit lieu de Lome assez en égalité en nombre de gens et de bestail. Néanmoins, ils le treuvent moindre en richesse et autrement qu'il n'était lors. Dient qu'ils ont paié pour tous aides 110 L. 4 s. de XL gros.

En 1549, la contribution de Lomme est de 256 L. 10 s. On y compte en jardins 72 bonn., revenu estimé 30 L. le bonn.; en labour, 456 bonn. 8c, revenu estimé 16 L.; en prés et pâtures, 7 bonn. 6c, revenu estimé 30 L.; en bois, 1 bonn. 8c, revenu estimé 16 L. La dîme, y compris celle de Jerusalem (estimée 40 L.) rapporte 947 L. 8 s. Il y a 136 feux, 20 chevaux, 180 vaches, 605 moutons. Un moulin à blé avec manoir et 6c de terre, revenu estimé 64 L.; autre moulin avec manoir et 14c, revenu estimé 72 L, un fief en rente sriale produisant 48 ras. de blé rapporte en cense, 68 L.

2 hotelleries, *N. D. de Bouloigne*, tenue par Adrien Boussemar, et *S. Antoine*, que tenait Jean Martin, la brasserie Jean Dauchy.

Gens d'église occupent 5c terre 1 feu — la maison des ladres 8 cents en jardinage.

Gens nobles — le Sgr de Lomme occupe tant en lieu, manoir château, jardins, prés, bois, bassecourt, 5 bonn. 7c, 2 feux.

Georges Desmazières, censier du Temple, occupe manoir et jardin 1 bonn.; prés 2 bonn. 14c; pâturages et marescaille 3 bonn.; bois à coppe 4 bonn. 8c; labour, 14 bonn. Ces héritages, aux chevaliers de S. Jean, ne sont sujets à dîmes. Le censier tient encore des chevaliers 10 bonn. 8c de labour sur le dîmage de Lomme et rend l'an, déduit 2 muids blé dont sont chargés plusieurs héritages, 516 L. — un moulin à blé arrenté du Temple et 4c d'héritage, revenu estimé 58 L. 12 s. 1 feu, 2 chevaux, 12 vaches, 60 moutons.

1720. — On compte à Lomme 113 feux. Le terroir (543

bonn. 13c) porte avoine, seigle, colza, lins, fèves, trèfles, autres avétures pour les bestiaux. Le revenu de la cure est de 350 fl. à la collation du chapitre de S. Pierre de Lille auquel Baudri, év. de Tournai, avait donné l'autel de Lomme en 1101, donation confirmée le 3 mai 1143 par le pape Célestin II. Très rarement les chanoines de S. Pierre exercèrent par eux-mêmes le ministère, ils nommaient pour les remplacer des prêtres dont leurs archives donnent les noms : 1066. Roger. — 1323, Symon. — 1330, Jehan li Wautier. — 1356, Michiel. — 1433, Nicole Vieillart. — 1570, Jan Coquain. — 1595, Jh Lhermite. — 1613, Jean Havet. — 1618, Pr Leplat. — 1652, Laurent Laurenty. — 1695, J.-F. Leuridan. — 1718, Jh Six. — 1725, C. Lerouge. — 1736, A -F. Durigneux, depuis curé de La Madeleine à Lille. — 1745, J.-F. Desquiens. — 1745, J.-F. Haze. — 1772, Breckevelt. — 1773, Jh-Pierre-Martin. — 1789, Requillart. — 1791, Droulez. — 1792, Vanmine, vicaire. — 1802, Martin, déjà cité, né à Lomme, de parents riches et honorés. — 1803, P.-F.-J. Betre. — 1809, J-H.. Carlier. — 1820, Lorquin. — 1820, V. Flory. — 1822, Singier. — 1832, H. Houcke. — 1840, Saumade. — 1849, Ls Havez. — Berteloot, depuis doyen d'Armentières. — Loquet. — Selosse. — Deligny.

L'église est du xve siècle. Sa tour, construite par le chapitre, sur le plan de celle de S. Pierre de Lille, avait une flèche très haute, abattue par l'ouragan du 27 mars 1606, qui fit à l'église de grands et indicibles dommages. Par lettres d'octroi, les archiducs accordent la levée d'un droit sur les bières pour réparer les dégâts. La flèche fut rasée en 1792. On établit sur la tour un poste télégraphique aérien.

On voyait en l'église six tombeaux et l'oratoire des seigneurs de la famille d'Isenghien, des vitraux à leurs armes. On y honorait Ste Isbergue, objet d'un pélerinage suivi. Sœur de Charlemagne, elle avait fui les honneurs, les richesses, et fondé, à Aire-s/Lys, un monastère dont elle fut l'abbesse.

L'image miraculeuse de N. D. de la Barrière, autrefois honorée en l'abbaye de Marquette, fut sauvée des profanateurs par la dernière abbesse, Mme Pélagie de Francqueville et remise à Mme de Waresquiel, sa nièce. Cette dame en fit don à l'église de Lomme, où elle reçoit de nos jours, en une élégante chapelle inaugurée le jour de Noël 1850, les hommages des fidèles, particulièrement à la Nativité ; en face se trouve l'autel de la Vierge, magnifique travail style Louis XIV, attribué au sculpteur Verbrughe, et composé des marbres *cerfontaine*, *S. Anne*, *rouge royal*, *blanc*, il provient de l'église S. Maurice de Lille. Le chef de la légion thébéenne est représenté au bas-relief de la face antérieure. Les vitraux du chœur représentent toute l'histoire de N. D. de la Barrière, depuis l'attaque des Gueux en 1578.

A la limite du territoire de Lomme, à la jonction de la route d'Armentières et de la rue du Marais, une ancienne maison porte encore les traces d'ogives et de sculptures, c'était la maladrerie de Canteleu, où trouvaient asile des malheureux atteints de la lèpre. Cet antique fléau, qui sommeillait sous les ruines d'Ephraïm et de Rama, surgit en nos contrées à la suite des croisades ; pour arrêter les progrès de ce mal contagieux, on exila des villes les lépreux, on les força d'annoncer leur approche par le bruit de *cliquettes*. Philippe-le-Bon accueille la supplique de ces infortunés.

Contrains de quérir et trouver leur habitation et demeure aux champs, long des villes ou villages, en lieux à nous concédés ou prestés de grâçe notre vie durant seulement et ces maisons qui sont de petit et méchant édifice sont, après notre décès, communément détruites par le feu ; n'y a aucun lieu seur ny ordonné pour tels malades à l'entour de Lille, qui illec vivent des aumônes des bonnes gens... Contrains à quérir ou pourchasser leur demeure sur les chemins et passages, esquelles demeures, closes de terre, couvertes de chaume, les vens, les neiges et froidures entrent. Or, certaines personnes mues de pitié ont bon vouloir et sont assez délibérées d'acheter sur un chemin ou passage aux environs de la ville une pièce de terre de un bonnier et de illec faire édifice et construire une bonne maison de briques, la couvrir d'ardoizes, pour y loger 4 des suppliants, d'y faire une petite chapelle, d'y fonder par chaque dimanche à toujours, une messe à l'eau benoite.

Les lettres d'octroi de cette fondation sont datées de Bruxelles, mars 1461.

La chapelle S. Hubert était ample, bien entretenue, la cour était enclose de petites constructions, chacun ayant maison, chambre et cellules isolées, de l'autre côté un petit cimetière sert aux lépreux de la maison.

La lèpre avait disparu ; les biens de la Maladrerie, réunis en 1672 aux Ordres du Mont-Carmel et de S. Lazare, passèrent en 1698 à l'hôpital St-Sauveur. La chapelle resta au culte jusqu'à la Révolution ; plus tard même, on y dit encore la messe les dimanches et fêtes.

A Lomme naquit cette héroïque fille des champs, Anne Delavaux [1] qui, sous le nom d'Antoine Dathis, mieux connue sous le nom de *Bonne Espérance*, porta les armes et fit des actions qui marquent en elle un courage et une force au-dessus de son sexe et qui lui ont fait mériter une mémoire fort honorable dans l'histoire. Elle eut une compagne de gloire et de dangers, aussi native de Lomme, qui ne nous est connue que sous le nom de *la Jeunesse*, et périt au siège de La Bassée.

Loos [2] existait longtemps avant la fondation du monastère, il y avait des seigneurs du nom de Los, d'Annequin, de Basinghien, de Durmort.

---

1 1625, 7 décembre, fut baptisée Anne, fille de Martin de Laval et de Philippa Wandelart ; parr.: Franchois de le Becque, au nom de Noël de Noïelle, d'Entiers en Weppe ; marr.: Anne Leclercq, fille de Jean, de Lomme. On lit en marge : *Anna de Laval, seu Devaux, vestem virilem inducta, parentibus profuga, facta est miles cujus meminit liber quidam cujus est titulus* le Siècle de fer. Elle avait deux frères plus âgés qu'elle et deux sœurs plus jeunes, tous nés à Lomme : Toussaint de Laval, 14 oct. 1621 ; Bétremieux de Laval, 20 nov. 1622 ; Jacqueline de Laval, 12 nov. 1630 ; Marguerite, 22 janvier 1634.

Vivaient à la fin du XVIe siècle : Maximilien, Marc, Jean de Laval ; plus tard Martin, Roland, à Lomme, Laurent, à l'abbaye de Los ; Jean de Laval, à Lille. Cette famille d'honnêtes laboureurs, comme l'indiquent ses relations dans les baptêmes, quitte Lomme à cette époque.

2 Los, qu'on a latinisé par Laus, qui veut dire louange, est le plus souvent interprété par *lucus* ou *locus*, *locus altus adjacens stagnis torrentibus vel paludibus*, lieu élevé près des étangs ou des marais. C'est un nom de situation. Loos se trouve près des marais qui longent la Deûle.

1147. — Hugues de Lôs, Derbald, son frère, Lambert, son fils, sont cités dans la charte de fondation du monastère de Lôs.

1168. — Sârah de Lôs, dame de Gérard, Sr de Faches, donne aux Frères de Lôs la terre qu'elle possède devant la porte de l'abbaye. Tem : Walter de Lôs.

1202. — Thierry et Guillaume de Lôs accompagnent le comte Bauduin IX, empereur de *Constantinople* à la croisade.

1218. — Alard de Lôs, d'accord avec sa femme et ses enfants, vend à l'abbaye le 6e de sa dîme sur la paroisse de Lôs. Hughes de Lôs, chlr, cède les dîmes qu'il possède à Lôs.

1235. — Hughes, chevalier *(miles)* de Fraisnes et de Lôs, Tiberge son épouse, établissent par donation une chapellenie en l'église de l'abbaye. (Cart. de Lôs R. 10. T. 10).

« Vers 1280, D. Nicolas d'Auchy, abbé de Lôs, acquiert diverses parties de terre avec 4 portions de dîmes qu'il achète l'une de Jean, châtelain de Lôs, pour 70 L.; la 2e de Nicolas de S. Omer pour 40 L.; la 3e de Jean, son frère, pour 31 L.; la 4e de Marie, leur mère, pour 61 L. Je ne sais, dit en 1720, D. Ignace Delefosse, abbé de Lôs, si ce ne sont pas les quatre dîmes que nous avons dans la paroisse de Lôs; il faut que ce village ait été autrefois plus considérable qu'il n'est aujourd'hui, puisqu'il y avait un châtelain qui était gouverneur héréditaire; les châtellenies ou gouvernements perpétuels étaient érigés en fiefs et Sries.

Ainsi, Jean était seigneur de Lôs et c'était le nom de sa famille, comme le châtelain de Lille était seigneur de Lille, et en donnait le nom à sa maison. Ces seigneurs du nom de Derbald, Lambert, Hughes, qui ont signé, l'an 1147, les lettres du comte Thierry, étaient châtelains de Lôs ou de cette famille, qui était très noble dès lors. » Elle disparait après les croisades, laissant à Lôs ses armes : de gueules à trois croissants d'or.

Warenghien, famille patricienne de Lille, qui leur succède au XIVe siècle dans la Srie des Fresnes et de Los (déjà réunies en 1235), porte d'or à 3 léopards passant de sable l'un sur l'autre. Michel de Warenghien, de Lille, écolâtre de Tournai, fut élevé en 1283 au siége épiscopal de S. Piat, et de S. Eloi. Sous ce prélat, mort en 1297, il y eut grand nombre de fondations d'églises et de monastères dans Tournai ; l'enceinte de la ville fut agrandie, la partie au-delà de l'Escaut y fut comprise.

Jean de Warenghien, Sr des Fresnes *aliàs* de Lôs, roi de l'Epinette à Lille, en 1302, mentionné dans les armoriaux de la fête de l'Epinette sous la désignation de Jean, Sr de Warenghien, porte pour blason : d'or à 3 lions rampans de sable, armés et lampassés de gueules. Suivant les généalogies de la maison de Landas, Jean de Warenghien, Sr de Lôs, aurait eu deux filles : 1° Isabelle, mariée en 1306 à Henri de Landas, fils d'André, capitaine en 1302 du château de Wavrin, lequel était second fils de Jean de Landas, chlr, Sr de Warlain, de Sainghin-en-Mélantois, possesseur de prés à Lôs, près la Planche-à-Quesnoy, pris pour le canal en 1271 ; 2° Marie de Warenghien, femme de Jean de Landas, frère aîné d'Henri. Jean de Warenghien fut aussi probablement père de Gérard.

II. **Gérard de Warenghien** relève sa bourgeoisie de Lille en 1318, échevin de cette ville en 1331, 36, 41, 46, voir-juré en 1338, 47, commissaire aux comptes de la hanse en 1337, 42, 44, 45, il meurt avant 1364 laissant un fils nommé Jean ; selon toute apparence, il est aussi père de Florent, du Bègue, de Jaquemon.

III. **Jean de Warenghien,** fils de feu Gérard, relève sa bourgeoisie de Lille en 1364 ; présent à la délibération du Magistrat, comme notable bourgeois, il jura, ainsi que les membres de la loi et 49 autres bourgeois appelés au vote en 1364, de faire exécuter le statut délibéré et voté, portant suppression du roi des Ribauds et de divers abus dans l'administration de la ville de Lille. Jean de Warenghien fut nommé échevin de cette ville en 1365, commissaire aux comptes de la hanse en 1367.

III. **Florent de Warenghien,** S^r du fief de Fresnes, à Lôs, fils de Gérard, achète la bourgeoisie de Lille en 1367 ; échevin de cette ville 1383-86, voir-juré 1385, l'un des quatre commissaires aux comptes de la hanse en 1393, Florent de Warenghien vend la S^rie des Fresnes, vers 1392, à Alard le Preudhomme. Gérard de Warenghien, fils du Bègue et parent de Florent, en fit le retrait lignager, en vertu de la coutume de la châtellenie de Lille, qui accorde aux parents du vendeur du fief de pouvoir le racheter dans les 40 jours qui suivent la vente, en payant le prix stipulé dans l'acte. Florent de Warenghien meurt en novembre 1394. Sa veuve, Isabelle de Chaule, lui survécut 3 mois.

III. N... dit le Bègue de Warenghien, frère de Jean et de Florent, achète la bourgeoisie de Lille, 1347 ; nommé conseiller de cette ville, 1349, échevin 1351,63, il meurt avant 1378, laissant 2 fils, 1 fille : Gérard, Mahaut, Jean.

IV. **Gérard de Warenghien,** S^r des Fresnes, à Lôs, 1393, 1409, relève sa bourgeoisie de Lille en 1390, après avoir épousé Catherine le Preudhomme, sœur d'Alard cité plus haut, fille de Pierre, prévôt de Lille, Sr de la Mairie d'Annappes et de Catherine Hangouart. Catherine le Preudhomme, devenue veuve, soutint contre Jean et Mahaut de Warenghien, deux procès devant le Parlement de Paris (1424-26), pour la S^rie des Fresnes qu'elle tient encore en 1434 [1] ; elle fit exécuter à la mémoire de son mari et de ses 3 fils, une verrière placée en 1438 dans l'église de Lôs, et

---

1 1434. — A ceux qui ces présentes verront Hubert le Batteur bailli de très honorable Katerine le Preud'home, v^ve de feu Grard de Warenghien, de son fief justice et S^rie, que on dit des Fresnes, enclave et gisant en le paroisse et terroir de Lôs, sacent tous que par devant moi comme bailli, et juges rentiers de madite demoiselle tenant de son fief des Fresnes, tels que Me Jean le Batteur, prêtre doyen de chrétienté à Lille, Hubert Gomer, écuyer, bailli de Lille, Pierre de Langlée, Thomas le Batteur, Jean Houzeman, Jacq. Waucrenier, fut reconnu que les religieux avaient acquis pour 30 frans de 33 gros 6 cents de terre en deux pièces tent à la terre Barat De le Croix, à la chaussée ou issue de l'Abbaye, tenue de madite demoiselle de son fief des Fresnes, a la charge les 4 cents de 3 havots d'avoine et les 2 autres de 1 havot de blé de rente par an.

dont voici la légende et les armoiries : 1° un écu écartelé aux 1 et 4 d'or à 3 lions de sable et aux 2 et 3 de sable au lion issant d'or ; 2° un losange mi-partie 1° aux armes de Warenghien décrites ci-dessus ; 2° aux armes de le Preudhomme, qui sont de sinople à l'aigle aux ailes éployées d'or, becquetée et membrée de gueules ; support 2 lions d'or.

« Chy devant gist Grard de Warenghien et ses deux fieux Grardin « et Regnault, priez pour eux ; et aussi la représentation de Florent « de Warenghien, son filz, qui morut à Ruisseauville. En l'an « MCCCCXXXVIII fit faire cette verrière, Damoiselle Catherine « Le Preudhomme, qui fut femme dud. Grard, lequel gist dans la « chapelle Nostre-Dame, en ceste église. Priez Dieu pour s'âme.

La pierre tombale de Catherine le Preudhomme portait :

† Chi gist Demoiselle Caterine Le Preudhomme.... à Grart de Warenghien, dame tienne....ch....représentation de Flourent de Warenghien le vert, q. trépassa en la bataille d'Asincourt, q. fu en l'an mil CCCC et XV le XXV jour d'octobre. Priès pour leurs âmes. [1]

Gérard de Warenghien eut de Catherine Le Preudhomme :

1° Renault de Warenghien, Sr des Fresnes, mort avant 1415.

2° Florent ou Florentiel de Warenghien, seigneur des Fresnes après la mort de son frère Regnault ; il fut tué à la bataille de Ruisseauville, dite d'Azincourt, le 25 octobre 1415.

3° Gérard de Warenghien, mort à Azincourt avec son frère.

4° N. de Warenghien, religieuse.

Louis d'Isque, écuyer, Sr de la Haye de Lannoy (à Esquermes, d'Arquebronne et de Saint-Romain, Sr des Fresnes à Lôs par achat, était second fils de Jean, Sr de d'Isque et d'Arquebronne, chlr, maître d'hôtel du roi Charles VI) et de Catherine de Bais, dame de la Haye de Lannoy.

---

1 Cette pierre tombale de Catherine Le Preudhomme se trouvait encore en 1833 dans l'ancienne église de Lôs, et l'épitaphe est mentionnée dans un article de la *Revue du Nord*, tome 1, année 1833, où nous lisons les lignes suivantes :

« Non loin d'une chapelle située à gauche de la tour de l'église de Lôs, se trouvait une pierre tumulaire sculptée en creux, et représentant sur un double portique à ogives, deux personnages, homme et femme en costume du XVe siècle, autour on lit l'inscription que nous reproduisons ci-dessus, avec ses erreurs de lecture. Cette pierre a été retirée intacte du pavé de l'église et replacée à l'entrée près du portail.

Louis d'Isque sert, 1447, au duc de Bourgogne le rapport et dénombrement de son fief de la Haye de Lannoy. Quelques années plus tard, il vend son fief des Fresnes à Philippe Fremault qui le possédait en 1456, d'après le rapport et dénombrement de la châtellenie de Lille, servi le 1er décembre 1456 au duc de Bourgogne par Louis de Luxembourg, comte de Saint-Pol et châtelain de Lille. Le comte de Saint-Pol y donne la liste des feudataires de la châtellenie, parmi lesquels se trouve le chevalier Pierre, seigneur de Roubaix, qui tenait de lui un fief sis à Lòs, consistant en la mouvance ou l'hommage à 10 livres de relief, d'un fief lige *con dist des Frennes, que occupe à présent Philippe Fremault, et con dist aussi le fief de Warenghien, qui se comprend en plusieurs terres et rentes justiciables, appartenant audit fief des Frennes, à justice de Visconté.*

Fremault, ancienne famille patricienne, remonte aux origines de la commune de Lille. Jehan Fremaux, le trouvère, né vers 1175, mérita de son temps le titre de roi après avoir remporté les palmes des concours académiques à Lille, Valenciennes, Arras; aussi est-il nommé Frumaux li couronné. Il fut lié avec Guillaume de Béthune dit l'avoué de Béthune, frère du fameux Conon de Béthune, souche des Sully, tous deux trouvères et preux chevaliers artésiens.

Cette famille compta à Lille douze rois de l'Epinette et un grand nombre de rewarts, de mayeurs et d'échevins.

Philippe Fremault, Sr des Fresnes, était fils de Lotart Fremault, roi de l'Epinette en 1409, rewart et mayeur de Lille, puis conseiller du duc de Bourgogne et maitre de la chambre des comptes de cette ville, Sr de Flers en Escrebieu près Douai, de Hédenghes, etc., bourgeois de Lille par relief du 6 février 1406, et de Marguerite de la Tannerie, fille de Jacques, procureur du duc de Bourgogne au Conseil de Flandre séant à Lille. Lotart Fremault avait été anobli en 1426 par le duc Philippe-le-Bon.

Philippe Fremault fut roi de l'Epinette en 1430 et releva sa bourgeoisie de Lille le 17 février 1432. Il fut nommé rewart de cette ville en 1444, 47, 51, 55, 56, 57, 74; mayeur en 1442, 45, 50, 54, 58, 62, 70, 73, 81; lieutenant à Lille du gouverneur de la Flandre wallonne de 1465 à 1470; il hérita, à la mort de son père survenue en 1449, de la seigneurie de Flers et de diverses autres terres et mourut lui-même vers 1484. Créé chevalier pour services de guerre, il avait épousé en 1431 Péronne de Croix, dame du Petit-Wasquehal à Flers près Lille, fille de Gérard, écuyer cadet de la maison des seigneurs de Croix près Roubaix, et de Jeanne Le Nepveu, fille de Pierre Le Nepveu, bourgeois de Lille, roi de l'Epinette en 1384, puis lieutenant en cette ville du gouverneur de la Flandre wallonne.

Marguerite Fremault, fille de Philippe, dame des Fresnes, à Loos, de Flers en Escrebieu, épouse en 1457 Philippe de Bonnières [1], chl^r^, Sr de Souastre, de la Thieuloye en Artois. Ce noble chevalier achète la bourgeoisie de la ville de Lille en 1458, et fut nommé dans la suite, conseiller et chambellan du duc de Bourgogne. Il était fils de Jean de Bonnières, chl^r^, Sr de la Thieuloye, et de Jeanne, dame de Souastre et du Maisnil, petit-fils de Guillaume de Bonnières, Sr de la Thieuloye, et d'Isabeau de Ghistelles. Ce dernier, bailli de Hesdin, de 1397 à 1409, gouverneur d'Arras et de Bapaume, fut créé chevalier de la main du duc Jean sans Peur, après la victoire remportée près d'Huy sur les Liégeois en 1408.

Philippe de Bonnières, S^r^ de le Thieuloye, est mentionné comme feudataire d'Isabeau de Roubaix, dame de Richebourg,

---

1 Leur dernier descendant mâle, Adrien-Louis de Bonnières, comte de Souastre, né à Lille en 1735, célèbre diplomate français, créé duc de Guines par le roi Louis XVI, mourut à Paris en 1806. De Bonnières portait pour armes : vaire d'or et d'argent, et Fremault : de gueules à trois fermaux d'or 2 et 1.

de Roubaix, de Herselles et du Breucq, dans le rapport et dénombrement de son fief-lige, sis à Lôs, que cette dame servit le 8 avril 1499 à la princesse Marie de Luxembourg, châtelaine de Lille ; Isabelle de Roubaix y déclare que son fief-lige consiste en *l'hommage du fief des Fresnes, autrement appelé le petit fief de la Haie, qui appartint par-devant à Louis d'Isque, depuis à messire Philippes Frumault, chevalier, et de présent par son trépas, à monseigneur de la Thieulloie à cause de dame Marguerite Frumault, sa femme.*

Jacques de Bonnières, fils de Charles et de Jeanne de Thieulaine, Charles de Bonnières, fils de Philippe, épouse Barbe de Landas. De ce mariage naquit Hélène de Bonnières, héritière des Fresnes et de Loos, alliée en 2mes noces à Claude de Lannoy, chl^r^, S^r^ du moulin à Loos.

Hélène de Lannoy, leur fille, dame de Loos, des Fresnes, du Moulin et des Plantis, fut mariée en 1608, à Jean-Baptiste de Thiennes, baron de Montigny, Sr de Willersies, Neuville et Sart [1].

Jean-Baptiste de Thiennes, leur fils, chl^r^, Sr du Moulin et des Fresnes à Lôs, hérite de tous les biens de sa mère dans la châtellenie de Lille qui étaient de libre disposition. Très jeune il prit du service et se trouva au siége et à la prise d'Arras par les Français, il quitte le service après la prise de Lille pour jouir tranquillement du bonheur de la vie privée. Lors de la reprise des hostilités, le roi de France l'exila de toutes ses possessions parce qu'il avait trois fils au

---

1 C'est ainsi que le comte de Loos moderne possède les seigneuries des Fresnes et du Moulin, et c'est en vertu d'icelles qu'il a la seigneurie du village. Quoiqu'il en soit, il y a un joli château, regardé comme le château de Loos, et il prend le titre de seigneur du village. (Note du XVIIe siecle.)

De Thiennes, famille fort ancienne, descend de Bauduin Ier de Luxembourg, 3me fils d'Henri et qui tomba en 1288, avec ses trois frères à Woering, sur le Rhin, à deux lieues au-dessus de Cologne, en cette bataille livrée au duc Jean de Brabant pour la possession du Limbourg ; chantée par les chroniques, imprimée en traces glorieuses et sanglantes dans les annales du Luxembourg.

service d'Espagne. Il épousa par contrat, le 15 avril 1643, sa cousine germaine Marie-Philippe de Thiennes, chanoinesse de Maubeuge, sœur de Philippe-Denis de Thiennes, Sr de Lombyse, Warelles. Ils gisent à Lôs avec ces quartiers Thiennes, Ghiselin, Lannoy, Croix.

De leurs enfants, quatre sont nés à Lôs.

Joseph-Jean-Baptiste de Thiennes, né à Loos, 12 janvier 1652, parr. Gilles Albert de Thiennes, marr. Antoinette Philippe de Thiennes.

Marie-Marguerite Bernarde de Thiennes, baptisée en l'église de l'abbaye de Loos, 2 mai 1654, acte porté au registre de Loos, 3 septembre, parr. Philippe-François de Croix, fils du seigneur de Malaunay, marr. Marguerite-Madeleine Vandremere, dame de Mérignies.

Alexandre de Thiennes, né à Loos, 22 juin 1656, parr. Alexandre de Croix, marr. Anne de Thiennes.

Marie de Thiennes, née à Loos, 23 décembre 1657, parr. Georges de Thiennes, baron de Broucq, gouverneur d'Aire, marquis de Berthe, non comparant; en son lieu Me Bauduin Sohier, pasteur de Loos. Marr. Marie-Anne de Kessel, dame de la Haye.

Il y eut encore, Philippe-Charles de Thiennes, chl^r, dit S^r d'Hawry, St de Lôs, capitaine d'infanterie wallonne, inhumé à Lôs près de sa mère, 27 mars 1692.

Et Félix-François qui suit.

Jean-Baptiste de Thiennes, auteur des Seigneurs de la branche du Moulin et des Fresnes à Loos, meurt en 1716, âgé de plus de cent ans. Il porte d'or à un écusson d'argent bordé d'azur et chargé d'un lion, la queue nouée et passée deux fois en sautoir de gueules, écartelé d'argent à trois lions de sinople, couronnés d'or, lampassés et armés de gueules. Longtemps les hauteurs, droits et prééminences du village furent disputés entre l'abbaye de Loos, le chapitre de Seclin et les seigneurs qui y avaient un gros château, regardé comme le château de Loos, et se considéraient comme les seigneurs du clocher, il y eut à ce sujet à la fin du XVIIe siècle un grand procès qui finit par un accommodement, et par arrêts de la Gouvernance de Lille et du Parlement de Tournai, les seigneurs des Fresnes furent reconnus comme seigneurs de Loos [1].

Félix-François de Thiennes, comte de Lôs, S[r] des Fresnes, du Moulin, d'Hawry, capitaine d'infanterie wallonne, prit dès son jeune âge du service dans les armées du roi d'Espagne dans le terce du comte d'Havré, se distingua en plusieurs siéges et batailles, notamment au siége d'Ypres et de Valenciennes. Il allait recevoir du roi d'Espagne un témoignage éclatant de sa reconnaissance quand il dût quitter le service et se retirer en France pour conserver ses biens et sauver ceux de son père qui venait de quitter le royaume. Ses deux frères étant morts avant leur père, il hérita de la succession presque entière. Il épousa en l'église de Lôs, le 24 juin 1698, sa cousine Philippe-Marguerite-Maximilienne de Thiennes, dite la comtesse de Lôs, chanoinesse de Maubeuge, fille de Philippe-Eugène de Thiennes, Sr de Lombyze et de Warelles, et d'Eléonore-Amélie de Jauche Mastaing. Ils eurent :

1º Gaëtan de Thiennes, né à Lôs, 25 juillet 1700, parr. J.-B. de Thiennes, Sr du Moulin, marr. Eléonore de Jauche ;

2º Philippe-Guillain de Thiennes, né à Lôs, 31 janvier 1702, parr. Philippe-Eugène de Thiennes, écuyer, Sr de Warelles, marr. Anne-Marie-Thérèse de Thiennes.

---

1 Dans un bornage de 1665 le lieu patibulaire de la seigneurie des Fresnes se trouvait près du chemin d'Haubourdin; à Tournai sur Ennequin, d'autres attestent que la place de Loos est le véritable endroit où toujours étaient assis le pilori et les bancs plaidoyables de la seigneurie des Fresnes, et qu'en ce même lieu, les propriétaires de la seigneurie ont, par permission, laissé danser et ménestrauder aux jours de dédicace de la paroisse et poser des hayons, ont joui de tous autres droits, tels qu'à seigneur du lieu appartient — d'autres disent que ce sont bancs de la seigneurie de Basinghien. Quelle que soit cette procédure, les seigneurs de Thiennes furent considérés comme les seigneurs du clocher de Loos.

Anne-Marie-Thérèse de Thiennes fut inhumée au chœur de l'église de Loos, 28 décembre 1730 ; fut inhumée aussi au chœur de l'église, 26 octobre 1751, noble et puissante dame, madame Marguerite-Philippe Maximilienne, comtesse de Thiennes et de Jauche, veuve (en 1740) de haut et puissant seigneur Félix-François de Thiennes, comte de Loos, Sr du Moulin, décédée en son refuge, paroisse S. André à Lille, le 24 — Tém. : Me J.-B. de Faucompret, bailli ; J.-B. Desrousseaux, greffier de Loos ; Labbe, clerc ; P.-F. Samain, curé de Loos ; Deleplanque, curé de S. André.

Gaëtan, comte de Thiennes et de Loos, baron de Montigny, Sr du Moulin, habite S. Omer en 1736, prend le titre de comte de Thiennes comme héritier d'Albert-François, comte de Thiennes et du S. Empire et meurt 20 novembre 1740, sans enfants de son épouse Louise de Thiennes, sa parente, fille cadette de Philippe-Georges-François de Thiennes, marquis de Berthe, et d'Adrienne-Robertine de Thiennes de Claerhout.

L'aînée Marie-Thérèse-Guillaine de Thiennes, marquise de Berthe, baronne de Claerhout, fut mariée à Louis-François, Sr de Houchin, marquis de Longastre, vicomte de Haubourdin.

Philippe-Guillain de Thiennes, chl^r, comte de Loos, vicomte de Boisdinghem, baron de Neuville-s/Sambre et de Marais, mort 21 septembre 1753, fut inhumé dans le chœur de l'église de Loos. Il eut de son mariage avec Marie-Adrienne-J^h de Houchin :

Louis-Gaëtan-Philippe-Guillain de Thiennes qui suit :

Eugène-Guillain-Gaëtan de Thiennes, baptisé à Lille (S. André), 5 octobre 1752. Parr. haut et puissant seigneur, Mess. Eugène-François-Dominique de Béthune, comte de S. Venant, chl^r, vicomte de Liers, Sr de Nédon, Auchel et Pénin, ancien député ordinaire de la noblesse des Etats d'Artois, bel oncle maternel. Marr. haute et puissante dame Isabelle-Claire-Eugénie de Houchin, marquise de Heuchin, sa tante maternelle, épouse de haut et puissant seigneur, Mess. Alexandre-Maximilien de Croix, marquis de Heuchin, Sr de Frelinghien, Verlinghem et d'Allennes-les-Berclau.

Louis-Gaëtan-Philippe-Guillain de Thiennes, chl[r], comte de Loos[1], S[r] des Fresnes, du Marais et de la Hawry, officier au régiment royal de Normandie, figure parmi la noblesse de Lille à l'élection des députés aux Etats Généraux en 1789. Il est nommé commandant des milices bourgeoises, le 23 juillet 1789, par un comité formé par MM. de Rouvroy de Capinghem et de Bourghelles, assemblés à la maison commune — c'est l'origine de la Garde nationale de Lille.

Fiefs de Langlée à Loos. — 2 fiefs (désignés dans les titres de l'abbaye comme S[rie] de Lôs) con[t] 2 bonn. 1[c] chacun tenus de la S[rie] des Fresnes dite de la Haye, par indivis entre 1° Pierre de Langlée, fils de Robert ; 2° Renault de Haveskerke, dit de Raisse, chl[r], S[r] de Bailleul, au Val (Artois), époux de Saincte de Langlée.

Antoine de Langlée, leur aïeul, mort en 1384, inhumé en l'église d'Esquermes, eut de son épouse Isabeau Arazières : 1° Robert, écuyer, Sr de Langlée, inhumé en l'église de l'abbaye de Loos, à l'entrée du chœur, devant l'autel de N. Dame, où il est représenté avec cotte d'armes et cette inscription : « Chy dessous ceste lame gist Robert de Langlée, fils de feu Antoine, qui trépassa l'an de grâce mil cccc et xxvi, le xiii octobre. » Il avait épousé Laurence de Rocques, morte le 14 octobre 1441, inhumée dans l'église paroissiale de Loos. Leur fils fut Pierre de Langlée, cité plus haut ; 2° Bauduin de Langlée qui, de son épouse Jeanne d'Oignies, eut Saincte de Langlée.

---

1 D'après le rôle de la commune de Lôs, les biens du comte, terres, château, drèves, compren[t] 11 bonn. 15[c] en 11 lots évalués à 4 L. 10 s. le cent formant un reveuu de 980 L. payeront pour imposition foncière 345 L. 88c et pour sol additionnel 108 L. 92c. Fait à Loos, 3 frimaire an V ; le percepteur J.-F. Lippens, président de l'administration municipale du canton de Wazemmes (dont ressort Lôs) ; P.-J. Vanhooft, agent municipal de Lôs.

Le château de Lôs à un étage, fut vendu 10 germinal an V, 27,316 fr. avec le fond cont[t] parmi jardins, parterre, potagers entourés de fossés, ainsi que avant-cour, terrasse et labour 3 bonn. 6[c]. Ce château de belle architecture du xviii[e] siècle est en 1890 à M. Crespel-Tilloy.

Antoine de Haverskerke, S[r] de Langlée, relève la terre de Langlée le 21 septembre 1439, après le décès de sa mère Saincte de Langlée. Il meurt entre les années 1456-75, laissant de son épouse Agnès de Crâne, un fils et une fille. A Waleran de Haverskerke, dit de Raisse, écuyer, Sr de Langlée, eut de Michelle du Mez, dite d'Anstaing, 2 filles, Jeanne et Antoinette, mortes en leur jeunesse. Il meurt en 1536 ; il est cité au compte de Lille pour l'an 1504, fol. 31, sous le nom de Valérien de Raisse, écuyer, à l'occasion du droit d'escars qu'il doit payer à cette ville sur la succession de sa belle-mère, Jeanne Fremault.

B. Antoinette de Haverskerke, dame de Langlée, après la mort de son frère, épouse Mre Jacques Thieulaine, bourgeois de Lille, secrétaire des archiducs Maximilien et Philippe-le-Beau. Leur fille Antoinette de Thieulaine, dame de Langlée, fut mariée à Arnoul de Harchies, Sr de Milômez, dont la fille, Michelle de Harchies, fut dame de Langlée, qu'elle vendit à Guillaume Delyot, fils d'Hubert, marchand à Lille.

Le fief passe à Marie Delyot, fille de Guillaume, et à Jeanne Dragon, qu'elle eut de son mariage avec Jean Dragon.

1672. — Charles-Hyacinthe-François Dragon.

1692, 14 oct. — Meurt à Lôs Pierre-Jean Dragon de la Robarderie.

Autre fief à c s. de relief compren[t] 6 bonn. 11[c], gisant aux dîmes de Lôs en plusieurs pièces dont 3 bonn. et demi bois et pré au Ponchel rentier, about[t] au chemin des Oliveaux ; 3 autres parties au Renaufosse about[t] à la chaussée du moulin à l'abbaye, à la piedsente de Lôs à Ennequin.

1421. — Martin de Thieffries, au décès de Jacques, son père, fait rapport du fief qu'il vend à Pierre de Langlée en 1454.

Gérard de Langlée, fils de Jean (celui-ci, fils de Pierre, habite Lôs en 1469), fait rapport en 1500, meurt en 1522. Il avait épousé Eléonore de Wulfsberghe, dame de Pecq et de Pumbeke, dont : Jean de Langlée, Sr de Pecq, mort en 1570, inhumé à Pecq avec Gabrielle d'Oignies, fille du seigneur d'Estrées, son épouse.

Leur fils Jacques de Langlée, grand bailli de Gand, beer et souverain bailli de Flandre, créé chevalier en considération de ses services et de ceux rendus par ses ancêtres, 20 septembre 1585. La terre de Pecq fut érigée en baronie, 30 juillet 1612. Il avait épousé Jacqueline, fille de Philippe de Recourt, chl^{r}, baron de Licques, Sr de Boninghe, châtelain héréditaire de Lens. Leur héritière, Alexandrine de Langlée, baronne de Pecq, épouse en 1607 Charles de Lallaing, comte de Hochstraete de Hornes, baron de Leuze, bailli de Tournai, chl^{r} de la Toison-d'Or.

1617. — Il fait rapport du fief au sire roi Louis XIII, roi de France, châtelain de Lille, en sa cour et halle de Phalempin, après décès de Jacques de Langlée.

Langlée comme Bauffremez, issu de Wavrin, porte d'azur au sautoir de gueules accompagné d'un écusson d'argent qui est Wavrin. Cimier : la tête d'un lion d'argent entre un vol dont une partie à droite est de gueules, l'autre à senestre d'argent.

Menin à Loos.[1] — Fief vicomtier tenu de la S^{rie} des Fresnes à Loos à 10 L. de relief, comprend 4 à 5 bonn. de terre sur le chemin de l'église de Loos vers le hameau d'Ennequin — des rentes — treize journées de corvée à bras, pour laquelle il fallait sommer les tenanciers, le jour précédent — le droit d'avoir bancs plaidoyables, lieutenant et gens de loi, avoir de bâtards biens épaves et estrayers et autres trouvés en la juridiction du fief.

1275. Jean de Menin. On lui prend des prés à Loos pour le creusement du canal. — 1336. Florent de Menin : sa terre est citée dans la séparation des dimages de Loos et d'Esquermes. Jehan de Harchies de Ville dit d'Estrepi. — Louis-J^{h} de Harchies.

---

1 Le fief et seigneurie de Loos, que l'on appelle à present le fief du petit Menin dit Delefosse, abbé de Lôs, appartient aux seigneurs de Bruay et d'Hallennes, à raison duquel ils sont véritablement les seigneurs et châtelains de Loos.

Basinghien à Loos. — Fief de noble tènement à justice vicomtière, tenu du châtelain de Lille, comprend un lieu manoir, enclos, eaux, amassé de maisons manables, granges, étables, colombier, et avec ce une demeure pour le seigneur, et autres édifices contenant, parmi la motte et terres à labour, 7 bonn. 14c et demi d'héritage en plusieurs pièces tenant ensemble, aboutissant au grand chemin qui mène de Lille à Haubourdin, d'autre part au chemin qui mène de Loos à Esquermes, et du tiers sens à la Srie de Langlée. Il y avait de plus des rentes seigneuriales.

1165. — Robert de Basinghien. Echange de terre sur Ennequin avec l'abbaye.

Robert, chlr, Sr de Basinghien, vivait dans le XIIIe siècle. Il fut inhumé vers 1250 au cloître de l'abbaye, armé de pied en cap, avec sa femme à son côté et un lion sous ses pieds. L'inscription porte : Chy gist Monseigneur Robiers, chevalier.

Ce fief passa vers 1350 à Hubert Escarlatte, de famille bourgeoise et du Magistrat de Lille. — Le mariage de Laurence, sa fille, avec Bauduin Gômer qui paye le droit de nouvel acquêt en 1389, le porte dans cette famille. Laurence Escarlatte meurt en 1391. Elle était sœur de la dame d'Hallennes et de la femme de Thomas le Prévost bourgeois de Lille qui achète le Srie de Flesquières à Wattignies.

Bauduin Gômer, roi de l'Epinette en 1368, échevin de Lille, 1370-78-81, commis aux comptes de la Hanse, 1362-75-77-79, juré 1376, voir juré 1382, l'un des huit hommes en 1383.

Hubert Gômer, son fils, roi de l'Epinette en 1407, échevin, garde orphène, épousa à Lille, le 6 mai 1406, Jeanne de Tenremonde et reçut le jour de ses noces des présents de vin du Magistrat de Lille. Des joûtes eurent lieu sur le grand marché de cette ville, le jour de son mariage.

Il releva la bourgeoisie de Lille, 19 juin 1406, et reçut un présent de 32 lots de vin du Magistrat de Lille, le 2 mai 1408, à l'occasion du prix qu'il avait gagné aux joûtes du *forestier de Bruges.* Le 7 août 1441, il fait le rapport du fief de Bazinghien à Loos, qu'il possédait de sa mère, au comte de S. Pol, seigneur d'Enghien, châtelain de Lille. — Il fut inhumé en l'église S. Etienne, et l'on y voyait l'inscription suivante surmontée de ses armes et de celles de sa femme :

Chy devant gist Hubert Gômer, escuyer en son temps, conseiller de Monsieur le Duc de Bourgogne et xxxviii ans son bailli à Lille qui trépassa l'an mil cccc et lv le iiie jour de juing, et emprès lui gist Dale Jenne de Tenremonde, sa femme, qui trépassa le iiie jour de févr. m cccc et cinquante, lesquels conjoints eurent xix enfants. Priez Dieu pour leurs âmes.

Gômer porte de sable parsemé de 22 billettes d'or, chargée de 4 aigles de gueules rangés. Le scel porte en plein une étoile à 5 raies, placée au chef dextre de l'écu. On y lit en légende : S. Hubert Govmer, Cimier un col de boucq.

Jean de Harchies, chlr, Sr de Milômez, fils de Gaspart, fait le 2 mai 1494 le rapport du fief de Basinghien, qu'il acquit des ayant cause de Guillaume Gômer, fils de feu Hubert. Il s'allia avec Alix de Cuinghien, fils de Roland et de Marguerite de Hallennes.

Arnoul de Harchies, leur fils, eut de son mariage avec Antoinette de Thieulaine, Michelle et Arnould de Harchies, chlr, Sr de Milômez, Hallennes, Erquinghem-le-Sec, grand prévôt de Tournai.

Gérard, fils d'Arnoul, écuyer, Sr de Basinghien, fait rapport du fief en 1593, les rentes Sriales appartenant au fief étant éclissées par avant l'achat qu'en ont fait mes prédécesseurs, dit-il. Il avait épousé Catherine de Croix, fille de Pierre, chlr, Sr de Wasquehal.

Jehan de Harchies de Ville dit d'Estrepi, son neveu, fils de Léon. (Voir les Seigneurs d'Hallennes.)

De Harchies, très noble et très ancienne famille : porte Ecartelé au 1 et 4 d'or à cinq cotices de gueules, au franc canton d'azur, chargé d'une étoile à 6 raies d'or; au 2 et 3 échiqueté de gueules et or.

Cimier : Une tête et col de biche au naturel.

Basinghien, tenu du châtelain, comprenant des rentes justiciables, chemins, rejets, flégards, ja piécha éclissés et qui solaient être qu'un seul fief d'un lieu manoir et héritage compendant. IX bonn. IIIc.

1504. — Roger de le Cambe, dit Ganthois, fait rapport du fief à lui succédé par le trépas de Jean de le Cambe, son grand-père.

Relevé par Bertran de le Cambe dit Ganthois, fils de Roger. — Mathias de le Cambe, fils de Bertran, fait donation de ce fief à Louis Alegambe, son neveu, fils de Quentin et de Marie de le Cambe dite Ganthois, grand prévôt de Tournai en 1586, 87, 92, 98, 99, 1600, bailli du châtelain de Lille et de Phalempin, par lettres du roi châtelain Henri IV, données au camp devant Epernai, 27 juillet 1592, armé chevalier par l'archiduc Albert, à sa joyeuse entrée à Tournai en 1600. Louis Alegambe meurt en l'abbaye de S. Amand, 1617.

1672. — Antoine Alegambe fait rapport du fief à lui succédé par le trépas de Charles Alegambe, son père, Sr de Basinghien, fils de Louis.

La Haye en Loos. — 1203, près et terres de la Haye et d'Esquermes cités, — près, terres et moulin de la Haye en Lôs non loin de la chaussée d'Haubourdin, de la piedsente menant d'Haubourdin à Lille par le Poncel rentier et du champ de Regnaultfosse. Nous ne connaissons d'autres seigneurs de ce fief que ceux de la Haye à Esquermes.

1317. — Jean de la Haie à Lôs vend l'accroissement de rente et le droit qu'il a sur deux maisons sises l'une à Esquermes, l'autre à Lôs ; il donne en arrentement à Jean Graindor à Lôs, 9c d'héritage sis à Lôs, moyennant 6 s. 6d de rente annuelle au cent de terre.

Jeanne du Bosquiel, dame de la Haye en Loos, épouse Jean de le Cambe, dit Ganthois, fils de Jacques, mort vers 1413. Il fut roi de l'Epinette en 1442, échevin en 1441-52-65-69-72, l'un des huit hommes en 1437, juré ou conseiller de la ville de Lille 1466-67-70-71-75-76, il releva la bourgeoisie de cette ville le 29 octobre 1437, fit une fortune très considérable dans le commerce de la marbrerie et possédait en 1475 des seigneuries importantes acquises des anciennes familles du pays. Il fonde à Lille, en sa maison, en 1466, l'hôpital de S. Jean-Baptiste, dit Ganthois, en 1481 la maison des repenties, il meurt peu de temps après.

Bauduin de le Cambe, son fils, allié à Jeanne Du Bois.

Roger de le Cambe, dit Ganthois, Sr de la Haye et du Basinghien, épouse Marie Régnier — Bertran de le Cambe, dit Ganthois, fils de Roger, annobli par le prince d'Espagne, archiduc d'Autriche, depuis empereur Charles V, en 1515.

Icelles lettres de noblesse lui sont accordées pour considération de ses vertus, bonnes mœurs et honnête conduite, et en faveur d'aucuns espéciaux serviteurs du prince que l'en avaient instamment requis. Armes : de gueules au chevron d'or.

Bertran de le Cambe mort le 13 décembre 1550, avait été marié 1° avec Jeanne d'Ollehain, dite d'Estambourg ; 2° avec Marie de Lannoy, fille de Sidrach de Lannoy, écuyer, Sr de Templeuve-lez-Dosmer, prévôt de Lille, dont Arnould de le Cambe, dit Ganthois, né à Loos, abbé de Marchiennes, en 1563. On lui doit la construction du beau collège élevé dans l'université de Douai sous Philippe roi d'Espagne.

Denis de le Cambe, dit Ganthois, né à Loos du 1er lit vers 1513 eut pour parrain Denis Bauvin, abbé de Loos, il meurt en 1562 sans enfants d'Adriennes de Varennes, mais laissant d'Anne de Massiet qu'il épouse en 2es noces, Marie de le Cambe, dite Ganthois, dame de la Haye en Loos et de la Haye à Esquermes, mariée à Jean de la Haye, Sr de la Haye à Flers, fils de Pierre, dont :

Arnould, Sr de la Haye ; Denis, écuyer, puis moine à Marchiennes ; Charles, écuyer, mort sans alliance ; Pierre, écuyer, religieux à la Chartreuse de Lannoy ; Antoine, écuyer, S[r] d'Ennequin ; Marie, prieure à Marquette.

Charles de la Haye, chl^r, fils d'Arnoul, épouse Anne-Marie, fille de Philippe de Kessel, chl^r, Sr du Becquerel à Marquette, de Lambersart, de Wattignies, et de Madeleine d'Alpelteren. De ce mariage : Philippe-Charles, S^r d'Ennequin ; Emmanuel, religieux de Lôs, profès en 1658 ; Isabelle-Jeanne-Françoise, née à Lôs, 4 avril 1645; parr. : Philippe-Charles de la Haye, son frère ; marr. : Jeanne de Kessel.

(Premiers actes de l'état civil de Lôs).

Lamoral Claude, chl^r, Sr de la Cessoye, capitaine et grand bailli du château de la Motte au Bois et dépendances, commissaire au renouvellement de la loi de la ville de Lille. Mort le 19 juillet 1720 à 72 ans, inhumé aux Carmélites de Lille.

Ennequin à Loos. — Fief vicomtier tenu de la S^rie d'Allennes à 10 L. de relief ayant pour hommage la Hugerie, et consistant en 13 bonn., 1,110 v.

Jean de la Haye, à cause de Marie de le Cambe, dite Ganthois, son épouse — Antoine de la Haye, écuyer, leur 5e fils, mort à Tournai en 1640.

Philippe-Charles de la Haye, son neveu, fils de Charles, chl^r, S^r d'Ennequin, épouse Marie-Anne-Eugénie-Florence de Cassine, dont :

Robert-François, né à Loos 3 mai 1666, parr. : Maximilien-Joseph-François de Cassine, au nom de Robert de Markays, Sr de Werquin ; marr.; Anne-Marie de Kessel, dame de la Haye.

Joseph-André-François, baptisé aux fonts de S.-Maurice à Lille, 3 août 1667, à cause de la guerre ; parr. : Jean-André des Waziers, chl^r, Sr du Verbois ; marr. : Madeleine d'Apelteren, dame de Wattignies, sa grand'mère.

Ernestine-Isabelle née à Loos, 17 sept^bre 1670 : parr. : André-François des Waziers, écuyer, Sr du Verbois, pour Jean-Ernest de Kessel, écuyer ; marr. : D^elle Isabelle-Jeanne des Waziers.

Cette famille habite le château de Landas [1] à Loos, bâti en 1620-37, où logea Louis XIV au siége de Lille en 1667 et qui passe à la fin du siècle aux Delyot. Sur la porte sont leurs armes : d'azur à 2 haches d'argent adossées, les manches d'or.

Hubert-Waleran Delyot, fils de Pierre, écuyer, Sr de la Croix, décédé à Loos, 6 nov[bre] 1691. Hippolyte Delyot, son fils, écuyer, S[r] des Landes, eut de son épouse Albertine-F[çoise] Obert.

Catherine-Françoise, née à Loos, 19 mars 1703; parr. : François-J[h] Delyot de la Croix, député de la noblesse des Etats de Lille ; marr. : Catherine-Adrienne, dame de Grevillers.

Hippolyte-Ignace, né a Loos, 30 juillet 1705; parr. : Ghislain-Ernest Obert, Sr de Ricreux dem[t] à Lille ; marr. : Hélène-Florence de Lannoy, dame de Grevillers-Courtembûs.

Marie-Marguerite-Maximilienne, née à Loos, 12 février 1708; parr. : Philippe-Louis-J[h] Delyot, Sr du Verbois, capitaine au régiment de Marsalle ; marr. : Philippe-Marguerite-Maximilienne de Thiennes ; reçue en la sainte et noble famille de Lille en 1717 ; 1re institutrice en 1738 par la retraite d'Elisabeth-Jeanne de Vicq.

Louis-François, né à Loos, 14 mai 1710; parr. : Hippolyte-J[h]-Ignace Delyot, au nom de François Obert, Sr de Grevilliers ; marr. : Marie Obert.

Eléonore-François-Joseph, né le 18 mai 1714, capitaine au régiment Dauphin-Infanterie.

Dans les années qui précèdent la Révolution, J.-B. Antoine Le Mesre, Sr de Gruteghem (à Bousbecques), habite le château

---

1 Ce nom lui vient de la famille de Landas qui tint cette terre. André de Landas est cité au règlement des comptes du canal en 1275. Jehan Ganthois, dit Jan Perre, réincorpora 8 bonn. 6c au fief de la Haye d'Esquermes et les appliqua à la cense de Landas, — soit 19c bois mis en pâture dite des Peupliers, tenant a la navie d'Haubourdin, aux héritages de l'abbaye de Lòs et de l'hôpital S. Jean l'évangéliste à S. Sauveur, — d'autres bois tenant à ceux du S[r] des Fresnes — le lieu et basse-court de Landas comprenant 5c et le jardin 8c, ab[t] au chemin men[t] aux planches à Quesnoy, d'autre au haut jardin tenu de Fresnes, vers le rietz aux héritages tenus de Seclin, — petit bois pourplante de Halloterie, chaingle et bosquelet, — la Haute-Chaingle commençant à l'endroit de la brasserie — camp de la briqueterie, les camps Gadrû, à la Muchotte, — le grand pré de Landas, 2 bonn. 8c — la pâture à Coulons tenant vers E. aux prés de la Haye en Lôs.

de Landas. Sa fille Romaine épouse, en 1787, Casimir-Albéric-Marie Castellain, écuyer, S^r d'Escleps, fils de Louis-J^h Castellain, chl^r, Sr de Vendeville, d'Escleps, de Lispré, trésorier de France en 1761, greffier en chef en exercice en 1790, lors de la suppression du Bureau des finances du royaume.

Casimir-Albéric Castellain, né le 5 février 1764, est mort en 1843. Il fut longtemps maire de Loos. Son épouse est morte en 1792, laissant : Marie-Justine Castellain, née à Lille en 1788 et Juvénal-Jean-Baptiste-Joseph-Marie Castellain, né à Loos, 4 juin 1791. Parr. : Albéric-Marie Castellain de Lispré ; marr. : Marie-Philippine Lemesre de la Haye.

Armes : de sable chargée d'une fleur de lis d'argent accostée de 2 étoiles, à 6 pointes d'or, au chef de gueules, chargé d'un château d'argent.

La Vigne à Loos. — Antoine de Landas, écuyer, Sr de la Vigne, était deuxième fils de Waleran, écuyer, Sr de Beaufremez et d'Isenghien, mort en 1525, et de Jeanne de la Cessoye. Il fut tué en 1537, devant Thérouanne.

Valentine, leur fille, dame de la Vigne, épouse François le Preud'homme, écuyer, Sr de Coisnes, mort en 1603. Sa femme était morte en 1601 sans postérité. Tous deux sont inhumés à S. Etienne, à Lille.

Le vieil chastel à Loos, fief vicomtier tenu du château de Loos, comprent un vieux château, avec une mesure de terre tenant au cimetière de Loos — à la comtesse de Henin.

Des Marets, à Loos [1], le long de la rue dite du Marais.

---

1 On voit encore, dit Ignace Delefosse en 1720, une motte où il y avait autrefois un château nommé des Marets. C'est à cause de ce château et de cette seigneurie qu'on appela cette rue, rue Marets, et parce que presque tout un côté de cette rue est tenu de la dite seigneurie, elle n'a pas été ainsi nommée parce qu'elle conduisait au marais ou plutôt au vivier que le comte Philippe d'Alsace nous donna et qui fait partie de notre enclos de ce côté-là. Ce marais ou vivier comme l'appelle le comte Philippe, n'a jamais appartenu à la commune de Loos, mais à ce prince qui nous le donna, et c'est fort mal à propos que les gens du village de Loos disent que nous nous sommes emparés de leurs marais, que pour cela nous sommes obligés aux aumosnes, que nous leur faisons, ingratitude qui ne doit pas nous empêcher de les leur continuer et de leur donner tous les secours qu'ils reçoivent de nos maisons dans leurs maladies et besoins.

1275, avril. — Pierre Du Marets vend à l'abbaye une rente de 4 muids de blé et de 3 muids d'avoine qu'il tenait de Robert d'Haubourdin, dit de Lassus, avec le droit et la justice qu'il avait lui-même.

Ce fief avec maison de plaisance appartient avant 1441 à Claude Muissart, et passe successivement à Antoine Muissart, licencié en droit, à Agnès du Bus, veuve de Hubert le Batteur.

Jacques Muissart, docteur en médecine, fait le rapport d'un fief de noble tènement nommé le fief des Marez, ayant justice de vicomte, acquis de Me Jean le Batteur, trésorier et chanoine de l'église S.-Pierre, à Lille, consistant « en une masure sur une motte sur laquelle devant la guerre soloit avoir une maison avec plusieurs édifices environnés d'eaux et fossés, chaingles et jardins contenant en tout xvc. — Item un bonnier et demi de terre à labour, et sont tenus dudit fief [1], xxviii bonn.

Relevé par Me Toussaint Muissart au décès de Me Jacques son père, en 1529, — par Me Baude Muissart, Sr des Marets, l'un des quatre baillis hauts justiciers de la châtellenie, frère de Toussaint — par Me Antoine Muissart, fils de Baude en 1555, — à Me Philippe des Marez, maître des comptes en Hollande par achat en 1590, — à Jean des Marez, frère héritier de Philippe.

Jean-Antoine des Marez, écuyer, Sr dudit lieu, fils de Jean, fait le rapport du fief en 1673 à très haut, très puissant, très redouté monarque Louis XIV, roi de France, châtelain de Lille.

La Haye d'Ennequin, dite Mounoye à Loos, tenu de la Srie d'Allennes à x l. de relief contt xc de terre gisant

---

1 Jean de le Croix, fils de feu Thomas, fait le rapport d'un fief de terre ahanable qui par ci devant fut éclissé du gros du fief du Maretz.

Muissart porte d'azur à 3 coquilles de S.-Jacques d'or posées 2 et 1. Cette ancienne famille de Lille siége depuis 1556 parmi la noblesse de la province, compte des échevins et des mayeurs depuis le xve siècle.

François Muissart, écuyer, Sr du Cappe, mayeur de Lille, figure au sacre de l'Electeur en 1707. J.-B. Muissart, grand bailli, notable en 1789, préside le district en 1791 ; maire de Lille sous la Restauration, député du Nord, commandeur de la Légion d'Honneur, mort en 1848, à 95 ans.

en la paroisse de Lôs sur le chemin du blanc rietz menant de l'Arbrisseau à la Folie (ferme sur Wattignies), le reste en rentes Sriales sur 32 bonn. sis à Lòs, Esquermes, Hallennes, Sequedin, Englos, Wattignies, rapportant 45 ras. de blé, mesure de Seclin, plus grande de 2 quariaux que la rasière de Lille, 11 ras. d'avoine, 36 chapons, 16 poules, xx donsels de cervoise de 12 lots chacun, etc.

Jean de Hénin, Sr de Cuvillers, époux de Jeanne le Prevot de Basserode.

Louis de Hénin-Liétard, baron de Fosseux, vend le fief à Jeanne Delyot, fille de Guillaume, épouse d'André Fourmestraulx, qui paye 303 L. 8 s. pour droit de nouvel acquêt.

Jean-André Fourmestraulx, chlr, Sr des Waziers.

1711. — Le fief fut vendu au profit des enfants mineurs d'Eugène-Hyacinthe des Waziers, Sr de Beaupré et d'Ennequin, à Charles le Thierry, fils de François, riche marchand à Lille.

Son fils Charles-Simon laisse un fils Jacques-Charles qui, de Marie-Anne-Fçoise de Bonneval, eut Charles-Marie-Désiré le Thierry, écuyer, Sr d'Ennequin et de la Boutillerie, chlr de la Légion d'honneur, mort à Lille à 92 ans (1858).

Joseph-Désiré le Thierry, son fils, engagé dans les armées de Napoléon, capitaine d'artillerie à 21 ans, se distingue aux batailles de Salamanque, Vittoria, Toulouse, au choléra en 1832; maire de Lille, 9 février 1832, il succède à Smedt et meurt 24 sept^{bre} 1834, à 43 ans. Dominique-Jh Bigo-Danel fut maire après lui.

Le moulin à Loos. — Ce fief de nature, contenance, mouvance inconnues, fut à Jean Abbonnel, dit le gros, receveur des finances, contrôleur général de l'hôtel de Mgr le Duc, puis Me de la Chambre des comptes à Lille en 1436, fondateur de la chapelle S.-Jean-Baptiste, depuis S.-Anne en l'église S.-Maurice-Lille anobli le 8 mai 1433, porte de gueules à la face d'argent accompagné de trois têtes d'hommes de carnation (*alii* têtes de nègres) tortillées d'argent. Cimier : un buste de nègre entre un vol de gueules. Il fut seigneur de Wasne à Toufflers du Pret et du Moulin à Leers. Philippotte Abbonnel, qu'il eut de Marguerite de Troye, son épouse, porta ces seigneuries à son mari Antoine de Lannoy, Sr de la Motterie à Leers.

Leur fils Antoine de Lannoy, Sr de la Motterie, de Wasnes et du Moulin, épouse Jacqueline du Bois de Hove, fille de Seger et de Jeanne de Sailly.

De cette alliance vint Louis de Lannoy, Sr de la Motterie, de Wasne, du Moulin, marié à Michelle d'Oignies, fille de Jacques, Sr d'Estrées et bailli d'Aire.

Leurs enfants sont : Jacques, Sr de la Motterie et Claude, Sr du Moulin et des Plantis à Leers, de Lestocquois, qui, le 7 février 1600, fut à Lille, armé chevalier par l'archiduc Albert ; il était député aux Etats de la châtellenie, lors de cette joyeuse entrée. C'est pour lui que la terre de la Motterie à Leers fut érigée en comté par Philippe IV en 1628.

Chevalier de la Toison d'or, du conseil suprême de S. M. Catholique, maître général de ses armées aux Pays-Bas, il avait épousé Hélène de Bonnières, dite de Souastre, dame de Loos et de Fresnes, fille de Jacques et de Barbe de Landas.

Ses successeurs sont les Seigneurs de Fresnes et de Loos.

Le grand Ennequin à Loos. — Antérieurement à la fondation du monastère une famille prenait son nom de ce fief. Bernard, Sr d'Ennequin vend sa terre, justice et Srie qui devait être de 89 bonn. aux frères de Loos et ceux-ci l'ont accrue par des acquisitions successives.

Tenu de la Salle de Lille, en toute justice, haute, moyenne et basse à 10 L. de relief, ce fief comprend : 1° les deux censes d'Avesnes et d'Ennequin avec les marais de Durmort à Loos et 196 bonn. 9e à Loos, Esquermes, Wazemmes, Lesquin, Noyelles, Houplin, Santes, Haubourdin, Hallennes, Sequedin, Lomme, Ennetières-en-Weppe, Radinghem ; 2° des rentes sur 57 bonn. 2e chargés de tymaux ou plaids généraux trois fois l'an à peine de 2 s. d'amende ; 3o les marais de Bargues, 26 bonn. où les manants de Wattignies font paître leurs bêtes, et doivent pour ce 2 deniers par an, 60 s. de relief, tymaux ou plaids généraux ; 4o bailli, hommes de fief, sergent et bancs plaidoyables ; 5o enfin un hommage.

Noizet à Loos, au hameau d'Ennequin, tenu de la Salle de Lille à 10 L. de relief, consist[t] en un flegard par ci-devant baillé en arrentement pour 12 s. par an, en 4 ras., 2 hav. de blé, 3 chapons et 17 s. 6 d. (y compris lesdits 12 s.) qui se prennent sur 15 bonn, gisant à Loos.

A Adrien Van Heede, écuyer, S[r] de l'Espierre,

A Gabriel Van Heede, écuyer, fils d'Adrien.

1615, à Arnould de Thieulaine, chl[r], Sr du Fermont de Vendeville, conseiller du roi, lieutenant premier de la gouvernance de Lille, par achat audit Gabriel Van Heede. — 1644, Antoine-Dominique de Thieulaine, écuyer, Sr de Vendeville.

1673. A l'abbaye de Notre-Dame de Loos.

1449, 12 novembre. — Comparurent aucuns des manans de le paroisse de Lôs, Jacquemart Robillart, Jehan le Bateur, Romain de le Croix, Martin de le Croix, Guy de le Croix, Hanequin Delatre, Josse Le Maire, Jehan Bassée, Franchois Haurelant et Thomas de le Croix, qui firent ostention du billet de l'assiete et caché de leur taille par lequel appert qu'ilz avoient esté assis à la darraine assiete en 1448 à LIII L. de XL gros. Dient qu'ilz estoient cent et deux personnes paians taille et XIX maisnies, qu'ilz avoient assis à taille, et que ilz ne asseoient point à taille, les hiretages des forains et du nombre de gens paians taille, en y a qui a présent prendent des biens des povres XXXIIII ou environ. Requis assavoir se ilz ont aucuns enclavemens en la paroisse non paians taille, dient que non ; requis assavoir se ilz sont amenriz de nombre de personnes et de chevance depuis X ou XII ans, et se ilz se plaindent de trop de taille, dient que si et la cause si est pour ce que Jehan Houseman paioit VII L. X s., lequel est party et son louagier ne paie que VI s. ; Jehan Clement aussi party paioit VII L. et son louagier, en son lieu ne paie que XVIII s., Lotard Haurelant soloit paier IIII L. IIII s., et il est si apovry à présent qu'il ne paie que XXIIII s., Jacquemart Waucrenie, deffunct paioit XXVIII s. et son lieu est à ruyne. Jehan Bassée soloit paier IIII L., il est apovry et ne paie à présent que XXIIII s. ; Bauduin Gilles party, paioit LXXII s. et son louagier ne paie que VI s. ; Jaquemart Robillart apovry, soloit paier XXXVI s. et au présent ne paie que 15 s. ; Franchois Delatre deffunct paioit C s. et le censier pour lui ne paie que IX s. et plusieurs autres semblablement qui sont mors ou partis dont ilz ne sont recors. Requis assavoir s'aucuns sont venus demourer en ledicte paroisse et se ilz sont enrichiz depuis X ou XII ans, dient que non. Requis assavoir la ricesse des manans de le dicte paroisse et combien ilz paient de taille, dient que Rogier le Bateur a deux manoirs contenant trois bonniers de hiretage et paie IIII L. XVI s. ; Jehan le Bateur a XXV C. de terre parmy ung lieu, et paie LI s., Guy de le Croix a dix bonniers de terre parmi ung lieu et VI L. de rente viagère par an et paie IX L. XVIII s. Jehan et Jehenne Delatre ont chinq bonniers de terre parmi ung lieu et paient VI L. Jehanne et Belotte de le Croix ont ung lieu contenans quatre bonniers ou environ et paient LX s. ; Thomas de le Croix a trois bonniers et demi de terre parmi ung lieu et paie LX s. ; Romain de le Croix a quatre bonniers et demi de terre, parmy ung lieu et paie IIII L. XIX s. ; Martin de le Croix a six bonniers de terre, parmy deux lieux et IX L. de rente viagère, et paie VII L. X s. ; Franchois Hauretant a trois bonniers et trois quartiers de terre parmi ung lieu, et paie LX s. ; Jehan de le Croix, filz de Thomas a de III à IIII bonniers de terre, parmi ung lieu et paie IIII L. X s. ; Jehan de le Croix, machon a IIII bonniers de terre ou environ parmi ung lieu et paie IIII L. IIII s. et les autres en dessoubz paient semblablement à l'avenant de leur chevance. Requis assavoir de le valeur de leurs terres en cense et combien elles valent en vente l'une parmy l'autre, dient qu'elles valent en cense XVIII rasières de grain à l'avesture, mesure de Lille et en vente VI^XX L., le bonnier et se doivent de rente l'une parmy l'autre XXXII s. le bonnier. Requis assavoir se ilz se dient estre plus hault taillies que les terres voisines, dient que rien n'en scevent.

En 1498, comparurent pour Los-le-ville, sire Hoste Buffin, prêtre, curé de Los, Jean de le Croix, Jean et Andrieu de le Ruyelle, Arnould Combere qui affirment, le prêtre *in verbo sacerdotis*, les autres par serment que :

Audit Los, il y a 70 feux dont la moitié ou mieux prennent les biens des pauvres, à cause que plusieurs gens, vivants d'aumônes, se logent et demeurent volontiers auprès de l'abbaye dudit Los. Il se peut y avoir 12 attelées (de chevaux) Néanmoins, il n'y a non plus de 8 charrues de terre. Ils disent que la moitié du village ne paie non plus de trois gros à chaque payement de l'assiette et que l'on est forcé de prendre le surplus sur les autres qui prennent labours.

Interrogés si le dit village est augmenté ou diminué depuis l'an 1491, où la dernière réformation de l'assiette se fit, disent que ledit village, au dit an, était beaucoup plus riche qu'aujourd'hui tant à cause de la guerre, logis des gens d'armes, que autrement. Interrogés combien ils ont payé à l'aide, disent qu'ils ont payé pour l'année courante qui expirera à la St-Jean prochain venant 91 L. 15 s. à 40 gros la livre et ce compris 15 L. 15 s., pour la part de ce qui a été consenti à Mgr pour la guerre de Gheldres.

1549. — La contribution est de 138 L. 7 s. On compte à Lòs en jardins, 44 bonn. 7c ; en près, 8 bonn. 3c ; revenu estimé, 22 L. le bonn. — En labour, 366 bonn. 15c à 18 R. de grain du bonn. à l'aveture, faisant 13 L. 10 s. le bonn. — En bois, 6 bonn. 12c. — La dime rapporte 252 L. — Il y a 88 feux, 20 chevaux, 108 vaches, 297 moutons.

Deux personnes font marchandise de wede pour 600 L., une personne fait marchandise de bois pour 120 L.

Gens d'église. — L'abbaye de Lôs occupe en labour, 28 bonn. 6c, tient et enclot sa portion de dîme.

1720. — On compte à Lôs 120 chefs de famille. Le terroir (458 bonn. 11c), porte blé, colza, tabac, avetures pour les bestiaux. Le revenu de la cure est de 350 fl.

Vers 640, S. Eloi leva le corps de S. Piat, martyr, enseveli en 303, à Seclin, dont il est le patron, et ouvrant son tombeau, il montra au peuple les broches de fer qui avaient transpercé les épaules et les jambes du saint. Il fit pour ces reliques une châsse précieuse en or et institua douze prêtres pour les garder et prêcher la religion dans les villages voisins ; il leur donna pour leur subsistance le revenu de 5 censes. Un de ces prêtres vint à Loos élever un autel, *altare*, sous l'invocation de S. Pierre d'Antioche, établit un cimetière pour la sépulture des nouveaux chrétiens. En reconnaissance des bienfaits que la religion du Christ répand en la contrée, les seigneurs de Loos font à l'autel de pieuses donations. En 1187, 7 kal d'avril, le pape Clément III confirme les chanoines de Seclin dans la possession de l'autel de Loos. Le chapitre nomme à la cure, il avait trois gerbes de la dime, qui est de neuf gerbes par cent gerbes. Une des trois gerbes est réservée au curé de Loos.

1235. — Sire Nicholas, un nom prédestiné, *vainqueur du peuple* par la parole de vérité, prêtre paroissial, conduit son peuple de bergers et de laboureurs dans les voies du salut.

Le nom des pasteurs du XIVe siècle nous est inconnu[1]. A cette époque, l'église fut reconstruite avec les matériaux et sur l'emplacement d'une église, antérieure à la fondation du monastère et qui pouvait remonter aux temps carlovingiens.

Curés de Loos : 1448, Sire Jehan Didier — 1498, Hoste Buffin — 1512, Philippe Pennel — 1553, Gilles Lefebure né en 1491 à Illies, fils de Jehan, dimeur de S. Vaast d'Arras — 1562, Jacques Bacqueville — 1602, Jean Doutrelcaine — B. Gahide

1 Dès cette époque lointaine, le presbytère avait sa moisson aumônière, son jardin secourable, l'église une dotation en terre dans les bois d'Esquermes, les pauvres avaient aussi leur patrimoine, origine du bureau de bienfaisance, et nous voyons la terre des pauvres, près du château des Fresnes, parmi les prés du seigneur de Menin, et du chapelain de la Haye que le canal traverse, en 1271. La dotation de la chapelle de la Haye comprend 27c de pré sis à l'entrée *des longs prés* de Lôs vers la planche de l'abbaye tenant à la halloterie du trelle de la navie au gros du lief des Fresnes ; la voie qui mène aux planches à Quesnoy passant au long du côté du midi. Elle était fondée par les seigneurs de la Haye d'Esquermes, à charge de dire trois messes par semaine, l'une, le dimanche, avec eau bénite, en la chapelle N.-D. de Lôs ou au château quand le seigneur y réside. La collation qui était au seigneur, fut conférée au chapitre de Seclin à condition que la messe sera célébrée à N.-D. de Lôs et que le chapelain sera réputé lieutenant du curé de Lôs.

— 1645, Bauduin Sohier — 1670, Pre Cuvelier. — 1686, Fçois Dorchies — 1706, Romain Delannoy — 1724, Gme Coigny — 1750, Pre-Fçois Samain — 1763, Jean-Ph.-Fçois Dubois — 1788, J.-B. de la Haye — André-Marie Sauvage, *constitutionnel* — 1800, Hubert Schlim, J.-B. Chevalier — 1802, J-B. Montagne. — 1806, Ignace Breckvelt, ancien curé à Beaucamps. — 1813, Pre-J. Couvreur, ancien religieux à l'abbaye de Dommartin — 1816, Ant-Fçois Bavelaer, chanoine de Cambrai — 1828, Ed. Lemahieu — 1857, les prêtres de la congrégation de S. Lazare. — Thre Cleu — 1858, Jean Dufour — 1864, Ls Mathieu — 1865, Vor Dienne — 1875, Hri Grenier — 1877, Eug. Bodin.

La vieille église[1] de Loos d'un lourd gothique du XIVe siècle trop petite pour une population qui s'était accrue, recevait en plus les pèlerins qui se dirigeaient autrefois vers la chapelle de N.-D. L'affluence était énorme à certains jours. En 1828, l'abbé Detrez[2] présente le projet d'une nouvelle église. Pour la bâtir il faut de l'argent, la Providence y pourvoit. L'église réédifiée par donation de M. Louis-Julien Bidé de la Grandville, de style *basilique chrétienne, renaissance italienne*, fut solennellement bénie et consacrée par Mr Wicart, délégué de de Mgr Belmas, le 20 oct. 1835 et placée sous l'invocation de N.-D. de Grâces dont l'image miraculeuse décore le maître-autel : agrandie et achevée en 1862, elle présente une

1 Bâtie en briques et pierres blanches, elle avait 300 pieds de tour. 18 de haut. Elle fut vendue an VII, 22 pluviose (10 février 1799), avec les églises de Beaucamps, d'Englos, d'Hallennes, de Ligny ; celles du Maisnil et de Radinghem, provenant aussi de l'abbaye de Lôs, furent vendues 12 ventôse an VII. L'église de Loos fut rachetée par les habitants le 2 juillet 1799 et rendue au culte.

1800, 9 oct., un dimanche, une tempête effroyable se déchaine sur la contrée ; le clocher, fort élevé, s'abat sur le chœur, qui fut ensuite déplacé L'entrée fut du côté de l'ancien chœur et des chapelles où l'on trouva, lors de la reconstruction, en 1833, les sépultures des Warenghien, Langlée, Deliot, de Thiennes.

2 Nous devons parler de cet homme apostolique, que son courage *entoure* d'une auréole légendaire, qui, pendant la Terreur, exposa sa vie pour célébrer nos divins mystères. Il fonda à Loos, en 1797, une maison d'orphelins ; 1816, un pensionnat ; à Lille, le refuge des Dames du Bon Pasteur; il aida puissamment à l'établissement de N. D. de la Plaine, à Esquermes. Mort en 1832, il repose en l'église.

superficie de 995m ; une chapelle en parfaite harmonie avec le monument fut élevée au Sacré-Cœur par Mme Smet de Mondhyver et consacrée par Mgr Lequette, le 22 nov. 1873.

Aux jours de solennité, rien n'égale la splendeur du Sanctuaire. Les Pères de la Mission se sont plu à l'orner, à l'embellir avec magnificence de fresques, de vitraux.

Loos peut être fier de son hôtel de ville avec son haut beffroi, la grande salle des fêtes; il tient de ce glorieux art flamand et fait grand honneur à l'architecte, M. Cordonnier. Il fut inauguré le 17 août 1884.

Loos tire son premier éclat dans l'histoire de cette abbaye que 41 abbés ont illustrée de leurs vertus, de leurs mérites et qui fut pendant 643 ans un joyau de notre couronne régionale.

S. Bernard avait choisi le val paisible de la Deûle, dite alors rivière de Wavrin, dont l'eau peu profonde coulait plus près de la route de Béthune et par une courbe insensible enfermait une solitude dans les marais ; des taillis en défendaient les approches, il n'y avait d'accès que par d'étroits sentiers perdus dans les broussailles. On passait les eaux mortes du marécage sur les planches de Lôs, de Durmort, de Kesnoit.

En 1147, les moines de Clairvaux achètent pour l'œuvre de l'église S. Marie de Lôs, la terre et Srie d'Annekin comprenant 89 bonn.; en 1152, la terre qu'Etienne de Prémecque tient de Gautier de Durmort qui la tenait du seigneur Comte.

En 1176, Philippe d'Alsace leur donne son vivier et ses possessions qui s'étendaient du pont d'Haubourdin aux Planches-à-Quesnoy, les prés et marais d'Englos adjacents aux eaux et prairies du monastère. En 1177, Hughes de Lomme leur vend sa part du vivier.

Placés dans un domaine fangeux, les frères de Lôs creusent des fossés pour l'écoulement des eaux, font des digues pour les contenir, fertilisent la terre, courbés sur les sillons dont leurs sueurs ont fait croître les moissons, et ces moines laboureurs, enlaçant à la charrue les palmes de la science,

LOOS — Portique de l'Abbaye — XVIIIe siècle.

ont amassé, transcrit des livres précieux. Au milieu des richesses que leurs mains ont créées, ils font vœu de vivre dans la pauvreté, ne possédant rien en propre, pas même leur propre volonté, plus heureux sous la bure religieuse qu'ils ne l'étaient de leur chevance, au milieu des fausses joies du monde et de ses grandeurs périssables. Humbles pour eux-mêmes, humbles même sous des noms illustres, ils sont hospitaliers avec magnificence pour ceux qui, parmi eux, sont venus dormir leur dernier sommeil ; des châtelains de Lille, des fils de Flandre, des seigneurs de Wavrin, d'Englos, de Landas, de Langlée, de Basinghien, de Durmort, eurent leur sépulture à l'abbaye. L'abbaye était vaste, ses bâtiments, ses portiques, l'église, le quartier abbatial, les cloîtres d'une belle architecture laissaient une impression de grandeur et de mélancolie touchantes. Les princes vinrent la visiter, les généraux y campèrent avec leur corps d'armée comme en une citadelle. C'est aussi la maison de la prière, le foyer où se réchauffa l'indigence ; les pauvres y accouraient des villages voisins et recevaient de copieuses aumônes.

On ne saurait imaginer une plus agréable solitude avec ses grands ombrages, ses bosquets, ses charmilles, ses labyrinthes, ses campagnes ; l'air est pur et salubre. Les jardins, augettes, pépinières sont plantés d'essences rares, de fruits et de légumes de choix. La vigne fut cultivée sur le plateau d'Ennequin. Le jardin du quartier abbatial se nomme *la Rose* : les allées qui le décorent ont cette forme rayonnante ; des avenues de quatre rangées d'arbres aux perspectives majestueuses conduisent à de riants enclos, à de grasses prairies ; une allée d'ormes bordée de fossés mène au premier pont-levis, une autre allée s'étend au-delà du pont-levis et de la porte de Durmort. Les canaux dont les eaux tranquilles abondent en poissons excellents pour l'alimentation des religieux se croisent en tous sens et l'on peut, sur leur étendue, s'y promener tout un jour sans revenir sur ses pas. Le prince électeur Joseph Clément les parcourait sur les somptueuses gondoles envoyées par Louis XIV.

L'église magnifique que D. Delefosse avait commencée en 1721 pour remplacer la vieille église que D. G^{me} de Cernin avait élevée en 1226 était à peine achevée quand elle s'écroula le 3 mai 1732. La chute d'une si prodigieuse quantité de bois et de matériaux fit branler les guérites des remparts de Lille. On crut d'abord à un tremblement de terre. L'église que nous voyons aujourd'hui fut commencée par D. Bernard Chevalier, achevée par D. Boniface Breton de Courrières, 40e abbé qui rebâtit toute la maison[1] et fit le beau portique tout en pierres de taille, magnifique entrée qui porte les armes de l'abbaye : d'azur à huit fleurs de lys mises en l'orle, à l'écu d'or au lion de sable armé et lampassé de gueules.

Chapelle de N.-D. de Grâces. — Depuis longtemps, des pèlerins venaient à N.-D. des contrées les plus lointaines de l'Italie et de l'Orient. En 1300, sous le pontificat de Boniface VIII, un bref donné à Rome et signé de 3 archevêques et de 7 évêques, parmi eux les évêques de Jérusalem, d'Arménie et de Chalcédoine, accorde des indulgences à ceux qui viendront honorer la glorieuse Vierge, Mère de Dieu, au monastère de Loos, aux fêtes de la Nativité, de la Résurrection, de l'Ascension de N.-S.-J.-C., de la Pentecôte, aux

---

1 Après l'expulsion des religieux, l'abbaye est convertie en casernement de cavalerie, 24 mai 1794, en dépôt d'ambulance, plus tard en parc pour les bestiaux destinés à l'alimentation de l'armée, vendue le 24 juin 1796. Par décret de l'Élysée, le 8 mars 1812, l'Empereur ordonne la création d'un dépôt de mendicité dans les bâtiments de l'abbaye, dont l'acquisition est autorisée pour la somme de 24.000 fr., et qui servirent aux premiers essais de la filature du coton ; les bois, les prés, les terres en labour en étaient disjoints. Une ordonnance royale du 6 août 1817 transforme l'abbaye en maison de détention et de réclusion (1350 détenus en 1890). La colonie agricole de St-Bernard, installée en 1861, grossie depuis 1868 de l'ancienne colonie agricole de Guermonez, occupe 97 hectares avec les bâtiments, tant de l'ancienne abbaye que nouveaux pour loger 450 personnes. Le terrain bâti appartient à l'État et se trouve sur Loos ; le reste, 92 hectares, sur Loos, Sequedin, Lomme, comprend : labour, 82 hect.; prés, 9 hect.; bois, 89 ares. La colonie fut supprimée en 1888 et le matériel vendu.

fêtes particulières de la Mère de Dieu, de Michel archange, de St-Jean-Baptiste, de St-Pierre, de St-Paul et de tous les Apôtres, des martyrs Etienne et Laurent, des pontifes Martin et Nicolas, des vierges Catherine et Marguerite. En 1452, sous le pontificat de Nicolas V, nouvelle indulgence est accordée, *cum porrectione manuum adjutricium.*

« Qui pourrait suffisamment exalter la reyne du Paradis, » qui fait reluire sans fin ses miracles, en terre et à nos yeux. » Pendant que l'esprit de sédition gouvernait le Brabant et » presque toute la Flandre, Lille servait de franchise aux » gens de bien. L'an 1580, elle était menacée de près par » la tempête de Tournai, où les séditieux s'étaient rendus » maîtres, et la campagne abandonnée aux courses ennemies » jusqu'à Loz, quand la reine du ciel en daigna prendre la » défense plus particulière, monstrant sa présence plus » favorable en une sienne statue, qu'elle découvrit comme » un trésor de grâces. »

Non loin de l'abbaye et sur sa juridiction d'Ennequin, près du chemin de Lille, cette image de la Vierge était placée sous le dôme touffu d'un tilleul ; souvent les villageois s'étaient arrêtés devant la madone, lui adressaient leurs vœux et leurs prières pour les biens des moissons et le bonheur de leur famille, et de toute mémoire, les religieux, toujours attachés au culte de leur bonne Mère et sainte Patronne, venaient en communauté, sous l'ombre du tilleul, réciter les litanies et chanter la belle antienne du *Salve Regina*, apportée jadis dans la Flandre par S. Bernard. C'est surtout vers 1581 que Dieu manifeste sa puissance par de nombreux miracles. « N'est-ce pas un miracle que cette délivrance de Lille, qui cette année fut en continuel danger des traîtres et des mutins, d'assauts et de surprises ennemies. N.-D. pleine de grâces n'avait-elle pas été la sauvegarde de la cité. »

Bientôt le récit des miracles opérés au pied du tilleul attira à Loos des populations entières. On reconnut la nécessité de donner à l'image miraculeuse un oratoire. La foi religieuse avait chez nous toute la sève et la ferveur des beaux jours du christianisme. Mathieu et Jean Meurisse donnent libéralement la terre, où l'arbre était planté. L'abbé Pierre Carpentier, Mme de Varennes, dame d'Houplin miraculeusement guérie, les fidèles contribuent à l'envi à ce saint édifice. Le 30 mai 1591, Jean de Vendeville, évêque de Tournai, posa la première pierre. Le fils de Mess. Claude de Lannoy, seigneur du Moulin, âgé de 9 ans, posa la seconde. La messe avait été chantée sous une tente que l'on avait dressée sous le tilleul Le 28 octobre, on y posa l'image sainte, et le lendemain Mgr l'évêque de Tournai, assisté du R. Abbé de Loos, célébra la première messe et bénit la chapelle où la Mère de Dieu versait à pleines mains les trésors du ciel.

On voit en la chapelle plusieurs tableaux avec enseignes de miracles, des cœurs d'argent, mémoriaux de grâces obtenues, un drapeau gagné sur les Hollandais en une rencontre heureuse, par Louis le Riche de Lille, en une bataille près de Sporemberghe ; un petit navire de guerre avec son attirail. Une verrière représentant l'Assomption de N.-D. et le roi d'Espagne Philippe II à genoux en cotte d'armes, avec ses armes et le collier de la Toison d'or, fut rompue par les grands vents de 1614, et la réparation demandée par lettre du 7 juin à la Chambre des comptes et confiée à Adrien Van Steenbergen, peintre verrier à Lille, s'éleva à 50 florins.

A leur joyeuse entrée à Lille, en 1600, Albert et Isabelle vont à N. D. de Grâces, dès lors très célèbre, donnent une lampe d'argent à leurs armes. En 1681, D. Gaspar Taverne, abbé de Los, agrandit la chapelle et dépensa 35,000 fl. C'est une rotonde des plus belles et des mieux ornées. Elle consiste dans un chœur tout pavé de marbre, deux chapelles et une nef en rond, où l'on voit dans des niches percées entre de grandes pilastres canelées, et qui s'élèvent depuis le pavé jusqu'à la voûte en architecture réglée, les quatre docteurs de la Vierge aussi hauts que le naturel, faits par un fort bon maître. Des deux chapelles qui sont aux deux côtés de la nef, l'une est dédiée à S. Joseph, l'autre à S. Bernard. Les tableaux de l'autel sont d'Arnould de Vuez, peintre fameux. Le grand autel, au milieu duquel on voit l'image miraculeuse de la S. Vierge, est fort riche, quoiqu'il ne soit que d'une boiserie, mais toute dorée et marbrée. D. Taverne avait dessein de faire un autel tout de marbre naturel, mais la mort l'en empêcha. Outre le devant du grand autel resplendissant d'argent, il y a encore de beaux chandeliers d'argent et une grande quantité d'autre moindre argenterie, offrande des fidèles, et surtout des Lillois, qui viennent en foule, et font de cette chapelle leur plus grande dévotion à la T. S. Vierge.

La chapelle est sur notre seigneurie d'Ennequin, dit l'abbé Delefosse, nous en sommes les seigneurs et fondateurs, nous en avons la pleine administration. Cependant le seigneur du Moulin et des Fresnes à Loos, ayant obtenu par arrêt provisionnel de pouvoir prendre la qualité de seigneur de Loos, quoiqu'il n'y eût pas de seigneur principal depuis 5 à 600 ans, voulut sans succès étendre sa seigneurie sur la chapelle de N. D. de Grâces, où nous avions souffert qu'il mît ses armes sur la principale vitre, et qu'il eût une chaise dans la place d'honneur. Mais comme son grand âge l'empêcha de venir dans la chapelle, l'on fit mettre sa chaise dans la sacristie, avec défense de la donner à d'autres qu'à lui, et un vent impétueux ayant emporté la vitre avec les armes, notre abbé y mit les siennes avec celles de l'abbaye à l'opposite.

Le prince Joseph Clément de Bavière, archevêque électeur de Cologne, prince évêque de Liège, comte palatin du Rhin, dont la sœur avait épousé le Dauphin, fils unique de Louis XIV, fut, pendant le long séjour qu'il fit à Lille, très dévot à cette image de N. D. de Grâces, il ne manqua jamais d'y venir le samedi et de faire dire la messe en sa présence, il y fit plusieurs présents ; les plus beaux ornements et les orgues viennent de sa libéralité, il donna aussi son portrait en relief d'argent, et très bien ciselé, avec ses armes au-dessus, comprenant 2 quartiers de Bavière, losanges d'argent et d'azur, 2 quartiers de Flandre de sable au lion d'or lampassé. La chapelle disparut à la Révolution, mais l'image Sainte, sauvée des profanations, attire toujours en l'église de Loos la foule des pèlerins.

Le Maisnil[1] est une ancienne station romaine sur la voie militaire de Tournai à Cassel par le pont d'Estaires : ce village a donné son nom à une famille de chevaliers bannerets ou chefs de bannière.

1112. — Simon du Maisnil (Charte de St-Aubert).

1147. — Pierre du Maisnil, cité après Roger de Wavrin, au titre primordial de l'abbaye de Lôs, charte de Thierry, comte de Flandre. Il donne à l'abbaye tous ses revenus et ses hotes sur Esquermes quand, après Roger de Wavrin, il pose la seconde pierre fondamentale de l'église.

1154.— Robert du Maisnil tient rang, après Roger de Wavrin, dans une charte de Siger de Béthune. (Abb. du Mont St-Éloi).

1188-95-97. — Pierre du Maisnil, fils de Pierre, cité dans les chartes. Il s'était montré partisan de la France dans la querelle de Bauduin IX et de Philippe-Auguste, mais à Bouvines, il combat au premier rang de la chevalerie flamande. Prisonnier en France avec Robert de Wavrin, il est renvoyé en Flandre dès 1214, pour gagner les Flamands. Il avait été régent de Flandre pendant l'absence de Bauduin IX, empereur de Constantinople et la minorité de Jeanne.

---

1 Ce nom vient du latin *mansio mansionile parva mansio*, petite habitation : petit manse avec granges, écurie, cour et jardin. Major mansus manerium dicitur, angustum vere mesuilium. Il vient aussi de *manile manere* demeurer.

1232. — Le comte Fernand et Jeanne donnent en accroissement de fief à Pierre du Maisnil et à ses hoirs, les moulins d'Houplines, à charge de payer 10 muids de froment à l'abbaye de Marquette. Une charte de 1236 fait mention de Pierre du Maisnil, de Pierre de Senghin, son fils, de sa femme Agnès, fille de Gérard de Marbais, chl[r] ; citons encore Gérard du Maisnil, Michel du Maisnil, S[r] d'Auchy, un des plus nobles trouvères du XIII[e] siècle, Roger du Maisnil qui vend à l'abbaye de Lôs en 1245 4 bonn. 8[c] sis à Avesnes et à Annekin, qu'il tient de Robert de la Warevane.

1260. — Gérard du Maisnil, chl[r], vend, par *l'otroi de son aîné fils et l'assentement* du comte, 5 quartiers de pré qui *siet d'encoté les plankes* d'Houplines.

1306. — Gérard du Maisnil, fils de Gérard, vend à Jean de Poucques, ses moulins d'Houplines, dits de Molimont, il retient à fief son moulin à vent d'Ennetières, et déclare que tout le mosnant du fief et du mosnage des moulins d'Houplines peuvent porter tant et quant il leur plaira à son moulin d'Ennetières *sans destraindre, sans être destraints* sans amende. Le moulin d'Ennetières est en 1388 au sire de Rosimbos.

1347. — Jehan du Maisnil, chl[r], Sr du Bos.

1355. Wille du Maisnil. — 1360. Jehan du Mesnil, plus tard Pierre du Mesnil, Colard du Mesnil. — 1372. Mess. Jehan du Mesnil, Sr du Rosimbôs arbitre. (Reg. aux plaids de la Gouvernance).

Jehan de Rosimbôs, chl[r], fut héritier de ses frères. D[elle] Lesbeth du Mesnil hérite aussi quelques fiefs de ses frères.

(Compte des rec. du domaine de la châtell. de Lille, finis[t] en 1416).

Cette famille noble, qui prenait le nom du village d'où provenait sa noblesse originaire, disparaît, lui transmettant ses armoiries d'azur à l'écu d'argent accompagné de 9 merlettes d'argent mises en l'orle.

1372. — Gallehan d'Avrech. — 1389. Jehan d'Avrech, dit Gallehan, font le rapport du Maisnil.

1448. — Rapport de Jehan, Sr de Bernielles, du Maisnil, de Caigny ; — sa fille, Catherine de Bernielles, épouse Jean de Rubempré (2e fils d'Antoine, conseiller et chambellan du duc de Bourgogne, et de Jacqueline de Croy), grand bailli du Hainaut, 1473, chlr de la Toison d'or, 1475, mort à la bataille de Nancy, 1477. — Françoise de Rubempré, alliée à Jean, sire de Créquy, de Fressin, qui fait le rapport du Maisnil en 1496.

1519. — Le Maisnil passe à Jacqueline de Boulogne, Vve de Jean le Sauvage chancelier de l'empereur Charles V par achat et par donation de celle-ci en 1533, à son petit-fils, François le Sauvage, Sr du Maisnil, fils de Jean, Sr d'Escobecques et d'Antoinette d'Oignies, dame de Ligny, qui épouse Marguerite de Clermes. Françoise le Sauvage, leur fille unique, épouse François de Haynin, chlr, Sr du Breucq, fils de Ghislain et de Marie Dommessent, des seigneurs de Bois-Grenier, premiers pairs et châtelains d'Armentières. Dans une chapelle à côté du chœur de l'église S Piat, de Seclin, on lit :

Ci-gît le cœur de Mess. François de Haynin, chlr, Sr du Breucq, Haut Monstreul au bois, grand bailli de la châtellenie de Lille, lequel, après avoir commandé plusieurs années à gens de cheval et de pied, fina ses jours à la suite du duc de Parme, gouvr et capitaine-général des Pays-Bas, pour le service de S. M. au secours de la ville de Rouen, X juin 1592. Son corps gît en l'église S. Nicaise, en le ville de Porcean, et dame Françoise le Sauvage, dame du Maisnil, la Maisrie, son épouse, laquelle termina le 2 janvier 1621. Priez Dieu pour leurs âmes.

HAYNIN, DOMMESSENT, SAUVAGE, CLERMES,
TENREMONDE, LABROYE, ONGNIES, THYANT.

Françoise le Sauvage, vve de François de Haynin, fait ainsi le rapport du Maisnil.

Le fief et Srie du Maisnil, village à clocher, a haute justice, relève de la Salle de Lille, s'étend es paroisses du Maisnil, Radinghem, Fromelles et contient au gros du fief : 1° la motte où était de passé la maison du seigneur, enclose de fossés avec plusieurs étables, le colombier et portion de la grange à l'encontre de mon fief de Bernielles tenu de Wavrin, jardin enclos de fossés, bois, prés, pâtures, chaingles, drèves, terres labourables, 13 bonn. 903 v. d'héritage tenant et compris le chemin menant de la place du Maisnil à Fromelles ; tenant aussi au chemin de la Malelacque à la terre du Sr du Fromelles, au courant d'eau descendant du pont de pierres vers la Boutillerie [1] et à mes héritages qui sont au gros de mon fief de Bernielles. — *Item* 15 bonn. 11^c^ terre à labour, assavoir le *camp aux ventelles* (916 v.) tenant aux terres de la cence de Beauffremez au chemin menant de l'église du Maisnil à la Boutillerie — le bois Du Retz (1 bonn. 720 v.) tenant à la terre Pierre Martin, Jean Braem, Denis Leroy, la piedsente menant du bas Maisnil au Wez-Baignegnies, passant à travers — le camp au Bacquart (1 bonn. 122 v.) ten^t^ au chemin menant de l'église du Maisnil au moulin, au chemin menant vers Armentières à la terre Me Simon le Secq — la viése Motte (1 bonn. 421 v.) ten^t^ à la terre de la cense Beaufremez et de la chapelle du Maisnil — le camp (1 bonn. 1,318 v.) ten^t^ au camp du Gibet à la terre P^re^ Charlet et à la cense Beaufremez — le camp (1,214 v.) ten^t^ à la terre Mathieu de le Salle, Rambault de Beausart, au sentier allant à la viése Motte — le camp au Gibet (1 bonn. 114 v.) ten^t^ au chemin menant du Maisnil à Fournes à la terre des hoirs Loys de Beausart et au sentier — le camp de la Vollerie (1,314 v.) ten^t^ à la terre de la cense de la Vollerie et de Jean Cornille — le camp de 6 bonn. ten^t^ aux terres des chanoines de S.-Pierre de Lille, de Huès Desquennes et au sentier — une pièce de 12^c^ abord^t^ au jardin Prayaux et au grand chemin menant de Lille à Fromelles ten^t^ aux terres des pauvres à Fromelles, de Huès Desquennes.

Item ma place en laquelle on tient mes plaids au Maisnil quand le cas y échet ainsi qu'elle se comprend et s'étend avequée et plantée ten^t^ au chemin qui va de Fournes à Erquinghem-s/Lys, à celui de Fromelles à Radinghem, à l'héritage Laurent Lernould — *item* la motte de mon molin

---

1 Boutillerie, *Botelgeria* sur la Becque, affluent de la Lys entre le Maisnil et Fleurbaix, doit son nom à une verrerie disparue. Cette terre au XIIe siècle, citée dans un bref du pape Eugène III à Guéric, abbé de S.-Waast, appartint successivement aux Luxembourg, Beaulfort, Berlaymont, Thieffries et vint par succession en 1616 à Jean Le Vasseur, mayeur de Lille qui, voulant se consacrer à Dieu, y fonde un couvent de Chartreux. Le fief comprend un lieu amasé de maison manable, autres édifices avec demeure pour l'héritier, entourée d'eaux ; jardin, fossés, issues, terres à labour, 50 bonn. 7^c^ gis^t^, tant à la Boutillerie qu'au Maisnil.

à vent servant à moudre blé ten^{t} au chemin qui va de le Fortrie à l'église du Maisnil — *item* un front sur le chemin du Quesnoy contre et le long du manoir de v^{ve} et hoirs Rogier Chombart.

Si m'appertient à cause de ma dite S^{rie}[1] des rentes S^{riales} plusieurs fiefs et hommages.

F^{çois} le Gillon, écuyer, fils de Pierre, tient à justice de vicomté le fief de Hagransart à Fromelles qui se comprend en un manoir amasé de maison manable, grange, étable, porte, autres édifices cont^{t} parmi motte, prés, bois, ruelles terres à labour, 11 bonn. 7^{c}.

Charles d'Ennetières, écuyer, Sr du Don, tient du Maisnil le fief de la Bretaigne, 9 bonn. 11^{c} éclissés en 6 fiefs à Fromelles.

Jeanne d'Auxy, v^{ve} d'Antoine de Blecourt, ch^{r}, Sr de Betencourt, tient à justice de vicomté : 1° Le fief de *le Motte* (avant du *Molin*) cont^{t} 8 bonn. 8^{c}, soit 1 bonn. en prè, jardin, son issue et le jardin devant la cense de Beaufremez, le reste terres à labour parmi la motte où fut le molin à vent au chemin menant du Maisnil à Rosimbos ; 2° Le fief *de le Croix*, 3 bonn. ten^{t} au chemin de la place du Maisnil à Lille au chemin de la place à la Fresnoye, à l'héritage M^{re} F^{çois} le Candelé ; 3° Le fief de *le Hongrie* cont^{t} au gros 5 bonn. 8^{c} au Maisnil au chemin de la Hanetrie et Radinghem.

(Tous ces fiefs sont tenus au relief de x L. D'autres sont tenus à une petite gaiolette faite de fil d'acquaire et une cardonnerelle dedans ; à une chevalée de cerises de relief pesant 200 L. à livrer au château de Fersin ou aussi long. Jean Platel, censier de la Boutillerie, tient un fief à une paire de rondes boules de bois de relief).

J'ai en mon fief deux chapellenies fondées par mes prédécesseurs, l'une à la collation du chapitre de Seclin ; chaque

---

1 Il est dû par an, à la S^{rie} du Maisnil, 618 R. 2 H avoine, 25 R. 2 H. blé, 41 L. 5 s. en argent, 112 chapons, 62 poules, 38 herbegages, qui se lèvent sur 196 bonn., tant manoir, bois, jardins, prairies, que terres à labour qui en relèvent, chargés de double rente à la mort des héritiers, du xe denier, à la vente don ou transport ; de ce fief sont tenus 50 fiefs.

Le petit Maisnil, fief en l'air, tenu des Chartreux de la Boutillerie à x L. de relief en justice vicomtière, consiste en 51 R. 3 H. avoine, 8 R. blé, etc., qui se lèvent sur 20 bonn. manoir et jardin.

chapelain est tenu de dire et célébrer à toujours 3 messes par semaine pour les âmes des seigneurs du Maisnil, de faire l'eau bénite et célébrer la messe le dimanche en mon hôtel sur ma motte, chef-lieu de mon fief quand j'y suis ou mes enfants. En notre absence, ils sont tenus de célébrer ces messes l'une en l'église du Maisnil, l'autre en l'église de Fromelles.

Item, suis à cause de mon fief et de mes prédécesseurs, fondeur en l'église et cimetière du Maisnil, et sont tenus les margliseurs d'icelle de faire dire et célébrer plusieurs obits par an et faire dons d'aumônes pour mes prédécesseurs Srs du Maisnil qui pour cela donnèrent plusieurs héritages dont est faite pleine déclaration ès livres et registres de l'église.

Item, j'ai, à cause de mon fief, en toute la ville et paroisse la S[rie] *de Senne.*

Jean-Charles de Haynin, Sr du Maisnil, mayeur de S.-Omer, épouse : 1° en 1601, Gabrielle de Buissy ; 2° en 1613, Marie de Marquais, fille de Jean, Sr de Villers et d'Anne le Vasseur ; auteur du rameau de Haynin du Maisnil. Jean-Charles de Haynin meurt en 1634.

Philippe de Haynin, Sr du Maisnil, épouse Adrienne-Jeanne de Varennes, fille de Jean et de Jeanne de Lannoy.

Henri-Philippe de Haynin, S[r] de le Mairie, des Wattines, de Bernielles, Sr du Maisnil au décès de son père, épouse Anne-Hélène de Berghes, fille de Pierre, Sr de Nomain. Il habite le château de la Mairie. Ses enfants sont baptisés à Lomme.

1677, 20 oct. — Bapt. Marie Hélène de Haynin. Parr. : Philippe de Haynin, Sr du Maisnil, aïeul de l'enfant ; marr. : Marie de Crequy, épouse d'Eugène de Noyelles, marquis de Lisbourg.

1679 10 janv. — Bapt. Marie-Madeleine de Haynin. Parr. : André de Berghes, son oncle ; marr : Marie-Madeleine de Houchin, épouse du seigneur du Maisnil

1682, 31 déc. — Bapt. Marie-Françoise de Haynin. Parr. : Pierre de Berghes, Sr de Nomain ; marr. : Michel-Françoise de Haynin, épouse de Charles-François du mont S.-Eloi, Sr de Vendin.

1684, 11 fév. — Bapt. Jean-François de Haynin. Parr. : Jean-Marie de le Hamaide, S[r] d'Ogemont ; marr. : Françoise de Berghes, dame de Hochain.

1687, 23 août. — Bapt. Marie-Louise-Aldegonde de Haynin. Parr. : Balthazar de Noircarmes, baron de Fromelles; marr. : Philippe-Françoise de Gand à Vilain, épouse de Michel-François de Varennes, S[r] d'Houplin.

Édouard Ingiliard, Sr de Fromelles, fils unique d'Édouard Ingiliard, chl[r], S[r] des Wattines, trésorier de France en 1693, achète aux de Haynin la S[rie] de la Mairie et du Maisnil; il reçut en 1719 lettres de chevalerie avec permission de porter des supports et le casque en face. Il épouse en 1697, Marie-Catherine-Thérèse de Fourmestraux dont Édouard-Paul Ingiliard, S[r] de Fromelles, du Maisnil, la Mairie, grand bailli des États de Lille.

Beaufremez, au Maisnil, fief vicomtier, tenu de la Salle, à X L. de relief, comprend lieu, manoir amasé de maison manable, grange, porte, étables, plusieurs édifices et 4 bonn. 6[c] labour et pré, où ci-devant était un château ruiné par le feu. Au fief appendent des rentes S[riales].

1372, à Jean de Beaufremez. — 1389, à Thomas de Beaufremez, fils de Robert, S[r] de Fournes, et de Marguerite du Maisnil, sœur au sire de Rosimbos.

1447. — Rapport d'Antoine de Verquigneul, écuyer, Sr de Beaufremez, bailli de Lille.

1496. — Jacques de Saveuse, bail et mari d'Isabeau de Verquigneul. — 1561, dame Antoinette de Saveuse

1588. — Relevé par Antoine Blécourt, chl[r], Sr de Bétencourt, à cause de Jeanne d'Auxy, dame de Beaufremez, sa compagne, héritière de Lois d'Auxy, chl[r], Sr de la Tour, son frère.

1634. — Charles de Blécourt, chl[r], Sr de Bétencourt.

La cense de Beaufremez fut en ce temps rebâtie.

Bosquel, au Maisnil, tenu de la Salle au relief de X L., comprend parmi *manoir et yaus*, 4 bonn.

1372. — Toussaint de Guignies. — 1406, Jean de Guignies, font le rapport.

1447. — Willame du Bos. — 1497, Lois du Bos.

1565. — Rapport de Hyppolyte du Bois, écuyer, Sr de Longuerie.

1579. — Relevé, par Jean de Varennes, fils de Jean, Sr de Hautevel, et de Marguerite du Bois, fille d'Hippolyte, au trépas de son grand-père, Hippolyte. — 1592, par Jacques, frère de Jean de Varennes, mort en 1591. — 1595, par Jeanne, sœur de Jacques, mort à Raab, en Hongrie, contre les Turcs. — 1597, par Fçois Destraos, fils mineur d'Antoine et de Jeanne de Varennes.

1598. — Féaulté et hommage par Mathieu de la Flye, Sr d'Ennevelin, tuteur de Fçois Destraos, écuyer, Sr du Hautmez.— 1649, relevé par Catherine de Mégant, dite du Hautmez, héritière de Fçois Destraos.

1449, 25 oct. — Comparurent aucuns des manans de la paroisse du Maisnil : Me Jehan Delaubel, curé du Maisnil; Pierre du Valet, Pierre Delaval, Pierre Chombart, Jehan Defournes, Jehan Malaisiet, Allard Lefèvre, Jehan Desplanques, Miquiel Delaval l'aisné qui firent ostension du billet de l'assiete et cache de leur taille par lequel appert qu'ils avaient été assis à la darraine assiete, en 1448, de XXXIIII L. de XL gros, dient qu'ils estoient LXIIII personnes paians taille, qu'ils avoient taillés quatre maisnies, qu'ils n'assoient pas à taille les héritages des forains et du nombre de gens paians taille en y a qui a présent prendent des biens des povres XIII. Dient aussi que pour aidier à fournir leur taille ils prendent VII s. pour chacune taille sur les biens des povres. Requis assavoir s'ils ont aucun enclavement en la paroisse non paiant taille, dient que non. Requis assavoir s'ils sont amenris du nombre de personnes et de chevance depuis X ou XII ans, dient que si et la cause si est pour ce que Hutin du Bos, deffunct, paioit VIII L. le louagier en son lieu ne paye que V s. Jaquêmes Lermite, aussi deffunct, paioit XXXII s. et le censier en son lieu ne paye que XVIII s. Pierre Rostu, deffunct, paioit XXXII s., le censier en son lieu ne paye que X s. Pierre Duflosq, deffunct, paioit LXX s. et son fils ne paye que XXVIII s. Vinchant Chombart deffunct, paioit XXIIII s., en son lieu le censier ne paye que VI s. Jehan

Havet, deffunct, paoit LXVI s. en son lieu n'a point de restor. Me Jacques Dupont, deffunct, paioit XXVIII s., le censier en son lieu ne paye XVI s. Jehenne de l'Apostelerie paioit XVI s. laquelle est partie, le censier ne paye que V s. Bernard Chombart, deffunct, paioit LX s., sa veuve ne paye que XXXVIII s. et plusieurs autres semblablement qui sont mors et partis dont ils ne sont recors. Requis assavoir si depuis ledit temps ils sont enrichis, si aucuns sont venus demourer en la paroisse, dient que non, mais seulement povres gens qui payent peu de taille. Requis assavoir la richesse des manans de la paroisse et combien ils paient de taille, dient que Jehan Malaisiet a 3 bonn. de terre parmi un lieu et paie LXX s. Pierre Delaval a 2 bonn. et demi de terre parmi un lieu et paie LX s. Miquiel Delaval a XXVIII^{c} de terre parmi un lieu et paie XL s. Thomas Flouret a 2 bonn. de terre parmi un lieu et paie XLVIII s. Pierre Chombart a 3 bonn. de terre parmi un lieu ei paie XL s. Jehan Desplanques a 2 bonn. et demi de terre et paie XL s. et les autres en dessous paient semblablement à l'avenant de leur chevance. Requis assavoir que leurs terres valent en cense et combien en vente l'une parmi l'autre, dient que elles valent en cense XII R. de grains à l'avesture, mesure de Lille, et en vente LX L. le bonn. et doivent de rente VII R. d'avoine le bonn. l'une parmi l'autre. Requis assavoir s'ils se dient estre plus haut taillés que les villes voisines, dient que à Beaucamps D^{lle} le Blancq est riche d'une somme de IIII^{m} L. et ne paie que IIII L. Alard Rostut audit lieu, riche de XII^{c} L., ne paie que XXVII s. et les autres de Beaucamps paient à l'avenant. *Item* à Radinghehem, Jehan de Clenquemeure a de IIII^{xx} à C L. de revenu par an en rentes tant héritières que viagères et paie IIII L. Wille de Clenquemeure a XI bonn. de terre et paie LXX s. Jehan Duret audit lieu, riche de XIIII^{c} L., ne paie que LXX s., ainsi paient les autres riches dudit lieu. Dient être cler qu'ils sont trop chargés de taille, car un homme de leur paroisse, riche de C L., pour une fois paie XXX s. ou environ. Dient qu'autre chose ne savent.

1498. — Pour le Maisnil-en-Weppes, comparurent : Simon Chombart, Pierre Hemcart, Willem Binaut, Loys de Marquillies, Wille Charlet, qui affirment quily a 50 à 60 feux ou environ dont les 15 ou plus prennent les biens de la carité.

des povres, le demourant sont labouriers et la plupart manouvriers vivant chacun de ce qu'il sait faire. Dient qu'y a 3 paires de chevaux de labeur.

Interrogés sur l'augmentation ou dépopulation du village depuis l'an 1491, dient qu'il est augmenté en peuple et bestail. Dient sur ce requis qu'ils ne sauroient bonnement déposer de leur portion qu'ils ont paié es aides en ceste année.

1549. — La contribution est de 98 L. 10 s. On compte en jardins, 44 bonn. 4c, revenu estimé, 24 L. le bonn ; — en labour 149 bonn. 2c, revenu estimé, 12 L. ; — en près, 6 bonn. 1c ; revenu estimé, 19 L. ; — en bois, 11 bonn. 3c ; revenu estimé, 14 L. 10 ; — en riez, 2 bonn. 11c. La dîme rapporte 115 L.

Gens d'église. — Le vice-curé occupe un feu, sa part de dîme qui est la plus grande : en jardins, 10c ; en labour, 1 bonn. 15c.

1720. — On compte 124 feux. Le terroir (215 bonn. 14c), produit blé ; les habitants commercent en toile. Le revenu de la cure est de 600 L. à la collation des chanoines de Seclin dès 1282.

Curés du Maisnil : 1449, Jehan Delaubel. — 1645, T. Brasme ; il se retire en la chartreuse de la Boutillerie, où il meurt en 1667, s'étant démis de sa cure en faveur de Simon Leuridan, son neveu, mort en 1694. — Autre Simon Leuridan, mort en 1698. — G. Ledoux. — 1699, P. F. Huleu, homme d'un grand mérite, zélé pasteur, doyen de chrétienté à Roubaix, où il meurt en 1756. Il avait permuté, en 1723, avec J.-B. Debadts, forcé d'abandonner la cure de Roubaix pour ses tendances jansénistes. J.-B. Debadts fit à ses frais des travaux à l'église et à la maison pastorale. Il meurt en 1748. — Dupont, Mouron, desserviteurs. — 1749, Jean de Croix, mort en 1758. — Lorthiois, desserv. — 1759, P. P. Mauroy, mort en 1767. — Etienne-Jean Dorchies ; il émigra. — 1791, P.-J. Petit, prêtre assermenté ; arrêté le 1er nov. 1793, à l'issue des vêpres, au moment où il descendait de l'autel, après la bénédiction du T. S. Sacrement, des gendarmes l'invitèrent à les suivre à Lille ; il fut conduit à

Paris et décapité. — D. Pivion, mort en 1804 ; il fut aussi secrétaire de la mairie. – L.-G. Simon, mort en 1805. — L. A. Lorthioir, mort en 1811. — Jean Motte. — 1813, Fournet. — 1822, Schipman. — 1824, L. Deschodt. — 1825, Jean Salomez, nommé curé de Beaucamps en 1831. — A. J. Bollengier. — 1833, Léon Deloux. — 1836, Serleys. — 1838, J. Devischer. — Aug. Verbegue. — 1843, J. A. Cornille.

Le presbytère le plus beau, le plus vaste du diocèse, avec ses grands jardins d'un hectare entourés d'un double fossé, fut vendu à la Révolution. L'église, sous l'invocation de S. Pierre, avait 3 belles nefs, un haut clocher, ses 5 cloches, qui donnaient le carillon, sont aujourd'hui à l'église de Fournes, à celle d'Hallennes, à la mairie d'Haubourdin, une seule est restée au Maisnil. L'église privée de 2 nefs et fort caduque fut reconstruite en 1886 par l'architecte Batteur; de style gothique, d'une seule nef avec transept, elle est orientée de l'est à l'ouest, le chevet étant à l'ouest, l'ancienne église avait son chevet à l'est. A l'entrée sont dressées 2 colonnes en grès provenant de l'ancienne église.

Radinghem[1] 1168. Ibert (Miles) chl^r de Radinghehem, Jean, prêtre de Radinghehem ; 1204, Pierre de Radinguehan, figurent comme témoins dans les titres de l'abbaye de Lôs.

Les grandes maisons de Fiennes Luxembourg et d'Egmont ont possédé la S^rie de Radinghem. Thibaut de Luxembourg, petit-fils de Jean[2], fut Sr de Fiennes d'Armentières, d'Erquinghem-sur-Lys, de Verlinghem, de Radinghem, il embrassa l'ordre des Citeaux à la mort de sa femme, Philippe

1 C'est l'habitation, le domaine de Rado ou Raduin, un homme de la conquête, fils de ces chefs franks qui, après le partage des Gaules, devinrent la tige des grandes familles nobiliaires. Rado, type des noms Raduin, Radegonde, Radulphe, Radobert.

2 Jean, apanagé des S^ries de Beaurevoir et de Richebourg était fils de Guy, comte de Ligny, de S. Pol, châtelain de Lille, Sr de Beaurevoir, Richebourg, Erquinghem-sur-Lys, Haubourdin, Emmerin.

de Melun, dame de Sottenghien, fille du sire d'Antoing. C'était un seigneur fort riche, dit Delefosse, il avait vécu dans les grandeurs, les délices, il fut abbé d'Igny, puis d'Ourscamps, évêque au Mans. Le pape voulait le faire cardinal, quand il mourut en sept. 1477. Il établit à Armentières, ville florissante, une confrérie en l'honneur de la S. Croix, où l'on n'admettait que des personnes distinguées, des évêques, des abbés, des comtes, des barons, qui venaient tous les ans en cette ville.

Jacques I, de Luxembourg, fils de Thibaut, Sr de Fiennes, Sottenghien, Armentières, Erquinghem, Radinghem, gouverneur de Douai, chl^r de la Toison-d'Or, mort en 1487, eut de son épouse, Marie de Ville, dame de Berlaimont :

Jacques II de Luxembourg, chl^r de la Toison-d'Or, S^r d'Armentières, Erquinghem, Radinghem ; gouverneur de Lille, il prête serment à la ville, 19 mai 1501. Il acheta en 1527 la S^rie de Gâvre ; il eut de Marguerite de Grutuse, dame d'Auxy :

Jacques III de Luxembourg, chl^r de la Toison-d'Or en 1518, premier prince de Gâvre, gouverneur et capitaine général de Flandres, de Lille, Douai, Orchies en 1513; mort sans hoirs d'Hélène de Croy, il laisse à Françoise de Luxembourg, sa sœur, sa principauté de Gâvre, les S^ries d'Armentières, Erquinghem, Radinghem, qu'elle porte à Jean d'Egmont,[1] chl^r de la Toison-d'Or, d'où vient Lamoral, comte d'Egmont, chl^r de la Toison-d'Or, personnage célèbre, noble victime de l'Espagne.

---

1 A l'extrémité de l'étroite péninsule Nord-Hollande, battue par les flots orageux de la mer du Nord, s'élevaient la ville et l'antique château d'où d'Egmont tire son nom. On le supposait descendant des rois payens, de la plus ancienne des races teutoniques. A son antiquité, cette maison joignit la splendeur des alliances. Françoise de Luxembourg apporta à Jean d'Egmont les titres les plus pompeux, les domaines les plus riches de la Flandre; leur fille, unie au comte de Vaudemont, fut mère de Louise de Vaudemont, épouse du roi Henri III ; l'aîné des fils, Charles, mort jeune, laisse domaines et titres a son frère Lamoral, né en 1522, mort sous le glaive de l'exécuteur en 1568, que la poésie chanta comme l'idole du peuple, le chevalier champion de la liberté. Françoise de Luxembourg, sa mère, était morte en 1527.

La S[rie] de Radinghem est relevée en 1588 par Philippe, comte d'Egmont, prince de Gavre. — 1608, par le prince Charles, comte d'Egmont au décès de Philippe, son frère, mort *en France*, le 13 mars 1590. — 1620, par Loys, comte d'Egmont, prince de Gavre par relief du comte Charles, son père. — 1656, par Philippe, comte d'Egmont, prince de Gavre.

1619. — Charles, comte d'Egmont, prince de Gavre, chl[r] de la Toison-d'Or, S[r] des villes d'Armentières..., gouverneur et capitaine général du pays et comté de Namur, fait le rapport de tout un fief de noble tènement appelé le fief, S[rie] et village de Radinghem se comprendant au gros d'icelui en un lieu manoir, cense, grange, étable, porte autres édifices assis sur motte entourée d'eaux, jardins, prés, pâtures, terres à labour, 12 bonn. 2e nommée la cense de la place de Radinghem, avoisinant l'église paroissiale et cimetière ab[t] à front du chemin d'Armentières à Wavrin, au chemin transversant de l'église vers Ennetières — appendent au fief rentes S[riales] et justiciables, plusieurs hommages dont

Noël Bridoul pour le petit Mez gis[t] à Radinghem, compren[t] 2 parts d'une dîme sur 22 bonn.; des rentes, 34 R. avoine.

Cette terre sort, en 1720, de la maison d'Egmont par achat en *billets de banque* qu'en fait Pierre de Flandres, chl[r], Sr du Coutre, Beauvoir, du Faû, qui porte d'or au chevron de sable chargé d'un écu d'or au lion de sable, armé et lampassé de gueules, accompagné de 3 étoiles à 6 raies de sable. Nous trouvons aux archives de Lille la filiation des derniers seigneurs de Radinghem.

1710, 10 août. — Bapt. à Lille (S.-Pierre) *Pierre-André de Flandres*, fils de Jean-Pierre, écuyer toparque du Coutre et de Virginie Poulle. Parr.: André Poulle, écuyer toparque du Vas; marr. : Angélique du Hot, v[ve] de Josse de Flandres, écuyer toparque du Coutre.

1747, 5 fév. — Décédé *Pierre-André-J. de Flandres*, chl[r], Sr de Radinghem, inhumé en cette église S.-Pierre à Lille. Tém. : Eugène-Hyacinthe des Buissons, écuyer, Sr de Burghes, et Remi-Joachim Poulle, écuyer, Sr du Vas.

1771, 14 janv. — Mariés à Lille en l'église S.-Maurice, *Alexis de Flandres*, chl[r], Sr de Radinghem et autres lieux, 25 ans, né et domicilié à Lille, S.-Pierre, fils de feu Pierre-André-J., chl[r], et d'Anne-Marguerite-F[çoise] des Buissons d'une part; et d'autre part, Christine-

Thérèse de Rouvroy, 24 ans, née à Lille, S.-Maurice, fille de Jacques-François-Alexandre, chl[r], Sr de Fournes, et de Marie-Claire-Bonne Jacobs. Tém. . Jean Charles-Louis Taffin, chl[r], S[r] de Gœulzin, oncle allié à l'époux ; Henri Poulle, écuyer, Sr de Gossin, cousin allié à l'époux ; J.-B.-Louis de Rouvroy, écuyer, frère de l'épouse ; Séraphin-Marie Hespel, écuyer, Sr de Coisne, cousin germain à l'épouse.

1807, 21 août. — Décédée à Lille, rue Française, *Françoise-Jh-Sophie de Flandres*, épouse de Louis-Julien Bidé de la Grandville, née à Lille, 10 déc. 1771, fille d'Alexis et de Christine-Thérèse de Rouvroy, tous deux âgés de 61 ans.

Le petit **Capinghem** à Radinghem. — Fief tenu de la Salle à justice de vicomte, compren[t] 5 muids, 7 R. 1 hav. avoine, chapons. — 1372. Rapport de Jacques de Capinghehem, chl[r].

1447. — Rapport de Richard Lecomte à cause de sa femme Marie de Cassel.

Vieil Clenquemeure, fief vicomtier, tenu de la Salle à X L. de relief cont[t] 13 bonn.

1372. — Rapport de Marie de Hanin, ayant le bail de Will. de Clenquemeure. 1388. — Rapport de Grard de Clenquemeure.

En 1615, Clenquemeure comprend un beau lieu manoir amasé de maison manable, grange, porte, étable, autres édifices con[t] parmi jardins, fossés, prés, bois, chaingles, eaux, chemins, rejets, 3 bonn. 8[c] et 12 bonn. 4[c] labour, ledit lieu et jardin enclos d'eau ab[t] au chemin qui mène du poncel Boutry à la place de Radinghem ; de 2 sens à la terre du comte d'Egmont.

Pierbaix à Radinghem, tenu du châtelain de Lille à X L. de relief se comprend en rentes justiciables et plusieurs hommages ; citons les prieure et couvent de l'Abbiette pour un fief de C S. de rente qui se prend sur 2 bonn où est assise la grange de la dime de Fromelles.

1384. — A Jean, chl[r], châtelain de Douai, fils de Gilles.

1547. — A Waleran de Beaufremez, écuyer, Sr de Salomez par le trépas de Me Waleran, son père, — à François de Beaufremez par trépas de Waleran, son frère, 11 juin 1560.

La Vallée à Radinghem, a c sols de relief, contient parmi lieu manoir enclos d'eaux, chaingles, terres, labours, 8 bonn., rente S[riale] due par sire Pierre de Clenquemeure, chanoine de S. Donat, à Bruges, fils de feu Willame, et par Catherine de Clenquemeure, fille de feu Pierre — un hommage de 6 bonn. à 30 s. de relief.

A Charles Waignon [1], fils de Noël, — relevé par François Waignon au trépas de Charles son père.

G[me] Artus, demeur[t] en Anvers, achète 5 fiefs sur Armentières et Radinghem, tenus de Wavrin, dont la petite *Flamengrie*, cont[t] parmi lieu manoir, bois, chaingles, un bonn., — le tout 9 bonn. 8[c], vaut en cense chacun an, 114 flor. et un cent. de gluys.

1449, 3 novembre. — Comparurent aucuns des manans de Radinghem, Jacquart Ployart, Jehan Luttun, Jacquart Lefebvre, Mahieu de Clenquemeure, qui firent ostension du billet de l'assiete et cache de leur taille, par lequel appert qu'ils avoient été assis à la darraine assiete en 1448, de LXIII L. de XL gros, dient qu'ils estoient IIII[xx] payans taille et qu'ils avoient assis à taille IX maisnies qui avoient paye XXVII s., et du nombre de gens payans taille en y a qui à présent prendent les biens povres, et que plus est, pour parpaier l'assiete de leur taille dernière, avoient pris LX s. sur les biens des povres. Requis assavoir s'ils ont aucuns enclavements en la paroisse, ne payans taille, dient que non, sinon le censier des Templiers,

---

1 Waignon, Le Blancq, Ruffaut, laboureurs, fils des champs, parvenus à la noblesse. Laurent Waignon, fils de Thibaut, laboureur à Capinghem, en 1449, eut de Philippine de Clenquemeure, Noël et Étienne, sommelier de corps de l'empereur Maximilien d'Autriche, son premier huissier d'armes, roi d'armes en 1492, armé chevalier, il fut seigneur de 17 villages en Esclavonie.

Philippe Waignon, fils de Noël, fut seigneur de la Marlière, à Linselles.

Jehan Le Blans, fils de Jehan de Radinghem, se fit recevoir bourgeois de Lille en 1349. Quatre descendants directs, tous nommés Jean, relèvent leur bourgeoisie en 1375, 1417, 1451, 1488. — Guillaume Le Blanc, fils de Jean, m[re] de la Chambre des Comptes, à Lille, fut aussi maitre en cette chambre, Sr de Houchin, Meurchin, il épouse, en 1518, Philippine Ruffaut, fille de Jean, trésorier-général des domaines et finances, à Bruxelles, Sr de Neufville, Lambersart.

qui refuse de paier taille, passé XII ans. Requis assavoir s'ils sont amenris du nombre de personnes et de chevance depuis XII ans, s'ils se plaindent de trop de taille, dient que si et la cause si est pour ce que depuis ce temps ils ont été mangiés et composés de gens d'armes par plusieurs fois qui les ont ruinés ensemble de 3 mille L. et si dient que passé 15 ans ils ont été contraints de reffaire leur église qui se fendoit; pour ce paier ont été taillés chacun autant que jusques à présent ils en ont bien paié la somme de 3 mille L. et envers ladite taille, et pourra bien encore coûter ladite église la somme de 600 L., et aussi pour ce que Pierre Ployart, deffunt, paioit VI L., le censier en son lieu XXX S. Jehan Leclercq paioit C S., il est parti et son lieu est à ruine. Pierre Raoul, deffunt, paioit LXX S., sa veuve ne paie que XXX S. Robert de Clenquemeure, deffunt, paioit VIII L., son restor ne paie que VI L. Pierre Ployart, aussi deffunt, paioit VI L. et son restor en son lieu ne paie que C S. Pierre de le Nef, deffunt, paioit VI L., ses enfants ne paient que XXIIII S. Pierre le Blanch, deffunt, paioit VI L., sa veuve ne paie que XL S. et plusieurs autres semblablement qui sont mors et partis dont ils ne sont recors. Requis assavoir s'ils sont aucunement enrichis depuis ce temps, dient que non. Requis assavoir la chevance des plus riches manans de la paroisse et combien ils paient de taille, dient que Jacquart Ployart a quatre bonn. et demi de terre parmi un lieu et paie XLV S.; Jehan de Clenquemeure a six bonn. de terre parmi un lieu et paie C S.; Pierre de Clenquemeure a VIII bonn. de terre parmi un lieu et paie LXVI S.; Willaume de Clenquemeure a VIII bonniers de terre parmi un lieu et paie IIII L. X S.; Abraham Carpentier, riche de meubles, a quatre bonniers de terre et paie LXXII S.; les enfans Le Blancq ont VIII bonniers de terre parmi un lieu, paient CXII S.; Pierre Delaubel est très meublé, a quatre bonniers de terre et paie IIII L. III S. et les autres semblablement paient à l'avenant, selon leur chevance. Requis assavoir que leurs terres valent en cense et combien en vente l'une portant l'autre, dient qu'elles valent en cense XI R de grain à l'avesture où il y a *Rougreulle*, et en vente cinquante L. le bonnier et doivent de rente, l'un parmi l'autre, VII R. d'avoine le bonnier. Requis assavoir se ils se dient estre plus haut taillés que les villes voisines, dient qu'ils n'en sauraient parler.

1498. — Pour Radinghem sont comparus : sire Jacques Le Clercq, prêtre, curé, propriétaire ; Arnoul Coignet, lieutenant du bailly ; Wille Lutin, Philippe Reynart, Jehan Gasquière. Interrogés sur le contenu des lettres patentes, ils affirment qu'audit village il y a 90 feux que bons que autres dont 20 prennent les biens des povres, le surplus sont labouriers pour une partie et pour l'autre partie et plus grande manouvriers gaguans journellement le vivre à la paine de leur corps. Dient sur ce interrogés qu'il y a 11 paires de chevaux, toutefois il n'y a point labeur pour 6 paires et le reste sert à voiturer et à labourer à autrui. Interrogés sur l'augmentation et dépopulation du village depuis l'an 1491, dient qu'il est augmenté en peuple, mais en bétail ils le trouvent égal, disant en oultre qu'environ six ans malgré la paix d'Arras, le village fut fort foullé, adomagié des Franchais par une course et pillerie, que ils y firent lors en tant que la pluspart des manans furent pris et menés à Béthune, à Aire et depuis mis à grande excessive ranchon sans y comprendre les chevaux de labour qu'ils perdirent ainsi tellement qu'ils extimoient ladite course à la somme de quatre mille L. parisis. Dient sur ce interrogés qu'ils ont paié pour la grant aide de l'année expirant à la S. Jehan prochain venant, IIIIxx L. X S. de XL gros sans y comprendre la petite aide accordée à Mgr pour faire la guerre de Gheldre.

1549. — La contribution est de 171 L. On compte en jardins 66 bonn. 3c, revenu estimé 22 L. 10 S. le bonn. ; en labour 347 bonn. 12c, revenu estimé 11 L. 10 S. le bonn.; en pré 2 bonn. 2c, revenu estimé 20 L. le bonn.; en bois 15 bonn.; riez et pâtures, 10 bonn. 13c, revenu estimé 15 L. le bonn. La dîme rapporte 272 L.; 2 molins à moudre blé, revenu estimé 195 L. 112 feux, 16 chevaux, 185 vaches, 515 moutons. — Gens d'église occupent en jardin 1 bonn.; en labour 8 bonn. 14c ; 2 feux.

1720. — On compte 240 feux, le terroir (450 bonn. 11c), produit blé, colza, lin, soucrion, seigle. Le commerce des habitants consiste en lin, filet, toile, qui se vendent à Lille ou Armentières, par où l'on adresse les lettres. Les hameaux de Padoux et de Martincamp sont de cette paroisse aussi bien que la ferme du Grand-Maisnil, dont le revenu est de 1200 fl., faisant partie de la commanderie de Caestre aux chevaliers de Malte, située vers l'épine l'Apostel, près du chemin de Wez-Macquart. Le revenu de la cure est de 400 L. p^sis^. L'abbé de S. Eloi, de Noyon, est collateur et patron.

Curés de Radinghem : 1498, Jacques Leclercq. — 1669, Calray. — 1678, N. Daudenarde. — 1715, Lecuf. — 1717, Espital. — 1728, J. Thion. — 1732, Crétal, mort en 1757. — P. C. de Cuinghien. — 1759, Gruyelle. — 1790, Vanhove — Delécaille, *constitutionnel*. — 1802, Petitpret. — 1804, L. J. Lecouffe. — 1833, C. Saumade, transféré à Lomme. — 1840, S. Neuwe. — Delbart, de Bois-Grenier, — Renard, mort en 1876. — Quentin. — La vieille église, sous l'invocation de S. Vaast, fut renversée par le furieux ouragan du 12 mars 1876, et relevée par l'architecte Lestienne.

Les biens des pauvres (*table des pauvres* instituée avec nos paroisses) sont gérés par des pauvriseurs, ministres de la charité des pauvres nommés par le Seigneur ou son Bailli, de l'avis du curé. Parmi les pauvriseurs, *maîtres et mainbours de la table du Saint-Eprit des pauvres* de Radinghem, nous trouvons en 1484 Abraham Carpentier, Jakemes Daucy. — 1592, Chrétien Lefebvre, Jean Delobel. — 1595, Gilles Brasme, Jean Deleplace.

Santes[1] Le fief et S^rie^ de Santes tenu de la Salle a c^s^ de relief en toute justice, haute, moyenne et basse, fait, avec Wattignies,

---

1 Santa, *Sancta* désigne les reliques des saints *reliquiæ Sanctorum*, un lieu où elles sont déposées, où l'on va prier les Saints. La situation de Santes au milieu des marais de la Deûle fit dériver son nom du celtique *Sant*, *San*, prés ; es rivière (près d'une rivière). Cette situation, magnifique pour la défense, fit croire à l'existence d'un château fort bâti au temps des invasions normandes.

Des hâches en silex, trouvées sur le territoire de Santes, prouvent que l'homme *préhistorique* parcourait ces solitudes à la poursuite des fauves.

Le fief de Hoccron, tenu en fief de la Salle, au relief de c^s^, en toute justice, fait partie de la S^rie^ de Santes.

partie de la terre de Wavrin, ils en furent détachés en 1372.

Alix de Wavrin, dame de S. Venant et de Santes [1], fait le rapport du fief contenant parmi manoir qu'on dit le *bois de le Rive*, 34 bonn. 8^{c}, le moulin de Santes : 5 ras 2 h. blé, 135 chapons parmi 2 gélines pour un chapon, 39 muids 10 R. avoine, 19 L. 13^{s} de rente, — 14 hommages et plusieurs rejets, — item, en la ville de Wattignies, 12 muids blé, 148 chapons, 40^{s} ; — de Guillaume de Clermont, dit de Neele, chl^{r}, tué à la bataille de Poitiers, en 1356, Alix de Wavrin eut Guillaume et Jeanne de Neele.

1384. — Par supplique d'Alix et de son fils Guillaume de Neele, chl^{r}, adressée à Philippe-le-Hardi, duc de Bourgogne, comte de Flandre, la terre de Wattignies fut éclissée de celle de Santes et vendue à Hughes de Lannoy, chl^{r}, pour la somme de 1500 frans d'or, dont il paya sa rançon, ayant été, ledit sire de Neele, pris par les Anglais au siège d'Ypres. Guillaume de Neele épouse, vers 1395, Mahaut de le Vingne, Vve de Jean, châtelain de Douai.

Jeanne de Neele fait, en 1390, rapport de Santes, qui passe vers ce temps à la maison de Lannoy, qui porte d'argent à 3 lions de sinople couronnés d'or, armés et lampassés de gueules.

Gilbert de Lannoy, chl^{r},[2] achète la terre de Santes à Jeanne

---

1 Elle était fille de Robert, l'un des plus illustres seigneurs de la maison de Wavrin, maréchal de France en 1342, 1350 ; en 1336, pour services rendus *à la guerre au tournoi*, le comte de Flandre rétablit pour lui *et son hoir mâle seulement*, l'office de sénéchal de Flandre.

Robert, mort en 1370, était petit-fils de Robert de Wavrin, dit Brunel, auteur de la branche illustre de Wavrin-S.-Venant, *cestuy que fort aima l'abbaie de Loos, où il gît sous une lame reservée au bout de la nef de l'église, auprès du portail.*

2 Il était fils de Hugues de Lannoy, mort en 1349, et de Marguerite de Maingoval. La maison de Lannoy, qui a produit tant d'hommes illustres par leur valeur guerrière, par leur prudence dans les affaires, a pour auteur un chevalier picard, Jean d'Allery. Venu en Flandre, il épouse, en 1312, Mahaud, dame de Lannoy et de Lys, héritière de l'ancienne maison de Lannoy, fille aînée de Jean de Lannoy, chl^{r}. De cette illustre lignée, nous comptons la branche aînée celle des seigneurs de Lannoy, celle des seigneurs de Maingoval, dont Charles, le vainqueur de Pavie, celle des seigneurs de Santes, dont sont issues deux autres, l'une des seigneurs de Molembaix, l'autre, des seigneurs de la Moterie, existe encore. (Le comte de Lannoy habite Bruxelles).

de Neele, dame de S. Venant et du Tronequoy, Vve de Robert le Thirant ; de Catherine de S. Aubin, dame de Molembaix, son épouse, il eut 3 fils, qui furent seigneurs de Santes.

Hugues de Lannoy, chl^r de la Toison-d'Or, Sr de Santes, gouverneur de Lille en 1414, grand maître des Arbalétriers de France en 1421, ambassadeur en Espagne et à Rome, gouverneur de Hollande, Zélande et Basse-Frise, meurt sans enfants de Marguerite de Boncourt, son épouse. Il repose en la chapelle méridionale du chœur de S. Pierre, à Lille, chapelle qu'il fonda en 1443, sous une tombe relevée, incrustée dans la muraille ; il est représenté de grandeur naturelle, et près de lui son épouse, avec cette épitaphe :

Cy gist noble chl^r messire Huès de Lannoy, Sr de Santes, lequel reçut l'ordre de chevalerie de Jérusalem à l'aage de 20 ans. A son retour se tira avec le grand maistre de Prusse contre les Turcs, puis au service du duc de Bourgogne, le plus vieux chevalier de l'Ordre, aussi le plus ancien conseiller et chambellan de son maistre le duc de Bourgogne, trépassé le 1 mai 1456, à l'aage de 72 ans ; en la même tombe gist madame Marguerite de Boncourt, son épouse, qui trépassa en l'an 1461, le 21 d'août.

Gilbert de Lannoy, Sr de Santes et de Willerval, fut chevalier de la Toison-d'Or, comme Hugues, Sr de Santes, et Bauduin, dit le Bègue, gouverneur de Lille, Sr de Molembaix, ses frères, il eut de Jeanne de Ghistelle, son épouse, Philippe de Lannoy, Sr de Santes, Willerval, allié à Marie de Chastillon, dame de Dampierre et de Rollancourt.

Philippe de Lannoy, fils de Philippe, chl^r de la Toison-d'Or, Sr de Santes, de Rollencourt, capitaine des ville et château de Tournai et du Tournésis, épouse Bonne, héritière de Lannoy et de Lys, fille de Jean et de Jeanne de Ligne ; il recueille aussi de nombreuses seigneuries. Il meurt en 1535, à 70 ans. Son fils, Hugues, était mort en 1527, laissant de Marie de Bossut, son épouse, une fille unique, Françoise, héritière de Santes, Lannoy, Rollancourt, qu'elle porte en mariage à Maximilien d'Egmont, chl^r de la Toison-d'Or, comte de Bueren, gouverneur de Frise, fils de Florent.

Grand capitaine et brave soldat, Maximilien se distingua dans la paix et dans la guerre, sous le règne de Charles-Quint, et porte chevronné d'or et de gueules de douze pièces ; il meurt en 1548, ne laissant qu'une fille.

Anne d'Egmont, comtesse de Bueren, dame de Santes, de Lannoy, la plus riche héritière des Pays-Bas, née en 1533, épouse par contrat du 2 mars 1551, le célèbre Guillaume, prince d'Orange, comte de Nassau, stathouder, capitaine et amiral général des Provinces-Unies, fondateur de la République de Hollande ; elle meurt le 24 mars 1558, laissant un fils.

Philippe-Guillaume de Nassau, prince d'Orange, né le 10 X[bre] 1554. Prisonnier en Espagne quand son père mourut assassiné en 1584, il ne revint aux Pays-Bas que longtemps après, reprendre le rang dû à sa naissance à la cour de l'archiduc Albert ; il meurt en 1618 à Bruxelles, sans enfants d'Éléonore de Bourbon, fille d'Henri I prince de Condé, qu'il avait épousée en 1606. Il avait, en 1610, vendu la terre de Santes à Hieronimo Andréa. Jean de Robles, comte d'Annappes, la ratraïa, à cause de sa femme, de la maison d'Oignies. Robert d'Oignies, Sr de Willerval, d'Allennes, fils d'Adrien, chl[r], Sr de Willerval, qui fut gouverneur de Lillle en 1578, et d'Antoinette de Rosimbos, la ratraïa sur lui comme plus proche parent.

La S[rie] de Santes semble indivise entre les d'Oignies et les de Robles. — Éléonore-Hippolyte d'Oignies, fille de Robert, dame de Santes, alliée à Charles-Philippe d'Oignies, créé comte d'Estrées en 1623, son cousin.

Isabelle-Claire d'Oignies, dame de Santes, alliée en 1642 à Nicolas-François de Marnia, vicomte d'Ogimont, baron de Pottes.

D'autre part, Jean de Robles, chl[r], comte d'Annappes, baron de Billy, Sr de Santes et de Wevelghem, gouverneur de Lille ; il prêta serment à la ville le 2 juin 1593 ; mort en 1621, il git à Annappes, sous une belle sépulture de marbre. —

Alexandre de Robles, son fils, comte d'Annappes, Sr de Santes, mort en 1643.

1644. — Michel de Robles, fils d'Alexandre, comte d'Annappes, Sr de Santes, mort sans postérité en 1675. — Antoine, son frère, mort en 1692.

Antoinette de Robles, fille d'Antoine, comtesse d'Annappes, dame de Santes, épouse : 1° Michel-Maximilien de Gand, marquis d'Hem ; 2° en 1727 Robert Lamoral, comte de Lannoy, de Wasne, major des gardes wallonnes. Elle meurt sans enfants en 1731. Santes passe, à titre de succession, à Charles de France, baron de Vaulx, fils du marquis de Noyelles, allié en 1714 à Isabelle-Marguerite de la Haie, fille d'Antoine, comte d'Hezecque et d'Isabelle-Marguerite-Rufine de Mailly, (celle-ci fille de Guillaume, marquis de Quesnoy-s/-Deûle, et d'Isabelle-Marguerite de Longueval, alliée aux Lannoy).

N. de France, comte d'Hezecque, épouse Marie-Louise-Françoise-Victoire de Mailly, fille de Victor-Alexdre, marquis de Mailly, en Picardie, ainé de la famille, et de N. de Bournonville.

J.-B.-Guillaume Van Zeller, écuyer, Sr de Roders, Erquinghem, Raise, né à Ratisbonne, en 1725, se fixe à Lille en 1754, achète en 1758 la Srie de Santes, qu'il revend en 1785, et meurt en 1795.

Gilles-Xavier-Casimir de Fontaine, chlr, Sr de Santes, par achat en 1785, trésorier de France en 1756, après Nicolas de Poucques, eut en 1783 Jacques Beaugrand, pour successeur en sa charge. Né en 1733, de Gilles et de Marie-Louise Marissal, il meurt en 1806. Il avait épousé, en 1765, Marie-Anne Moucque, fille de Charles, trésorier de France, dont postérité ; d'une inépuisable charité, elle meurt à Lille en 1835, et repose à Santes, près de son époux. Leur pierre tumulaire est dans la chapelle latérale de gauche, dédiée à la S. Vierge ; la chapelle de la nef droite est dédiée à S. Pierre.

Le fief du Bois **de le Rive**, cont[t] au gros 28 bonn., éclissé de la terre de Santes par Philippe-le-Hardi, duc de Bourgogne, qui retint pour lui la haute justice, fut réuni, réincorporé en 1422, en faveur de Hughes de Lannoy, chl[r], S[r] de Santes.

1610. — La cense de le Rive compren[t] parmi lieu, manoir enclos d'eaux, fossés, chemins, issues, terres à labour, 35 bonn. 14[c], fut éclissée de la terre de Santes à charge de relief, droits S[riaux], vendue par Philippe-Guillaume de Nassau, prince d'Orange, à Gilles Maertens, rattraitée par Jean de Robles et Marie de Liedekerke, son épouse.

1644. — Feaulté-hommage, par Michel de Robles.

Maugré, à Santes, tenu de Wavrin, comprend au gros 15 bonn. avec 10[c] de soixtés parmi lieu, manoir, jardin, eaux, rejets, terres ahanables, — des rentes, — plusieurs hommages féodaux. — 1591 à Philippe-Guillaume de Nassau, S[r] de Santes, qui tient aussi un fief à justice de vicomte, de 8 bonn. 13[c], sis entre le pont Roncquin et Haubourdin, dits le bois Boursier, Witaquin, le grand bois de Wavrin.

De nos jours, le domaine seigneurial est à la famille Bernard, qui y établit une raffinerie de sucre; le château de la Blancarderie est l'auberge de *Mon Château* ; le château de la Rache, au hameau de ce nom, bâti par les Espagnols, est remarquable par ses eaux, ses jardins, une plantation de figuiers. On compte les hameaux : Pays-Perdu, la Lacherie, Blanc-Balot, le Rosier, le Cornet, la Rache, Bois de Rive, Maugré.

1449, 24 oct. — Comparurent aucuns des manans de Santes, Jehan Mariage, Mahieu Le Salle, Colard Desquesnes, Jehan de Meplau, Jehan Carlier, qui, en la présence de D. Jacques Ravari, religieux, envoyé par Mgr de Santes, firent ostension du billet de l'assiete et cache de leur taille, par lequel appert qu'ils avoient été assis à la darraine assiete en 1448, à LXX L. de XL gros, dient qu'ils estoient CXIIII personnes paians taille, en ce compris XVI maisnies, qu'ils avoient taillé cet an, mais ne assoient point à taille les héritages des forains, et du nombre de gens paians taille, en y a qui à présent prendent des biens des povres, XXIIII. Requis assavoir s'ils n'ont aucuns enclavemens en la paroisse non paians taille, dient que non. Requis assavoir se ils sont amenris du nombre de personnes et de chevance depuis X ans et s'ils se plaindent de trop de taille, dient que si, et la cause si est pour ce que D[lle] de Goy, deffunte, paioit XII L., celui qui demeure en son lieu ne paie que VIII S.; Jehan de Goy, aussi deffunt, paioit XII L., celui qui demeure en son lieu dist est gentil hôme et ne paie point de taille.; Grard de Goy paioit VIII L., il est parti, son louagier ne paie que IIII S.; Jehan de Goy le Drut paioit VI L., le louagier en son lieu ne paie que IX S.; Benoit Dubos, pareillement parti, paioit LXXII S., et celui qui demeure en son lieu ne paie que X S.; Robert Brunel, deffunt, paioit IIII L., en son lieu n'a point de restor payant taille ; Regnier Mariage, deffunt, paioit IIII L., et son lieu est démoli ; Thiebaut de Maugret, deffunt, paioit VII L., sa veuve ne paie que VI L. X S. ; Jehan Carlier, deffunt, paioit IIII L., et celui qui demeure en son lieu ne paie que XXXII S., et plusieurs autres semblablement, qui sont mors ou partis, dont ils ne sont recors. Dient outre que depuis X ans ils ont fait plusieurs grandes tailles sur eulx tous manans, pour les ouvrages à leur église, qui ont bien monté à mille L. Requis assavoir si depuis ce temps ils sont enrichis en aucuns manans dont ils soient alégés de leur taille, dient que non de gens riches, mais povoit bien estre d'aucuns povres paians deux ou III S. Requis assavoir la chevance des plus riches manans de la paroisse, et combien ils paient de taille, dient que Jehan de Mesplau, avec sa demiselle mère, ont de VIII à IX bonn. de héritage parmi un lieu et XX L. de rente viagère par an et paient ensemble XIII L.; Gilles Desquermes a IIII bonn. de terre parmi un lieu avec XIIII L. de rente viagère par an et paie VI L. X S.; Pierre Willemot a six bonn. et paie VI L. XVI S.; la veuve Thiebaut de Maugré a VI bonn. parmi un lieu et paie VII L. X S.; Jehan Mariage, à présent, a VI bonn. parmi un lieu et paie VII L. IIII S., et les autres manans en dessouls paient à l'avenant de leur chevance. Requis assavoir que leurs terres valent en cense et combien en vente l'une parmi l'autre, dient qu'elles valent en cense XVIII R. de grain à l'avesture, mesure de

Santes. et en vente cent cinquante livres le bonn. et doivent de rente, l'une parmi l'autre, environ VI R. d'avoine, priserie du prince chacun bonnier. Requis assavoir s'ils se dient être plus hault taillés que les villes voisines, dient que si et la cause est pour ce que la d[lle] du Bos, à Fournes, est fort meublée, a un lieu et XVIII bonn. de terre, et ne paie que IIII L.; Robert Buisine, audit lieu, est aussi riche et ne paie que IIII L.; item. à Beaucamps, D[lle] Le Blanch a XX bonn. parmi un lieu et ne paie que IIII L.; Jehan Lambert, audit lieu, a VI bonn. de terre en un lieu et ne paie que XL S.; item à Hallennes, Jehan Potier, le père, a XIIII bonn. de terre en trois lieux et ne paie que VII L., et aussi en y a d'autres villes d'environ, et dient que vu ce que la plupart des villes voisines paient au regard de leur chevance, ils ne sont pas assis à la moitié près autant qu'eux de Santes sont, car s'ils demeuroient à Santes, ils paieroient la moitié plus qu'ils ne font.

1498. — Pour Santes, comparurent sire Jehan du Sart, prêtre, curé, propriétaire, Gilles Waymiel, lieut[t] du bailly, Miquiel De Fives, Robert Roissot, Pol Gossart, Jehan Heddebault. Interrogés sur le contenu esdits lettres-patents, affirment, sire Jehan *in verbo socerdotis*, les autres par le serment de leur corps, qu'il y a 90 feux que bons que autres, dont 60 prennent les biens de la carité des povres, entre lesquels 3 ménages vont quérir leur pain d'huys à autre, et le demourant sont gens de labour, et le plus grand partie manouvriers gagnans leur pain journellement du mieux qu'ils peuvent, lesquels manans, à cause de la guerre, sont fort chargés de pensions. Dient, outre sur ce requis, qu'il y a 10 paires de chevaux, que bons que autres, dont 5 paires de petit prix allant journellement paistre es marés ; toutefois, au village, n'y a que 60 bonniers de terre. Interrogés sur l'augmentation ou dépopulation du village depuis 1491, dient qu'au regard du nombre de gens, il y a du peuple assez, mais il est povre, quand au bestail, ils le treuvent moindre de 150 bêtes à cornes, pareillement es autre bestail, il est moindre; dient que pour leur part, ils ont paié cette année, en tous ardes, IIII[xx] L. de XL gros.

1549. — La contribution est de 108 L. 15 S. On compte en jardins 28 bonn. 9[c], revenu estimé 20 L. le bonn.; en prés,

11 bonn. 13c, revenu estimé 16 L.; en labour, 152 bonn. 1c, revenu estimé 18 ras. d'avoine; en bois, 12 bonn. 14c, revenu estimé 16 L. le bonn. Eaux et pêches, revenu estimé 16 L. La dîme rapporte 232 L. 14 s. Moulin à moudre blé, revenu estimé 122 L. 8 s. On compte 145 feux, 34 chevaux, 122 vaches. — Gens d'église occupent en jardin 8c; en labour, 1 bonn.; 2 feux, le curé occupe sa portion de dîme. — Gens nobles, 26 bonn. de plats bois. Il y a des marais communs.

1720. — On y compte 160 feux, le terroir (222 bonn. 13c) porte blé, avoine, fèves, colza. Les marais abordent à la Deûle.

Le revenu de la cure est de 300 fl. à la collation du chapitre de S. Pierre. L'église de Santes lui fut donnée par acte passé à Wasceni (Wazemmes), le 29 mars 1185 par Evrard d'Avesnes, évêque de Tournai, à charge d'un anniversaire pour lui et ses prédécesseurs. Elle avait été remise à ce prélat par Disdérus, chanoine de Lille, à qui elle appartenait. L'église, sous l'invocation de S. Pierre, n'est pas sans intérêt pour l'art et l'archéologie. Une inscription gothique sur les corniches de la grande nef mentionne que l'église, brûlée en 1468, fut reconstruite en 1469; elle est de style gothique primitif. On y voit un magnifique maître-autel en marbre blanc S. Anne, à colonnes artistement travaillées. La tour, surmontée d'une flèche, est un reste de l'ancienne église, échappé à l'incendie de 1468.

Curés: 1498, J. Dusart, — Laurent Foucquier. — 1538, Gilles Billet, — Antoine Havet, — Anselme Monier. — 1613, Jacques Durant. — 1627, Gérard Lefebvre. — 1641, Simon Verdière. — 1657, Pierre Coché. — 1660, Albert Gaès. — 1691, Philippe de Paris, né à Maulde, en Hainaut, mort en 1726, lègue à la pauvreté de Santes 100 fl., à charge d'un obit perpétuel pour le repos de son âme, de celles de Philippe, son père, de Jaqueline Delahaye, sa mère. — 1728, J.-B. Becquart. — 1741, J.-B. Grandsir. — 1743, Charles-Louis Westreloppe, né à Lille, mort à Santes, à 65 ans, en 1769,

Ph. Perche. — 1780, Ambroise Durier. — 1791, Lecerf. — 1792, Ghémar, constitutionnel. — 1807, Ph. Lefebvre, distingué par ses vertus et l'excellence de son cœur. — 1831, Leblanc. — 1838, Dassonville, bienveillant pour tous, d'une charité inépuisable. — 1854, Dewaele. — 1873, Reumeaux. — 1882, Wattel.

Sequedin[1] relevait du fief de la châtellenie de Lille.

1221, mai. — Roger, châtelain de Lille, déclare que Bernard du Bois, Aélide, sa femme, et les héritiers d'Eustache d'Englos, ont remis en ses mains les dîmes de Marquette et de Sequedin, qu'ils tenaient de lui en fief, et que, par jugement de ses hommes, il en investit le chapître de S. Pierre de Lille. — Walter, évêque de Tournai, ratifie cette cession en juillet 1221.

1229. — Roger, châtelain de Lille, déclare que Sara Viane et ses sœurs ont, en sa présence, donné à l'abbaye de Lôs leur manoir et 14 cent. de terre, tenus d'Aélide, femme de Bernard du Bois, chlr, et de Jean, dit *Roussiel*, fils d'Aélide ; il consent que l'abbaye tienne cette terre à tels us et coutumes qu'elle tient de lui la terre d'Anekin, qui fut jadis à Walcer de Lesquin.

1300. — Jean, châtelain de Lille, ratifie la vente faite au chapître S. Pierre de Lille, par Simon de Marchenelles, écuyer, *pour son corps rachater de prison*, d'une dîme que Simon tenait en fief de lui châtelain, seigneur temporel de Sequedin ; il en investit le chapître.

Au XIIIe siècle, Hughes de Lomprel (Longo-prato), épouse Marguerite de Sequedin, en la châtellenie de Lille.

Jean de Quieulenc, fils de Jacques, comme lui maitre d'hôtel du duc de Bourgogne et bailli de Lens, fut seigneur de Sequedin. De ses trois sœurs, Isabeau épouse Antoine de Verquigneul, chlr, Sr de Beaufremez, au Maisnil, prévôt de Lille. Agnès épouse Bétremieux Régnier. Marie épouse N. du Bos, de Valenciennes.

---

1 Primitivement Segedin, ce nom vient de Sego, d'où Sigudius, Sigovinus, noms d'hommes. La désinence en in, ing, que nous voyons dans Habarding, Ammering, Wavring, signifie champ, pré, pâturage commun. La désinence in est pour ainsi dire localisée dans une même région. Houplin, Seclin, Camphin, Phalempin, Carvin, Carnin, Hérin, Annœullin, Bauvin, Provin, Meurchin, Vendin, Sainghin, se touchent comme en Picardie, les villages en court, qui signifie réunion d'hommes ; en Flandre *ing-hem* dans Audinghem, Blaringhem, Ebblinghem est à traduire par demeure des descendants d'Eudes, de Baudry, d'Eblin.

Au XVIe siècle, la seigneurie est à la puissante maison Vilain de Gand, des seigneurs de Lomme. Maximilien Vilain de Gand, évêque de Tournai, apanagé du village de Sequedin, fit bâtir en 1637 dans l'église la chapelle S. Laurent, et délégua pour y poser la première pierre D. Foucart, abbé de Lôs, qui officia en habits pontificaux.

Mucembûs, à Sequedin, tenu de la Salle, contient 28^c de terre, 8 muids, 7 ras. 2 hav. froment, — d'autres rentes, — un banc de 7 échevins et plusieurs hôtes. Ce fief lige à justice de vicomte, est relevé en 1388 par Guilbert de Carnin, chl^r; — en 1451 par Hués de Carnin, écuyer, Sr de Beaumanoir ; — en 1496 par Antoine de Lattre ; — en 1561 par Beauduine de Lattre, Vve de Mess. Jean de Martigni ; — en 1569, le fief passe à Jacqueline de Martigni, Vve de Lois Daretel, chl^r, par le trépas de Marguerite de Martigni, Vve de Georges Debre, dit de Wazin, chl^r, S^r dudit lieu ; — en 1579, vendu par Philibert de Martigni à Guillaume de Vendeville, le fief est, en 1588, à Marie de Vendeville, Vve de Robert Baillet ; — en 1592, à Mess. Jean Dragon, licencié en droits, fils de ladite Vve Baillet, par donation de mariage ; — 1597, relevé par Antoinette Dragon, mineure d'ans, au trépas de son père, Jean Dragon ; — 1621, à Antoinette de le Viehte, fille de Jean, chl^r, Sr de Nieuvenhove et d'Antoinette Dragon, au trépas de sa mère.

1651, féauté et hommage par Ignace de le Viehte, comme bail et mari d'Antoinette de le Viehte.

La Boutillerie, à Sequedin, tenu de Cisoing en justice de vicomte, a X L. de relief, avec services de plaids en la cour de la baronie de Cisoing, comprend un lieu manoir amasé de maison manable, granges, étables, autres édifices, cont^t parmi jardin, pré, rejets, eaux, 12 bonn. 8^c ; — en 1591, à Nicolas de Hennin, fils de Maximilien.

Bevrecques, à Sequedin, tenu de la S^rie de Lomme, à 10 L. de relief, contenant parmi manoir amasé de plusieurs édifices, motte, fossés, rejets, jardins pourplantés, hébergés, terres en labour, tout en une masse 7 bonn. 7 quartr. ab[t] aux héritages de l'abbaye de Lôs.

1589, à François d'Oignies, chl[r], S[r] de Bevrecques et de Beaumont, à cause d'Anne de Renty, sa compagne.

Bevrecques, tenu de la Salle à justice vicomtière au relief de 30[s], consiste en rentes justiciables sur 6 bonn. 10[c] sur Sequedin, Hallennes, Haubourdin. — 1447, Rapport de Vincent Dommessent. — 1561, à Jean de Fretin. — 1631, à Florence de Frelin, fille héritière de Jean, au trépas de son père. — 1650, Relevé par Catherine de Frelin, épouse de messire Frédéric de le Fosse, au trépas de Florence, sa sœur.

Durmort, à Sequedin. Il y avait une seigneurie de ce nom antérieure à la fondation du monastère de Lôs. Gauthier de Durmort, signe comme témoin les lettres du comte Thierry d'Alsace en 1147. — Robert de Durmort, cité en 1236.

1233, octobre. — Du consentement de la comtesse Jeanne, l'abbaye tient, avec les mêmes droits et privilèges que celle de Marquette, les biens de Jean Durmort. — 1249, Huès de Durmort vend au chapitre S. Pierre sa dîme tenue du sire de Quesnoy.

1256. — Renier de Durmort, fils de Jean, chl[r], mort en 1249, donne à l'abbaye 5 bonn. de terre gisant paroisse d'Esquermes, au lieu dit Canteleu. — 1267, Renier, chl[r] de Durmort, et Mabe son épouse font donation à l'abbaye.

Ce fief de Durmort tenu de la Salle comprend en 1373, parmi manoir, prés, bois, haies, et terres ahanables, 13 bonniers 14[c], ab[t] de bize à la terre de la Commanderie du Temple, de S. et d'Ecosse aux terres de l'abbaye de Lôs, — une rente féodale consistant en une rasière de blé. — 1373, Jean, sire d'Amerin, chl[r], en sert le relief au comte de Flandre.

1389. — Guillaume de Warenghien, bourgeois de Lille, S[r] de la Fontaine à Croix, fit le rapport du fief de Durmort ; il eut de sa femme, Jeanne de Thumesnil, Marguerite de Warenghien, dame de Durmort, après la mort de son père, en 1412 ; alliée vers 1407 à Joris Vredière, tige des seigneurs de Péronne (Mélantois), elle vend le fief de Durmort à Lotart Fremault, qui laisse de sa femme, Catherine Le Nepveu, Jean Fremault. Celui-ci, bourgeois de Lille, relève le fief en 1456 et le transmet à sa fille Jeanne Fremault,[1] dame de Durmort, mariée à Gérard du Mez, dit d'Anstaing, écuyer, Sr de la Froissarderie à Mérignies.

Leur fille, Michelle du Mez, femme de Waleran de Haverskeske, Sr de Manglée, le laisse à son cousin, Antoine de Tenremonde, chlr, Sr de Mérignies vers 1536.

Jacques de Tenremonde, écuyer, Sr de Mérignies, de Durmort, petit-fils héritier d'Antoine, meurt en célibat vers 1569. Ses biens passent à sa sœur, Gérardine de Tenremonde, qui vend, en 1573, le fief de Durmort à Guillaume Delyot, bourgeois de Lille. Celui-ci paye 615 L. 4s pour droit de nouvel acquêt de ce fief, dont le revenu fut évalué à 280 florins.

1588. — Agnès Delyot, fille de Guillaume et d'Antoinette du Hot, sert le relief de ce fief. Elle meurt même année, le laissant à sa sœur Jeanne Delyot. — 1619. André de Fourmestraulx, fils d'André, bourgeois de Lille, fait rapport du fief de Durmort, qui lui appartient du chef de sa femme Jeanne Delyot. — à André Fourmestraulx, Sr de Waziers (Wambrechies), anobli en 1623, créé chevalier en 1631 par Philippe IV, roi d'Espagne.

Un grand drame historique eut en ces lieux son dénoûment. Bauduin IX, comte de Flandre, proclamé empereur de Constantinople, vaincu et fait prisonnier à la bataille d'Andrinople, en 1205, était mort chez les Bulgares. Son élévation merveilleuse, sa disparition subite de la scène du monde, où il avait joué un rôle si brillant, avaient impressionné le peuple ; on ne voulait pas croire à sa mort.

---

1 Jean Fremault avait une autre fille, Marie, épouse du célèbre Jean de la Vacquerie, 1er président du Parlement de Paris, magistrat intègre que le chancelier de l'hôpital proposait comme le modèle de la vertu et de la probité.

le bruit de son retour prochain courait mystérieusement de village en village, quand l'ermite du bois de Glauson, près Mortagne, abusant d'une ressemblance trompeuse, prend faussement le nom de Bauduin, empereur, et soulève la Flandre. Il se nommait Bertrand de Rains. Il fut pris ; une procédure régulière l'avait convaincu de mensonge. Étranglé, pendu à Lille, devant la maison des échevins, dite *la Halle*, il fut détaché du gibet, porté hors de la ville, élevé au milieu des champs pour y être dévoré par les oiseaux de proie, à la potence d'Haubourdin, dit Jean le Tartier, antique domaine du châtelain de Lille, de qui relevait aussi la S^rie^ de Sequedin. En 1225, avant la canalisation de la Deûle, ce pilori se trouvait près de l'abbaye et du fief de Durmort. Il y avait à l'abbaye, dans un endroit du grand verger, la ferme de Durmort, démolie pour agrandir l'enclos vers 1610, et reportée où nous la voyons de nos jours.

1449, 30 octobre. — Comparurent aucuns des manans de la paroisse de Sequedin, Jehan de Wattignies, Martin Lemaire, Guy Lemaire, Pier Becquet, Hennequin Herencq, qui firent ostension du billet de l'assiete et cache de leur taille, par lequel appert qu'ils avoient esté assis à la darraine assiete, en 1448, à XXV L. de XL gros, dient qu'ils estoient XXXVIII personnes paians taille, avec XIIII maisnies qu'ils avoient assis à taille, mais ils n'assoient pas les héritages des forains, et du nombre de gens paians taille, en y a qui à présent prendent les biens des povres, IX. Requis assavoir s'ils ont aucuns enclavemens en la paroisse non payans taille, dient que non. Requis assavoir s'ils sont amenris du nombre de personnes et de chevance depuis X ans, dient que si, et la cause si est pour ce que la D^lle^ du Bos paioit XII L., laquelle est partie, et son filz en son lieu ne paie que IIII L. V S. Pier Audant, aussi parti, paioit LX S, son louagier ne paie que VI L. Jehenne Dufour, pareillement partie, paioit XLII S., son louagier ne paie que XII S. Mahieu Herencq, aussi parti, paioit L S., son louagier en son lieu ne paie que IX S. Grard Rumbault, deffunt, paioit XXVII S. et son lieu est vaghe et à ruyne. Pasquier du Bos, aussi parti, paioit XXIIII S., le louagier en son lieu ne paie que VII S. VI D. Grard Lemesre, aussi parti, paioit XXIIII s., son louagier en son lieu ne paie que VII S. VI D. Jaquemart Casier, pareillement parti, paioit XLII s. et son lieu est démoli, et ainsi de plusieurs autres qui sont mors ou partis, dont ils ne sont recors. Dient aussi que les ouvrages, puis peu de temps faits à leur église, qui estoit en péril de cheoir et aloit à ruyne, parmi ceulx que nécessairement sans délai conviendra faire, cousteront VII à VIIIc L., dont en y a Vc L. qu'il conviendra prendre et asseoir sur les manans. Requis assavoir si depuis ce temps de X ans ils sont enrichis et augmentés par gens venus demourer en la paroisse ou autrement, dient que non, sinon de povres gens qui y sont venus demourer, qui paient peu ou nient de taille. Requis assavoir la chevance des plus riches manans, dient que Isabel Herencq a trois bonn. XVIIIc de terre parmi un lieu et paie IIII L. XII s. Jehan Dubos a trois bonn. et paie IIII L. VI s. Jehan Chevalier a trois quartrons de terre et un lieu et paie XLVIII s. Jehan de Watignies a XXVIIIc de terre parmi un lieu et paie XLII s. Mark Le Maire a deux bonn. parmi un lieu et paie XLIIII s. Jehan de Watignies, du Bois-Flori, a XXVIIIc de terre parmi un lieu et paie XLIIII s., et les autres en dessous paient semblablement à l'avenant de leur chevance. Requis assavoir que leurs terres valent en cense et combien en vente l'une parmi l'autre, dient qu'elles valent en cense XVI R. de grain à l'avesture, mesure de Lille, le bonnier, et en vente, celles à terrage qui doivent de six garbes l'une, dont il en y a bien les deux parties du terroir, XL frans, et les autres qui doivent dîmes et rentes LXIIII frans le bonn. l'une parmi l'autre, et doivent de rente l'une parmi l'autre, compris les plais généraux, environ XL s. le bonn. Requis assavoir s'ils se dient estre plus haut taillés que les terres voisines, dient que rien n'en sçavent, et sont bien contents de demourer ainsi taillés qu'ils sont si mieux ne pouvoient avoir.

1498. — Pour Sequedin sont comparus : Sire Betremieu de Milleville, curé-propriétaire, Bétremieu Blanquart, Guy Lemesre, Jacques Leclercq, collecteur. Ils affirment que audit village y a 36 feux que bons que autres, desquels la moitié prennent les biens de la carité des povres, et le demourant sont jusques au nombre de dix héritiers, d'autres labouriers, la plus grande partie manouvriers, gagnant leur vie du mieulx qu'ils peuvent. Dient qu'en la paroisse y a 7 attelées, mais 4 feraient bien le labour qui est à faire. Interrogés sur l'augmentation ou dépopulation en peuple et bestail depuis 1491, dient qu'ils treuvent le nombre de gens et de bestail comme égal et tel que il estoit lors, mais il est fort diminué de biens et de richesses, en tant que un peu paravant la paix de Senlys, ceux de la garnison de Béthune prirent et emmenèrent grand nombre d'entre eulx et de leur bestail ; dient, sur ce requis, qu'ils ont paié et fourni en tous aides, LIII L. de XL gros.

1549. — La contribution est de 59 L. On compte en jardins 20 bonn. 13c, revenu estimé 18 L. le bonn ; en labour 125 bonn. 1c, revenu estimé 15 ras. à l'aveture ; en prés, 2 bonn. 9c, revenu estimé 18 L. le bonn.; en bois, 1 bonn. 3c. La dîme du curé et le droit de terrage porte 120 L.; celle de S. Jean de Jérusalem, 116 L.; il y a 44 feux, 8 chevaux, 70 vaches, 154 moutons.

1720. — On compte 57 feux, le terroir (150 bonn. 4c), porte blé, avoine, seigle, colza, lin, fèves, trèfle, autres avetures. La cure rend 350 fl. à la collation du chapître S. Pierre de Lille, à qui le privilège de l'autel de Sequedin avait été donné en 1124 par Simon, év. de Tournai, confirmé par le pape Célestin II, en 1143. L'église, de style gothique, sous l'invocation de S. Laurent, mérite l'attention des archéologes. Un bout de poutre, nef du milieu, à l'entrée du chœur, porte la date de 1585, date de sa reconstruction et restauration. L'église avait subi, en 1566, les outrages des hérétiques.

Curés : 1493, Bétremieu de Milleville, — Jean Garcette. — 1538, Firmin de Sire. — 1557, Jean Heems. — 1602, Ph. Froidure. — 1613, Pre Lallaut. — 1626, Jean Delannoy, — J. Martin. — 1685, Gme Despinoy, mort en 1716. — 1746, Mathieu de Brigode, mort en 1754. — 1756, Pre-Adre de Has. — 1768, Pre-Fçois de Hennin. — 1770, J.-B. Cospain, mort en 1785, Farvaque, mort en 1824, J.-B. Perdrix, Carnel.

A Sequedin sont nés : Pierre du Bois, abbé de Lôs, homme très illustre, mort en 1490. — Robert Haze, manuscripteur, artiste rubricateur, mort en 1400 et autres religieux de Lôs.

Wavrin,[1] baronie, pairie héréditaire, tenue de la Salle de Lille en toute justice haute, moyenne et basse, a c sols de relief. Ce village, chef-lieu du Weppes, est fort connu par ses nobles seigneurs, sénéchaux héréditaires de Flandre, bers et barons de la Flandre wallonne, hauts justiciers, souvent cités dans les chartes, et que l'on voit sur tous les champs de bataille dont la Flandre est le théâtre.

Cette illustre maison alliée aux comtes de Flandre porte d'azur à l'écusson d'argent. Son cri d'armes est *mains que le pas*.

1020. — Roger de Wavrin (de Waurinio) assiste à la donation de la villa de Bouvines que font Ernold et Richeldis, sa femme, à l'abbaye de S.-Amand, avec toutes ses dépendances et les serfs qu'ils dénomment, lesquels payeront à l'abbaye par an chacun 2 deniers de cens, 6 deniers à titre de main morte, 6 deniers lors de leur mariage.

1066. — Thierry, sire de Wavrin, sénéchal de Flandre.

1100. — Roger II de Wavrin épouse Emma des comtes de Valenciennes, dont Roger III, chevalier en 1147, sénéchal en 1156. Roger III signe en 1147, le titre primordial de l'abbaye de Lôs dont il posa la première pierre et, de sa femme Mathilde, eut Hellin de Wavrin qui suit et

Roger de Wavrin, riche de mérites et de vertus, sacré évêque de Cambrai à Rome en 1179, où il assiste au Concile de Latran. Mort à la croisade en 1191.

---

1 Wavrin, Wavering, vient du teuton *waag*, flot *fluctus*, d'où le verbe *waver fluctuare*, et de *hring*, cercle, bord. La situation de Wavrin au milieu des marais de la Deûle justifie cette étymologie. Cette situation était favorable à la défense, et bientôt s'éleva un château qui passait pour imprenable, et qui avait été déjà assiégé en 960.

Les quatre seigneurs hauts justiciers, bers ou barons de la Flandre wallonne, sont le châtelain de Lille, Sr de Phalempin (Carembault) ; le seigneur de Cisoing (Pévèle) ; le seigneur de Wavrin (Weppe) ; le seigneur de Comines (Ferrain).

Robert de Wavrin dit l'oncle, chl^{r} en 1169. Il épouse Adèle, fille d'Arnoul, comte de Guînes, v^{ve} de Renaud, châtelain de Lille. Il accompagne à la croisade le sénéchal Hellin et Roger, l'évêque, ses frères, et suit le parti de Philippe-Auguste dans sa querelle contre la Flandre.

Gossuin de Wavrin, chl^{r} *miles probus*, épouse en 1185 sa cousine Ada de Hainaut dite de Rœulx, fille du prince Eustache de Hainaut et de Marie, dame de Rœulx.

Hellin de Wavrin, sénéchal en même temps que son père, *fait l'honneur du pays par ses prouesses en fait de guerre* et meurt de la peste de Ptolemaïs en 1191. De Torsella d'Arras, fille du chevalier Aleime, il eut Robert qui suit et

Hellin, chl^{r}, Sr de Hendicourt près Péronne, auteur de la branche des Waziers, dit l'oncle, par rapport à son neveu le sénéchal Hellin. En 1221, il donne la loi du castel de Wavrin à ses hôtes d'Herlies qui seront jugés, *ad domum meam de Fontana*.

Le gros du fief des Waziers mouvait d'Haubourdin.

Robert Ier de Wavrin, chl^{r}, sénéchal, épouse la princesse Sibille de Flandre, dame de Lillers et de S.-Venant. Il meurt vers 1196. Sibille, fille de Pierre d'Alsace et de Mahaut de Bourgogne, comtesse de Nevers, était petite-fille de Thierry d'Alsace, comte de Flandre ; elle survécut longtemps à son époux. En 1220, d'accord avec son fils Hellin II de Wavrin, elle donne à l'abbaye de Lôs la dîme de Wattignies.

Hellin II de Wavrin, sénéchal dit le jeune ou le neveu, chevalier illustre en paix et en guerre en sa jeunesse combattait à Bouvines où il fut fait prisonnier ; il fut l'un des *haus* hommes qui accompagnèrent le prince Louis depuis roi Louis VIII, à son expédition en Angleterre, en mars 1216. Il meurt vers 1222 laissant d'Isabeau, fille de Jean, Sr de Montmirail et d'Oisy, châtelain de Cambrai, Robert qui suit et

Hellin de Wavrin, chl^{r}, Sr de Haponlieu près Dourges, châtelain de Lens, allié à Isabeau de Béthune.

Jeanne de Wavrin, abbesse de Flines puis de Marquette.

Robert II de Wavrin, chl^{r}, sénéchal en 1235, Sr de Lillers, S.-Venant, épouse : 1° Eustace, fille de Gaulthier, Sr de Chastillon et d'Isabeau, comtesse de S.-Pol ; 2° en 1245,

Mahaut de Béthune, fille de Guillaume et d'Isabeau, dame de Pontrewart, v^ve^ de Jean II, châtelain de Lille et de Péronne. Il exerça la charge de châtelain de Lille en la minorité du fils de Jean II. Il prend cette qualité dans un arrangement intervenu en 1252 entre l'abbaye de Lôs et Robert de Langlée touchant leurs droits respectifs sur le vivier d'Esquermes et meurt en 1273 laissant du 1er lit, Hellin ; du 2e lit, Robert dit Brunel, auteur de l'illustre branche de Wavrin S.-Venant qui brise les armes de Wavrin d'un lambel à trois pendants de gueules.

Hellin III de Wavrin, chl^r^, sénéchal, Sr de Lillers, eut la terre de Wavrin après son père Robert. *Il mena son affaire assez povrement et s'endebta de si grande debte qu'il ne le put soutenir et pour ce qu'il s'en cuida délivrer, il maria l'une de ses filles en 1280 à un riche bourgeois d'Arras qui li paia grant partie de sa debte, mais en la fin ne li aida gaires, car au darrain li convint vendre toute sa terre si que quand il moru il ne remest roie de terre de par lui à son fils fors aucune chose qu'il reprins par proismeté.* Il aliéna en 1282 son office féodal de la sénéchaussée tenu du comte de Flandre qui le racheta. Il meurt en 1284. Sa veuve Marie, dame de Malannoy, reçoit du comte de Flandre 50 L. pour son douaire sur la S^rie^ de Wavrin et nomme Robert le Thellier son bailli à Wavrin.

Robert III, chl^r^, Sr de Wavrin, Lillers, Malannoy, mort avant 1304, *reprint par proismeté* les terres de Wavrin, de Lillers vendues par son père.

Robert IV, chl^r^, Sr de Wavrin, plaide en 1313 contre les Lillois pour les privilèges de sa terre et haute justice de Wavrin qu'il tient en fief du roi de France.

Robert V, chl^r^, Sr de Wavrin, épouse en 1349 Isabeau de Fiennes, v^ve^ de Guillaume de Mortagne, Sr de Dosmer, ber de Flandre, tué à Crécy en 1346. Froissart nomme le sire de Wavrin parmi les gentilhommes qui, en avril 1360 pour *yaus aventurer*, tentèrent une sortie de Paris contre le roi d'Angleterre. Il ne laissa qu'un fils.

Robert VI, chl^r^, Sr de Wavrin. Froissart nous apprend que le sire de Wavrin, l'un des bannerets français, prit part sous le commandement du duc de Bourgogne à la campagne entreprise près de Calais à la prise d'Ardres sur les Anglais. *Mons. de Waurin, chl^r^, 3 autres chevaliers, Mess. Jehan de Poucques, Jehan de Coupigny, Rogier de Campinghehem et 8 écuiers de sa compagnie passèrent monstre pour le service du roi de France à Thérouane en* 1381. Il périt à Rosebeke en 1382. Il eut d'Agnès le Cambière, v^ve^ de Jean, mayeur de Santes, Jacquemine, légitimée par lettres de Jean-sans-Peur en 1407.

Pierre de Wavrin, fils de Robert IV, fait hommage à Lille, 22 mars 1382 entre les mains du comte de Flandre.

Pour 3 fiefs, Lillers, Malannoy et la châtellenie d'icelles descendant de notre châtellenie et court d'Arras, dit le comte. — *Item* de la terre de Wavrin et des appartenances descendant de notre Salle de Lille. — *Item* d'un fief descendant de notre châtel de Beuvry, lesquels fiefs ainsi qu'il dit li appartiennent et sont échus par la mort du sire de Wavrin, darrain trépassé neveu audit Pierre de Wavrin comme son plus apparent et prochain hoir. Le même jour, le comte admet Robert de Wavrin, fils de Pierre, à l'hommage des 3 fiefs.

Pierre eut aussi Jeanne de Wavrin, alliée à Jean, Sr de Rosimbos et par son mariage Sr de Fromelles, éclissé de Wavrin tué à Azincourt en 1415.

Robert VII, chl^r^, Sr de Wavrin, Lillers, Malannoy, épouse : 1° Marguerite de Flandre, fille bâtarde du comte Louis de Mâle ; 2° en 1390, Jeanne de Caucourt.

1412, 12 juin. — Il donne ainsi quittance au trésorier des guerres du roi de France « Six vins dix liv. tournois en pret et paiement sur les gages de nous, chl^r^ banneret et de deux chl^rs^ bannerets de XVII écuiers de XV hommes de trait de notre compagnie desserviz et à desservir au service du roi, notre sire, en ses présentes guerres et partout ailleurs où il lui plaira en la compagnie et sous le gouvernement de Monsr le duc de Bourgogne ».

1415, juillet. — Le sire de Wavrin se désiste d'un procès intenté aux échevins de Lille qui avaient forcé ses hôtes et sujets de Fromelles et de Wicres de contribuer aux frais des nouvelles fortifications de Lille. Les échevins déclarent ne porter préjudice en aucun temps aux droits de ces villages, chacun reste dans ses privilèges et franchises.

Un mois après, Robert VII tombe à Azincourt. Son fils Robert, chl^r, tué avec lui, venait d'épouser Jeanne de Créquy qui se remaria avec Guillaume de Lalaing et fut mère du bon chevalier Jacques de Lalaing.

Béatrix, fille de Robert VII, dame de Wavrin, Lillers, Malannoy, S.-Venant, mariée à Gilles de Berlettes, chl^r, eut un fils Waleran, né en 1418, tige de la seconde maison de Wavrin, qui épouse Liévine, fille de Jean, Sr de Roubaix.

Philippe[1], leur fils, Sr de Wavrin, n'eut pas d'enfants d'Isabeau, fille de Jean de Croy, comte de Chimay et de Marie de Lalaing, et laissa son riche héritage à Charles de Croy, chl^r de la Toison-d'Or, son beau-frère, élevé au rang de prince de Chimay par l'empereur Maximilien en 1486. Charles de Croy tint en 1500 sur les fonts de baptême Charles V, empereur. Il meurt en 1521 laissant de Louise d'Albret, Anne, princesse de Chimay, mariée à Philippe II de Croy, duc d'Arschot, son cousin et Marguerite de Croy, dame de Wavrin, d'Ecaussines, mariée à Charles, fils de Charles, comte de Lalaing, chl^r de la Toison-d'Or.

Philippe, comte de Lalaing, sire d'Escornaix, de Wavrin, sénéchal de Flandre, grand bailli du Hainaut, meurt en 1582

---

1 Jeanne de Wavrin, née en 1416, sœur de Philippe, femme remarquable par sa beauté, épouse Philippe de Maldeghem; leur fils meurt en bas âge; le sire de Maldeghem hors d'apparence d'avoir génération de sa femme, voyant s'échapper de ses mains le riche héritage de Wavrin quitta sa femme. Jeanne de Wavrin, après de longues tribulations se retira à Lille où elle vécut saintement et tristement. On conserva le souvenir d'une guérison miraculeuse qu'elle obtint par l'intercession de la Vierge dans un écrit qui pendait en la chapelle N.-D. de la Conception au couvent des *bonnes filles*, rue Ste-Catherine, à Lille. La dame de Maldeghem y était représentée en *figure taillée en bois, a genoux avec le couvre-chef blanc et tout l'habit noir comme une veuve*. Elle vivait encore en 1498.

à Valenciennes où il naquit en 1553, laissant de Marguerite de Ligne, dite d'Aremberg, François, mort à 12 ans en 1590 et Marguerite, comtesse de Lalaing, dame d'Escornaix, de Wavrin, qui porte toutes ces belles terres à Florent, comte de Berlaymont, son époux, gouverneur de Luxembourg, chl[r] de la Toison-d'Or, mort en 1620. Marguerite de Lalaing, morte en 1650, gît à Bruxelles au monastère de Berlaymont qu'elle avait fondé. Par testament du 14 octobre 1649, elle institue pour son légataire universel Philippe d'Egmont, dit le prince de Gavre, son petit-fils, enfant de sa fille aînée Marguerite de Berlaymont, morte à Bruxelles en 1654, et de Louis, comte d'Egmont, prince de Gavre, chl[r] de la Toison-d'Or, grand d'Espagne de 1re classe, mort à S.-Cloud près Paris, en 1654, arrière-petit-fils du célèbre Lamoral d'Egmont.

Le baron de Vuorden fait ce portrait de Philippe :

Le comte d'Egmont, prince de Gavre, Sr de Wavrin, Lens, Armentières, de cent autres terres, grand d'Espagne, porte en son air, en ses idées, toute la grandeur passée de ses ancêtres. La souveraineté de Gueldre et les biens immenses qui ont été dans sa maison, la grandeur de sa naissance, qui a quelque chose d'éclatant et qui tient du prince, la réputation, les grandes charges qu'elle a possédées autrefois, et tout cela lui donne des sentiments de gloire, que les plus libres traitent de vanité. Il est brave, sans doute, quoiqu'il lui ait manqué l'occasion de le témoigner en public, car les emplois lui ont été déniés, hormis en la dernière guerre (campagne de Louis XIV en Flandre, 1667), où il a été général d'hommes d'armes, mais ce corps n'a été assemblé que par forme ; il a pourtant du penchant à la guerre et du cœur pour se signaler, il en a donné les marques en Allemagne, où il a été capitaine de chevaux-légers et fort bon carabin, et dans quelques combats particuliers qu'il a eus ; il a des pensées relevées et des termes ampoulés, a grand penchant à la générosité, que le méchant état de ses affaires ne lui permet point souvent de pratiquer, puisqu'étant le plus puissant en terres et vassaux, il en est réduit, par les méchantes affaires de sa maison, à être très incommodé. Chevalier de la Toison-d'Or, ambassadeur extraordinaire du roi d'Espagne en Angleterre, vice-roi de Sardaigne, il meurt le 16 mars 1682, à Cagliari.

Louis-Ernest, comte d'Egmont, de Berlaymont, prince de Gavre et du S. Empire, marquis de Renty, chl[r] de la Toison-d'Or, grand d'Espagne de 1re classe, général de la cavalerie de S. M. C. aux Pays-Bas, mourut à Bruxelles en 1693, à 28 ans, sans laisser d'enfants de Marie-Thérèse d'Arenberg, fille de Charles-Eugène.

Procope-François, comte d'Egmont, prince de Gavre... après son frère, chl[r] de la Toison-d'Or, lieut[t]-général des armées d'Espagne en 1706, mort en Catalogne en 1707, à 38 ans, sans postérité ; il cède à Philippe V, roi d'Espagne, tous ses droits sur le comté d'Egmont, les duchés de Gheldres, Juliers, les souverainetés d'Arkel, Meurs, et autres terres et S[ries] énoncées dans les titres de sa maison, et que ses ancêtres avaient possédées ; il institue son héritier des autres biens maternels, son neveu, Procope-Marie Pignatelli, fils de Marie-Claire-Angélique d'Egmont, sa sœur, et de Nicolas Pignatelli, duc de Bisaccia substitué au nom et aux armes d'Egmont, admis aux honneurs et à la grandesse en 1717. Le nouveau comte d'Egmont était petit-neveu d'Innocent XII, pape. Né à Bruxelles en 1703, il meurt à Naples en 1743. Il avait épousé Henriette-Julie de Durfort-Duras, dont :

Gui-Félix d'Egmont-Pignatelli, né en 1720, d'abord nommé prince de Gavre, devenu grand d'Espagne comme titulaire d'Egmont, et possesseur de tous les biens et titres de sa maison en 1743, mestre de camp d'un régiment de dragons au service de France en 1744, brigadier des armées du roi en 1747, mort en 1753, sans enfants d'Amable-Angélique de Villars, petite-fille de l'illustre maréchal. Sa veuve prit l'habit de religion aux Filles du Calvaire, près du Palais du Luxembourg.

Casimir Pignatelli, né en 1727, dit *Chevalier de Bisaccia*, mestre de camp du régiment d'Egmont-cavalerie, comte titulaire d'Egmont, grand d'Espagne, après la mort de ses frères, lieut[t]-général des armées de France en 1762, député de la noblesse du baillage de Soissons en 1789, siège à l'Assemblée nationale, et meurt en émigration à Brunswick, en 1802.

Sa fille, Alphonsine-Louise-Julie-Félicie d'Egmont-Pignatelli, née en 1751, eut deux fils, qui héritent du comte d'Egmont, leur grand'père, et meurent sans enfants. Ainsi s'éteint cette grande maison d'Egmont, les derniers seigneurs de Wavrin, d'Armentières.

Le titre de Bisaccia est porté de nos jours par M. de Larochefoucault.

1591, 1 janvier. — Marguerite comtesse de Lalaing, dame et baronne de Wavrin, sira du pays d'Escornaix, sénéchale de Flandre, fait ainsi le rapport de la baronie de Wavrin tenue de la Salle de Lille, à moi échue, dit-elle, par le trépas de messire François, comte de Lalaing, baron de Wavrin, mon frère trépassé en bas-âge et pour laquelle je suis un et troisième des 4 hauts justiciers de la Salle et châtelenie de Lille, et qui se comprend en un châtel clos de murs, de tours porte fermant et pont-levis, qui contient parmi la bassecourt ainsi qu'elle est édifiée et amasée de plusieurs édifices, porte fermant et pont-levis s'il me plaît et parmi fossés, eaux, jardins, prés, bois, chaingles, y compris le jardin nommé *Beaufremez*, 16 b[s] d'héritage tenant ensemble, — item, m'appartient un bois, nommé le *bois Bernus*, séant auprès de mon châtel, ab[t] au chemin qui mène à Dons, et par derrière au maretz nommé le *maretz de le ville ;* ce bois, de la masse des 16 b[s], est maintenant assarté à usage de prairie, — item, une partie nommée le maretz de *Beaufremez*, et vulgairement les *endedans des seigneurs de Wavrin*, séant derrière mon châtel, qui est entre deux rivières, l'une qui mène de mon châtel à la grande *navie* et illec au banc de Wavrin, et l'autre rivière mouvant de la rivière des *Willèmes* en allant à la grande navie ; cette partie contient 12 b^s^ d'héritage, — item, un autre bois nommé le *Quesnoy*, gisant près du hamel *de la Fontaine*, en ma ville de Wavrin, ab^t^ au maretz d'une part, d'autre part au maretz de Sainghin, lequel *Quesnoy* contient 15 b^s^, de présent aussi dessartés et mis à usage de labour et prairies, pour plus grand profit, — item, un autre bois et pré au hamel de Coulin, 5 b^s^. Le bois nommé le bois de Coulin, le pré nommé le pré de Lassus, tenant ensemble, — item, m'appartient 2 b^s^ 8^c^, tant pré que chaingles, nommé le pré de Flequières, gis^t^ en la ville de Wavrin, ab^t^ au chemin qui mène au maretz de Lattre, — item, un autre pré contenant 1 b^s^ 8^c^, nommé pré Despars de L'attre, clos de fossés tout autour et marchissans au maretz de L'attre — item, ai, en icelle terre et S^rie^ de Wavrin, sur les flégards et partout sur les ruyelles et grèves des maretz, grand nombre de halots, homaux, obeaux, poupeliers et bois montants qu'on cope et épinche de 6 ans d'âge, — item, ai, en ma ville et paroisse de Wavrin, 82 b^s^ 10^c^ terre ahanable en plusieurs pièces, que tiennent en cense plusieurs personnes à divers prix, lesquelles terres sont à présent baillées en argent sous forme de roiaige, fors l'une des trois dernières années, fais sur icelles une fois à gasquières, — item, ai, en ma ville de Wavrin, les deux parts des dimes des champs à l'encontre de l'église de l'abbaye de S. Eloi, de Noyon, qui ont l'autre tiers, icelles s'étendent sur 389 b^s^ 515^v^, — item, ai en ma ville de Wavrin, un moulin à vent à moudre blé, à présent en cense, dont on me rend l'an le nombre de 117 R. blé, mesure de Wavrin, — item, un moulin à wède, en la viile de Rouvroy, par ci-devant mis en cense pour 26 L. 8 S., à présent est en non valoir et du tout ruiné, — item, le profit du barel de wède de Rouvroy, qui était par ci-devant en cense pour 48 s. l'an, dont à présent on n'a mie profit à cause qu'il ne se fait plus mie de wède à Rouvroy, — item, pour les tonlieux de Rouvroy, l'an, 20 s., — item, m'appartiennent des rentes justiciables, que me doivent chacun an plusieurs personnes, à cause de leurs lieux, terres, héritages, sis tant en ma ville de Wavrin, comme ès villes de Rouvroy, Santes, Beaucamp, Radinghem, Le Maisnil, Wicres, Fromelles, La Bassée, Fournes, Ligny, Wattignies, Barghes, Illies, Herlies, Lille, (de la Warewane), Douai, Bully-en-Gohelle, Noyelle-sous-Lens, Ermin, Ribreuck, Beaumetz en Cambrésis, appartenances et dépendances des lieux dessusdits, — item, m'est dû par an, à Wavrin, à S. Jean, par ceux et celles qui ont blanches bêtes à laine au-dessus de 3, un agnel qu'on nomme agneau d'herbaige, et s'ils n'en ont 3 et au-dessus, je ne leur en puis rien demander, ne les en poursuivre, — item, ai la franchise et S^rie que nulle bête de forains ne peut prendre de pâture en ma ville de Wavrin que ce ne soit à péril d'amende de 60 s. à mon profit, — item, m'est dû par an, à S. Jean, 7 écus 1/2 Johannes, et 7 écus 1/2 au jour de Noël, sur une maison nommée la *Chambre de Wavrin*, séant sur le marché, laquelle Chambre est franche de la noblesse de mon fief, par la manière que s'en suit, c'est que de tous breuvages qui y sont brassés et vendus, n'ai nul regard, fors sur le vin, et aussi qu'en toute la ville de Wavrin ne en la paroisse, on ne peut brasser cervoise, briemart, goudale, mielz ne tels breuvages qui se brassent ne vendre fors en ce lieu, ne les aller quérir dehors que ce ne soit à péril d'amende à mon profit, — item, aussi le lieu de la Chambre est franc de jeu de tables de dez, de brelencq et de tous autres jeux. C'est assavoir que tous ceux et celles qui y jouent ou joueront ne peuvent fourfaire amendes, n'être reprins pour lesdits jeux de quelque seigneur et justice que ce soit, et l'on ne peut jouer aux dez en toute ma terre et S^rie de Wavrin autre part sans péril d'amende à mon profit. La maison et Chambre doit être pourvue de cervoise, de goudale, comme il me plaît ou à mes commis, et si faute y avait, j'y puis pourvoir à mon plaisir, par moi ou mes commis, — item, ai, en ma ville de Wavrin, une grande place où se fait le marché, qui est par jour de vendredi, pour vendre et acheter toutes manières de denrées et marchandises, duquel marché j'ai et dois avoir le tonlieu et plaçaige, comme j'ai partout ailleurs, en ma terre et S[rie] de Wavrin ; le tonlieu pouvait valoir l'an 14 L. 10 s., et à présent ne vaut que la moitié, à cause du marché, qui est présentement en non valoir, — item, ai, en mon marché et place, une halle qui est à moi singulièrement et à mon profit, et la puis louer s'il me plaît ; en cette halle, mon bailli ou son lieutenant tient mes plaids, — item, ai la franchise, en ma ville de Wavrin, entre les 4 bonnes ou *bailles* villes de loy, et peuvent toutes personnes clamer et faire arrêter autrui, son corps ou ses biens, et faut que celui sur qui on fait clam ou arrêt réponde à loy, en connaissant ou dément, ainsi que par me loy a été accoutumé de faire de tout temps passé, se n'était que cil sur qui on fait le clam ou arrêt se advouât de mon franc marché par jour de vendredi, laquelle chose se peut faire une fois en son temps, pour une dette et non plus, et, par ce faisant, il s'en peut aller franchement sans destourbier on empêchement, se n'est que la personne qui ferait faire ledit arrêt proposât et volsit montrer que la dette pourquoi icelui arrèt serait fait ou reconnu un vendredi en ma ville de Wavrin, et en cas qu'il pourrait ce prouver, il faudrait qu'il réponde au clam sans autre délai et qu'il namptisse de nampt suffisant ou de bon pleige tenant de moi, ou son corps demeurera prisonnier pour faire satisfaction à celui qui l'aurait fait arrèter, selon ce qu'il a été accoutumé de faire à Wavrin, et qu'il en seroit ordonné par une loi, — item, ai à chacun an en ma ville de Wavrin, une franche fête, au jour S. Denis et S. Ghislain, où tous peuvent venir et retourner franchement, tout aussi qu'ils font es autres villes voisines et franches fêtes qui se font en la châtelenie de Lille,

— item, ai, à cause de mon fief, une *prévôté* en ma ville de Wavrin, que je baille à cense ou louaige quand il me plaît, le prévôt est établi par mon bailli, et la prévôté a connaissance de tous clams qui se font sur quelques personnes que ce soit, et tous eswars où il chet amende de 3 s. et au-dessous en ma ville de Wavrin, aussi bien que aurait mon bailli ou son lieutenant, et peut ledit prévôt semoncer et conjurer de loi mes juges rentiers et faire loi toutes les fois qu'il en est requis et tenir nos plaids tous les jours à ce servant, — item, ai, en madite ville, prisons, où mes gens et officiers ont accoutumé mettre ceux qui ont délincquié en ma terre et S^rie^ de Wavrin, — item, est assis assez près de madite ville, et en la paroisse, sur le grand chemin qui mène de Lille à La Bassée, la *Justice*, où on a accoutumé exécuter et mettre à mort les malfaiteurs par le jugement de mes hommes de fief, quand le cas y échet, — item, en madite ville, ai une eschoppe et une saunerye de présent à cense, tenant aux maiseaulx et boucheries qui sont sur le marché, et les boucheries où il y a plusieurs étaux, mais de présent n'en a que 3 étaux de bouchers, dont on me rendait de chaque 33 s., — item, ai un vivier et plusieurs ruisseaux qu'on dit le maretz *deseure,* ab^t^ au maretz de Sainghin, où mes gens de Wavrin peuvent faire paître leurs bêtes, faucher, scier, emporter l'herbe à leur profit, et non plus, la pesquerie, poissons, rejets et autres profits et S^rie^ m'appartiennent, — item, ai un autre maretz par dessus le chemin qui va de Wavrin à Don, qui s'extend et comprend jusqu'au maretz de Santes, qui est de ma S^rie^ dudit lieu de Wavrin, auquel maretz y a plusieurs navyes et ruisseaux où j'ai la pesquerie et S^rie^ desquels ruisseaux en y a aucuns issant et courant parmi les marais de Santes, où j'ai la pesquerie et S^rie^, nonobstant que à un lez et à l'autre soit de la S^rie^ de Santes, — item, entre les autres, une navie mouvant du bac de Wavrin du long allant jusqu'aux terres de la maison et cense nommée *la Poullerie*, laquelle navie tient d'une part à la S[rie] de Santes et d'autre au maretz et communauté de Seclin, — item, ont mes sujets de Wavrin, les profits audit maretz pour paitre, faucher, fouir, tourber et le emporter, sauf les rejets et plantins, qui sont à mon profit, — item, ont, les gens de ma ville de Wavrin, l'amistié et franchise au maretz de Santes, tout aussi qu'ils ont au maretz de Wavrin, et ceux de Santes ont pareille franchise en celui de Wavrin, — item, que nul forain ne peut prendre profit au maretz de Wavrin que ce ne soit à péril d'amende à mon profit, — item, aussi les gens de Wavrin peuvent prendre tous profits es maretz de Gondecourt, d'Hérin, sans fouir, ne faire tourber, et semblablement les gens de Gondecourt et d'Hérin le peuvent prendre au maretz de Wavrin,— item, ai, à cause de mon fief, la noblesse franchise et S[rie] sur le *haut pont* de Don, qui est par-dessus la grande navie qui mène de Lille à La Bassée, nonobstant que la navie ne soit pas de mon tènement, mais à l'église de l'abbaye de S. Vaast, d'Arras, qui est tenue à retenir et entretenir le pont, de manière que s'il y a aucun défaut en la retenue du pont et que on n'y peut bien passer à cheval ou à pied, *querquié ou non querquié,* et qu'il y eut aucun destourbier, je puis aller ou envoyer mon bailli ou autre personne de par moi au molin de Don, et en ce molin, ôter ou faire ôter les fers et faire défense et commandement, de par moi, que nul ne fasse mouldre icelui molin, et que les fers ne soient remis jusqu'à ce que le pont soit refait et mis en bon état, — item, ay et dois avoir, en toute ma ville et paroisse de Wavrin, le droit et S[rie] de senne, — item, ai, en la grande navie, la pêcherie depuis *le bancq* jusqu'*aux hautes crêtes*, que je puis tenir de mes mains ou bailler en cense s'il me plait, — item, ai plusieurs oiseaux, cygnes, en mon maretz, rivières, ruisseaux de Wavrin, marqués de ma marque et que nul ne peut prendre, emporter, ne tuer, que ce ne soit à péril d'amende, tel qu'il est accoutumé en tel cas en la châtelenie de Lille, et m'appartient une pecherie nommée l'*eauwe des cignes*, commençant au grand trou d'Allennes, au lieu nommé *Hallotiel*, en allant jusqu'au torgeoir d'Allennes, — item, à cause de mon fief, ai tous rietz, places, flegards, chemins, wareschais, rejets là où qu'ils soient en mon fief, comme les plantins de tous arbres quelconques pour planter, coper, ôter à mon singulier profit et plaisir, et toute justice et S[rie], — item, ai, à cause de mon fief, sur tous mes hôtes et tenants de leur tenement, qu'ils tiennent de moi, la double rente à la mort de l'héritier et le xe denier. Sont tenus de moi, à cause de mon fief, plusieurs hommages féodaux. De la seigneurie de Wavrin dépendent 280 fiefs et arrière-fiefs dont Fromelles et Ligny.

La Vallée, fief, pairie tenue de Wavrin à x liv. de relief, comprend un ancien château clos de fossés près du chemin de la Bassée, d'où l'on entre dans l'avenue — 17 bsnniers 13[c].

1455. — A Bauduin Gommer.

Jean de Bournonville, S[r] de la Vallée, eut de son épouse Jeanne de Lignières, Charlotte de Bournonville, dame de la Vallée, alliée à Antoine d'Hailly, S[r] de Varennes Lesdain, mort en 1509. Louis-Antoine d'Hailly, leur fils, allié à Louise de Halluin.

1591. — Philippe de Haynin — Philippe de Haynin, fils de Philippe et de Jeanne de Herlies, allié à Eléonore du bois de Fiennes.

1670. — Cette terre est passée par achat à François-Séraphin Hespel, S[r] d'Hocron.

Le château fut reconstruit en 1803 par M. Ernest-Auguste-Joseph-Marie Hespel de Guermanez en 1849, par M. le comte d'Hespel, maire de Wavrin, conseiller général, sénateur.

Le Brusle, fief et pairie tenue de Wavrin à x L. de relief, comprend maison, grange, marécages et parmi jardins, fossés, bois, chaingles, ruyelles, chemins, terres ahanables sis tant au lieu de Brusle qu'en la paroisse de Wavrin, 17 bonniers 3[c].

Du fief et S^rie du Brusle sont aussi tenus plusieurs beaux fiefs qui doivent relief et x^e denier à la vente.

1591. — A Antoine de Mol, Sr de Ligny et d'Escobecques, neveu héritier de Jean le Sauvage.

Le Bus, tenu de Wavrin, comprend un lieu amasé de maison manable, et contient en tout parmi jardins, fossés, chaingles, ab^t front à rue au chemin qui va à Ligny, 13 bonniers 14^c, le cours d'eau venant des prés d'Haubourdin passant parmi le fief — à Jean de Humiers, écuyér.

1591. — A Antoine de Mol, Sr de Ligny d'Escobecques, héritier de Jean le Sauvage.

Heromez à Wavrin comprend parmi cense et lieu manoir de plaisance, jardins, prés, bois, rejets, terres à labour, 17 bonniers — rentes s^riales — deux parts d'une dîme qui se cueille sur 3 bonn. 15^c labour — valant en cense 400 fl.

1559. — Acquis par Me Charles de Calonne, le fief passe à Marguerite Legrain, v^ve de François du Bosquiel.

Tulisch à Wavrin comprend parmi un lieu à motte, fossés, jardin, terres à labour, 4 bonniers.

1591. — A Pierre de Thoulouze.

La Haye tenu de Wavrin a X L. de relief en justice de vicomte contient maison close de fossés parmi le jardin — des prés, des terres au hamel de la Haye vers Santes.

Henri Gomer — Me Alart de la Porte.

1591. — Jean Despinoy, fils d'Antoine.

Longs-prés, fief tenu de Wavrin contient 4 bonn. 3 mencaudées derrière le fief de la Haye, tenant à la terre des pauvres de Santes.

1591. — Me Jean Abbonnel dit le Gros.

La Motte de Fléquières, fief tenu de Wavrin contient parmi motte, fossés, jardins, haies, chaingles, terres ahanables, 3 bonn. 10^c ab^t au chemin as pars de l'attre.

Sarteaux tenu de Wavrin comprend un lieu manoir amasé sur motte, fosses, chaingles, bois, jardins, terres ahanables 4 bonn. ab[t] par devant à la rivière qui mène au bac, d'autres sens aux marais. — En 1591, ces deux fiefs sont à Philippe de Tenremonde, Sr de Bachy.

Il y avait les lieux dits Franqueville près le chemin de la Bassée, la Chombrie, Neufville — En 1890, on compte les hameaux de la Fontaine, Riez Charlot, Quinquibus, le Coulin.

Waziers à Wavrin tenu de la Salle de Lille en haute justice à c sols de relief, comprend un lieu manoir sis au hamel de la Fontaine, amasé de maison manable, grange, poste, *marescauchies*, autres édifices et contient parmi fossés, jardin terres ahanables, 10 bonniers 6[c] sis entre le hamel de la Fontaine et le molin à blé de la S[rie] de Wavrin.

Vers 1396, le Sire de Wavrin, moyennant 200 fr. l'acquit de Jean d'Audrignies, chl[r], et de Yolande de Mortagne, sa femme, dame de Tourcoing et de Templeuve en Dosmer.

1591. — Marguerite de Lalaing, dame de Wavrin, fait le rapport des Waziers à Philippe, roi d'Espagne, comte de Flandre.

Le château de Wavrin entouré de larges fossés dressait son fier donjon. habitation de la famille, ses tours crénelées d'où la vue de l'homme d'armes qui veille plane sans obstacles sur les campagnes. Derrière le pont-levis et la porte massive on voit la herse de fer toujours suspendue à la voûte ; une secrète issue sert aux surprises, aux sorties, aux retraites tentées par la garnison. Les campagnes voisines riches de pâturages, de vergers où paissent les coursiers de la chevalerie retentissent de hennissements qui rappellent les combats et les cris du tournoi. Parfois la cloche d'alarme, le son du cor annoncent aux vassaux un meurtre, un vol, un incendie ; des fourches patibulaires dressées aux limites de la baronie montrent de loin aux malfaiteurs le terme de leurs brigandages ; on abandonne aux vents et aux oiseaux du ciel les cadavres suspendus.

1313. — Robert de Wavrin, haut justicier dans sa terre, dut reconnaître le privilège d'Arsin *(ardere, brûler)* consacré par la coutume qui donnait à la commune de Lille le droit de se venger en brûlant la maison de celui qui, ayant molesté un bourgeois de Lille ne se rendait pas à sa justice.

Herlin de Sartiaus de Wavrin frappe sans motif légitime Thomas de Courtrai, bourgeois de Lille. Sur le refus du coupable de se soumettre à la justice échevinale, le Magistrat fit faire *cri notoire et commander que tous fussent appareillés d'armes et de chevaux selon leur état pour aler prendre la vengeance de la ville. Et si furent les bannières boutées hors ensi que coutume est. Adonc vint le bailli de Lille et aporta une lettre du roi de France* signifiant aux échevins que le Sire de Wavrin ayant toute justice et seigneurie en la ville de Wavrin qu'il tient de lui en fief, l'enquête faite par les échevins sur ses terres lui porta préjudice. Ceux-ci, par une supplique au roi, répondent que, de temps immémorial, s'il est prouvé après enquête qu'*un forain manant en la châtellenie de Lille mit main par ire sur un bourgeois de Lille, les échevins et la communauté peuvent et doivent à son de cloke et en armes issir hors de la ville et venir au lieu du malfaiteur, noble ou non et s'il ne se rend aux trois appels pour amender à la ville, ardoir et sarater ce qui est en son pourpris.* Pierre de Galard, grand maître des arbalétriers de France, capitaine du roi en Flandre, lève l'opposition à l'*arsin* que le bailli avait signifié à la ville et le Parlement confirme cette sentence par arrêt du 8 mai 1315.

En 1488, le château fut assiégé, il fut tiré plus de 300 coups de canon et le maréchal d'Esquerdes, après bien des efforts ne s'en rendit maître pour le roi de France que par la trahison de celui qui le commandait. Le 14 décembre 1488, les Etats de la Flandre walonne signaient dans ce château un traité de neutralité avec le maréchal d'Esquerdes, lieutenant-général du roi au pays d'Artois, afin de préserver le pays des malheurs de la guerre. Ce château qui convenait aux rudes générations du XIe, du XIIe siècle, était depuis longtemps délaissé par les grands seigneurs habitués aux splendeurs de la cour ducale à Bruxelles, où les retenaient les charges du palais ; il fut plus tard démoli, il ne resta qu'une maison de recette sur la motte.

1449, 24 octobre. — Comparurent aucuns des manans de Wavrin : Pierre Thoulouse, bailli ; Thomas de Rabecque, Robert Vedier, Miquiel Lefeure, Jehan Le Telier, Mahieu Le Mesre, Jacques Salmon qui firent ostension du billet de l'assiete et cache de leur taille pour la somme de IIIIxxXVIII L. de XL gros, dient qu'ils estoient CIIIIxx et I personnes paiant taille avec 20 maisnies qu'ils assoient à taille, mais ils n'assoient pas les héritages des forains et du nombre de gens paians taille en y a qui à présent prendent des biens des povres. Requis s'ils ont aucuns enclavements en la paroisse non paians taille, dient que non. Requis assavoir s'ils sont amenris du nombre de personnes depuis X ans, dient que non, mais ils sont amenris de chevance et se plaindent de trop de taille et la cause si est pour ce que Robert le Henry paioit C s. de taille et en son lieu n'a point de restor ; la vve Bequet de Baufremez paioit IX L., laquelle est partie et son lieu est à ruyne ; Jehan du Bos aussi parti paioit VI L. et son restor ne paie que XII S. Jehan Mariage parti paioit C S. et son restor ne paie que IX S. ; Jehan Caullier aussi parti paioit LXVI S. et son restor ne paieque VI S. ; Christophe Haucron aussi parti paioit LXVI S. et son restor ne paie point de taille ; Jehan Henneron, deffunt, paioit VI L., son restor ne paie que XXX S. Pier de Bauvin soloit paier VII L., ses enfants en son lieu paient LXXII S. ; Thomas de Noielle soloit paier VII L., il est amenri de chevance et ne paie que LX S. et semblablement de plusieurs autres qui sont mors ou partis dont ils ne sont recors. Dient aussi que plusieurs nobles et manans dehors la paroisse n'y paians taille tiennent et possessent en icelle IIIIc bonn. de héritage, et tous les manans qui paient la taille ne possèdent pas plus de LX bonn. Requis assavoir si à l'encontre dud. amenrissement, ils sont aucunement enrichis ou augmentez, dient que non. Requis assavoir la chevance des plus riches manans, combien ils paient de taille, dient que Pierre de Thoulouse, brasseur, a VI bonn.

de terre et un lieu avec aucune rente viagère et paie vi l. vi s., Thomas de Rabecque a xiiii bonn. et paie ix l. ; Jacquemes Delebar a viii bonn. et paie viii l. xii s.; Thomas de Noyelle a deux bonn. et paie xl s. ; Catherine Defives a un lieu et vi bonn. et paie vi l. xii s.; Jehan Dubus a un lieu parmi quatre bonn. dont ses enfants ont leur part et paie vi l. xii s. et les autres manans en dessous paient semblablement à l'avenant de leur chevance. Requis assavoir que leurs terres valent en cense et combien en vente l'une parmi l'autre, dient qu'elles valent en cense xvi R. de grain à l'avesture et en vente vi^{xx} l. le bonn., et se doivent de rente l'une parmi l'autre vii hav. de blé par an chacun bonn. Requis assavoir s'ils se dient être plus haut taillés que les villes voisines, dient qu'ils n'y ont point advisé et par ce n'en sçavoient plus pour vérité.

Pour Wavrin sont comparus : sire Jehan de Francquette, prêtre, vice-curé ; Alard Malebranque, lieut^{t} du bailli ; Jehan Duquesnoit, prévost ; Grard Lemoine, Jehan d'Englos, Olivier du Bos, Robert Boet, Grard Frumault, Alex^{dre} Cochet qui affirment qu'à Wavrin y a 120 feux dont 59 prennent les biens de la carité des povres ; de ce nombre, 7 ménages vont journellement quérir leur pain pour Sire Dieu, d'huys à autre, le demourant sont héritiers, labouriers et manouvriers en la pluspart. Dient qu'en la ville et paroisse y a environ 32 paires de chevaux que juments dont la pluspart sont bestes de petite estimation de valeur qui journellement vont paistre es marez, disant outre qu'en toute la paroisse de Wavrin n'y a que 16 kerrues de terre furnies. Interrogés sur l'augmentation ou dépopulation depuis l'an 1491, dient que le village est augmenté en peuple et bestail, mais ils dient qu'il est diminué en chevance à cause de la guerre et des grandes pilleries qu'y firent les gens de guerre de par decha qui longtemps furent logés au chastel de Wavrin ; dient qu'ils ont paié cette année pour tous aides, cent l. de xl gros.

1549. — La contribution est de 223 l. La contribution du quartier de Weppe est de 5,353 l. 19 s. On compte à Wavrin en jardins, 48 bonn. 8^{c}; revenu estimé, 20 l. le bonn.; — en prés, 11 bonn. 8^{c} ; revenu estimé, 14 l.; — en bois, 4 bonn. 3^{c}; en labour, 491 bonn. 6^{c} ; revenu estimé, 18 R. de grain à l'avesture. Les eaux et herbes appartiennent au seigneur ; le moulin rapporte 158 l. 8e ; la dîme, 216 l.

La cense de l'abbaye de S. Eloi contient, en jardins, 5 mencaudées 2c et 6 bonn. 3c en labour dont on rend avec portion de dîme et menues rentes, 140 L. Il y a 170 feux, 69 chevaux, 208 vaches, 304 moutons. Les manans de Wavrin ont marez communs, dont ils ont vendu 12 bonn., mais il est baillé empêchement à leur jouissance.

Gens d'église. — Le curé occupe sa part de dîme, 24c en jardins; en labour, 4c. — *Gens nobles.* — Le sire de Wavrin a un lieu seigneurial contenant parmi jardins, près, bois, chaingles, eaux, compris le *bois Bernard*, 15 bonn.; en bois de taille 19 bonn. 8c., — Encore 3 bonn. bois à coppe, appartt à gens d'église et nobles.

1720. — On compte 364 feus y compris 121 de pauvres. Le terroir (590 bonn. 6c) porte blé, colza, lin ; il y avait autrefois une foire le jour de S. Denis, elle ne subsiste plus. Le revenu de la cure est de 400 fl. L'abbé de Noyon est le patron et collateur.

L'église est sous l'invocation de S. Martin. L'apôtre des Gaules laisse en nos contrées un sillon lumineux au milieu des laboureurs idolâtres, mais droits et honnêtes qui suivent ses pas, s'assemblent autour de lui dans les champs lui demandant des miracles, à sa voix renversant les idoles. Où S. Martin détruisait quelque temple, il établissait au même lieu un oratoire de piété ou bien une demeure de religieux, origine de nos premières paroisses. Wavrin avait aussi son hôpital avec chapelle ouvert à toutes les œuvres de miséricorde.

Curés : 1498, J. de Franqueville. — 1681, Ch. Crespel, curé de Wavrin; Jean Pinte, lieutt du bailli ; Ph. Rassel, ministre et administrateur des biens des pauvres de l'hôpital de la baronie de Wavrin font rapport de 8c de terre sis aux *bas champs* et tenus de l'abbaye de Marquette. — 1802, L.-J. Lecouffe. — 1808, E.-J. Bouly. — 1827, Charles. — 1835, Gadenne, qui fut curé de Wazemmes. — 1843, Pollin, —

Pouillaude. — 1864, Dereu, doyen de S. Étienne à Lille, en 1876. — Dhinot.

Esquermes [1], cité dans l'acte de fondation de la collégiale S. Pierre en 1066. Bauduin-le-Pieux, comte de Flandre, donne au chapitre II mansos et VII *bonaria in Schelmes.*

Esquermes vit, en 1280, la commune de Lille user du privilège d'*arsin*, qu'elle avait en la châtellenie. Huès, fils de Gilles Mantiaus, avait tué Paske Mantielle, bourgeoise de Lille. Le coupable, hôte de S. Pierre, refusa de comparaître devant la justice de Lille. Le crime était prouvé, la *bancloke*, l'*escalette* furent sonnées par 3 fois et si longuement, qu'à la dernière, les dernières bannières étaient hors de la ville. Après trois sommations de se rendre à la justice de Lille, le feu fut mis au manoir de Gilles Mantiaus.

1187.— Hughes de la Douve, chl^r^, S^r^ d'Esquermes ; Hughes d'Andelot, S^r^ d'Esquermes, fils de Jean et d'Ide Tscaerts qui vivait en 1236.

La seigneurie du clocher d'Esquermes et VII bonn. furent avec Wazemmes, Lezennes, cédés en 1320 par Philippe-le-Long, roi de France, à l'évêque de Tournai qui abandonne son droit souverain sur sa ville épiscopale ; ils furent tenus de la cour féodale du Tournésis dite *du Maire*. Le roi conserve ses autres domaines à Esquermes. Il établit pour exercer son pouvoir un prévôt et sept échevins. La prévôté avait sa coutume particulière et toute justice.

---

1 Schelmes, Eschelmes ; Esquermes au XIVe siècle (Cart. de Lôs, de Marchiennes, de S. Pierre de Lille). — Esquelmes, village près Tournai se disait jadis Kermes, et en flamand Eckerne qui signifie chenaie, *esculetum* de *eek*, chêne, *eerne*, terre.

On trouva sur Esquermes des silex taillés de l'époque de la pierre polie près du *Fourchon*, plusieurs chênaux entaillés en pilotis, des débris d'antiques poteries près de la porte des Postes et non loin de l'arbrisseau, en divers lieux, des sépultures romaines et gallo-romaines.

La loi du 23 août 1795 établit les cantons : Esquermes et Wazemmes font partie du canton d'Haubourdin qui s'est dit canton de Wazemmes. Ils font en 1890 partie de Lille.

1326.— Jehan Patin, prévôt d'Esquermes ; Mikius Delattre, Gilles le Goudaliers, Mikius li Cardonniers, Jehan Eve, Jehan Carlier, échevins.

1344. — Pier Vielette, prévôt ; Jean de Trauloit, Jean Eve, Michel Mariage dit du Four, Colars Cadiche, Gilles Morel le fils, Jean Carlier, Thomas Palenc, échevins.

1421. — Jacques Domessent, prévôt ; Baude Vrète, Pier Lemaistre, Grard Villers, Pier Caron, Olivier de le Hallerie, échevins. — 1435, Jacques Domessent, prévôt ; Guillaume Prémecque, Gauthier de Croix, dit Durmez ; G^me du Bos, échevins. — 1468, Pierre Dassonneville, prévôt ; G^me de Croix, dit Drumez, écuyer, Jean Fremault, Alard le Preudhomme, Hues Marlière, Vincent Ruffaut, Ph. Duponchel, échevins.

Prévôts : 1564, Gérard Dupont. — 1600, P^re Marlière. — 1660, Albert-Maximilien de Malbant, Sr de la Montagnerie, J.-B. Muissart. — 1693, Antoine le Pé, notaire royal à Lille. L'office toujours borné à l'administration de la justice, devint héréditaire. — 1708, H^ri de Labre, Goudeman ; F^çois Dragon, Sr de Mons-en-Barœul.—1732, Louis-Hippolyte Dragon, son fils.

L'échevinage d'Esquermes, inféodé par arrêt du grand conseil de Malines en 1613, comprend 7 offices d'échevins de la prévôté tenus de la Salle à x l. de relief chacun. — Gilles le Boucq, pensionnaire de la ville de Lille. — 1648, féauté et hommage par Marie le Boucq, Jean, Anne Parent, celle-ci alliée à Ch. Verdière. — Leur fille Constance, alliée à F^çois Muissart, Sr du Cap.

Lannoy dit la Haye, à Esquermes. — Fief vicomtier tenu de la Salle, comprend un lieu manoir parmi motte close de larges eaux, jardins, fossés, bois, terres ahanables, xiii bonn. dont on rend par an 140 l. plus 5 r. blé, 7 d'avoine, 1 havot d'oignons, 18 chapons, 6 poules, 1 agneau de 72 s., plus 5 hommages de fiefs et d'arrière-fiefs. Le revenu en fut évalué à 158 l. parisis en 1475. Le possesseur est châtelain de la prévôté d'Esquermes et comme tel lui appartient le tiers de toutes les amendes et forfaitures faites et commises sur les terres de la prévôté. Il est tenu de livrer en son lieu de Lannoy, dit la Haye, prison pour les malfaiteurs que le prévôt y amènera.

1372. — Jean, Sr de Bais. — 1406, Catherine de Bais, alliée à Jean, S[r] d'Isque (Artois). — 1447, Louis d'Isque, écuyer, il eut de son épouse Anne de Jaucourt, un fils unique, Philippe. — Le fief passe à Jeanne du Bosquiel, alliée à Jean de le Cambe, dite Gauthois, (voir les Seigneurs de la Haye en Lôs), à la fin du XVIIe siècle par achat à Jean Stappaert, chl[r], trésorier de France en 1693. Sa fille, Marie-Thérèse le porta en mariage à Pierre de Lespaul, conseiller, secrétaire du roi au parlement de Flandre. — J.-B. de Lespaul, leur fils unique. Le château et la ferme qui en dépend portent les dates de construction 1676-78 avec des parties plus anciennes. Le prince-électeur Joseph-Clément l'habita de 1704 à 1708, il est situé près de la Deûle à la planche à Quesnoy.

Grimarez,[1] fief vicomtier, tenu de la Salle au relief de X L, comprend 19 bonn., 5[c], prés, bois, terres ahanables et des rentes féodales. Ce fief est à Lotar Canars, roi de l'Epinette en 1333, sergent d'armes du roi de France en 1344.

---

1 **Le Wault**, tenu de Grimarez, sis au faubourg de Lille, hors la porte de la Barre, comprend 5[c] de pré et des rentes; là fut fondée en 1515 la chapelle de N.-D. de Consolation par Jean de Hocron, grand bailli de Tournai.

Au cours d'un voyage sur la mer, il se trouvait près des côtes de Flandre, quand de sombres nuages s'amoncellent dans les cieux, s'y confondent en une nuit terrible. La tempête se déchaîne, les vents sifflent, les vagues grondent, les voiles sont emportées; matelots et passagers s'attendaient à périr. Le Seigneur de Hocron donne à tous l'exemple de la confiance en Dieu, fait le vœu solennel d'ériger un sanctuaire à Marie et le navire, soutenu par une force mystérieuse, s'élève au dessus de l'abîme qui allait l'engloutir. Messire de Hocron accomplit sa promesse et fit bâtir une élégante chapelle sur la terre du Wault dont il était le Seigneur. La dédicace solennelle se fit le 8 décembre 1517, en présence de Mgr de Sarepta, suffragant de Tournai; — elle fut ruinée en 1568, lors de la construction de la citadelle et la charpente appliquée à une chapelle pour la garnison. La S. Image de N.-Dame fut transportée à l'ancienne église S.-André, démolie vers 1784. Elle est aujourd'hui dans l'église de N.-D. de Consolation.

1567. — Le Wault allant en cense pour 36 L. p[sis] par an, acquis par Jacques Meurisse et Catherine Bridoul, passe à Marguerite, leur fille, alliée à Jean Hennuyer.

Il fonde en 1337, de concert avec Marie de Pontrewart, sa seconde femme, en sa maison rue Basse à Lille, l'hôpital de Grimarez sous l'invocation de N.-Dame. Mort le 6 mai 1356, il gît aux Cordeliers où l'on voyait au XVIe siècle son tombeau surmonté de sa statue. L'hôpital de Grimarez, dont la direction est confiée à ceux du lignage des fondateurs choisis par les échevins, fut réuni à la fin du siècle dernier à l'hôpital général.

1372. — Tristan Canars, bourgeois de Lille, Sr de Grimarez, de Marquillies, fils de Lotar et de Jeanne le Prevost. — 1397, Jean Canars, allié à Jeanne de la Vacquerie. — Marie Canars, leur fille, alliée à Guillaume de Boncourt, Sr de Rabodenghes, grand bailli de S.-Omer en 1437 d'où Jean de Boncourt, Sr de Rabodenghes, Grimarez. — Marguerite de Boncourt, fille de Jean, épouse Hughes de Lannoy, Sr de Santes. — 1524, le fief de Grimarez est en partie éclissé et vendu à Georges de la Vallée. — Jean Ruffault, chlr, Sr de Neuville. — Philippe Ruffaut, dame de Grimarez, fille de Jean et de Marie Carlin, l'apporte en mariage à Guillaume le Blanc, chlr, Sr de Houchin, Me de la Chambre des comptes. — Guillaume le Blanc, leur fils, chlr, Sr de Grimarez, allié à Jeanne de la Motte d'Annekin, eut une fille, Jeanne le Blanc, dame de Grimarez au décès de son père en 1589, alliée en 1574 à Charles de Montmorency, chlr, Sr de Neuville-Vitasse. — 1605, Catherine, leur fille, épouse Robert de Maldeghem, chlr, 3e fils de Philippe, Sr de Leyschot.

Il fait le rapport de Grimarez qui comprend manoir, grange, étables, motte entourée d'eau contt parmi jardins, prés et bois, 22c tenant au cimetière d'Esquermes, d'autre au chemin qui mène de l'église d'Esquermes à celle de Wazemmes, par derrière à la rivière. — 5 bonn. 664v terre à labour, entre Esquermes et Wazemmes, tenant au chemin de l'évêque ; des rentes qui se cueillent sur 8 bonn. 10c dont 3 bonn. 8c partie en bois à l'hôpital S.-Nicolas de Lille, sis auprès de la maison dudit hôpital à Wazemmes, tenant au bois de Mgr de Tournai, — 14c en jardin à Mgr l'évêque de Tournai sis es jardinages de son lieu devant le château, entre la porte et la brasserie de Wazemmes.

1614. — A la requête de Robert, ont été éclissés de Grimarez 4 bonn. sur Wazemmes commués en deux fiefs qui prirent le nom des acquéreurs Pierre Hachin, Crespin Poutrain. Item. — 5 bonn. 7c au chemin d'Esquermes à Thumesnil dit fief Waignon acquis par Nicolas Waignon, procureur postulant à Lille, — relevé en 1628 par Isabeau Waignon au trépas de Nicolas, son père. — Item, 9c labour faisant la pointe du grand chemin qui mène de long de Lille à la porte N. Dame, d'autre long au chemin de la Bouvaque — à Nicolas Deswimeaux, laboureur, et Catherine Lollieur, sa femme. Ces quatre fiefs sont tenus de la Salle de Lille à X L. de relief.

1630. — Nicolas de Maldeghem, au décès de sa mère, Catherine de Montmorency. — 1654, Didier-Amé de Maldeghem, neveu héritier de Nicolas. — 1656, Marie-Honorine, sœur de Didier-Amé. — 1670, Jean Vandal par achat. — 1674, J.-B. Vandal, son fils. — 1690, J.-B. Taviel, lieut[t]-général de la gouvernance de Lille, neveu de J.-B. Vandal. — 1724, Marie-Anne Taviel, épouse d'Albert Imbert, écuyer. — 1748, Michelle-Alberte Imbert, épouse d'Arnould-Hughes Vandercruisse, écuyer. — Arnoul-Philippe Vanderrcuisse, écuyer, Sr de Grimarez, assiste à l'élection des députés aux États-Généraux en 1789.

L'Anglée, Haute-Anglée, fief vicomtier tenu de la Salle de Lille à X L. de relief, donne son nom à une branche de la maison de Wavrin. [1]

---

1 Cette famille porte sur le tout les armes de Wavrin comme Beaufremez, mais sans brisure. Aussi est-il apparent qu'elle était la même. On dit que vers 1300. trois frères de Wavrin, prirent le nom de leur S[rie], ce qui arrivait communément en ce temps; l'un de l'Anglée, l'autre de Beaufremez, le 3e d'Espaing. — 1287. Jehan d'Espaing; Robert et Antoine de l'Anglée, ses frères. — 1287. Robert de Beaufremez, clerc fius Baude li Borgne. — 1288, Robert de l'Anglée, fils de Baude li Borgue, chlr, celui-ci fils de Baude. — 1291, Mariette-Clawette, femme de Gauwin de l'Anglée, douairièee de l'Anglée. — 1356, Jacques de l'Anglée, fils de Jacques de l'Angiée, roi de l'Epinette.

Antoine de l'Anglée, mort en 1384, gît en l'église d'Esquermes, au chœur où se voient les 16 quarriers : l'Anglée, Ognies, Leus, Wittem, Wulfbergh, Prants, Jausse, Fauquerolle, Croix, Rubempré, Fay, Hallewyn, Cuinghien, Wandt. Mouchy, Drincars.

Esquermes prit les armes de ces Seigneurs, d'argent au sautoir de gueules chargé, en cœur d'un écu de Wavrin.

1288. — Simon de Wavrin, fils de Baude li Borgne, Sr d'Espaing et de Jacqueline de le Bourre, adopte le nom de l'Anglée. — Bauduin de l'Anglée, fils Simon. — Tristan, son fils, allié à Mahaut de Roubaix, 1353. — Guilbert de l'Anglée, leur fils, fait en 1372 rapport du fief contt manoir, 32 bonn , des rentes. — 1388, Jacques de Fives. — Guilbert de Fives, son fils, vend la Haute-Anglée à Grard de Thieulaine. — 1447, Daniel de Thieulaine, échevin de Lille en 1435, roi de l'Epinette en 1437, anobli par Charles VII en 1440. — 1456, Antoine Mallet, Sr de Berlettes, Anstaing, Tourmignies.—1561, Josse Mallet, chlr, Sr de Berlettes, Anstaing. — Jacqueline de Berlettes alliée à Claude d'Oignies, Sr d'Estrées, mayeur de Lille. — 1592, Sébastien à la Truye dit de la Vigne, fils de Louis, teinturier à Lille, fait rapport du fief qu'il achète d'Eustache d'Oignies, chlr, Sr de Gruson, Anstaing, Engrain et qui comprend manoir, grange, étables, jardin, prés, bois, eaux, terres ahanables, 27 bonn. 8c tenant à la ruelle qui mène de la planche à Quesnoy au pont de Canteleu, d'autre à la rivière qui vient de la planche à Quesnoy à la planche d'Esquermes. -- 1629, Jean à la Truye. — 1648, Noël, Guillaume, Michel à la Truye, frères. — 1683, Albert à la Truye vend partie du fief à Hri Jacops, Sr de la Cessoye. — 1765, Marie-Thérèse Waignon vend partie de fief à Arnoul Hughes Vandercruisse, Sr des Waziers, Wervick.

La Pêcherie, fief tenu du châtelain à c s. de relief, comprend en jardins, prés, bois, 5 quartrons d'héritage avec la moitié de la rivière et pêcherie, herbages, plates, roselières contre l'abbé de Lôs à qui l'autre moitié appartient avec droit des éventelles. — à Daniel de Thieulaine.

1500. — Josse et Eustache de Berlettes, frères.

1591. — Sébastien à la Truye, fils de Lois.

Langlée, tenu du châtelain de Lille à x L. de relief gist paroisses d'Esquermes, Lôs, Frelinghien, Quesnoy, Fretin, S.-Catherine à Lille, comprend manoir, prés, bois, eaux, 29 bonn. 2c, rentes justiciables que 8 hôtes à Esquermes, 1 hôte à Lôs et plusieurs tenanciers doivent sur 11 bonn.; rentes dues par 4 hôtes sur 24 bonn. à Frelinghien ; rentes sur plusieurs maisons tenues en pairie en la paroisse S.-Catherine à Lille, sises tant en la grande rue venant de la Croix allant à Marthes et en rues du Pouplier et de Heloterie[1].

Watelins, fief vicomtier, tenu de la Salle à x L. de relief, comprend 15 bonn. labour, sis paroisse d'Esquermes, au dîmage de Wazemmes, près la justice de Lille, abt au chemin de l'évêque, au chemin d'Esquermes à Faches, aux terres de la bonne maison des ladres bourgeois.

1372. — Jacques, Sr de Capinghem. — Sa fille, alliée à Jean Mallet. — 1447, Thomas Mallet. Le revenu total du fief fut évalué à 108 L. psis en 1475, lors de l'imposition de la taxe de guerre établie par ordonnance du duc de Bourgogne. — 1496, Jean de Ligne, écuyer, Sr de Hem en Hainaut. — 1500, Jean Ruffaut. — 1536, Philippe, sa fille, alliée à Guillaume le Blanc. — Marguerite Ruffaut, morte en 1573, vve du sieur de Warwane. — Jean Ruffaut, chlr, Sr de Mouveaux, frère de Marguerite. — 1581, Loise Ruffaut, fille de Jean, alliée à Jean de la Croix, chlr, Sr de Mairieu. — 1615, Jeanne, leur fille, alliée à Robert du Chastel-Howardries, Sr d'Ingleghem, la Cessoye, Mouvaux. — 1628, Robert et André du Chastel, leurs fils. — 1694, Martin Jacops, Sr de Vertain, Ascq.

Canteleu, fief vicomtier, tenu de la Salle à x L., comprend manoir entouré d'eau, jardins, prés, bois, chaingles, terres à labour, 13 bonn., tenant au long de la rivière de la *navie*, d'autre aux terres des religieux de l'hôpital S. Jean, à celles de l'abbaye de Lôs et des pauvres de S. Sauveur en Lille.

---

1 Voir Langlée à Lôs, mêmes seigneurs.

Reçu pour taxe de nouvel acquêt de Gme Deliot, 1,729 L. 18 s. pour le fief de Langlée ; — de Sébastien à la Truye, 909 L. 9 s. pour la Haute-Anglée et la pesquerie ; de Loise Ruffault, 1,003 L. 6 s. pour les Waltelins, valant en cense les 15 bonn. par an chacun 12 paires de grains.

1372, Pierre Joye. — 1406, Pre Joye. — 1447, à Jean de Thieulaine, fils de Grard. — 1496, Gui Guillebaut, écuyer. Catherine Guilbaut, alliée à Jean Egidii. — 1533, Jeanne, leur fille, alliée à Jacques le Chevalier, dont la fille épouse Antoine Assignies. — 1555, Alard de Lannoy par achat. — 1588, Alard de Lannoy, fils d'Alard. — 1633, Pierre de Lannoy, par relief par le trépas d'Alard son frère. — 1637, Marie, leur sœur, Vve de Paul de Fourmestraux.

Canteleu, à Esquermes, fief vicomtier tenu de la Srie de Durmort à Sequedin, comprend parmi lieu, jardin, prés, chaingles, fossés, terres ahanables, 5 bonn. 6c ; rentes Sriales — acquis en 1567 par Jacques Desprets, md de bêtes à Lille allant en cense pour 261 fl. par an.

3 bonn. 12c éclissés du fief et commués en terre cottière sont à Denis Lecat ; il reste en fief 25c prairies, flegards, fossés abt à la rivière au grand chemin de Lomme à d'autres prés de Jacques Desprets et de Denis Lecat. Sont tenus de Canteleu, une maison à usage de logis dit le *pont de Canteleu*, avec 20c d'héritage, 3 maisons, une grange confrontant au flégard, une maison à usage de logis, où pend pour enseigne *Houplines*. — 1619, à Jean Desprets.

Un fief de 9 petites verges de terre sis à l'embouchure d'Esquermes entre trois chemins : 1o le chemin qui mène de la chaussée d'Esquermes es faubg du Molinel ; 2o le chemin qui mène de ladite chaussée à la porte des Malades ; 3o le chemin qui mène du molin de Wede à la Neuve Rivière d'Esquermes (canal des Stations creusé en 1566).

1449, 12 nov. — Comparurent aucuns des manans d'Esquermes : Miquiel Desmaitres, Alard Desmaitres, Hustin Bataille, Pier Hérecque, Pier Desmaitres, Jaqmart Lambert, Thomas Delatre, Jaqmart Catoire qui firent ostension du billet de l'assiete et cache de leur taille qui s'élève pour 1448 à XL L. de gros. Dient qu'ils estoient LXII personnes paians taille et à lad. darraine assiete ont taillé XVI maisnies et n'assoient point à taille les héritages des forains et du nombre de gens paians taille en y a qui à présent prendent du bien des povres, XXII. Requis s'ils ont aucun enclavement en la paroisse non paians taille, dient que non, si non seulement Rolant Agache qui se dist demourer sous Wasemes et pour ce ne paie point de taille. Requis assavoir s'ils sont amenris du nombre de personnes depuis X ans, dient que non. Requis assavoir s'ils se plaindent de trop de taille, dient que si et la cause si est pour ce qu'ils ont esté composés et mengiés de gens d'armes depuis X ans tellement qu'ils ont été domagiés de mille L. monn. de fl.; aussi pour ce que Connard Delecourt, deffunt, paioit IIII L. et le censier en son lieu ne paie que XXXIX s. Pier Roussel, deffunt, paioit XVI s. et n'a point de restor en son lieu. Vve Hustin Desmaitres paioit LX s. et son louagier en son lieu ne paie que IX s. Jehan Desmaitres paioit LXVI s., sa veuve ne paie que IX s. Jacqmart Desmaitres parti paioit XXXIIII s. et son lieu est à ruine; Thomas Dutoit paioit LX s., il est parti et son restor ne paie que XXI s. Auguier Bisette et Jehan Wastel, mort et parti, paioient XVI s. et leurs places sont à ruine; ainsi plusieurs autres qui sont morts et partis dont ils ne sont recors. Requis assavoir s'ils sont enrichis depuis ce temps, dient que non. Requis assavoir la ricesse des plus riches manans et combien ils paient de taille, dient que Jehan Cannel a III bonn. parmi un lieu et paie VI L.; Abraham Desmaitres, olieur, est riche de meubles, a demi bonn. de terre, paie XLII s.; Pier Hérecque a un bonn. de terre parmi un lieu et paie XXXIX s.; Jacqmart Lambert a deux bonn. et paie XLVIII s.; Miquiel Desmaitres a deux bonn. de terre et un lieu et paie IIII L. X s. Pier Desmaitres a IIII bonn. 8[c] de terre parmi un lieu, paie VI L. VI s. Alard Desmaitres a quatre bonn. parmi un lieu, paie CII s.; Jehan Faudin a un lieu cont[t] II[c] d'héritage, est fort meublé, il paie LXXII s., les autres en dessous paient semblablement à l'avenant de leur chevance. Requis assavoir que leurs hiretages valent en cense et combien en vente l'un parmi l'autre, dient que leurs terres valent en cense XX R. de grains à l'avèture et en vente C frans le bonn., et se doivent de rentes l'une parmi l'autre, X hav. de blé le bonn. Dient aussi que les ouvrages qu'ils ont faits en leur église leur ont bien cousté IIII[c] L. et plus. Requis assavoir s'ils se dient être plus haut taillés que les villes voisines, dient qu'il leur semble que si et trop, plus à l'avenant de leur chevance que ceux de Wattignies, Lesquin, Lôs.

1498. — Pour Esquermes sont comparus : Jehan Petit dit Denis, Jacques Desrumaulx, Jehan et Pier Patrenostre et Jehan Le Clercq. Sur ce interrogés déposent par les foy et serment de leurs corps qu'il y a 60 feux dont 25 prennent les biens de la carité des povres, le demourant vivent partie de labeur et l'autre à manouvrer et gagner leur vie en beaucoup de façons sans qu'il y ait nuls d'eulx vivans de leurs rentes et revenus. Interrogés sur le nombre de kerrues, dient qu'il y a 5 paires de chevaux. Interrogés sur la dépopulation ou augmentation de gens et de bestail illec, dient qu'il y a moins de gens et de bétail qu'il n'y avait en 1491 lors de la darraine réformation et renoelement de l'assiete. Dient en outre sur ce interrogés qu'ils ont paié à Philippe du Quesne, receveur des aides, 64 L. de gros

1549. — La contribution est de 138 L. 17 s. On compte, en jardins, 30 bonn. 13ᶜ ; revenu estimé, 24 L. le bonn. — En labour, 230 bonn. 13ᶜ ; revenu estimé, 12 L. — En près, 6 bonn. 15ᶜ ; revenu estimé, 24 L. le bonn. — Bois à taille, 5 bonn. 9ᶜ ; revenu estimé, 12 L. le bonn. — Bois maretz, eaux, 11 bonn. 8ᶜ; revenu, 155 L. 5 s. — 6 bonn. 6ᶜ à Claude Leroux ; revenu, 153 L., soit 24 L. le bonn. — La dime et dimerons estimés 336 L. — Un molin à eau à tordre huile, un molin à wède ; revenu, 133 L.

La cense de Langlée au Sʳ d'Estrées rend 400 L.; celle du Sʳ d'Hocron, 80 L.; celle de Lannoy, 200 L.

Il y a 78 feux, 11 chevaux, 124 vaches, 263 moutons.

Gens d'église. — Occupent en jardins, 15ᶜ ; en bois, eaux, maretz, 11 bonn., 1 feu.

Gens nobles.— En jardins, 2 bonn.; en labour, 9 bonn. 4ᶜ; en pré, 1 bonn., 3 feux, soit 3 manoirs ou châteaux habités par des nobles.

1720. — On compte 90 feux ou chefs de famille. Le terroir (316 bonn. 4ᶜ) est mauvais et ne saurait porter *deux bles.* Quelques terres n'en portent pas du tout. Il y a un assez gros château dit le château du Retz, du nom de son propriétaire, beaucoup de maisons de campagne, quelques enclavements du Tournésis où l'on vend des marchandises défendues en France. Les hameaux de Basinghien et du Pont-de-Canteleu sont de ce village.

N.-D. de Réconciliation. — On sait que la plupart des pèlerinages établis en l'honneur de la S. Vierge ont pour objet une image ancienne, de mystérieuse origine, trouvée miraculeusement par des bergers et des laboureurs. Depuis que la Mère de Dieu fut trouvée à Bethléem par des pasteurs, c'est par des pasteurs qu'elle aime à être retrouvée dans ses images.

A Esquermes, cette image était fichée dans un buisson.

« Au passage, les troupeaux avaient coutume de s'arrêter tout court, quoique chassés à la pâture et les brebis comme frappées d'étonnement ou surprises de quelque lumière de raison plioient les genoux à terre en posture de supplier et d'honorer la Mère de Dieu. Les simples pastoreaux prirent plaisir à suivre l'exemple de leurs ouailles, apprenant d'elles volontiers la façon d'adorer la reine du ciel à genoux et à cœur soumis. La piété du comte Bauduin IV fut prompte à convertir le buisson en une chapelle et pour sa récompense, il fut délivré d'un flux de sang qui l'épuisait à mort et la comtesse presque âgée de 50 ans lui bailla un joli fils, héritier de ses Etats, qui est Bauduin le Pieux, l'an 1014. »

Le maître-autel décoré de la S. image fut mis à la place du buisson ; la guérison miraculeuse du comte de Flandre et plusieurs faveurs signalées que d'autres personnes reçurent en cette chapelle y attiraient, des contrées lointaines, un grand nombre de pèlerins.

De temps immémorial, la S. Vierge avait été invoquée dans la chapelle d'Esquermes, sous le nom de N.-D. de Réconciliation, ce qui donne sujet à croire qu'elle a été ainsi appelée à l'occasion de quelques réconciliations éclatantes qui se sont faites par son intercession. L'heureuse mission de S. Arnould, évêque de Soissons, envoyé en 1084 par le pape Grégoire, pour pacifier les différens survenus entre le comte Robert le Frison et ses vassaux, fit donner à la chapelle le titre qu'elle porte encore aujourd'hui, — d'autres exemples se voient dans les tableaux que la reconnaissance des fidèles a fait mettre dans ce saint lieu. Ainsi la piété de nos pères élevait des sanctuaires à Marie qu'ils invoquaient à Lille comme la patronne protectrice de la cité, la chancelière du ciel, *Virgo cancellata* N. D. de la Treille.

Pie II en 1461, Urbain VII, Alexandre VII accordent de nombreuses indulgences aux pèlerins qui se rendaient à Esquermes. Puis la Flandre traversa une longue période de guerre et d'invasion, le pèlerinage fut délaissé ; la cause en est aussi le zèle qu'inspira la nouveauté du pèlerinage de Lôs qui, dès 1591, attira la foule des pèlerins. La chapelle qui était au prévôt de S. Pierre de Lille fut unie, en 1636, au collège des Jésuites qui devaient fournir un prédicateur à la Collégiale. Sous leur impulsion, le pèlerinage à N.-D. de Réconciliation retrouva son antique célébrité. Sept chapelles ou reposoirs représentant les *Stations* de Marie, depuis la consécration au temple jusqu'aux pieds de la Croix au Calvaire, furent érigées le long du chemin qui va d'Esquermes aux fossés de Lille et qui conserva le nom de rue des Stations. Elles furent inaugurées le dimanche de l'octave de la Visitation ; la veille, à la lueur des torches, au son de la musique et des cloches de la ville, l'image miraculeuse fut portée en triomphe en la chapelle du collège et le lendemain, reconduite processionnellement au Sanctuaire où la Vierge était représentée en sa glorieuse Assomption. D. Foucart, abbé de Lôs, y assista en habits pontificaux et bénit les chapelles.

Pour la préserver des outrages de la guerre, l'image de N.-D. de Réconciliation fut bientôt reportée à Lille ; à la paix, le 20 mai 1660, elle fut transférée à sa chapelle d'Esquermes avec solennité par les étudiants du collège des Jésuites.

A la révolution, l'image sainte, les ornements, les ex-voto, témoignages de piété de nos pères, les sept oratoires élevés en 1636, rue des Stations, tout disparut. L'église paroissiale fut vendue, détruite. L'antique chapelle resta debout ; au rétablissement du culte, elle fut érigée en paroisse, l'architecte Beuvignat la restaura, en 1831, conservant ce que le temps avait épargné des anciennes constructions des XIIe et XIIIe siècles. Pour répondre aux besoins d'une population toujours croissante, une église fut construite par Beuvignat, en 1851, sur l'emplacement de l'ancienne église, où était encore le cimetière ; elle est à croix latine avec trois portails que l'on voit dans certaines églises gothiques de la Renaissance et sous l'invocation de S. Martin.

Curés : 1473, Jacques Six — 1554, Georges Delaval — 1613, François le Candelé — Jean Roussel, notaire apostolique à l'élection de D. Duquesne, abbé de Lòs en 1654, assiste aux Synodes de 1661-63-65 — 1675, Jean Becquet — Lolieur mort en 1683 — J. Defferez mort en 1724 — D'hin mort en 1728 — Coget mort en 1771 — Desbonnets jura en 1791, mais rétracta son serment ; une bande de patriotes vint l'arrêter en même temps que le curé de Wazemmes qui fut déporté ; détenu un an à Douai, rendu plus tard à ses paroissiens, il meurt en 1814 — J.-T. Motte mort en 1821 — Copin mort en 1829 — Platevoet — 1832, Catteau — 1834, Corbeaux, — Vanlaton.

Le pensionnat des Dames Bernardines d'Esquermes ou monastère de N.-D. de la Plaine, fondé par Dame Hippolyte Couvreur, religieuse des Prés à Douai ; Dame Hombeline, sa sœur, religieuse d'Annay et Dame Dewisme religieuse de Wœstyne (près S. Omer). Expatriées en 1792, elles rentrent en France en 1798, ouvrent à Douai un pensionnat aussitôt très recherché. Chassées de Douai par des jacobins fanatiques, elles vinrent se fixer à Esquermes en 1799, au château Van der Cruyssen ; les plus honorables familles s'empressent de leur confier leurs enfants et l'on vit s'élever une école de sagesse et de sainteté après les jours de folie et d'impiété. Forcées de quitter le château, elles achètent une vieille et vaste auberge enclavée dans le pensionnat actuel où elles entrent en 1807. Elles achètent ensuite les maisons et les terrains voisins, élèvent d'abord la chapelle : l'office divin y fut célébré en 1822 ; en 1827, une ordonnance royale érige l'établissement en communauté. Les fondatrices reprirent avec joie l'habit religieux, s'agrégeant quelques jeunes personnes qui, dès 1820, s'étaient jointes à leurs travaux. La Maison prit bientôt un développement qui en fait aujourd'hui l'un des premiers pensionnats religieux du monde. La communauté possède au chemin du Basinghien un immense jardin clos de murs dit *la Solitude*. Les religieuses ont ouvert, en 1828, une école gratuite pour les filles pauvres d'Esquermes.

Wazemmes.[1] — Bauduin, le fondateur de Lille, avait compris ce territoire dans la banlieue de Lille ; il fut cédé à Gui de Boulogne, évêque de Tournai, lorsque celui-ci, en 1320, laissa au roi de France les prééminences et hauteurs qu'il avait en la ville de Tournai ; les évêques y firent élever, en 1343, une belle maison de campagne. Jean, roi de France, y logea en 1368.

Le Gar, fief vicomtier, tenu de la Salle à x l. de relief, sis hors la porte de la Barre de Lille, en la paroisse de Wazemmes.

---

1 Wazem, Wascem, *Was-hem*, habitation près de l'eau dans un terrain aquatique, marécageux. C'est bien un nom de situation ; des fouilles faites de nos jours dans la rue Nationale permettent de retracer l'ancien cours de l'Arbonnoise, bras de la Deûle, et confirment les débordements de cette rivière à l'époque romaine; on trouva une monnaie de Néron du Ier siècle de l'ère chrétienne et des poteries romaines, des monnaies de Posthume sous une couche de 1m50 de tourbe. Ce grand débordement n'est pas antérieur au IIIe siècle de notre ère ; il correspond à l'invasion de la mer dans le golfe de Watten. Le palais Rameau est sur l'emplacement d'une villa gallo-romaine ; il y avait là des habitations, des cultures, un gué naturel élargi pour solidifier la partie tourbeuse. Le débordement recouvrit le tout d'un dépôt de sable de rivière et d'argile tourbeuse de deux mètres de haut sur lequel la Deûle creuse péniblement son nouveau lit à travers le marais.

1372. — Jean de Tenremonde, fils de Jean et de Saincte Canars, échevin de Lille en 1370, fait rapport du fief, cont^{t} 13 bonn. des rentes féodales.— 1450, Henri de Tenremonde, fils de Guillaume, roi de l'Epinette en 1421, possède le fief cont^{t} 16 bonn., dont le revenu est estimé 141 L. 8^{s}. — 1496, Antoine de Tenremonde, bailli de Lille en 1488, échevin en 1495, bailli d'Armentières en 1500, lieut^{t} du gouverneur de la Flandre wallonne, capitaine du château de Lille, fils de Gilbert, écuyer, Sr de Mérignies. — 1561, Jacques, fils de Jacques de Tenremonde. — 1569, Gérarde, sœur de Jacques, Vve de Jean de Cuinchy, Sr de Libersart. — 1587, Marguerite de Cuinchy, leur fille, dame de Mérignies, alliée à Louis de Beaufort, chl^{r} de Boulleux. — 1590, Philippe de Tenremonde, chl^{r}, Sr de Bachy, héritier de Marguerite de Cuinchy. — 1597, Pierre de Tenremonde, chl^{r}, Sr de Bachy, Mérignies, la Broye, Monbrehain, grand prévôt de Tournai en 1590-91, fils de Philippe, fait rapport du fief, qui comprend manoir, grange, étables, jardin planté d'arbres fruits portant, terres à labour, 16 b^{s} 2c, dont 3 b^{s} sur lesquels il y a 2 manoirs, l'un dit la cense du Gar, l'autre le moulin à eau à fouler drap près du pont de Canteleu tenant à la rivière du Bucquet, aux prés de la cense de Camproye. Le moulin est donné en arrentement perpétuel à Toussaint Delecambre pour 12 L. p^{sis} par an. Le surplus du fief comprend 13 bonn. 2c labour, — une pécherie depuis les étaques du Temple jusqu'à la rivière du Wault par moitié avec la ville.

Item. — Arrière fief de 10 bonn. hors la porte de la Barre, la voyette qui mène du moulin du Bucquet à la *porte Gardie* passant au travers, incorporé en 1672 dans la citadelle de Lille.

1620. — Féauté et hommage par dame Marie de la Hamaïde, Vve de Pierre de Tenremonde, mère et tutrice de Louis, Lamoral, Chrétienne de Tenremonde, — Marie-Jeanne de Tenremonde, fille de Louis, dame de Bachy et du Gar, alliée en 1654, à Tournai, à Pierre-Ulric de Haudion (Lamain),

Sr de Ghiberchies — Louis-Ulric de Haudion, leur fils, vend le Gar à Nicolas-François Faulconnier, Sr de Wambrechies. Louis-François de Tenremonde, Sr de Mérignies, en fait le retrait en 1698 et le revend, en 1716, à Hyacinthe Imbert, Sr de Fromez. Le Gar, incorporé en partie dans la citadelle, réduit alors à une prairie de 26c, près la porte Dauphine passe, en 1720, à Bruno-Hyacinthe Imbert, écuyer, Sr de Fromez.

Beaufremez à Wazemmes, Esquermes, Ennetières-en-Weppes, fief vicomtier, tenu du châtelain à x L de relief à Jean de Stavèle, Sr d'Isenghien. — Marguerite d'Antoing — Jacques de Recourt, chlr, Sr de Licques qui le vend à Antoine de Tenremonde, écuyer, Sr de Mérignies, de Bachy. — 1500, celui-ci sert le rapport du fief contt manoir de plaisance, prés, jardin, eaux, 2 bonn. 8c, des rentes Sriales qui se prennent sur 6 petits héritages.

1512. — Relevé par Françoise de Tenremonde au décès d'Antoine, son grand-père. — 1583, Fçois Muette acheta le fief allant en cense 2 bonn. 4c avec 5 bonn. 5c d'héritage cottier, la plupart en prés pour 60 L de gros par an.

En 1239, Jeanne donne à l'hôpital dit *Comtesse*, le fonds, les fossés, les édifices du manse de Froismés qu'elle possède près de Lille vers Wazemmes ; toutes ses eaux et toute la pêche, à partir du moulin supérieur de Wazemmes sis (de nos jours R. Vauban), entre le moulin d'Esquermes et le manse de l'évêque de Tournai jusqu'aux ponts de Wepes et de Fin et fossés adjacens aux fortificatio[illegible] de la Ville ; la comtesse se réserve le droit srial de justice inhérent à la propriété féodale. En donnant en 1243, à l'hôpital, tous les moulins à vent et autres sis à Lille et Wazemmes, elle cède tous les revenus de son droit de moulage dans la mannée de Lille.

Les moulins à eau de Wazemmes, l'un à blé l'autre à huile, tenus de Jean de Ghiselles, chlr, Sr du Breucq et de Wasquehal, de sa pairie du Breucq sis près de l'hôtel de l'évêque de Tournai à Wazemmes furent, en 1423, unis en un seul fief, en faveur de Messire Jean de Choisy, évêque de Tournai, qui fut chancelier de Philippe, duc de Bourgogne et qui les acquit des héritiers de Jean Canars, bourgeois de Lille.

1485. — Philippe Bourgois dit de Houplines, tenancier du fief qui comprend 2c de terre sur lesquels sont bâtis une brasserie, une grange, deux moulins à eau avec d'autres édifices, vend les *deux molins en une choque tournans à eaux* se réservant la brasserie, à l'Hôpital Comtesse qui en est *ravesti* par le bailli du Breucq au nom de Pierre, Sr de Roubaix et du Breucq du chef de Marguerite de Ghistelle, sa femme. L'acquisition des moulins coûta 6,000 L. psis et l'amortissement 1,000 L.

En 1566, le magistrat de Lille fait creuser le canal dit depuis *des Stations*. Ce canal embranche sur *le Fourchon* au cabaret de *l'Arbonnoise*, reçoit en plus les eaux des champs qu'il porte en ville par le *Plash*, étang *du Molinel* et le canal des Hibernois, il traverse le chemin de Beaufremez, celui qui mène de la porte du Molinel à Esquermes, la cense des *Corbeaux* comprise dans l'agrandissement de 1605, le chemin de la *Bouvaque* qui mène de la porte des Malades à Wazemmes, il était navigable pour de petits boteaux. Un accord intervient pour *librement pouvoir les bateaux allant et venant passer par notre rivière d'Esquermes en la grande rivière de la ville*, dit l'abbé de Lôs. Avant cette époque, toutes les eaux venant par la *Fourche* de la Deûle[1]

---

1 La Deûle à l'endroit que l'on dit le *Fourchon* d'Esquermes se par tist en deux rivières : l'une porte le navire allant jusqu'au molin de Canteleu et dillec au lieu où l'on fait rivage de marchandises appelé le *Wault* au plus près de Lille, l'autre allant et passant aux planques et molins d'Esquermes, Wazemmes et de le Sauch fait l'abeuvrement et renouvellement des eaux de toute notre dite ville et même de celles de notre hôtel (palais de Rihour); et Charles-le-Téméraire, duc de Bourgogne, par lettres données à Bruxelles le 23 février 1472, ordonne sur la plainte du magistrat de Lille que la rivière soit remise et entretenue en son ancien cours sans la souffrir attérir. Des attérissements considérables s'étaient faits en la rivière d'Esquermes le long du bois des religieux de Lôs formant des platières, roselières arrêtant le cours des eaux vers Lille. — 1555. Le moulin de le Sauch, tenu par Jacques Grard dit de Bruxelles, comprend 2 moulins à fouler : tournant l'un à draps, l'autre à bonnets.

passaient à la *Porte-Rouge*, au moulin *del Sauch*. Pour amener à pied-d'œuvre les matériaux de la citadelle, Vauban creuse un canal dit *de Vauban ;* il prend toutes ses eaux à la *Porte-Rouge* et les conduit en Haute-Deûle au *Pont de France*. Le *Fourchon* ne fut plus qu'un canal d'assèchement des marais d'Esquermes perdu dans les prés des blanchisseurs ; les moulins de la *Porte-Rouge*, celui *del Sauch* cessèrent de tourner.

1449, 14 nov. — Comparurent aucuns des manans de Wazemmes : Jehan Deleplace, Wille Tonnel, Jehan Senekok dit Lalemant, Melchior de Marque, Jehan Reniez, Jehan Pardon, collecteur, qui firent ostention du billet de l'assiete et cache de leur taille, par lequel appert qu'ils avoient été assis à la darraine assiete en 1448, à XIIII L. de gros, dient qu'ils estoient XXVIII personnes payans taille, et qu'ils n'assoient point à taille leurs maisnies ni les héritages des forains, et dudit nombre n'en y a aucuns qui à présent prengnent des biens des povres, mais en y a bien X paians taille qui sont mendians. Requis assavoir s'ils ont aucun enclavement non payans taille, dient qu'il y a deux maisons tenues de l'empire de Templemars qui point ne paient taille. Requis assavoir s'ils sont amenris du nombre de personnes et de chevance depuis X ans et s'ils se plaindent de trop de taille, dient que si, et la cause si est pour ce que Andrieu Lemesre, deffunt, paioit XL S., et son lieu est à ruyne ; Jehan Le Boucq paioit VI L., il est parti, le louagier en son lieu ne paie que XII S.; Josse de Marque paioit LXXVIII S., et il est si fort apovri qu'il n'est taillé de plus paier ; Wille Delalaing, brasseur, aussi parti, paioit IIII L. X S.; Denis Desmaitres, brasseur, tient le lieu et brasserie et dit qu'il ne paiera point de taille; Jehan Pardon, deffunt, paioit XLVIII S., le louagier en son lieu ne paie que XV S.; Willot Levesque, deffunt, paioit XLII S., le louagier en son lieu ne paie que VI S., et plusieurs autres semblablement qui sont morts et partis, dont ils ne sont reçors. Dient aussi que par le fait de gens d'armes, ils ont été domagiés depuis VII ans de la somme de (C L. ?) ils ont fait reffaire leur église, de plusieurs ouvrages, qui leur ont cousté depuis X ans, la somme de mille L., que l'on a pris et levé sur les manans de la paroisse, par l'autorité de Mgr le gouverneur de Lille, avec ce y ont employé les revenus et biens de la carité des povres d'icelle église. Requis assavoir s'ils sont point enrichis ni augmentés de gens depuis ce temps, dient que non. Requis assavoir la ricesse des manans de la paroisse, et combien ils paient de taille, dient que Jehan Senecok. dit Lalemant, a un bonn. parmi un lieu et paie XXVII s.; Ansel Lelong a deux bonn. parmi un lieu et paie LXXVIII s.; Jehan Pardon a trois maisnies situées sur un quartier de terre et paie XVIII s.; Jehan Delaplace a v^c de terre parmi deux maisons et paie XXVI s.; Melchior de Marque a le tierch d'un lieu cont^t XXV^c de terre et paie XXX s., et les autres en dessous paient semblablement, à l'avenant de leur chevance. Requis assavoir combien leurs terres valent en cense et en vente, dient qu'eux tous ensemble en la paroisse, n'ont que quatre bonn. VII^c de terre, dont deux bonniers sont terres ahanables. le surplus en lieux et jardinages, et valent les terres en cense XVI R. de grain à l'avesture, mesure de Lille, et en vente IIII^xx frans le bonnier et doivent diverses rentes qui portent, l'une parmi l'autre, LXX s. le bonn. Requis assavoir s'ils se dient être plus haut taillés que les villes voisines, dient que rien n'en sçavent.

1498.—Pour Wazemmes sont comparus sire Jehan Deleporte, prêtre curé, Jehan Lestienne, David de Langlée, Pier du Rieu. Dient, sur ce interrogés, qu'à Wazemmes il y a 32 feux contribuans à l'aide qui se lève illec, dont la moitié prennent les biens de la carité des povres, le demourant vivent, assavoir les uns à manouvrer, les autres à labourer, entre lesquels y a un brasseur ; dient, outre que ceux qui prennent les biens des povres, le plus haut d'eux paie IIII gros. Interrogés combien de kerrues il y a à Wazemmes contribuans audit aide, dient qu'il y a IIII chevaux. Interrogés sur la dépopulation ou augmentation de gens et de bestail depuis 1491, que la darraine réformation se fit, dient que le nombre et quantité de gens et de bestail est bien aussi grand ou plus, mais il y a moins resséans et puissans. Dient qu'ils ont paié à Ph. Duquesnes, receveur des aides, pour l'année courante, XVIII L. de XL gros.

En 1549, la contribution est de 119 L. 4 s. On compte en jardins 14 bonn., revenu estimé 48 L. le bonn., en labour 219 bonn. 3^c, revenu estimé 20 R. de grain à l'avesture, en pré 11 bonn. 5^c, revenu estimé 48 L. le bonn., en bois 4 bonn. 2^c. — La dîme est estimée 438 L. — 1 molin à eau à tordre huile et 2 molins à mouldre wede, — 40 feux, 6 chevaux, 43 vaches. Gens d'église : l'hôpital Comtesse de Lille occupe 8 moulins, dont 2 moulins à eau, l'un à moudre blé l'autre à tordre huile, 4 molins à vent à moudre blé, 2 moulins à vent à moudre *brey* (petite graine grasse). 1 feu — des manans de la ville de Lille, en la taille et banlieue d'icelle, les uns comme propriétaires, les autres comme fermiers, occupent 16 molins à vent, dont 2 à moudre écorces, 1 à moudre blé, les 13 autres à tordre huile. Sur Ronchin on compte 2 moulins à wede, et sur Lesquin 1 moulin à wede, 1 à blé.

Le nombre des moulins s'est accru au siècle suivant, avec la culture du colza.

1720. — On compte à Wazemmes 80 feux. Le terroir (248 b^{s} 11^{c}), porte blé, sucrion, colza, avoine, pâturage ; il comprend les trois principaux faubourgs de Lille. On y voit beaucoup de jardins avec des habitations pour le plaisir et une infinité de cabarets qui se remplissent pour les bourgeois de Lille qui viennent s'y promener. Une partie de ce village est du Tournésis, on y vend des marchandises prohibées en France. Le revenu de la cure est de 200 fl. L'évêque de Tournai en est le patron et seigneur du village. Plusieurs évêques y ont fait anciennement leur résidence. Le chemin qu'il suivait pour s'y rendre se dit chemin de l'évêque et se raccorde vers Ronchin avec la voie romaine de Tournai-Estaires. La ville de Lille paie au curé 263 fl. par an, pour le dédommager de la diminution de sa paroisse par les fortifications faites sur son terrain. Le peuple court invoquer S. Roch en cette église.

Située avec le cimetière et la cure, près de la maison de l'évêque (de nos jours place Ph. de Girard, ancienne place de la *mairie* de Wazemmes) ; bâtie en briques et pierres blanches, elle avait 200 pieds de tour ; elle fut vendue, l'an VII, 9 pluviose et démolie. L'église, actuellement à usage de salle d'asile, rue du marché, fut construite en 1821. L'église S. Pierre S. Paul commencée en 1854 fut livrée au culte le 29 octobre 1857 ; elle coûta 377,338 fr.

Curés : 1498, Deleporte — 1697, Franchomme — 1701, Morelle — 1710, Berthem — 1745, Hochart — 1746, Ouvelac — 1780, Lallou — 1790, Bouchart — 1802, Brisy — 1810, Hurtrez — 1815, Lecœuvre — 1819, Dumez — 1830, Lefebvre — Rigaut — 1832, Honoré — 1841, Cadet — 1845, Gadenne — Carton.

Nous venons de parcourir tous nos villages et nous pourrions appeler ce livre terrier, livre des fiefs, statistique féodale.

Nous avons fait l'historique du fief, de ses honneurs et privilèges. Nous avons mis en tête le seigneur de la terre, et dans ce terrier d'hommes libres, près de lui, parmi les plus honorables, ce fils des champs, ce laboureur qui changea les sauvages friches en sillons de bon froment. Nous écoutions ses doléances aux enquêtes pour la taille, il est *adomagié*, *mengié*, *composé* de gens d'armes. L'homme de guerre, le frelon pille la ruche avec un horrible fracas, mais lui, le laboureur, se relève toujours plus fort, toujours debout, poursuivant sa laborieuse mission, la main sur la charrue sous le regard de Dieu. Nous nommions ce laboureur que nul n'avait encore nommé et qui est aussi vieux que son village natal : son nom se retrouve dans les registres d'état-civil. Nous comptions sa chevance, le prix des terres, ses richesses en charrues, en bestiaux.

L'église est le centre aimé de la population, le curé enseigne et prie, la cloche est la voix qui appelle aux assemblées comme aux travaux des champs. Devant l'église, des ormes sont plantés, leur ombrage séculaire protége les assemblées, les bruyantes réjouissances des kermesses ou dédicaces. Dans ces réunions populaires, le bailli, l'ancien des laboureurs, les notables, les hommes de fief, gens de loi, s'efforcent de concilier les différends, et cette juridiction paternelle, assises véritables de justice de paix, nous rappelle le chêne de S. Louis.

Nous reprenons nos annales au règne plein d'orages de Philippe II, roi d'Espagne.

ANNALES DU CANTON

Le XVIe siècle finit avec les troubles religieux, l'hérésie était surtout prêchée du côté de la Lys ; un parti d'hérétiques se répand comme un torrent qui rompt ses digues. Amassés autour de Comines, ils tombent sur l'abbaye de Marquette, le jour de l'Assomption. Le seigneur de Wambrechies sut en imposer aux pillards, et défendre les religieuses ; mais ils firent de grands dégâts sans respecter les tombes des fondateurs, de Jeanne, la bonne comtesse. D'un autre côté, Cornil, maréchal, prédicant de la réforme, avec 1.400 bandits que l'appât du pillage réunit autour de lui, pénètre dans la ville d'Armentières, saccage les églises, commet mille insolences envers les habitants ; fatigués de briser, de piller, de boire et de hurler, les gueux ou hurlus, c'est ainsi qu'on les nomme, se séparent en deux colonnes : l'une sous le commandement de Cornil se dirige vers Fournes, ils en veulent principalement à la S. Vierge qui y était en grande vénération, la dépouillent de ses ornements, ils renversent les images saintes et les autels, mais ils ne peuvent abattre le grand Dieu en croix ; les cordes des cloches qu'ils avaient coupées et qu'ils avaient attachées à la tête, très fortes pourtant, rompent par miracle. L'autre bande, sous les ordres de Vallée, venant par Sequedin, dont l'église fut pillée, se présente devant l'abbaye : c'était le mardi 17 août 1566.

Connaissant les désastres de Marquette, les moines s'étaient réfugiés à Lille avec ce qu'ils avaient de plus précieux. Ne trouvant d'opposition à leur frénésie que la vaine résistance de quelques ouvriers des fermes, et des villageois de Loos trop peu nombreux, les farouches iconoclastes se précipitent dans le monastère, chantant les psaumes de Marot, poussant des hurlements affreux, criant abolition de la messe! abolition de la messe! Ils renversent tout ce qu'ils rencontrent, lacèrent les livres d'église à coups d'épée ; ces livres si riches en miniatures, œuvre de toute une existence, sont anéantis en un moment ; les précieux manuscrits de la bibliothèque sont mis en pièces. L'église du village de Loos est également saccagée ; puis la bande dirige sur Haubourdin ses dévastations sacrilèges, et se propose une attaque sur Seclin, où le pillage de la Collégiale lui promet un riche butin ; mais les habitants sont prévenus, tout le monde s'arme de tout ce qui lui tombe sous la main. Le receveur du chapitre, ancien officier wallon, prend le commandement. Les gueux s'approchent ; on les reçoit à coups de mousquets, ils prennent pour des cavaliers armés de lance les hommes postés dans la grande rue vers Carvin, qui n'ont que des bâtons et des faulx. Ils rétrogradent en criant sauve qui peut. Les gens de Seclin se lancent à leur poursuite ; ceux de Gondecourt, d'Houplin, de Noyelle, de Templemars, de Wattignies, d'Emmerin, accourent aux appels du tocsin qui tinte à tous les clochers. Les hommes, les femmes, les enfants, s'unissent aux gens de Seclin ; les pauvres gueux, frappés de terreur, harrassés de fatigue, se précipitent dans les marais d'Ancoisne et de Wavrin, où la plupart furent noyés et assommés. La leçon était rude, et le voisinage de Lille fut délivré de ces perturbateurs.

Au milieu de l'affreux désordre qui règne aux Pays-Bas, la province de Lille, c'est ainsi que fut alors nommé tout le pays comprenant la châtellenie de Lille, Douai et Orchies, tend à s'isoler. Cependant D. Pierre Carpentier, abbé de Loos, pour le clergé, Jean, Sr de la Haye, pour les nobles, le seigneur du Breucq et Antoine de Muyssart, députés des baillis et de la ville, avaient été envoyés en 1576 à Bruxelles, pour aviser à la pacification et assister aux assemblées des États-Généraux, auxquels Philippe II avait remis le gouvernement. Dans les années suivantes, Me Floris Van-derhaër, chanoine et trésorier de S.-Pierre, homme très entendu, auteur de l'ouvrage des *Châtelains de Lille* et l'abbé de Loos représentent le clergé aux assemblées qui délibèrent sur les instructions et les ordres à donner aux députés de la province de Lille aux États-Généraux. Ces instructions portent de maintenir la religion catholique, l'obéissance au roi, elles insistent sur l'éloignement des soldats espagnols qui, n'étant pas payés commettent beaucoup de désordre, et sur l'organisation d'une armée nationale, commandée par les seigneurs du pays qui seraient aussi les gouverneurs des villes et places fortes. Il ne tint à rien, dit Delefosse, que les provinces catholiques ne secouassent le joug de l'Espagne, comme avaient déjà fait celles de Hollande, pour former toutes ensemble un corps libre et indépendant composé de provinces catholiques, et de protestantes, à la manière des cantons suisses, lesquels, quoique de différentes religions, ne laissent point d'être unis dans le même corps à un même gouvernement.

Le XVIIe siècle s'ouvre sous de favorables auspices, avec le règne d'Albert et d'Isabelle. Ce fut une époque de renaissance et de prospérité. La religion catholique fut remise en honneur, plus de 300 églises détruites ou saccagées pendant les troubles furent restaurées et enrichies par les pieux souverains. Ceux-ci furent reçus à Lille avec tout l'éclat des anciens jours. Le lendemain de leur joyeuse entrée, le dimanche 6 février 1600, les Archiducs se rendent à la collégiale où D. Pierre Carpentier célèbre la messe pontificalement en crosse. Ils vont ensuite par la grande chaussée vers la maison échevinale au devant de laquelle était érigé un grand et beau théâtre, où publiquement aux acclamations du peuple, ils prêtent, sur les saints Évangiles que tenait le R. P. Carpentier, le serment de maintenir les franchises, coutumes, immunités de la ville : le lendemain ils vont à N.-D. de Grâces, et dînent à l'abbaye.

L'archiduc Albert, meurt le 13 juillet 1621, on lui fit à Bruxelles, des obsèques qui éclipsèrent celles de Charles-Quint. Son corps, déposé sur un lit de velours et d'or, en habit de cordelier, comme il l'avait prescrit, est exposé pendant quatre jours aux regards du peuple, puis déposé dans la chapelle sous la sacristie. Le 12 mars suivant on fit les obsèques solennelles auxquelles assistent les seigneurs de la châtellenie et l'abbé de Loos, D. Foucart, en cape noire et mitre blanche, avec son chapelain. Isabelle, la fille aînée de Philippe II, morte en 1633, fut inhumée sans éclat auprès de son époux. Déjà l'orage gronde, une nouvelle ère de calamités et de guerre s'ouvre pour notre pays.

En 1636, se fait la rupture de la paix entre les deux couronnes de France et d'Espagne, lesquelles depuis la paix de Vervins (1598), étaient demeurées en assez bonne intelligence. D. Delebarre, l'historien de l'abbaye de Lôs, s'élève contre Richelieu, qui s'était fait nommer abbé général de Citeaux, de Cluny, de Prémontré, afin de tirer la quintessence de nos abbayes des Pays-Bas pour le service du roi, comme il le fit de l'abbaye de S.-Denis, la plus riche de France. Il avait donné cent écus d'or à chaque religieux, et les biens immenses de cette maison, passèrent dans les coffres du roi; il était bien nommé *Armand*, armant tous les peuples les uns contre les autres ; il s'était fait donner le titre de patriarche de France, d'archevêque électeur de Trèves. Nous devons épargner pourtant le cardinal qui nous donna sa protection, lorsque, après la prise d'Arras et de La Bassée, il donna au gouverneur de cette dernière place dont la garnison pillait et rançonnait dans ces quartiers, l'ordre de conserver notre maison, ce qui n'empêcha pas l'armée française, de venir après la prise de La Bassée, en août 1641, piller l'abbaye, incendier notre moulin de Durmort. »

Le 30 août 1641, 1.500 hommes tentent un coup de main sur Lille, ils surprennent et enlèvent 300 cavaliers postés près du moulin de l'Arbrisseau, sans qu'il s'en échappe un seul; mais une sortie de la garnison et des bourgeois repousse les agresseurs qui se vengent, en incendiant les faubourgs Notre-Dame et des Malades, et les moulins si nombreux dans la plaine; les censes d'Esquermes, Hallennes, Premesques faisant partie de la dotation des Chartreux de la Boutillerie sont complètement brûlées, en 1642, par le duc de la Milleraye. La guerre se poursuit sans trève ruinant toute la châtellenie : des détachements de cavalerie sont postés en éclaireurs à Haubourdin, à Loos. Ceux de la campagne se sauvent dans Lille en si grande foule, que vingt mille et plus logèrent longtemps sur le pavé, d'où s'ensuivit une grande mortalité.

Les Espagnols reprirent, en 1642, la Bassée dont l'occupation par les Français était un sujet continuel d'inquiétude pour la châtellenie de Lille exposée à de continuelles incursions; mais Gassion et Rantzau, en 1645, prennent Armentières, Béthune; le 31 août ils font une nouvelle tentative sur Lille, brûlent de rechef les moulins, les faubourgs, soumettent le pays à de grosses contributions; les Français, par plusieurs fois, séjournent en l'abbaye de Lôs.

1646. — L'armée de Gassion partie d'Armentières se dirige sur Lille, prend sur son passage toutes les *places de distinction pour s'assurer et se bien placer;* le 12 septembre, elle occupe le château de Lomme, l'abbaye de Loos, Haubourdin qui est en partie brûlée, Englos.

1647. — Il se prépare une action décisive. S. A. I.

l'archiduc Léopold-Guillaume d'Autriche, frère de l'empereur Ferdinand, fait marcher son armée vers la forte ville d'Armentières qu'il investit et fait vivement bombarder. Il arrive avec toute la cour aux tranchées devant Armentières le 20 mai. Gassion fait des efforts héroïques, mais inutiles pour le secourir. Les assiégés firent en même temps une sortie, mais ils durent se rendre le 30 mai, jour de l'Ascension. Gassion de son côté, avec 8.000 hommes, s'empare le 19 juillet de La Bassée ; le maréchal de Gassion était vaillant, heureux, hardi. Mazarin comprit toute l'importance du service que le maréchal venait de rendre à la France.

Le 14 août, les Impériaux sont à Loos et à Lomme ; le 15, le duc de Lorraine vient renforcer leur armée de 5.000 hommes à Haubourdin. Le 29, S. A. I. part avec son armée de Lomme pour Armentières, l'infanterie marchait jusqu'à mi-jambes dans la boue, produite par les pluies continuelles des jours précédents. L'intrépide Gassion se lance à leur poursuite à la tête de 400 cavaliers d'élite ; mais sa petite troupe est bientôt enveloppée, la plupart furent tués ou pris. Gassion, renversé de son cheval, reçut à la tête un coup de crosse de pistolet, il parvint cependant à s'échapper avec vingt-cinq autres. Nous le retrouvons sous les murs de Lens.

Les 26 et 27 septembre, l'armée de l'archiduc part d'Armentières, traverse la Lys sur trois ponts, et vient à Haubourdin. S. A. I. arrive à Loos le 26 au soir, et marche au secours de Lens. Gassion donne le 30 septembre un furieux assaut à cette ville, et tombe frappé dans son triomphe. Lens se rend aux Français le 3 octobre.

En juillet 1648, l'armée d'Espagne vient encore camper à Loos [1], et aux environs ; l'archiduc Léopold et sa cour logent

---

1 En donnant un état du revenu de l'abbaye en 1654, l'abbé se plaint des passages et logements des armées, notamment en 1647-1648, « quand S. A. I. s'y est venu camper en plein août avec deux armées, qui ont enlevé les avêtures, dérobé les

chez nous à notre très grand intérêt, dit Delefosse, jusqu'à l'onzième jour d'août. Le 20 août, dans les plaines de Lens, le grand Condé remporta sur cette armée une victoire éclatante. Tels sont les évènements qui avaient eu notre région pour théâtre. Les armées étaient peu nombreuses, les engagements journaliers, les dévastations générales, le laboureur renonçait à ensemencer son champ, les récoltes ayant toujours été prises en vert par les fourrageurs des deux armées.

Les traités de Westphalie (1648), des Pyrénées (1659), ne terminent pas la lutte entre l'Espagne déchue et la France qui grandit, florissante, avide de gloire. Dès 1667, Louis XIV, élève des prétentions sur nos provinces, apanage de son épouse, Marie-Thérèse, fille ainée du roi d'Espagne.

En mai, il est en Flandre avec une belle armée Armentières, dont on avait démoli les portes et les murailles parce qu'on avait pas assez de soldats pour les défendre, est occupé par les Français. Il semblait que le pays était sans défense, puisqu'il manquait d'hommes et d'argent et qu'on n'osait secourir une place assiégée de crainte de sacrifier ce qu'il restait de troupes mal vètues, mal payées. L'armée royale paraît devant Lille. Le maréchal d'Aumont qui la précède en prodiguant des sauvegardes donne confiance aux laboureurs dont bien peu se retirent à Lille, et l'armée trouva toute la moisson ou dans les granges ou sur les champs avec

---

bestiaux, consommé les provisions, les fourrages, ruiné les fermes circonvoisines qui, pour cette cause, n'out pu livrer aucun grain ; au lieu d'en vendre, nous fûmes contraints d'en acheter une grande quantité.

Même l'année dernière (1653), l'armée de S. M. (le roi d'Espagne) étant au commencement de la campagne venue camper depuis Haubourdin jusque Seclin, où sont situées quelques censes principales de l'abbaye, nous perdions plus de 600 rasières-pairs de grains, et les fermiers en demeurent si appauvris qu'ils sont contraints d'abandonner leurs fermes, ne pouvant plus satisfaire aux aides et subsides de S. M. et aux contributions exorbitantes que les ennemis extorquent forciblement. »

Faute de solde on dut licentier ces bandes presque sauvages ; l'armée se répand dans la châtellenie, jamais ennemi ne traita avec plus de rigueur une province conquise ; les habitants n'eurent d'autre asile que les murailles de Lille.

abondance de tous fruits, légumes, volailles et autres délices.

Le 16 août 1667, le roy s'étant rendu devant Lille qui avait été investie deux jours auparavant par le marquis d'Humières, prit son quartier au village de Loos.

Aussitôt que le comte de Bruay, gouverneur de la place, eût avis que S. M. estoit arrivée au camp, il lui envoya faire une civilité qui fut qu'il lui offroit le choix des plus belles maisons, à une lieue aux environs de Lille, même tout ce qu'elle auroit besoin de dedans la ville pour sa maison pendant le siége, et luy fit demander quel seroit l'endroit de son quartier, afin qu'il donnast ordre de n'y point tirer; mais il fit ajouter qu'il priait S. M. de ne point trouver mauvais, s'il deffendoit cette place avec la dernière vigueur pour le service du Roy catholique, son maistre.

S. M. après avoir fait remercier le comte de Bruay de son compliment, lui fit dire pour toute réponse que son quartier seroit dans tout son camp, et que plus sa résistance seroit opiniastre pour s'opposer à cette conqueste, plus le succès en seroit glorieux.

Le Roy passoit le jour et partie des nuits au bivouac, donnant en personne tous les ordres nécessaires avec une application merveilleuse, qui servit à faire avancer beaucoup les lignes de circonvallation et de contrevallation.

Le 17, sur les dix heures du soir, le feu prit au chasteau, où le Roy étoit logé, par quelques étincelles tombées dans la paille des escuries; mais on y remédia si promptement, et avec tant de succès, que le dommage ne fut pas considérable.

S. M. étoit alors au bivouac, et tout ce qu'il y avoit de gens, et jusques aux chevaux, à un ou deux près, furent retirés. On sauva aussi la plupart des hardes, et tout l'or et l'argent monnoyé, que des particuliers avoient dans leurs cassettes ou dans les coffres de la chambre.

Sa Majesté en ayant receu la nouvelle, demanda si l'on avoit sauvé ses papiers et ses chevaux, et, comme on l'en eût asseurée, on remarqua qu'elle ne parut aucunement émeue de cet accident, mais tesmoigna par un soûris cette fermeté et cette grandeur d'âme qui lui sont si naturelles. Et comme il se trouva quelques curieux, dans cette occasion, qui se souvinrent d'avoir leu dans Nostradamus, une centurie qui avoit un particulier rapport à cette avanture, laquelle estoit de bonne augure, pour la prochaine réduction de cette importante place, ainsi que la chose arriva ensuite si heureusement, cette prédiction mérite bien d'être rendue publique.

Quand des fleurs d'or, Roy pieux et sans égal.
D'un double cercle aura ceint l'Insulaire.
Chasteau flambant lors sera le signal.
Qu'il sera temps qu'on lui soit tributaire.

Le roi était logé au château de Landas, habitation élégante et somptueuse dont la construction remontait alors à 30 ans, domaine de Philippe-Charles de la Haye, S[r] d'Ennequin ; le duc d'Orléans au château des Fresnes, à J.-B. de Thiennes, Sr de Lôs. Après la reddition de Lille, le duc d'Aumont avec 9.000 hommes vint camper à Haubourdin, et passa à travers l'abbaye de Lôs, qui fut l'hôpital général de l'armée de France. 1.500 soldats, tristes victimes de la guerre, furent enterrés dans le cimetière des moines, les religionnaires dans le jardin S.-Pierre, voisin de l'ancienne église, où fut depuis bâtie la nouvelle. Douze moines sous le nom de *Frères de la charité* desservaient cet hôpital avec un dévouement sans bornes. Claude Guiart, médecin du roi, succombant à la peine, y mourut, et par un rare exemple de solidarité militaire et d'humilité chrétienne, il voulut que son corps fut mis dans les sépulcres, grands saloirs que l'on y faisait, sans distinction parmi les soldats. Il demanda que son cœur fut mis au cloître. Les habits des soldats, chargés de sang et d'ordures, étaient amassés dans les remises de l'abbaye : des fripiers les achetèrent et portèrent à Lille en même temps la peste, qui fit de grands ravages.

La paix d'Aix-la-Chapelle (1668) était à peine conclue, que déjà les Hollandais préparaient contre Louis XIV *la triple alliance*. Pour les punir il envahit la Hollande (1672) et Condé, passe le Rhin à la tête de la cavalerie française ; à ce débordement les Hollandais opposent le débordement de la mer, ils avaient eu le courage patriotique de percer leurs digues ; toute l'Europe est en armes, la guerre se rapproche de nous, les réquisitions d'amis et d'ennemis recommencent ; celle dite de Valenciennes est portée à Pedro Delvans, qui commande en cette ville pour l'Espagne.

1676, 25 juillet. — La cense d'Ennequin (Lôs) est brûlée par les Français qui vont au siége d'Aire. Le roi soumet à son obéissance Valenciennes, Cambrai, S. Omer (1677) et défend à tous ses sujets en deça la Lys de payer contribution aux Espagnols qui avaient été aussi battus avec les Hollandais par le duc d'Orléans, au mont Cassel, victoire remportée sur le prince d'Orange, généralissime des ennemis.

Louis XIV, orné des lauriers de la paix et de la guerre, est à l'apogée de sa gloire : une ère de calme et d'unité commence, toutes les passions se portent vers l'agrandissement du territoire français et la fixation de ses limites. Le traité de Nimègue (1678) assure Lille et la Flandre à la France.

Après tant de vicissitudes, nos populations se reposent avec bonheur sous l'égide d'un pouvoir fort qui leur donne la sécurité. Le roi envoie des gouverneurs qui font aimer sa domination. M. le maréchal d'Humières, gouverneur de Lille et de la Flandre française, par ses manières bienfaisantes et populaires sut gagner l'affection des Lillois. A cette époque de centralisation royale l'administration provinciale subit des changements profonds; des états de la province et des échevinages, elle passa aux mains des intendants Michel Lepelletier, Breteuil, Dugué de Bagnols, qui s'inspiraient des idées de progrès et d'amélioration. De grands travaux d'utilité publique furent conçus et mis à exécution. La prépondérance de

Louis XIV en Europe, la gloire qui rayonne autour de lui excitent la jalousie des puissances. Une ligue redoutable conclue à Augsbourg (1686) met en feu la terre et les mers. La Flandre eut à subir les charges excessives, les pertes, les alarmes que cause l'état de guerre sur tout le littoral et sur les frontières.

1689, 7 septembre. — Le marquis de Castanoga, gouverneur général des Pays-Bas espagnols, força les lignes, retranchement élevé par ordre du roi, depuis le pont d'Espierre-sur-Escaut jusqu'à la Lys au delà de Menin, pour couvrir la châtellenie de Lille et le Tournésis et les mettre à couvert des partis ennemis et des contributions qu'ils levaient.

En 1692 s'ouvre aux Pays-Bas une campagne glorieuse pour la France et signalée par la prise de Namur (5 juin), la victoire de Steinkerke (3 août). Le jeudi 18 septembre, à deux heures un quart après midi, on sentit un tremblement de terre par tout le pays qui dura l'espace d'un *Pater* et d'un *Ave*. En ce temps-là, il y avait deux puissantes armées au voisinage. L'armée de France commandée par le duc de Luxembourg, entre Menin et Courtrai, qui pilla Werwick et celle des Alliés commandée par le duc de Bavière et le roi d'Angleterre vers Deynze.

1693, 18 juillet. — Les ennemis de la France commandés par le duc de Wurtemberg, prince allemand et général des troupes danoises au service de la Grande-Bretagne, forcent les lignes et retranchements dont nous avons parlé aux environs de Dottignies, et quelques jours après passant la Marque au Pont-à-Tressin viennent camper à Annappes.

Le marquis de la Valette, forcé dans ses lignes de la Marque à Tressin par cette armée fort supérieure en nombre, prend position derrière la Deûle à l'abbaye de Loos, dont il fortifie la haute porte et les avenues, et à Haubourdin, où il fait remplir de fagots les maisons près du pont, à dessein d'y mettre le feu, si les alliés approchaient. Il voulait empêcher le passage de la rivière, et mettre à couvert des contributions le pays qui était au delà. Les alliés perdirent leur temps à Tressin, et le maréchal de Luxembourg, les ayant battus à Nerwinde, 29 juillet,[1] ils se retirèrent. Nous l'avions échappé belle, dit l'abbé de Loos D. Delefosse, nous courrions grand risque d'être pillés, comme place emportée l'épée à la main.

Cette année de guerre est fort pluvieuse, on fit petite moisson, la vendange manqua, le blé se vend à Lille 18 fl. la rasière. Le commerce était interdit, les artisans sans travail, il y eut beaucoup de pauvres dont plusieurs moururent de faim. En cette disette, cent navires chargés de blé venant du Danemarck pour la France furent pris par huit vaisseaux de guerre hollandais. Jean Bart rencontre ce convoi et ceux qui l'emmenaient (29 juin 1694), fond sur eux, prend trois vaisseaux à l'abordage, les autres fuient et le convoi rentre heureusement dans les ports de France. Une médaille rappelle cette action glorieuse ; on y grava la proue d'un vaisseau et Cérès couronnée d'épis sur le rivage avec cette légende : *Annona Augusta*, et sur l'exergue on lisait : *Fugatis aut captis Batavorum navibus*, M.DCXCIV.

La paix de Risvik (1697) fut une courte trêve. L'Europe attend anxieuse l'ouverture de la succession de l'Espagne. Le roi d'Espagne meurt, il avait institué pour son héritier le duc d'Anjou, petit-fils de Louis XIV. Tous les tonnerres des rois s'allument, pendant dix ans le sang ne cesse de couler. La Flandre est le principal théâtre de cette guerre où la

---

1 Ce fut le dernier triomphe du maréchal de Luxembourg, mort en 1695, fils posthume de ce Montmorency-Bouteville décapité sous Louis XIII pour s'être battu en duel. En épousant Charlotte-Bonne-Thérèse de Luxembourg, fille d'Henri Clermont-Tonnerre et de Charlotte de Luxembourg, le comte de Bouteville joint le nom et les armes de Luxembourg au nom, aux armes de Montmorency. Charlotte était fille d'Henri de Luxembourg qui mourut en 1614, sans enfants mâles ; il avait obtenu que ses titres fussent transmis aux maris de ses filles, même aux filles aînées de ses filles à défaut d'enfants mâles. Ainsi finit l'illustre maison de Luxembourg qui compte des empereurs d'Allemagne, des châtelains de Lille, des seigneurs d'Haubourdin, Armentières, Radinghem.

France eut à combattre l'Empire, la Hollande, l'Angleterre.

Des feux de joie s'allumaient encore pour éclairer nos victoires lorsque la défaite à Hochstett (1704), à Ramillies (1706), vint détruire toute espérance.

Les troupes se rassemblent et forment un camp à Frelinghien et autres villages entre la Lys et la Deûle ; à Lille des tentes sont dressées sur l'Esplanade et dans les rues ; Vendôme, rappelé de l'armée d'Italie, remplace le maréchal Villeroy à la tête des troupes (août 1706) ; les villageois de la châtellenie de Lille s'organisent en milices pour la garde de leurs foyers.

L'armée commandée par le duc de Bourgogne, petit-fils du roi, et le duc de Vendôme, s'empare de Gand, de Bruges, campe aux environs d'Audenarde. L'armée des alliés, commandée par le prince Eugène de Savoie, fils du comte de Soissons, par le duc Marlborough et le Veltmeister de Hollande, le comte Holsteinbeck de la maison de Nassau, joignit celle de France, le 11 juillet 1708. Les deux armées se battirent, celle de France perdit la bataille et se retira en Flandre pour couvrir Gand et Bruges, celle des alliés vint camper depuis Menin jusque Warneton, le long de la Lys. Elle y demeura du 14 juillet jusqu'au 12 août et fourragea toute la Flandre, sans passer le pont rouge, réservant la châtellenie pour la suite. On était dans l'appréhension d'un siége pour Ypres, Tournai ou Lille. L'apparence était plutôt pour Ypres ou Tournai, mais enfin l'armée des alliés décampa le 12 août, et se saisit du pont de l'abbaye de Marquette après une légère résistance. Le 13, Lille est investie de toutes parts. L'après-midi, le prince Eugène vint avec son neveu Maurice de Savoie loger à l'abbaye de Loos, il y demeura jusqu'au 13 décembre. Le 20 août, Frédéric-Auguste, électeur de Saxe, roi de Pologne, et Mylord-Duc y vinrent aussi. Un régiment de dragons allemands campa dans le verger près de la porte de Durmort. Le siége a été sanglant et peut-être qu'on n'a pas encore fait de pareil feu depuis l'usage de la poudre. Le duc de Bourgogne vint camper à Mons-en-Pévèle, et du clocher de Seclin il put, avec le ministre Chamillart, observer les deux armées. On a cru deux fois en venir aux mains dans la plaine de Loos et de Wattignies, les deux armées se sont canonnées une après-midi toute entière, mais les Français prirent le parti de se retirer et abandonnèrent une garnison qui a fait une des plus belles résistances qu'on fit jamais. Lille fut pris le 22 octobre, la citadelle le 8 décembre 1708. Les Alliés furent aidés dans les travaux du siège par la saison la plus favorable. On n'avait pas vu depuis longues années un temps aussi beau, aussi sec.

Pendant quatre mois que les armées campèrent dans la châtellenie de Lille, on peut dire que le pays a été abandonné au pillage, il n'y a pas eu de sauvegarde qui n'ait été forcée, point de maison qui n'ait été pillée ; grains battus, meubles, bestiaux, tout s'enlevait, beaucoup de maisons furent tirées en bas ou fort dégradées ; plusieurs paysans tués ou blessés dans le pillage, tel Adrien Cordonnier, censier du bois fleury à Séquedin qui tenait 18 bonniers de l'abbaye. La cense de la Baratrie à Lomme, la cense d'Ennequin, nos bois d'Esquermes et de Loos donnés en loyer sont ruinés, dit Delefosse. On a pris dans les greniers de l'abbaye, par ordre des députés des États-Généraux des provinces unies, 331 sacs de blé de six havots l'un pour la consommation de l'armée.

« Dieu, qui par toutes ces misères qui augmentent tous les jours, nous punit d'une manière si palpable que tout le monde s'aperçoit de sa colère, a permis que contre toutes les règles, l'attaque de Lille fut entre les portes de La Madeleine et de S.-André, justement l'endroit le mieux fortifié afin de faire éclater sa vengeance sur la nouvelle ville qui était comme le centre de la vanité, de la délicatesse et de la volupté. Presque toutes ces maisons, ajoute Delefosse, dont un grand nombre peuvent passer pour des palais, ont été endommagées ou renversées. »

Le prince Eugène avait promis qu'on ne bombarderait pas la ville. Sans ses ordres peut-être, et par suite de la longue résistance, on jeta une grande quantité de bombes qui ont tué 300 bourgeois et causé de grands dommages aux bâtiments. La Madeleine, la maison du S.-Esprit, celle des Carmes, la collégiale S.-Pierre ont été fort maltraitées. Le peuple a beaucoup souffert, et le rude hiver qui dura depuis la fin de novembre 1708 jusqu'à la mi-mars 1709, a achevé de mettre le pays à la dernière misère. Toutes les rues de Lille sont comme parsemées de pauvres, tout décharnés, le visage couvert d'une pâleur mortelle. Le blé valut 36 L. p^{sis}, le sucrion 15 L., l'avoine 12 L. la rasière. Jusqu'à la mi-mars, la terre fut couverte de neige et les bestiaux périrent, beaucoup d'arbres fruitiers et toutes les avêtures furent perdues. Les pluies continuelles jointes aux neiges fondues ont inondé tous nos bois et presque tout le pays.

Le 23 juin 1709, Mylord Marlbourg, général des troupes anglaises, vint vers six heures loger dans notre abbaye. Son armée campa sur nos terres, et ruina nos avêtures. Ces pillards fauchent et foulent aux pieds l'orge, l'avoine et le blé que nous avions semés à grands frais et dont la récolte nous était très nécessaire. Les chevaux du général furent mis dans nos prairies, mangèrent et foulèrent toutes nos herbes. Les cavaliers fauchèrent le reste et l'emportèrent. Nous ne fîmes une seule botte de foin de nos prairies, en grande partie inondées. Nous fûmes forcés d'en acheter à 60 florins la chevalée. Mylord-Duc logea chez nous le 3 juin. Le 26, toute l'armée passa au travers de l'abbaye, et faisant semblant d'aller vers l'armée de France qui était à La Bassée, tourna court sur Tournai et l'investit. Tout le pays fut pillé et désolé. Non contents de fourrager, les soldats forcent et pillent les églises, prennent dans les fermes les meubles et les bestiaux, dépouillent les personnes, même les curés de la campagne, volent les saints ciboires et ornements sacrés.

D'un autre côté, les maraudeurs de l'armée de France qui se tenait vers La Bassée, attaquent notre cense d'Illies. Les paysans qui y avaient retiré leurs bestiaux s'y défendent vigoureusement. Ils font des lignes, des parapets et des fortins dans le verger et tiennent bon contre 3,000 fourrageurs dont 40 furent tués. Le maréchal de Villars, général de l'armée de France, envoie la grande garde pour dégager les paysans. Le siége de Tournai et de la citadelle dura six semaines. Pendant tout ce temps, les maraudeurs et les fourrageurs venaient fort souvent jusqu'à notre porte. Le village de Loos fut entièrement pillé par les alliés, de même que la chapelle N.-D.-de-Grâces et la maison du chapelain mais on respecta les ornements.

Le village de Sequedin fut en ce même temps pillé par les Français, et c'est par un effet visible de la protection du Ciel que nos terres furent presque toutes conservées ; et nos avêtures, qui étaient recrues depuis qu'elles avaient été fourragées, purent être recueillies, et nous eûmes assez abondamment de l'orge, de l'avoine, de la boquette et de la pasture pour nos bestiaux ; mais le blé que le rude hiver avait assez épargné et qui avait été pâturé, ne repoussa plus. Nous fûmes obligés d'acheter pour 10,000 florins de grains à des prix excessifs. Le blé se vendait au marché de Lille 45 L., le sucrion 18, l'avoine 16, l'orge poûr semence 32 L. la rasière. Nous n'avons rien diminué de nos aumônes, nous les avons même augmentées à cause de la misère du temps. Les pauvres mouraient de faim à la ville et dans les campagnes.

En 1710, jour de Pasques, 20 avril, les généraux alliés sortirent de Tournai le soir pour investir Douai, où ils entrèrent le 29 juin. Pendant le siége, les fourrageurs ruinent encore toute la châtellenie et viennent jusqu'à notre haute porte. Le prince Eugène, pour nous protéger, nous envoyait une garde de 50 hommes le jour de fourrage général. Elle fut parfois forcée. On nous coupa en un jour 6 bonniers de blé et 3 d'orge, et nos fermes de Tressin, d'Illies, de la Poulerie, d'Ennequin, de Hucquin furent aussi fourragées. La mortalité fut si grande en cette année que l'on sonna dans le village de Loos jusque cinq et six trépas en un jour.

Après le siége de Douai, les alliés firent celui de Béthune depuis le 16 juillet jusqu'au 1er septembre. On tirait toutes les munitions de Lille. Les escortes achevèrent de fourrager tout ce qui restait dans la campagne jusqu'à la Haute-Deûle. Tous ces convois passaient à notre croix sur la chaussée de Lille à Béthune. L'abbaye seule recueillit une partie de blé, d'avoine, d'orge et boquette ; il fallut, pour ainsi dire, l'arracher des mains des soldats et de ceux qui conduisaient les charriots de munitions. « Aujourd'hui, 6 septembre, dit la chronique de l'abbaye, plus de 1,000 charriots sont sortis de Lille par la porte Notre-Dame pour fourrager partout. Il y avait à Esquermes et à N.-D.-de-Grâces un détachement de 150 cavaliers pour couvrir les convois. Ce détachement, par la crainte des partis de France [1] qui couraient de tous côtés, se retirait le soir en notre abbaye. »

Après le siége d'Aire, l'armée alliée marchant en trois colonnes, dont l'une avec le bagage de l'armée, vint en novembre droit à Haubourdin et s'étendit depuis la Haute-Deûle jusqu'à Tournai, où le prince Eugène et Mylord-Duc s'étaient rendus pour en faire la séparation. Les troupes en arrivant firent partout mille dégâts. Toutes les maisons du village de Loos furent forcées, pillées, et un grand nombre furent tirées bas. Le bagage de Mylord-Duc vint se porter dans notre abbaye. Ses officiers firent lever le pont-levis et mirent deux gardes de la reine d'Angleterre à notre première

---

1 Jacques Desrousseaux, échevin et cabaretier ; Pierre-Laurent Cardon, cabaretier à Loos, produisent un compte de dépenses faites au nom de S. M. Très Chrétienne en 1709 et 1710 par divers partisans au nombre de 44, de 80, de 28, avec des chefs nommés Duchesne, Pinte, Laroze.

porte pour empêcher les soldats d'y entrer. Les troupes, campées partout sur les terres ensemencées, commençaient à tirer à notre cense d'Ennequin qui eut été bientôt détruite sans l'intervention des officiers qui étaient chez nous. Nous fûmes obligés de donner le couvert à 60 personnes et le fourrage pour 130 chevaux.

Au mois d'août 1711, pendant le siége de Bouchain qui dure trois semaines, nos fermes de Tressin, de Hucquin, d'Illies furent fourragées et pillées.

En 1712, la victoire réconciliée sourit à la France à Denain. Les Français prennent Marchiennes et le 8 septembre Douai, malgré les efforts du prince Eugène qui vint jusqu'à Seclin et dont l'armée commet des désordres inexprimables. Les soldats brûlent bien 200 meules de colza, pillent et brûlent les maisons, presque toutes abandonnées à Wattignies, à Emmerin depuis Seclin jusqu'à Loos, ils forcent les églises.

Le 4 juin 1713, jour de la Pentecoste, les Français reprirent possession de Lille, qui leur fut rendue par le traité d'Utrecht. Il ne se peut dire avec quelle joie ils furent reçus ; l'on fit tant pour la paix que pour leur retour des feux de joie dans plusieurs endroits de la ville, dans tous les villages. « Nous en fîmes un fort beau devant la porte de l'abbaye ».

Le canton devait encore revoir le passage des armées. Le roi Louis XV venait d'arriver à Lille le 12 mai 1744. Le duc de Biron, commandant le 4e corps, était cantonné à Haubourdin, Emmerin, Loos. Bientôt ce corps se fixe à Roncq et Werwick. Le 2 juillet de cette année, le roi passe à Loos, Haubourdin, se rendant à Béthune. Déjà Menin et Furnes sont au pouvoir des Français. La victoire de Fontenoy, 11 mai 1745, termine cette campagne glorieuse.

Dans une fête mémorable, Lille célèbre en 1767 le centenaire de sa réunion définitive à la France, objet de ses aspirations séculaires, et le canon de 1792, qui retentit sous ses murs et dans ses campagnes, fera sortir du sol des légions de citoyens animés du plus ardent amour de la patrie française.

L'agriculture fut la gloire de la Flandre, la source de sa richesse, elle est partout et toujours en rapport direct avec la population, *la grande population de notre contrée en démontre la prospérité agricole. Cette prospérité, à son tour, prouve le chiffre considérable de la population.*

« La partie de la châtellenie de Lille qui regarde l'Artois et qui comprend les quartiers de Carembault, de Mélantois et de Pévèle, est un terrain sec et marmeux, qui ne laisse pas de produire de très bons grains et en grande quantité. La partie qui regarde la Flandre comprend les quartiers de Weppes, de Ferrain. C'est un terrain si gras, si bon, si fertile, que les terres n'y reposent jamais ; l'industrie et le travail des habitans y contribuent beaucoup. On peut dire qu'il n'y a guère de pays au monde où les habitants soient plus laborieux que dans la châtellenie de Lille. Les fruits que la terre produit sont des fromens, des seigles, des soucrions, grosses orges pour faire la bière, des orges communes, des avoines, des navettes, des colzas, des grosses navettes pour faire huile, des lins, de la garance, du tabac, des trèfles ou tranelles, des rapes ou gros navets ronds, des foins, des fèves, des carottes, et toutes sortes de légumes.

Il n'y a que les colzas et les lins que l'on transporte hors du pays ; pour les blés et autres choses qui y croissent, tout s'y consomme. On est même obligé de tirer des blés, des avoines, des foins de Flandre et d'Artois, sans quoi les hommes ni les bestiaux ne trouveraient pas leur subsistance.

Le pays est très peuplé, et il y a tel village, comme Tourcoing, où il y a plus de 12,000 âmes, et pour le nombre des bestiaux, on juge qu'il y a bien dans ce pays 12,000 chevaux, 50,000 vaches et autant de moutons ; ce qui fait cette abondance de bestiaux est la bonté des pâturages et le soin que l'on prend de les bien nourrir.

Les lins donnent tant de produit que, s'ils viennent bien,

ils valent presque le prix du fond de la terre qui les porte ; il y faut beaucoup de soins et de dépenses. On tire du colza une huile qui sert à brûler et à faire des savons, et qui s'expédie beaucoup en Champagne, mais les Hollandais, qui savent profiter de tout, tirent les colzas en grains et font faire les huiles dans leur pays, où ils gagnent la façon. La commodité qu'ils ont de tirer ces graines par bateaux leur donne en cela une facilité que l'on ne trouve pas pour la Champagne, où l'on ne peut rien envoyer que par charroi.

Outre les terres cultivées, il y a encore une très grande quantité de terres communes que l'on nomme marais, parce qu'autrefois elles étaient toutes inondées. Le temps et les petits canaux que l'on n'y a faits les ont desséchées. On y élève des poulains, des génisses. On permet d'y mettre des oies, dont la plume rapporte un grand profit par la grande quantité qu'on en tire. Plusieurs de ces marais sont plantés en symétrie, ce qui fait de très belles promenades. On y met le plus communément des ormes, des peupliers, des saules, on en plante aussi sur les chemins ; on trouve dans les vergers toutes les sortes d'arbres fruitiers qu'il y a en France, en telle quantité dans la partie voisine de la Flandre flamingante, que le pays parait comme un bois continuel, bien que ce ne soit que des champs différents plantés tout à l'entour, aussi régulièrement que le sont les avenues des plus belles maisons de France.

Les richesses souterraines ne sont pas considérables. On n'en tire que des pierres blanches et molles, propres à bâtir, et à faire de la chaux. On trouve dans les marais de la terre bitumineuse, dont on fait des tourbes ; le menu peuple s'en sert, faute de bois, qui est très cher, nonobstant la quantité qu'il y a dans cette province ».

Ce mémoire est écrit par Dugué de Bagnols, intendant de la Flandre wallonne, en 1698 ; dix ans plus tard, notre pays était en proie aux horreurs de la guerre, mais quand elle eut passé, comme une trombe dévastant les moissons, le laboureur, toujours prompt à relever ses ruines, reprend son éternel sillon. La longue paix de 1713 fit aussi rétablir les châteaux endommagés, ruinés par les guerres et le temps ; la tranquillité réveilla les goûts champêtres et l'on voit, de tous côtés, grand nombre de maisons de campagne avec des jardins et des promenades très gracieuses. Sur le sol morcelé de la Flandre, pays dont la physionomie était la mieux fixée et qui a le moins changé, grandissait une race de petits cultivateurs indépendants, aisés ; il y avait aussi, bien qu'en minorité, d'assez grands fermiers. Ils ont porté à la plus haute puissance ce mode productif de l'assolement, avec ensemencements successifs de grains divers, de fourrages divers et nombre, grand nombre de bestiaux pour nourrir des villes riches et populeuses.

F^{cois} de Neufchâteau, qui fut ministre de l'intérieur, dans les notes qu'il ajoute à l'ouvrage d'Olivier de Serres, décrit en 1776 une ferme des environs de Lille de 32 h^{res} ; il nous la montre ayant un tiers des terres en céréales d'hiver, un tiers en colza, lin, fèves, grains de printemps, un tiers en trèfle, pomme de terre, betteraves et diverses légumineuses ; tous les agronomes admirent cet aménagement que justifie d'ailleurs le produit brut s'élevant à 11.000 L. soit 500 fr. par hectare, le prix de location étant de 85 francs.

Une question importante, celle des biens communaux agitait, divisait les populations rurales avant la Révolution. La Flandre en possédait un grand nombre, particulièrement des marais ; ils étaient mal administrés et ne rapportaient aux populations agricoles qu'une faible partie des ressources qu'aurait données l'appropriation individuelle. On en demandait le partage. En 1777, les grands baillis des quatre seigneurs hauts justiciers représentant les états de la Flandre wallonne, adressaient au roi en son Conseil une requête fondée sur le mauvais état des marais et landes possédées en communauté dans la châtellenie de Lille. Ils demandaient le partage de ces terres entre tous les ménages existant par feux sans distinction d'état, soit de mariage, de viduité, de célibat et par portions égales. Il fut donné satisfaction à leur requête malgré la vive opposition des gros fermiers qui voyaient avec peine leur échapper les vastes pâturages jusque-là laissés à la disposition de leurs troupeaux. La population resta investie de la part des marais soustraite au régime de la communauté. La législation qui réglait la situation des pâturages en Flandre n'établissait qu'un usufruit ; à la mort du survivant des époux, la terre faisait retour à la communauté.

Nos histoires de villages offrent de continuels dénombrements des fiefs, des feux (foyers), des prés, des champs, des étables, des bergeries ; de continuelles balances donnent par localité des tableaux fractionnés de la société de nos villages dont la réunion forme le rassemblant, le parfait tableau de la Flandre agricole. Nous avons vu se mouvoir dans nos villages différents, suivant le temps, parmi les vergers, les prairies, les champs de hauts froments, les belles plaines de colza [1], d'œillette, de lin, comme la terre plantureuse, ce

---

1 La culture du colza introduite chez nous vers 1600 a donné lieu à de grands procès entre les décimateurs qui exigent la dîme comme sur les autres produits de la terre et les communautés d'habitants qui disent que le colza, tenant lieu de guéret, doit être exempt de dîme. Le chapitre S. Pierre procède contre Pre Lecocq, laboureur à Sequedin, pour avoir paiement de la dîme du colza dépouillé en 1617 au nombre de 40 R. à l'avenant de la 16e du cent. On paya plus tard 10 L. psis du bonn. Le tabac fut cultivé à la fin du XVIIe siècle. Les dames de Denain qui tiennent la plus grande part de la dîme d'Haubourdin ont été en 1707, par arrêt du Parlement de Tournai, déclarées bien fondées dans la demande de la dîme du tabac. En 1732, le chapitre S. Pierre poursuit J.-B. Empis et consors de Sequedin, opposant, refusant le payement de la dîme du tabac.

Olivier de Serres, notre Columelle, le premier en 1605 signale l'existence du sucre dans la betterave. Margraff, en 1747, étudiant sa présence dans diverses racines, en isola 6,2 0/0 de la variété blanche et 4,5 0/0 de la variété rouge, mais un Français, Ch.-Fr. Achard, élève de Margraff, eut l'honneur de faire le premier, *en Prusse*, du sucre de betterave un produit industriel, il présente en 1779 d'importants échantillons de sucre indigène et monte à Steinau-s/-l'Oder la première fabrique en 1796. Le blocus continental naturalise cette fabrication en France. Le décret du 29 mars 1811 alloue 32.000 hect. à la culture de la betterave et 1.000.000 fr. à titre d'encouragement aux cultivateurs.

même paysan robuste, brave, intrépide, réfléchi, patient, persévérant, laborieux dans sa vie journalière, habituellement doux, mais toujours prêt à défendre ses droits, au reste aimant l'aise et la bonne chère, les réjouissances des kermesses, industrieux à se donner du plaisir.

Les terres produisent moins en raison de leur *fertilité que de la liberté des habitants.* La campagne de Lille est la mieux cultivée, bien percée de routes et de canaux parce qu'elle fut longtemps la plus libre ; nulle part moins de servitudes, d'impôts onéreux ne pesaient sur les propriétés agricoles. L'esprit communal, très actif et très vivace, permettait d'entreprendre partout des travaux publics.

En 1788 et 1789, la Flandre n'eut aucun effort à faire pour s'associer à des idées qu'elle pratiquait depuis longtemps, aussi ses griefs furent fort adoucis aux *cahiers des doléances* [1] que dut formuler l'assemblée préliminaire des trois Ordres convoquée par le roi en janvier 1789. Nous avons extrait du procès-verbal des séances les noms des comparants qui intéressent notre canton.

---

1 L'agriculture demandait l'abolition des tailles sur les bêtes vives, des corvées, du droit de plantis, la conversion du droit de terrage en prestation en argent avec rachat au prorata de la valeur capitale des biens, la suppression des dîmes, des redevances féodales, telles que droits de garenne, banalité des moulins, le reculement des barrières de douane aux frontières, un nouveau cadastre des villages de la châtellenie pour établir un impôt uniforme qui s'étendrait sur les biens du clergé, des nobles et autres gens privilégiés, afin qu'ils satisfassent aux contributions nationales.

Les soussignés, gens de loi ayant l'administration de la justice et des affaires du village de Lôs, certifions que l'administration de MM. les grands baillifs, représentant l'état de la châtellenie de Lille, nous paraît très onéreuse pour les communautés, arbitraire dans les taxes et dans les décisions, inégale dans la répartition des impositions ; qu'il est surtout d'une conséquence reconnue dangereuse par un pratique journalière, qu'ils furent tout à la fois administrateurs et juges, parce qu'alors il ne reste aux contribuables injustement taxés et surchargés aucune ressource contre l'oppression. Pour quoi nous croyons qu'une administration provinciale serait avantageuse pour la province et la soulagerait. Nous nous plaignons surtout que MM. les grands baillifs imposent fréquemment des quarts et des vingtièmes sous différents prétextes. Sig. J.-J. Polié, lieutenant de Lôs ; F. J. Platel, échevin de Lôs ; V. J. Cordonnier, lieutenant de Sequedin ; C. A. J. Thevelin, lieutenant d'Ennetières.

DU 15 MARS 1789

Pour le clergé :

D. Antoine Billau, abbé de Lôs, représente aussi l'abbaye de S. Pierre-lès Gand.

D. Célestin Deletour, procureur de l'abbaye de Lôs, représente aussi la communauté des Urbanistes de Lille et l'abbaye des Prés de Douai pour leur fief de Cachomprez (Templeuve).

Mes Félix Dujardin, curé de Wavrin.

Ambroise Duriez, curé de Santes.

Pre-Fçois Delannoy, curé d'Hallennes.

Jacq.-Fçois Farvaque, curé de Sequedin.

Dominique Testelin, curé d'Haubourdin.

J.-B. J. Desbonnet, curé d'Esquermes.

Alexis-Fçois Lallou, curé de Wazemmes.

Louis-J. Lescornez, curé d'Emmerin, représenté par Ls Lescornez, aumônier de l'Hôpital-Général. — Charles-Alexdre Rocques, prêtre bénéficier de N.-D. de Foi, au Maisnil.

Gme Gallouin, chanoine de S. Pierre et bénéficier de la chapelle du comte Guy de Flandre, à Erquinghem-s. Lys.

Hermegilde-Florent-Louis de Croix de Hennechin, bénéficier de la chapelle de la place à Haubourdin.

Nicolas Chevalier, prêtre bénéficier de N.-D. de Grâces, à Lôs.

Charles-Alexdre Lefebvre de Lattre, Sr de la Fresnoye.

Pour la noblesse :

Christophe-Antoine-Robert Imbert, écuyer, Sr de la Phalecque.

Julien-Louis-François Bidé de la Grandville, chlr, Sr de S. Simon, Raisse.

Dame Philippe-Alexdrine le Clément, douairière de Ligny, dame de le Vigne, représentée par Dominique-Ferdd Lefebvre de Lattre, son fils.

Henri du Bosquiel, écuyer, Sr d'Elfaut et du fief d'Escobecques.

Marie-Alexdre Lefebvre de Lattre, écuyer, Sr de Ligny.

Madame de Flandres, dame de Beaucamps, représentée par M. Bidé de la Grandville.

Louis-Henri Rouvroy, Sr de Beaurepaire.

Clément-Henri-Fçois Hespel d'Hocron, Sr de Coisne.

J.-B.-Louis Rouvroy, Sr de Fournes.

César-Auguste-Marie Hespel, écuyer, Sr de Guermanez.

Henri-Séraphin Hespel, écuyer, Sr de la Vallée, représenté par Ferdinand-Fçois-Sin Hespel, Sr d'Harnonville.

Louis-Gaëtan-Phillippe-Guillain de Thiennes, chlr, Sr de Lôs, représenté par le comte de Thiennes.

Arnould-Philippe Vandercruisse, écuyer, Sr de Grimarets.

Arnould-Hughes Vandercrusse, Sr de la motte Fermezelle.

Alexis de Flandres, chlr, Sr de Radinghem.

Dominique-Ferd.-Marie Lefebvre de Lattre, Sr de Durmort.

Pour le tiers-état :

Beaucamps, Arnould Béhague, Arnould Lallemand. — **Emmerin** (châtellenie), Emm. Cazier, Remi-Louis Auguiet. — **Englos**, Gaspard Duhamel, Dominique Lecat. — **Ennetières-en-Weppe**, Antoine-Jh-Marie Béhague, André Morel, Pierre-Jh Desrousseaux. — **Escobecques**, Louis Delefortrie, Jean-François Lallau. — **Erquinghem-le-Sec**, Pre-Fçois Defrennes, Pre-Fçois Olivier. — **Hallennes**, Florent Serrurier, Jean-Etienne Defrennes. — **Ligny**, Charles Deletour, Pre-Fçois Wicart. — **Lomme**, Jacques-Fçois Delecour, Vincent Six, Pre-Jh Six. — **Lôs**, Mess. Louis Guilain Gaëtan, comte de Thiennes, Sr de Lôs; Florent Platel, Floris Deroulers. — **Radinghem**, Ant. Le Secq, Jacques Houssain, Jacques Piat. — **Santes**, Jacques Haye, J.-B. Leclercq, Pre-J. Dubois, Pre-Jh Buisine dit Montmarre. — **Sequedin**, Pre-Antoine Finne, Pre-J. Lelong. — **Wavrin**, Adrien Brasme, J.-B. Douchy, Pre-Fçois Bonte, Pre-Jh Dubois, J.-B. Prevot. **Esquermes**, Ls Nolf, Augustin Reptin. — **Wazemmes**, J.-B. Petit, Fçois Gremel, Amand Lefrancq, Louis Delobel, Eustache Dubus, Fçois Mullier.

Et autant qu'il est huit heures du soir, nous avons continué la présente séance au 26 mars à neuf heures du matin en l'église des Jésuites (de nos jours S. Etienne à Lille), requérant le procureur du Roi a faire appeler les ajournés à comparoir en cette assemblée.

Sont comparus :

Marie-Ernestine-Adélaïde Rouvroy, dame de Capinghem, représentée par Ls-Hri Rouvroy, Sr de Beaurepaire.

Dame Louise-Clémentine Diedeman de la Riandrie, douairière de Jean-Louis de Lespaul, écuyer, Sr de la Haye (Esquermes), mère et tutrice d'Albert-Louis de Lespaul, écuyer, Sr de la Haye, son fils, représentée par Louis-Charles de Lespaul, Sr de Lespierre.

Mess. François-Auguste-Guillain, chlr de Tenremonde, Sr de Camproye.

Joseph-Louis-Anaclet Rouvroy, écuyer, Sr de Capinghem.

Ont été aussi appelés les gens d'église, nobles et gens du tiers-état contre lesquels le procureur du Roi nous a requis défaut.

Le commandeur de la commanderie de Caestre.

Celui de Haut-Avesne.

Le bénéficier de N.-D. de Fievre, à Hallennes.

Le comte d'Egmont.

Clément de S. Marc, Sr du Grand-Bus.

Le prince Orignies de Grimbergue, Sr de Wicres.

Le comte de Nassau-Conroy, Sr d'Hallennes.

Besseyouls, marquis de Roquelaure, Sr d'Haubourdin.

Ingilliard de la Bretagne, Sr de Canteleu

La communauté d'Haubourdin.

Ce fait, avons fait faire le serment aux gens des trois états en tel cas requis, à savoir qu'ils procéderont fidèlement d'abord à la rédaction d'un seul cahier, s'il est ainsi convenu pour les trois ordres ou séparément à celui de chacun des trois ordres; ensuite, à l'élection, par voie de scrutin de notables personnes et dans la proportion déterminée par la lettre à S. M. pour représenter aux Etats-Généraux les trois ordres de ce baillage. Ensuite les ordres du clergé et de la noblesse se sont retirés dans la salle qui leur avait été préparée pour leur assemblée.

Et sur les délibérations prises dans les trois ordres qui nous furent remises, nous avons ordonné que chaque ordre rédigera ses *cahiers* et nommera ses députés aux Etats-Généraux du royaume séparément. Fait, clos, arrêté : S. Dusart, Fremicourt, procureur, et L.-J. Lemesre, greffier à la gouvernance.

Les États Généraux s'ouvrent le 5 mai 1789, douze cents députés assistent à la séance royale. Le 17 juin, le tiers-état, qui formait la moitié de l'assemblée, se constitue en assemblée nationale et jure de ne pas se séparer avant d'avoir donné une constitution à la France. Les députés *du Nord*, parmi lesquels le célèbre Ph. Merlin, de Douai, rendent ainsi compte de leur mandat à leurs commettants : « Le procès-verbal de la séance du 4 août fait foi que ce n'est ni d'après notre renonciation ni d'après nos offres que la suppression de vos privilèges a été prononcée. Nous n'avons fait, dans cette séance, que le sacrifice de nos états provinciaux et vous savez quelle est la valeur de ce sacrifice. Ce que l'Assemblée nationale a statué sur les priviléges de notre pays, elle l'a statué d'office et dans sa pleine puissance législative ; elle ne nous a rien oté par ce décret, *elle a seulement étendu aux autres provinces les priviléges dont vous jouissez*. N'est-il pas évident qu'en faisant de vos priviléges le droit commun de tous les Français, elle leur donne une nouvelle force et les rendra bien plus inexpugnables qu'ils ne l'étaient quand ils n'avaient que vous pour soutien ? Nous vous demandons la paix au nom du monarque chéri, du roi citoyen qui sait si bien faire aimer les lois dont l'exécution lui est confiée. »

Par décret du 14 décembre 1789, toutes les administrations des villes, bourgs, paroisses, communautés sont supprimées et remplacées par des municipalités constituées d'une manière uniforme, une dans toute la France, composées d'officiers municipaux, leur chef eut partout le nom de maire. Il y eut aussi un procureur de la commune chargé de l'exécution des lois, des notables, institués en nombre double de celui des membres du corps municipal; réunis, ils formaient le conseil général de la commune. Ils étaient élus par les citoyens *actifs* majeurs de 25 ans, domiciliés depuis un an dans la commune, payant une contribution directe de la valeur locale de trois journées de travail, n'étant point en domesticité. Les assemblées d'élection se tenaient, dans tout le royaume, le dimanche d'après la Saint-Martin.

Parmi les premiers élus du scrutin, citons : à *Beaucamps*, J.-B. Pollet, Jean-F^çois^ Buisine. — *Ennetières-en-Weppe*, Jacq. Leuridan. — *Erquinghem-le-Sec*, F^çois^ Cugnez, Dominique Henneron, F^çois^-Marie Fourret. — *Escobecques*, F^çois^ Gruson, J.-B. Cugnet. — *Hallennes*, J.-B. Gadenne. *Haubourdin*, en 1790, maire : F^çois^ Clarisse; officiers municipaux : J.-F^çois^ Brame, F^çois^ Labbe, Alex^dre^ Desmons, Eug. Dillies, André Cado; procureur de la commune : Josse-G^ve^ Fleurkin; notables : L^s^ Cordonnier, fils d'Arnould; Jacq.-F^çois^ Bellanger, Vincent Béghin, J.-B. Lefebvre, Ant. Deledeule, Cons^tin^ Bernard, F^çois^ Morel, P^re^-F^çois^ Béhague, Ig. Couture, P^re^-J. Guillon, Simon Odent, J.-B. Pollet.

Le 14 novembre, par suite de diverses mutations, des élections partielles complétèrent le corps municipal. Sont élus officiers municipaux : Vincent Béghin Antoine Deledeule; notables : F^çois^ Labbe, André Cado, Toussaint Lesieux, P^re^ Montagne, Mich. Echout, Josse Degrise.

Le 13 novembre 1791, on procède en la chapelle de la maison commune au renouvellement partiel de la municipalité. Sont élus maire : P^re^-F^çois^ Labbe; procureur de la commune : André Cado; officiers municipaux : P^re^ Guillon, Jacq. Hochart; notables : Michel Cambron, Adrien Mangé, J^h^ Destailleurs, Cons^tin^ Bernard, Alex^dre^ Davril, Ern. Duflot.

Lomme, maire : Ant. Lernould, P^re^-J. Six, Ig. Deroulers, Ant. Six, Mathieu Guermonprez, L^s^ David, P^re^-F^çois^ Hazebrouck, J. Delcourt, P^re^ Carlier-Dartois; procur^r^: J.-B. Pollet.

Loos, maire : P^re^-Floris Deroulers; 5 officiers municipaux; P^re^.J. Desruelles; Adrien-F^çois^ Leroux, F^çois^ Defives, Ph. Gilquin, P^re^-J. Ghesquier; 12 notables : Adrien Delecroix, J.-B. Delepierre, F^çois^ Zwingedau, F^çois^ Debuchy; J.-B. Desprès; F^çois^ Wastin, Ch.-Antoine Denoyelle, Aug^tin^ Duhayon,

Félix Jacquart, Ph. Rogez, P^re^-J. Wambre, Paul Laden ; procureur de la commune : Joseph Labbe.

Le 25 novembre, il est procédé à de nouvelles élections. Sont élus officiers municipaux nouveaux : Fl. Platel, J.-B. Delepierre ; notables nouveaux : L[s] Thérin, J.-B. Wastin, Ig. Masquelier, F[ois] Deledic, F[ois] Vaillant, Mich. Carpentier. La nouvelle organisation municipale est complétée par 4 prud'hommes assesseurs : P[re]-J. Desruelles, J.-J. Potié, P[re]-J. Ghesquier, Paul Laden.

Le Maisnil, maire : P[re]-J. Carlier ; off. mun. : J.-B. Bartier. — *Santes*, Cuvelier. — *Sequedin*, Ant. Hugeux, Aug[tin] Hocq.

Wavrin, 22 janv. Sont élus : maire, Adrien Brame, fermier ; off. municip. J.-F. Dupont, P.-F. Glorian, par 23 voix, J.-B. Prevost, N[as] Glorian, P.-F. Bonte ; notables, L. Lerouge, P.-J. Pollet, Alexis Watrelos, J. Lecocq, J.-B. Dauchy, P.-J. Waymel, J.-B. Poillon, P. Fremaux, J.B. Desmazières, P.-Michel Dennequin, Marc Wicart, P.-L. Malbrancque ; procureur, Archange Flament ; greffier, P.-J. Binaut, notaire.

14 9bre. Les citoyens actifs, au nombre de 56, réunis en la chapelle S. Eloi, procédant au renouvellement partiel de la municipalité, élisent : off. municip. P.-J. Pollet, J.-B. Poillon ; notables, Druon Lerouge, P.-F. Lerouge, J. Boulanger, L. Glorian, J[h]-Marie Destieux, J. Flament, Michel-Archange Binaut ; prudhommes-assesseurs, F. Dujardin, F. Dupont, A. Cliquennois, A.-P. Liénart.

1791, 13 nov. Sont élus au 3e scrutin, maire P.-J. Glorian, off. municip. P. F. Lerouge, P.-M. Dennequin, J.-F. Dupont ; notables, A. Waymel, J.-B. Lallemend, A. Boutry, Bauduin, Lezy, P. Gruson, Stanislas Cornil ; procureur, F. Dujardin.

1792, 25 nov. Par 65 voix sur 115 votants, sont élus : maire, P.-L. Malbrancq ; off. municip., J.-B. Lallemand, F. Dallennes, A. Pollet, A. Bourgeois, L. Dallennes, notables, A. Boutry, A. Leleu, A. Crétal, Lemoine curé, J.-B. Lenglart ; P. Cambier, F. Desmazières, A. Duhayon, C. Pinte, G. Waymel, A. Houbron, Cl. Ledoux ; procureur, A. Flament.

An II, 27 nivôse, en exécution de l'art. 22, décret du 14 frimaire d[er], contenant le mode de gouvernement provisoire révolutionnaire, on procède à l'épuration du procureur de la commune qui, dorénavant, sera appelé agent national. Sur 23, 22 voix sont données à Ant. Flament, procureur de la commune. Arnould Boutry est maire. — *Esquermes*, Pre-J. Deleplanque, Augustin Dreptin, Leblanc, Delugelle, Terrache. — *Wazemmes*, Marc Prouvost, Jean-Charles Delobelle.

La garde nationale du canton s'organisait aussi, elle était représentée à la fête de la Fédération des gardes nationales célébrée le 6 juin 1790 à Lille sur le champ de Mars, où se trouvaient rassemblés, sous leurs drapeaux, flottants au vent les délégués des départements du Nord, du Pas-de-Calais, de la Somme. Le S.-Sacrement, que l'on avait été chercher en procession avec une escorte d'honneur à la collégiale S.-Pierre, était exposé sur l'autel de la Patrie; et là sous un ciel pur et serein, au pied du trône de l'Eternel, et devant la municipalité élue, tous prêtent le serment sacré de s'aimer, de sacrifier leurs biens, leur sang au soutien des décrets de la Nation sanctionnés par le roi, le plus juste, le plus populaire, le plus adoré des rois. Ce pacte fédératif fut conclu aux détonations du canon, aux acclamations d'une foule ivre d'enthousiasme; on s'embrassait, on pleurait d'attendrissement [1].

---

1 Le maire Vanhœnaeker s'exprima ainsi « Habitans de cette heureuse cité qui ne renferme plus que des frères, quel jour pur, quel événement vous allez consacrer dans vos fastes. C'est dans les murs qui vous ont vus naitre, c'est sur les cendres de vos pères, c'est autour du berceau de vos enfants que parmi des cris d'allégresse retentit le cri sublime de la liberté naissante. C'est dans vos foyers que le flambeau de l'amitié s'allume. C'est dans l'air que vous respirez que s'élèvent les protestations d'union, de paix, de fraternité, de concorde éternelle. Distinctions choquantes, préventions injustes, jalousies cruelles, disparaissez. C'est un peuple d'amis; le dévouement à la Patrie, la fidélité à la Loi, l'amour pour le *Restaurateur de leur liberté* peuvent seuls désormais en faire des rivaux. Comblés de tant de bienfaits, empressons-nous de rendre les plus vives actions de grâces à ce Dieu tout-puissant qui descend sur l'autel de la Patrie. Ces ministres, ces guerriers, ces citoyens sont tous ses enfants. Un même serment les lie, la même foi les anime, les mêmes prières vont les réunir. Ah ! qu'ils n'oublient jamais qu'ils sont frères. »

Emery, chef de la garde nationale de Dunkerque, se jette dans les bras du maire et l'embrasse. Tous les cœurs battaient d'une émotion religieuse.

Chaque commune avait envoyé un délégué pour cent gardes nationaux: *Emmerin*, Ls Becquart, Isidore Caby. — *Englos*, Denis Duhamel. — *Escobecques*, Vinct Delesalle. — *Esquermes*, Gabriel Crepeaux, Sébastien Plaisant. — *Hallennes*, Et. Glorian. — *Haubourdin*, Ambroise Bresol, Hri Blondeau, Ls Labbe. — *Lomme*, Hri Parent, Pre Becquart. — *Loos*, Pre-J. Malfait, Benjamin. — *Le Maisnil*, Pre-Fçois Carlier, Fic Boute. — *Radinghem*, Fçois Coustenoble, Joseph Delcourt. — *Santes*, Mazure, Lamblin, Dechin, Sin Hazebrouck, Fçois Lescouf. — *Sequedin*, Lippens, Hipp. Leridan. — *Wavrin*, Eug. Brame, Pre-Fçois Liénard, Ls Cliquennoy, Pre-Ign. Dumez, André Lecas, Liénard. Ils étaient 25,000 confédérés et la Ville, pour le banquet fraternel, fit venir des vivres par la barque de Douai.

Haubourdin et son canton délégue à la grande Fédération de tous les départements qui eut lieu à Paris le 14 juillet : les citoyens Eug. Dillies, Ennesens, Emm. Blondeau, Magret, Desmons, Létocart, Bresol, Friol, Pennequin. Haubourdin eut aussi sa fête de la Fédération : une grand'messe fut chantée; un cortége, où la Constitution figurait sur un placard, parcourut les rues ; un banquet réunit une nombreuse assistance dans la prairie de M. Clarisse, où l'on voyait des estrades, des pyramides parsemées de fleurs de lis, 6 tentes dont chacune était pourvue de 3 rondelles de bière. M. le curé et son vicaire assistaient à cette fête, on acclamait le roi, la Constitution, avec la plus vive allégresse.

Cette année fut pleine de promesses, le temps si doux qu'en janvier et février, les arbres fruitiers étaient couverts de fleurs ; en mars, les colzas étaient en pleine floraison ; les céréales furent d'une qualité remarquable.

O trop écourtes églogues de la liberté pacifique et pastorale ! O doux et brillant 1790, tu ne fus que l'aurore éclatante et sereine de ce jour orageux sur lequel l'astre maudit de la Terreur se couchera dans le sang !

Les derniers hymnes de la Fédération résonnaient encore quand l'Assemblée vota la constitution civile du clergé, qui produisit en France un schisme déplorable. La plupart de nos prêtres refusent le serment. A Wavrin, le 13 février 1791, ensuite de la messe paroissiale pardevant le conseil de la commune, en la présence du peuple, F. Dujardin, curé, Ph. Delespaul, vicaire, *jurent*, exceptant formellement ce qui dépend essentiellement de l'autorité spirituelle. L'assemblée électorale du district de Lille élit curés : de Wavrin, Tavernier, aumônier du régiment de Beaujolais ; de Santes, Lecherf, vicaire ; d'Ennetières, Maugré, ci-devant curé d'Erquinghem-le-Sec ; de Lomme, Deroulers, ex-bénédictin ; d'Haubourdin, Herbo, ex-religieux de Loos. Le 29 mai 1791, en l'église d'Haubourdin, en présence du conseil général de la commune et des fidèles assemblés, Herbo a fait voir les institutions civiles et canoniques qu'il a reçues du vicaire épiscopal de Primat, évêque du département du Nord ; il a dit qu'en exécution du décret du 27 9bre 1790, sanctionné par le roi, il allait prêter le serment civique prescrit, et de fait, a prononcé à haute voix et la main levée, le serment de veiller avec soin sur les fidèles de la paroisse qui lui sont confiés, d'être fidèle à la Nation, à la loi, au roi, de maintenir de tout son pouvoir la constitution décrétée par l'assemblée nationale. Sig. Clarisse, maire ; Brame, E. Dillies, L. Cordonnier, Béghin, Deledeule ; Herbo, curé ; Delannoy, greffier.

Les troubles religieux, la pénurie des vivres et de l'argent, de sourdes rumeurs, aussitôt répandues, agitaient le pays.

1792. — Les Autrichiens menacent Lille, ils pillent les fermiers, les forcent à transporter aux Pays-Bas autrichiens les effets volés ; ils tuent femmes, enfants, vieillards.

Luckner, pour protéger les villages sans défense, établit un camp entre Lille et Marquette (12 juin). Le 17, il occupe Pont-Rouge, Wervick, Comines, Menin ; Courtrai se rend le lendemain, on y planta des arbres de la liberté.

Juillet. — **La patrie est en danger** ! Les volontaires se lèvent ; dans nos campagnes envahies, le canon tonne et scande la *Marseillaise*, le chant glorieux de la frontière.

La municipalité de Frelinghien, menacée de la fureur des ennemis, réclame des secours de notre canton. Les commissaires de toutes les communes s'assemblent, et sur la proposition de M. Degland, maire de Wazemmes, décident : 1° qu'il sera demandé à tous les habitants du canton, ceux qui de bonne volonté s'inscriraient pour se rendre à Lille au premier signal de rassemblement pour défendre la place en cas d'attaque et donner la facilité à la garnison de courir sur l'ennemi ; 2° que les listes des défenseurs inscrits seraient remises le 12 à la municipalité d'Haubourdin pour être adressées au district et au conseil de guerre ; 3° que le signal du rassemblement partira de Lille, que le faubourg des Malades le transmettra à Emmerin, le faubourg de la Barre à Lomme, celui de Notre-Dame à Esquermes, par des ordonnances de gardes nationales, Esquermes avertira Loos qui avertira Haubourdin. Haubourdin transmettra l'ordre aux communes de Santes, Hallennes ; Lomme avertira Sequedin, Ennetières ; Ennetières transmettra l'ordre aux communes d'Englos, Escobecque ; Escobecque avertira Radinghem ; le Maisnil, Hallennes transmettra l'ordre à Erquinghem-le-Sec, Beaucamps ; Beaucamps portera l'ordre à Ligny et Santes à Wavrin. La Deûle, par suite de l'inondation de Lille, envahissait tous les bois et une partie des terres d'Haubourdin, Wazemmes, Esquermes, Loos, Santes.

Selon notre habitude, nous laissons parler les documents.

« Le mardi 18 septembre, les Autrichiens en force se sont portés de nouveau sur le *Pont-Rouge* et sur *Quesnoy*. Le tocsin a sonné de toutes parts, et bientôt ces valeureux cultivateurs se sont rendus en armes au rendez-vous ; mais les secours ne sont pas arrivés assez tôt pour empêcher d'emmener 12 paysans qui ont été surpris dans leur corps de garde et de tuer un jeune tambour qui battait la générale. Le lendemain, les braves habitants de la campagne, ayant à leur tête le commandant de la garde nationale d'Armentières, homme courageux et intelligent, qui a servi dans les troupes de ligne, doivent avoir marché en nombre sur le territoire ennemi pour enlever 28 paysans de la domination autrichienne et les emmener prisonniers jusqu'à ce qu'on leur envoie leurs frères. Dans l'après-midi, 300 volontaires soldés sont partis pour Armentières.

» Le dimanche 23, nos détachements qui se sont portés sur les bords de la Lys ont repoussé l'ennemi jusqu'à Warneton. Ils se sont rendus maîtres du Pont-Rouge et du bac. Les maisons qui servaient de retraite aux Autrichiens ont été incendiées sans miséricorde. A cinq heures du soir, ils attaquaient Warneton avec une valeur qui ne laisse pas douter que ce lieu ne soit en ce moment en leur possession. L'ennemi, qui occupe depuis quelque temps les postes de Lannoy, Roubaix, Tourcoing, se dispose à les évacuer ; il commande des chariots de corvées pour emporter le pillage et les équipages sur son territoire.

» Lille, 25 septembre. — Le maréchal de camp Dehaux est parti de cette ville avec 1,200 hommes. Il marche sur Ypres pour en faire le siége. Les habitants des campagnes, ruinés par les brigandages des Autrichiens, crient : Aux armes ! à la vengeance ! et demandent à suivre M. Dehaux. »

Les commissaires-députés de l'Assemblée nationale ont adressé la proclamation suivante aux habitants de la campagne : « Nous commissaires...., indignés de l'audace sanguinaire et dévastatrice des brigands soudoyés qui pillent et ravagent journellement les propriétés des citoyens habitants des campagnes de cette frontière, autorisons lesdits citoyens et leur commandons même, au nom de leur propre intérêt, de se réunir dans les lieux les plus exposés aux incursions desdits brigands pour les repousser par tous les moyens.

» Signé : Delmas, Dubois, Bellegarde. »

Tels sont les préludes du siége de Lille. La victoire de Valmy, l'héroïque résistance des Lillois, la prise de Mayence, la victoire de Jemmapes, la conquête de la Belgique, terminent cette campagne glorieuse ; mais l'effort est épuisé. Une coalition européenne formidable se lève contre nous. La défection de Dumouriez, les revers de nos troupes en Belgique, ramènent la guerre en nos contrées. Le général Dampierre, avec les débris de l'armée, forme le camp d'observation de la Magdeleine. Lille est encore le boulevard et le salut de la France. Nos soldats réorganisés s'essaient dans des affaires d'avant-postes, font des courses continuelles. Le 17 août, Linselles est pris, repris.

La levée de 300,000 hommes avait donné peu de résultats. Le 23 août, la Convention décrète : « Dès ce moment jusqu'à celui où les ennemis auront été chassés du territoire, tous les Français sont en réquisition permanente pour le service des armées ; les jeunes gens iront au combat, les hommes mariés forgeront des armes et transporteront des subsistances. Les maisons nationales seront converties en casernes, les places publiques en ateliers d'armes ; le sol des caves sera lessivé pour en extraire le salpêtre. Les chevaux de selle seront requis pour le service de la cavalerie, les chevaux de trait conduiront l'artillerie et les vivres. Les propriétaires, fermiers et possesseurs de grains seront requis de payer les 2/3 de leurs contributions en nature pour assurer la subsistance des armées ; des représentants du peuple seront envoyés dans les départements pour accélérer, de concert avec les délégués des assemblées primaires, le recensement des armes et la levée des hommes. » C'était la levée en masse, Carnot organisait la victoire. La victoire d'Hondschoote, (8 7bre 1793), dégage Dunkerque, celle de Wattignies, (16 octobre), débloque Maubeuge. Après la bataille de Tourcoing (18 mai 1794), les Français reprennent l'offensive. Valenciennes, Le Quesnoy, Condé, repris (1er 7bre), sont les prémices de cette étonnante campagne d'hiver, qui met en nos mains la Belgique et la Hollande.

Mais quel temps que l'an II ! Un universel orage de sang couvre la France et l'on voit encore entr'ouverte la large fosse de cadavres où Robespierre glissa. L'église se vide, elle est inventoriée, dépouillée, le clocher muet ; une universelle terreur plane sur tous les esprits. On cache son blé, on cache son or, on cache son opinion ; tout se tait. Quel temps pour l'agriculture ! La guerre civile et la guerre étrangère à la fois déchaînées fauchent la jeune fleur de la France. Que d'hommes enlevés à la charrue et moissonnés par la misère encore plus que par l'ennemi !

La famine comme la mort était à l'ordre du jour dans ces années fatales. La crise des subsistances, les réquisitions continuelles de toute nature, blé, avoine, colza, bestiaux, chevaux pour les convois pesaient sur nos populations ; il fallait réchauffer le zèle des municipalités. L'agent national au district de Lille écrit à l'agent national de Lôs :

An II, 6 floréal. — Tu es investi d'une grande confiance parce que tu as été jugé digne ; le moment d'y répondre et de justifier le choix de ta commune est toujours présent, toujours précieux, mais il est des circonstances où le zèle et l'énergie doivent redoubler. Je compte sur toi et t'enjoins en conséquence de requérir dans l'instant même où tu recevras la présente, ta municipalité qu'elle fournisse à l'instant même toutes les voitures avec toiles, combles, traits et tous les chevaux de trait de la commune en sorte que vos chevaux soient entrés à Lille le soir avant qu'on ferme les portes.

C'est à elle, c'est à toi de prouver si vous aimez vraiment et franchement la République et la cause sublime pour laquelle nos braves frères d'armes vont combattre et répandre jusqu'à la dernière goutte de leur sang. Tout retard, toute négligence retomberait sur toi et dès demain des commissaires iront sur les lieux vérifier la conduite des officiers municipaux et la tienne. Salut et fraternité. — Vantorhout.

L'ordre ainsi formulé fut promptement exécuté. Requis les chevaux de la commune en état de convoi. Deroulers, président.

On réquisitionne aussi les terres nitreuses, les ouvriers, un local pour la fabrication du salpêtre à Haubourdin ; à Wavrin, on prit l'église.

4 germinal, 3 messidor. — Le district de Lille prescrit à diverses communes telles qu'Ennetières, Sequedin, Hallennes... d'envoyer à chaque décade 50 sacs de blé pour pourvoir à la subsistance des habitants d'Haubourdin où le passage continuel des troupes et des convois rend encore le pain plus rare et plus cher.

An III. — Le Conseil général d'Haubourdin fait connaître qu'Haubourdin n'a pas de marché public[1], que les boulangers ne peuvent plus trouver chez aucun cultivateur de quoi s'approvisionner. L'agent national du district, Vantourout, envoie au Conseil 17 lettres ainsi conçues : Je ne doute pas, citoyen, que tu ne partages volontiers tes ressources avec tes frères d'un même arrondissement. La loi du 4 nivôse dernier en donnant aux administrations la faculté de pourvoir à l'approvisionnement des marchés, n'a pas eu pour but de leur ôter les moyens d'assurer les subsistances des habitants des communes où il n'existe pas de marché. En laissant aux particuliers la faculté de traiter de gré à gré, elle n'a pas présumé que le cultivateur se soit jamais refusé à partager ses ressources. Je n'ignore pas que la récolte dernière te permet de fournir aux habitants d'Haubourdin la quantité de ... quintaux de blé Je dois donc me borner en ce moment à t'inviter à vendre auxdits habitants. Si contre toute attente, tu te refusais à cette vente, je ne pourrais m'empêcher d'employer contre toi des moyens de rigueur, mais j'ai lieu de mieux attendre de ton patriotisme. Tu voudras bien me donner connaissance de la quantité de grains que tu auras vendu chaque décade. Salut et fraternité. — Lille, 12 germinal. Ces réquisitions furent envoyées à Elisabeth Leleu, Ch. Lohier, v^ve^ Wattrelos, Noël Parez, J.-B. Leignel, cultivateurs au Maisnil ; à Ph. Hovelacque, Adr. Coustenoble, L^s^ Lemaire,

---

1 En 1789, l'assemblée décréta la vente libre et la libre circulation des grains et farines dans toute l'étendue du royaume, mais la Convention, par suite d'une succession de mauvaises récoltes, astreint tout cultivateur ou détenteur de grains à en faire la déclaration à peine de visites domiciliaires et de confiscation, défend toute vente de grains ailleurs que sur les marchés ou ports accoutumés; elle ordonne un recensement général des blés récoltés, prononce la confiscation et dix ans de fers contre les auteurs de fausses déclarations ; elle soumet la possession, la vente et tous les mouvements des grains aux plus gênantes formalités, fixe pour la France entière un *maximum* à leur valeur, interdit l'emmagasinement à moins de six lieues des frontières. La taxation du prix des blés, en 1794, eut moins pour cause leur rareté que la lutte entre la valeur factice du papier monnaie (assignat) et la valeur réelle des choses.

J.-B. Villers, Isidore Leblanc, Et. Floor, Jacq. Houssen, S[in] Wjeux, P.-J. Leroy, Noë Leroy, P[re] Leroy, Fr. Peucelle, cultivateurs à Radinghem. 31 quintx de blé furent livrés, ce ne fut pas sans l'opposition véhémente des femmes de Radinghem rassemblées au moment de l'enlèvement des grains.

Le 13 germinal, le Directoire du district de Lille requit ainsi les cultivateurs de Lomme : « Les habitants de Wazemmes éprouvent les angoisses de la faim, et il ne se présente pas, quant à présent, d'autre ressource que celle que nous attendons de vous. Au nom de l'humanité, au nom de la fraternité qui lie les Français, apportez de votre part toute la sollicitude que la position alarmante de ces habitants doit exciter. Les cultivateurs, nous l'espérons, s'exécuteront de bonne grâce ; dans le cas contraire, la municipalité les obligera.... »

La municipalité répond : « Que l'extrême pénurie de leurs frères de Wazemmes affectait singulièrement leurs cœurs patriotiques ; mais que leurs administrés sont réduits eux-mêmes à manger du pain de fèves où il n'entre que peu de blé, sans aucune certitude de pouvoir se procurer longtemps cette chétive nourriture ; qu'abandonnés à leurs seules ressources pour subsister jusqu'à la récolte prochaine, ils ne sont pas en état d'aider leurs voisins. Nous avons déjà beaucoup de peine à maintenir l'ordre dans la commune, et ce n'est qu'à force de privations et de sacrifices que nous espérons y persévérer. » Il ne fut pas tenu compte de ces observations et les fermiers furent obligés de verser sans délai, dans les magasins de la République comme au marché de Wazemmes, les quantités de blés prescrites.

Loos devait aussi fournir à Wazemmes 20 sacs par décade. Le 3 messidor, le pain de 3 livres distribué à Loos se vend 8 l. le pain ; l'havot de farine, 80 l. ; à Wavrin, on vend 96 l. la rasière de farine mêlée. A Lille, le pain coûte 20 s., 30 s. pour les pauvres ; 40 s., 4 fr., 10 fr. la livre pour les autres en proportion de leur fortune. On paye 2 s. en numéraire, le reste en assignats. La dépréciation de ce papier fut telle en pluviôse que le 26 on le vend à 275 capitaux pour 1 en espèces. Pour arracher à la mort une population affamée, les municipalités font des emprunts, envoient des délégués pour acheter des grains au dehors et quand la caisse municipale est épuisée, de généreux citoyens, à Haubourdin, Lomme, Loos, Wavrin, etc., font des avances importantes à rembourser en vendémiaire, après la récolte qui fut abondante et précoce. Des commissions sont instituées pour la répartition des secours aux familles des défenseurs de la patrie.

C'est en vain qu'aux solennités de la fête de l'agriculture, au 10 messidor, on proclame l'agriculteur l'homme intelligent, l'homme utile par excellence. Les bras manquent à la terre, les campagnes sont terrorisées par des associations de bandits, de *chauffeurs*. L'agiotage sur les assignats jette dans toutes les affaires privées un épouvantable désordre. Le sequestre était mis sur un tiers du territoire. La propriété rurale écrasée par les difficultés de la culture non moins que par la concurrence des biens nationaux était fort dépréciée. Nous donnons le prix de la terre, en 1790, et le prix de vente de divers domaines nationaux. Dans le voisinage de Lille, la terre vaut, le bonnier, en 1790, 4.800 L. en vente, de 96 à 148 L. en cense. « J'attribue la modicité de ce revenu, dit Arthur Young, voyageur agronome anglais, au grand nombre de petites propriétés et à la fureur qu'ont les habitants de devenir propriétaires. La province abonde en riches manufactures et en villes de commerce. Ces commerçants sont toujours prêts à placer leur argent sur des terres et à s'y retirer pour les cultiver. »

Beaucamps, 1791, 6 août. 1 B. 1350^{v}. — 3 B. 12^{c}. — 1 B. 4^{c} à l'abbaye des Prés. — 3 B. 8^{c} à l'abbaye de Lôs, les arbres croissant sur le chemin de Lille à Fromelles et

Laventie estimés 180 fl. — Les 4 articles, estimés 12994 fl., sont adjugés 17400 fl.

1792, 12 7bre. 5^{c} terre, verger et jardin avec manoir, grange, étables, aux religieuses de La Bassée, occupés par P^{re}-F^{çois} Lefebvre, ten^{t} de N. au grand chemin de Lomme à Fournes, estimés compris 180 fl., pour arbres croissant 780 fl., adjugés 1000 fl.

Emmerin, 1791, 29 7bre. 15 bonn. 3^{c} en 15 parties, dont 1 bonn. 3^{c} sur Wattignies, hameau de Fléquières, à l'abbaye de S. Éloi, occupés par Emmanuel Casier, estimés compris 114 florins, pour bois croissant 15,618 fl., adjugés 32,000 fl. 9 bonn. 848 ^{v}. occupés par Emm. Casier et Eug. Dillies, par bail accordé par le chapitre de Denain en 1785, au rendage de 900 fl., estimé 15,048 fl., adjugés 18,100 fl.

1793, 16 janvier. 49 bonn. 403 à l'abbaye d'Anchin, occupés par Pierre-Ignace Descamps, estimés 72,293 fl., adjugés 110,500 fl. Le manoir tient au sentier d'Emmerin, à la chapelle Badoux entre deux.

Ennetières-en-Weppes, 1792, 22 août. 12^{c} à l'abbaye de Marquette, occupés par L^{ld} Nory, estimés compris 91 fl., pour arbres croissants 1147 fl., adjugés 2.000 fl. — 8^{c} terre tenant d'E au village de Capinghem, le chemin d'Ennetières entre deux, occupés par Jacques-F^{çois} Leuridan, 5^{c} à usage de pépinière, occupés par P^{re}-F^{çois} Chombart, ces deux parties aux Dominicains de Lille, estimées compris 36 fl., pour arbres montants 1150 fl., adjugés 1750 fl. — 1550 ^{v}, tenant de N au chemin de Capinghem à Ennetières, aux Dominicains de Lille, occupés par Jacques Leuridan, estimés compris 12 fl. pour bois 1387 fl., adjugés 1950 fl.

1792, 12 7bre. 1 B. à la Collégiale de Lille, occupé par P^{re} Vanil et P^{re} Mortelette, estimé compris 50 fl. pour arbres 1300 fl., adjugés 2400 fl. — 1 B. 4^{c} à la Collégiale de Lille, occupés par J.-B. Descamps, estimés 1347 fl., adjugés 2325.

1796, 21 juin Toute une ferme, dite *cour d'Ennetières*,

à l'abbaye de S.-Pierre-lez-Gand, cont[t] 58 B. 668[v], dont 6 B. 163[v] de lieu manoir, verger, jardins, occupés par Pierre-Paul Brevart, par bail de juin 1787, au rendage de 4750 L. les charges s'élevant à 554 L., adjugés 143,972 L. Les bois croissant sur les jardins, vergers, pâtures, le long des piedsentes, chemins, et sur différentes pièces de terre, valaient en 1790 12,208 L. La culture de cette terre a toujours été exempte de dîmes, attendu qu'elle appartient à la communauté religieuse qui en avait la dîme, et n'était assujettie à aucune rente S[riale]. Les tilleuls croissant dans le milieu du chemin qui conduit à la ferme sont à la commune.

Lomme, 1791, 6 juillet. 14 B. 13[c] en une masse, sur laquelle est construite la ferme nommée *la Balaterie*, y compris un petit flegard planté d'arbres, ab[t] E aux terres occupées par Ch. Braye, à celle de F[ois] Catrice, du S[r] de la Bretagne, de S aux terres des chevaliers de Malte et du S[r] de Villers, de O aux terres d'Ant. Six, à l'occupation Hocedez, et de N aux occupations Duflot, Ant. Six, Ant. Hocedez, Ét. Huglos, Delebecque, ladite masse traversée par le sentier de Mont-à-Camp à Lomme. — 17 B. 4[c] en une masse, ab[t] d'E aux terres d'Ant. Six, aux occupations Ét. Huglos, Duflot, de S aux terres de l'abbaye de Lôs, occupées par J.-B. Scrive et autres, d'O au chemin de la Farie, qui conduit de la Croix du Temple à Lomme, et à d'autres terres de l'abbaye de Lôs, de N au chemin du Puits au Bois à Saint-Martin. — 3 B. 2[c]., les 4 parties forment 37 B. 3[c] à l'abbaye de Loos, accordés en bail à Ig. Deroullers pour 9 ans, commencés en 1790, au rendage annuel de 1800 fl., 100 R. avoine à la prisée de l'espier de Lille, 12 couples de bons poulets, 4 corvées, estimés (compris 1488 fl., pour les arbres croissant dans les vergers, sur les flegards et chemins vis-à-vis des parties reprises, et ceux de l'abbaye plantés des 2 côtés du chemin de la Farie, vis-à-vis la terre Pasquier Dathis), 47303 fl., adjugés 101,400 fl.

1792, 27 Xbre. 46 B. 327v en une masse, tant en labour qu'en prairies, pâtures, potager et verger, avec la ferme *du Temple*, et toutes ses dépendances, ledit massif tenant d'E aux terres de la Bretagne, fossé entre deux, de S à la Hte-Deûle, au potager de Carpentier, au chemin qui conduit de la Planche-à-Quesnoy à la Croix du Temple, d'O à la riviérette, d'autre aux terres de l'abbaye de Lòs, séparées par le petit chemin qui conduit du pavé à la ferme de *la Balaterie*, et de N. aux terres de l'abbaye de Loos. — 4 B. 531v avec un moulin à blé tent de tous côtés aux terres de l'abbaye. Ces deux parties forment 50 B. 858v aux chevaliers de Malte, occupées par Michel-Jh Werquin, estimées compris 8,000 fl., pour le moulin et les bois sus étant à l'entour et la chapelle bâtie dans la cour de la ferme, 69,600 fl., adjugés 136,000 fl.

Wavrin, 1796,[1] 17 juin. La ferme *de la Haye,* avec exploitation de 20 B. 9c occupée par Ed. Watrelot, fils de Jean-François, par bail de 1785, au rendage de 1500 L. de France, prix principal, plus 27 L. rente sriale, 46 L. corvées avec chevaux, chariots, 30 L. pot de vin régalé. Le lieu manoir amasé de maison, chambre, grange, étables, autres édifices, contient parmi motte, fossés, jardins, labour, 1 B. d'héritage abt d'E. aux Domaines Naux provt de l'émigré Huvino de Bourghelles ; de S. aux terres de la vve Watrelot la piedsente ment à la ferme entre deux ; d'O., à l'issue de la ferme provt de F. Potteau, Sr d'Estevelle. Le tout fut adjugé 48,928 L.

1796, 29 juillet. La cense d'Hérometz, amasée de maison

---

1 On avait lancé pour 5 milliards d'assignats, ils étaient désormais sans valeur. Pour les rajeunir, on créa 2 milliards 400 millions de *mandats territoriaux*, nouveau papier monnaie qui devait servir à l'acquit des domaines nationaux. Les assignats d'abord reçus en paiement de ce nouveau papier ne furent plus acceptés qu'au taux du cours. Cette mesure connue, on s'empressa d'acquérir des biens nationaux. En juin, 5,000 soumissions sont inscrites à Lille. On ne termina pourtant que 200 contrats au double et au triple de la mise à prix.

cont[t] parmi jardin, verger, terres labourables. 19 B. 10[c] prov[t] du baron Ant. d'Hangouart d'Avelin, occupée par Ph. Alb. Druelle, par bail de 1788, en rendage de 1667 L. 10[s] et 181 L. pour charges diverses, fut adjugée 56,337 L.

Depuis 1789, aux cortèges seigneuriaux ont succédé, dans nos villages, les exercices et les parades de la garde nationale toute brillante de ses fusils neufs, les solennelles proclamations de la municipalité, du Conseil général de la commune, les marches triomphales dans les rues, du maire orné de son écharpe tricolore ; à Haubourdin, le 4 décembre 1792, le Conseil décide que, pour célébrer les succès des armées françaises en Savoie, l'hymne des Marseillais sera solennellement chantée sur la place publique, sur un théâtre, avec illumination d'une pyramide et des maisons.

Le 7 novembre 1793, le maire et les officiers municipaux, le juge de paix, ses assesseurs, les habitants s'assemblent autour de l'arbre de la liberté : aux accents de la Marseillaise et d'autres chants patriotiques, le feu consume les armoiries et tous signes de féodalité. Le 13 janvier 1794, on célèbre, sur la grande place, la prise de Toulon par les armées de la République : les volontaires cantonnés et la garde nationale font un simulacre du siége ; des pains sont distribués aux pauvres. La fête se termine par des danses et des chants d'allégresse.

Wazemmes, Wavrin, Esquermes, Santes ont leur Société populaire représentant le parti d'action, leur comité de surveillance. Dans l'enceinte du club, sur la table du président qu'on décorait du beau nom d'autel de la patrie, on offrait, au commencement de la Révolution, de grosses boucles d'argent ; plus tard, de grosses piles de souliers, de guêtres, d'habits, surtout des chemises, des grosses boules de charpie. Ailleurs, la municipalité se déclare en permanence, en révolution jusqu'à la paix. Parfois, un représentant du peuple, Florent Guiot ou Delamarre, en mission dans le Nord avec pouvoir dictatorial, ou leurs délégués procèdent, en séance du Conseil général de la commune à l'*épuration* de la municipalité. A Santes, le 24 février 1794, Bataille est nommé président; A. Wallart, Druon Dartois, J. Ramon, C. Zinguedau, J. Lambelin, off. municipaux; Ant. Lictevout, agent national.

Le 15 juin 1795 sont nommés à Haubourdin, maire : Clarisse remplaçant Perkin; off. munic. : P.-F. Labbe, Hthe Béghin, J.-B. Cordonnier, Hubert Béhague, Carpentier fils; notables : Debloy, Dinet, Livre, Duquenne, Defrenne, Choquet, Hochart, Vt Béghin, Ed. Dillies, Al. Merville, Guelton; agent national : Aug. Blondeau; greff. : Delannoy.

Le 19 juillet, Jacq. Periès, présidt du Directoire du district de Lille, vient à Loos et nomme en Conseil maire : Glorieux; off. mun. : Gilquin, Ghesquière, Franchomme, Desruelles, Dubot étant reconnus citoyens probes, fermes amis des lois, doués d'une énergie capable d'en imposer à la malveillance.

Le 14 août se présente à Wavrin, en séance du Conseil, Albert-Fr.-J. Scrive, procureur sindic du district de Lille, qui déclare être chargé en exécution d'un arrêté du représentant Delemarre en mission dans le Nord en date du 16 messidor, de procéder à l'installation de la municipalité et du Conseil général de la commune. Sont nommés maire : Alexis Watrelot; off. municip. : Adr. Brame, J. Lecoq, J.-B. Poillon, A. Desmazière, A. Waymel; notables : L. Foucart, D. Leclercq, E. Wattel, Arn. Bauduin, F. Burette, Ig. Leclercq, Fremaux, And. Lecat, J.-B. Marchand, A. Pinte, J.-B. Dubois; procureur : F. Dujardin.

Pour tenir les chefs de la commune en éveil, on supprime l'office de maire remplacé par celui de président mensuel.

La constitution du 5 fructidor an III institue dans chaque département une administration centrale composée de cinq membres et dans chaque canton, une administration municipale immédiatement subordonnée au département, formée dans les campagnes par la réunion au chef-lieu de canton des agents municipaux élus dans chaque commune. Le président électif de la municipalité du canton n'était l'agent d'aucune commune en particulier. Le personnel fut réduit au strict nécessaire de l'expédition des affaires ; toute commune inférieure à 5,000 habitants n'eut qu'un agent municipal chargé de la tenue de l'état-civil, de la régie des biens communaux et un adjoint destiné à le remplacer en cas d'absence. Auprès de chaque administration, le gouvernement met un commissaire chargé de veiller à l'observation de la loi, nommé par lui, appointé sur le trésor public.[1]

On retira aux municipalités le jugement des contraventions à leurs règlements de police. Cette fonction fut transportée aux juges de paix[2] dont les attributions n'embrassaient encore que les affaires civiles.

An VIII. — Un nouveau gouvernement venait de s'installer et le système des administrations mobiles ne convenait pas

---

1 Agents municipaux : à *Emmerin*, Magloire Testelin ; à *Englos*, Becquart ; à *Ennetières*, P.-P. Brevart ; à *Hallennes*, Hubert Béhague ; à *Haubourdin*, A. Bresol; à *Lomme*, J.-B. Dathis; à *Loos*, P.-J. Vanhooft, adjoint ; L. Delives ; à *Sequedin*, F. Rousselon ; à *Wavrin*, P.-J. Binauld, notaire, P.-J. Pollet; à *Esquermes*, Aug. Dreptin; à *Wazemmes*, Nauwelaerts. Président de l'administration municipale du canton : Hri Lippens, plus tard Célestin Clarisse : en 1808, de Mengin-Foudragon. Commissaires du Directoire exécutif : A. Degland, Ch.-Augustin Wicart.

2 Juges municipes du canton, jusqu'en 1802 élus pour trois ans par les justiciables : 1790, Albéric Blondeau — 1794, Magret — 1793, Cordonnier — 1802, Ambroise Bresol, brasseur, mort en 1806 : le désintéressement, l'esprit de conciliation dirigeaient ses actions de juge ; la prudence, la sagesse dirigeaient ses fonctions d'officier de police. C'est lui qui purgea le canton d'Haubourdin des bandes atroces de *Chauffeurs*. — 1806, E. Blondeau — 1802, B. Sy, mort en 1833 — C. Sy — 1847, Tierce, Marlet.

Notaires : *Englos*, 1725, Nas Groullan ; — 1861, Pre Montagne, éteinte en 1676. — *Ennetières*, 1694, Ant. Richard, éteinte en 1704 ; — 1671, Ign. Romont ; — 1738, J.-F. Wallaert ; — 1761, L.-F. Wallaert ; — 1780, L.-J. Raoust, éteinte en 1785. — *Esquermes*, 1671, Rob. Laigle, éteinte en 1675. — *Haubourdin*, 1674, Claude Sauvage; — 1723, J.-B. Carpentier; — 1757, Gab.-Val. Carpentier ; — 1810, J.-B. Cousin ; — 1820, H.-J. Cousin ; — 1851, Ch. Béghin, Venot, Delehelle. — *Lomme*, 1786, P.-J. Lesage ; — 1815, J.-B. Lesage ; — 1847, Alf. Josson, Desmottes, Bouchart. — *Le Maisnil*, 1675, Ven. Leplat, éteinte en 1692 ; — 1719, L.-J. Lefrancq ; — 1740, J.-B. Olivier, transférée à Fournes en 1748. — *Radinghem*, 1749, L.-J. Biervoye ; — 1773, Gasp.-Dominique Prévost ; — 1785, Jacq.-J. Piat ; — 1824, Eug. Blondeau ; — 1834, L.-J. Brice, Galloo. — *Santes*, 1671, Jacq. Muteau, éteinte en 1682. — *Wavrin*, 1711, Jacq. Boidin, éteinte en 1718 ; — 1702, Ch. Lefrancq, — 1743, Ant. Lefrancq ; — 1788, Jacq. Binault ; — 1824, Nse Binault ; — 1840, L.-F. Menu, Dhaine, Chamonin, Mathias.

à ses vues, la loi du 28 pluviose (février 1800) rétablit partout des maires et des conseils municipaux nommés par les préfets, autorité nouvelle remplaçant les administrations départementales.

Depuis huit ans, circonvenue de baïonnettes ennemies la France, hérissée de piques, de baïonnettes, court de victoires en victoires. A Marengo, Bonaparte est vainqueur, le 14 juin 1800. La fête du 14 juillet fut célébrée avec éclat. A Loos la garde nationale sédentaire, l'école primaire, l'instituteur accompagnent le maire et son adjoint se rendant, en cortège, de la maison commune autour de l'arbre de la liberté, où le maire fit lecture de la lettre du sous-préfet de Lille, Scrive, invitant les citoyens à la concorde. « Bonaparte, ce héros modeste au milieu des trophées, brûlant de rendre le repos au monde, à sa patrie, offre sans cesse l'olivier de cette main qu'on a forcée de saisir le redoutable glaive des combats. C'est à la concorde qu'est surtout consacrée, cette année, la fête du 14 juillet. Que tous les Français, abjurant la haine homicide, fassent régner au milieu d'eux cette douce fraternité si souvent invoquée et jusqu'ici peu respectée. »

A Haubourdin, on sonne les cloches à toute volée; on fait des décharges de boîtes ; on bat la générale ; la garde nationale, avec musique et tambours, est sous les armes ; le corps municipal, les membres du tribunal de paix, les instituteurs, les institutrices, leurs élèves, les enfants de l'hospice se rendent, en cortège, à la maison commune, où le maire Wicart orné de son écharpe, dans un discours applaudi, fait entendre des paroles de paix et de concorde.

Il faut, dit la municipalité de Wavrin, que, par un mouvement simultané, toutes les forces de la République soient réunies pour commander la paix à nos ennemis. La paix de Lunéville (1801) assure à la France la Belgique et la rive gauche du Rhin.

Quand le culte fut aboli, les fidèles ne restèrent pas sans

missionnaires ; les évêques veillaient de loin, des prêtres dévoués évangélisaient les populations au péril de leur vie et célébraient les saints mystères dans des granges, pauvres sanctuaires qui rappelaient si bien l'étable de Bethléem. C'étaient F^{çois}-Joachim Wymille, Louis-Adrien Détrez, Legrand, Delebecq.

La loi de prairial an III, 30 mai 1795, rétablit la liberté des cultes, la plupart des églises furent rendues aux fidèles. « La liberté des cultes n'est plus un vain mot, proclame la municipalité de Lille. La loi de prairial a pour objet d'assurer l'exercice du plus beau droit de l'homme, celui de rendre à l'Être suprême le tribut d'hommage qui lui est dû. »

Le 10 juillet, les habitants d'Haubourdin obtiennent le libre usage de l'église pour l'exercice du culte catholique ; quelques heures suffirent pour la débarrasser des fourneaux, cheminées, cuves, chaudières qui servaient à fabriquer le salpêtre. On dissimula la nudité des murailles sous une profusion de verdure et de fleurs. Le 15 juillet, le service divin reprit son cours après une interruption de 15 mois.

Le 21 juillet 1795, à Loos, Nicolas, Bernard Chevalier, Hubert Schlim, ministres du culte établi dans la commune, satisfont par les promesses de fidélité aux lois civiles de la République, déclarant avoir besoin de l'église pour exercer les fonctions du culte depuis sept jusqu'à dix heures et demie, depuis deux jusqu'à trois heures. L'autorisation est signée de Glorieux, maire; de Labbe, procureur.

Le 5 novembre 1795, devant Glorieux, P.-J. Desruelle, Labbe, les mêmes prêtent le serment prescrit par la loi de vendémiaire, 29 septembre 1795, serment que les évêques ne défendaient pas : « Nous reconnaissons que l'universalité des citoyens français est le Souverain, et nous promettons soumission et obéissance aux lois de la République. »

A Wavrin, le 14 août 1795, la municipalité donne à tous les citoyens la faculté d'assister à l'église aux cérémonies du culte célébré à huit heures par Célestin Picquart, prêtre ; à dix heures, dimanches et fêtes ; à neuf heures, les autres jours par Ghemar, ministre *du prétendu culte catholique.*

Les prêtres exilés pour la cause de la foi étaient revenus. Un synode pour la nomination des députés de l'Eglise du Nord au Concile national se réunit à Lille, en l'église S.-André, le 16 août 1797. Besse fut proclamé député, et Renaut, curé de Santes, suppléant ou adjoint à l'évèque en cas de besoin. Ils avaient été tous deux représentants du peuple à l'Assemblée constituante.

Enfin le gouvernement consulaire permit de se proclamer catholique sans craindre les tracasseries officielles.

Le jour de Pâques, 18 avril 1802, l'Eglise de France célèbre à N.-D. de Paris sa propre résurrection au milieu des chants de triomphe et des larmes de joie des fidèles.[1]

Le XIXe siècle s'ouvre ; notre histoire locale se confond en un rayonnement superbe des gloires de la France. Sous la Restauration, le gouvernement de Juillet, la République, le second Empire, la Flandre n'a d'autre histoire que celle du progrès toujours croissant de sa richesse, de son agriculture par la fabrication du sucre de betteraves, de l'industrie par l'exploitation des houilles, de son commerce par l'extension des chemins de fer. Ces pages d'une histoire toute pacifique où l'on n'entend que le bruit du travail, nous les résumons dans les tableaux de statisque qui suivent.

---

1 D'après le concordat et la bulle du pape publiés 29 germinal an X, le département du Nord forme un diocèse dont le siége est Cambrai, *suffragant de Paris*. La loi fixe le nombre des cures une par canton; autant que de justices de paix. L'évêque, de concert avec le préfet, règle le nombre et l'étendue des succursales : curé de canton, Dacheu, à *Haubourdin* ; 12 desservants de succursales : Breckvelt à *Beaucamps Ligny* ; *Erquinghem* ; Leroy à *Emmerin* ; Delattre à *Englos*, *Escobecq* ; Six à *Ennetières* ; Lescoruez à *Hallennes* ; Martin à *Lomme* ; Montagne à *Loos* ; Pivion au *Maisnil*, Petitprez à *Radinghem* ; Ghémar à *Santes* ; Farvaques à *Sequedin* ; Lecouffé à *Wavrin*.

STATISTIQUE AGRICOLE 1882	Beaucamps	Emmerin	Englos	Ennetières-en-W.	Erquinghem-le-Sec	Escobecques	Hallennes	Haubourdin	Ligny	Lomme	Loos	Le Maisnil	Radinghem	Santes	Sequedin	Wavrin	TOTAL
Superficie totale	403h	490h	129h	1044h	168h	180h	399h	528h	73h	931h	754h	350h	664h	756h	397h	1304h	8570h
Territoire agricole	363h	462h	124h	995h	148h	174h1/2	369h	461h	69h	872h	704h	327h	655h	665h	336h	1200h	7924h1/2
Territoire bâti ou non bâti	40h	28h	5h	49h	20h	5h1/2	30h	67h	4h	59h	50h	23h	9h	91h	61h	104h	645h1/2
Superficie cultivée en céréales	185h	224h	33h	400h	63h	84h	175h	153h	24h	400h	362h	130h	321h	290h	180h	364h	3389h
Autres graines alimentaires	3h	1h	33h	35h	»	1h	1h	»	1h	»	»	31h50	20h	15h	»	9h	150h50
Tubercules et racines	16h	24h	7h40	70h	8h	11h	18h	13h	1h	111h	74h	25h50	59h	25h	19h	33h	510h90
Fourrages annuels, prairies artificielles, prés temporaires	15h	19h	8h	157h	10h	13h	28h	25h	3h	65h	43h	36h64	20h	67h	14h	50h	573h64
Prairies naturelles, herbages, patures permanentes	52h	17h	15h	145h29	16h	25h	40h	25h	10h	103h	34h	44h78	101h	56h	41h	»	735h07
Plantes oléagineuses	2h	6h	5h90	15h	0h50	0h50	4h	»	»	»	1h	5h50	5h	2h	2h	25h	74h40
Plantes textiles-oléagineuses	5h	7h	»	12h	1h	»	3h	10h	»	30h	40h	1h50	5h	0h40	2h	6h	122h90
Plantes industrielles diverses	64h	102h	35h	124h	30h	40h	84h	105h	11h	121h	96h	49h	120h	13h60	62h	239h	1414h60
Cultures arborescentes, groseilliers	»	»	»	7h	»	»	»	»	»	15h	»	»	»	»	»	»	21h
Potagers et vergers	18h	20h	2h	25h	10h	14h	18h	55h	12h	49h	»	3h	87h	15h	»	50h	378h
Pâtis et marais	»	10h	»	3h	»	»	»	»	1h	»	»	»	1h	»	»	400h	415h
Bois taillis, parcs, jardins	3h	32h	»	8h88	»	»	»	92h	6h	9h	54h	»	»	78h	6h	24h	312h88

MORCELLEMENT DU SOL[1]

1882

COTES DE PROPRIÉTÉ ou D'IMPOT FONCIER PAR CATÉGORIE DE CONTENANCE		Beaucamps	Emmerin	Englos	Ennetières-en-W.	Erquinghem-le-S.	Escobecques	Hallennes	Haubourdin	Ligny	Lomme	Loos	Le Maisnil	Radinghem	Santes	Sequedin	Wavrin	TOTAL
Nombre des parcelles des cotes foncières		617	1.070	363	1.617	241	269	794	716	52	732	776	547	1.192	1.217	838	3.577	14.618
Au-dessous de 1 hectare	Nombre	510	108	325	190	172	214	697	626	30	263	610	79	80	1.108	746	3.370	9.122
	Conten. en hectares	»	40h	»	65h79	»	»	»	294h	»	17h28	246h	30h60	»	489h	194h	854h	»
De 1 à 2 hectares	Nombre	78	22	29	56	40	40	77	68	10	22	147	22	40	80	63	134	898
	Conten. en hectares	»	31h	»	81h70	»	»	»	95h	»	32h27	160h	30h68	»	96h	91h	160h	»
De 2 à 3 hectares	Nombre	15	12	6	25	20	9	10	11	5	21	31	9	20	18	14	36	162
	Conten. en hectares	»	32h	»	66h09	»	»	»	25h	»	47h50	77h	23h38	»	39h	32h	80h	»
De 3 à 4 hectares	Nombre	8	6	2	13	6	3	5	8	1	25	9	11	8	9	8	15	137
	Conten. en hectares	»	21h	»	46h16	»	»	»	28h	»	83h26	30h	36h24	»	31h	28h	48h	»
De 4 à 5 hectares	Nombre	5	5	1	6	3	3	1	»	2	22	4	4	6	»	1	12	75
	Conten. en hectares	»	22h	»	24h20	»	»	»	»	»	95h50	26h	18h17	»	»	4h	55h	»
De 5 à 7 hectares	Nombre	1	2	»	15	»	»	2	2	3	12	1	2	5	2	3	5	55
	Conten. en hectares	»	12h	»	82h12	»	»	»	12h	»	66h23	»	10h74	»	11h	18h	31h	»
De 7 à 10 hectares	Nombre	»	3	»	11	»	»	1	1	1	10	2	7	8	»	2	4	50
	Conten. en hectares	»	24h	»	99h35	»	»	»	7h	»	82h29	46h	55h21	»	»	19h	34h	»
De 10 à 20 hectares	Nombre	»	4	»	15	»	»	1	»	»	8	2	4	8	»	1	3	46
	Conten. en hectares	»	48h	»	229h17	»	»	»	»	»	109h45	24h	46h17	»	»	11h	42h	»
De 20 à 30 hectares	Nombre	»	1	»	1	»	»	»	»	»	4	»	2	2	»	»	»	10
	Conten. en hectares	»	24h	»	26h18	»	»	»	»	»	88h46	»	40h96	»	»	»	»	»
De 30 à 40 hectares	Nombre	»	1	»	2	»	»	»	»	»	4	»	1	1	»	»	»	9
	Conten. en hectares	»	33h	»	77h64	»	»	»	»	»	132h67	»	35h50	»	»	»	»	»
De 40 à 50 hectares	Nombre	»	2	»	1	»	»	»	»	»	2	»	»	»	»	»	»	5
	Conten. en hectares	»	85h	»	40h31	»	»	»	»	»	90h86	»	»	»	»	»	»	»

1 Emmerin a une terre de 58 hectares ; Lomme une de 54 hectares ; Ennetières deux terres dans la catégorie de 60 à 100 hectares faisant ensemble 151 hectares 41. Notons l'extrême division du sol à Wavrin. La couche arable varie de 60 à 90 ctres susceptible des cultures les plus variées. On extrait la pierre à chaux à Loos, le sable à Ennetières, partout l'argile pour briques.

ÉCONOMIE RURALE 1882	Beaucamps	Emmerin	Englos	Ennetières-en-W.	Erquinghem-le-Sec	Escobecques	Hallennes	Haubourdin	Ligny	Lomme	Loos	Le Maisnil	Radinghem	Santes	Sequedin	Wavrin	TOTAL
Etendue des exploitations rurales :																	
Au-dessous de 1 hectare.	19	40	5	19	8	1	18	»	6	»	»	42	8	48	10	290	505
De 1 à 5 hectares.....	10	15	4	17	5	2	12	9	4	11	2	15	25	54	4	45	234
De 5 à 10 —	9	10	2	28	3	5	8	5	»	14	2	8	16	17	16	24	167
De 10 à 20 —	12	5	2	15	4	2	10	7	»	18	9	7	10	13	4	10	128
De 20 à 30 —	4	1	1	3	2	2	3	5	1	5	2	»	6	2	1	7	45
De 30 à 40 —	2	»	1	6	»	»	1	2	»	4	»	1	1	3	»	4	25
De 40 à 50 —	»	1	»	»	»	1	»	1	»	2	»	»	1	»	»	»	7
De 50 à 100 —	»	2	1	1	»	»	»	»	»	2	1	»	»	1	»	»	8
Nombre des exploitations	56	74	16	80	22	13	52	29	11	56	16	74	67	138	35	380	1.119
Terres de 1re classe, proportion p. 100........	24	28	»	14	60	»	30	58.10	48	»	»	47	»	»	»	49	
Valeur vénale à l'hectare	5.000	7 000	6.000	5.500	5.500	6.000	5.500	8 250	5 500	8.000	7.700	6.000	6.000	5.600	»	5.500	
Prix annuel de fermage..	145	160	160	165	160	160	170	209	150	165	200	132	150	168	»	130	
2e classe, valeur vénale..	4.500	6 000	5.500	4.400	4.800	5.500	5.000	7.700	5.000	6.500	6.000	5.500	5.260	4.480	»	4.950	
Prix annuel de fermage ..	145	150	145	132	160	145	170	190	140	150	160	125	140	156.80	»	125	
3e classe,[1] valeur vénale.	4.000	4.500	5 000	3.500	»	5 000	4 500	7.700	4.800	5.000	»	5.000	4.400	3.360	»	3 850	
Prix annuel de fermage.	130	120	135	120	»	135	150	165	140	135	»	120	130	134	»	115	

1 Ces trois classes forment 90 0/0 du territoire. Les prés naturels valent en vente et en cense le même prix que les terres labourables, parfois avec plus-value ; les bois taillis valent 4.500 l'hectare. La culture est fort morcelée à Wavrin, au Maisnil, à Emmerin.

RICHESSES EN PRODUITS 1882	Beaucamps	Emmerin	Englos	Ennetières-en-W.	Erquinghem-le-Sec	Escobecques	Hallennes	Haubourdin	Ligny	Lomme	Loos	Le Maisnil	Radinghem	Santes	Sequedin	Wavrin	TOTAL
Froment. Nombre d'hect..	140	162	32	280	51	56	122	100	19	280	170	98	245	203	120	239	2.317
Rendement à l'hectare.	25h	27h	30h	26h	32h	30h	30h	32h	27h	30h	33h	23h	35h	26h	25h	27h	
Avoine. Nombre d'hectares	40	42	15	110	12	18	51	50	5	120	112	22	50	87	60	100	896
Rendement à l'hectare.	66h	55h	60h	52h	66h	60h	60h	65h	70h	55h	55h	50h	55h	61h	60h	45h	
Seigle. Nombre d'hectares	»	10	6	10	»	10	»	3	»	20	»	10	24	»	»	30	123
Rendement à l'hectare.	»	27h	38h	15h	»	38h	»	30h	»	»	»	16h	21h	»	»	30	
Orge. Nombre d'hectares.	3	10	»	»	»	»	»	»	»	»	»	»	5	»	»	5	23
Fèves, haricots, pois. Nombre d'hectares..........	3	1	0.87	35	»	1.10	1	»	1	»	»	31.50	20	»	»	9	103.47
Pommes de terre. Nombre d'hectares.........	16	18	6	60	8	9	18	10	1	100	70	15	51	24	15	50	449
Colza. Nombre d'hectares.	2	6	5.50	15	0.50	»	4	»	»	»	»	1.50	5	1.48	2	20	62.98
Rendement à l'hectare.	22h	22h	30h	12h50	20h	»	16h	»	»	»	»	12h	33h	22h5	22h	22h	
Lin. Nombre d'hectares..	5	7	»	12	1	»	3	10	»	50	40	1.50	5	0.40	2	6	122.90
Rendem. par hect. { en graines	4h	Vendu sur pied.	»	5h	4h		4h	7h	»	5h	8h	6h	5h	6h	4h	5h50	
Rendem. par hect. { en filasses	38q		»	12q	40q	»	38q	25q	»	40q	25q	48q	30q	50q	50q	6q	
Betterave à sucre. Nombre d'hectares............	60	102	35	120	30	40	84	100	11	120	96	34	115	132	50	237	1.366
Rendement à l'hectare.	500q	500q	500q	440q	500q	550q	550q	475q	500q	550q	500q	495q	550q	495q	440q	440q	
Tabac. Nombre d'hectares	4	»	»	4	»	»	»	5	»	1	»	15	5	»	2	2	38
Nombre de plantes à l'hectare	42 000	»	»	40.000	»	»	»	40.000	»	»	»	40.000	45.000	»	40.000	41.800	

La culture maraichère, celle des fruits et primeurs s'étend à Loos, Lomme, Haubourdin. On cultive les champignons dans les carrières d Loos. La culture des fruits et raisins sous des abris vitrés fait ses premiers essais.

RICHESSES EN BÉTAIL	Beaucamps	Emmerin	Englos	Ennetières-en-W.	Erquinghem-le-Sec	Escobecques	Hallennes	Haubourdin	Ligny	Lomme	Loos	Le Maisnil	Radinghem	Santes	Sequedin	Wavrin	TOTAL
Chevaux entiers....	1	»	»	»	2	»	2	1	»	5	20[1]	2	2	»	3	2	40
— hongres............ ..	40	32	18	82	16	21	35	177	5	119	49	30	30	61	21	61	797
Juments	18	12	6	30	7	7	18	86	2	69	17	1	25	31	14	28	371
Poulains, pouliches............	7	6	2	2	2	»	6	2	»	6	11	3	24	8	»	47	126
Mulets, ânes....................	5	4	»	8	3	»	1	7	»	8	»	6	6	3	2	3	56
Taureaux	7	3	2	15	5	»	12	8	1	8	10	4	2	10	2	15	104
Bœufs de travail	»	8	»	»	»	»	»	»	»	»	»	1	»	10	»	7	26
— à l'engrais..............	3	»	»	»	»	»	»	3	1	»	9	»	»	60	»	»	76
Vaches	173	98	68	100	68	70	150	129	27	360	176	140	229	282	125	312	2.807
Elèves, bouvillons	10	»	3	»	2	»	5	2	»	10	»	»	20	9	»	»	61
— génisses................	25	20	200	100	25	12	45	28	2	30	33	50	33	39	16	»	478
Elèves de 6 mois à 1 an.........	29	21	18	50	12	10	10	2	8	20	»	»	15	21	5	170	391
Veaux	25	15	15	50	9	»	13	10	9	15	»	20	5	40	»	80	315
Moutons..........	100	14 béliers	100	110	»	»	100 10 béliers	80	100	350	»	»	120	80	»	400	1540 24 béliers
Brebis	»	90 — Emmerin a 100 agneaux					»	10	20	»	»	»	»	»	»	»	120 100 agneaux
Verrats, truies, porcs	53	75	20	200	15	20	35	49	9	71	53	32	63	71	110	717	1593
Elèves de moins d'un an........	»	»	»	»	»	»	»	»	»	»	26	»	»	»	»	683	706
Boucs, chèvres, chevreaux......	6	34	5	15	30	12	7	33	6	30	53	15	67	40	10	37	400

1 Dépôt d'étalons de Delangle. — Loos, en culture spéciale a 80 hectares de méteil.

POPULATION DU CANTON D'HAUBOURDIN	NOMBRE DES FEUX en 1762	MAISONS en l'an IX	FEUX ou MÉNAGES en l'an IX	POPULATION en l'an IX 1801	MILITAIRES en activité en l'an IX	POPULATION en 1835	GARDES NATIONAUX	ÉLECTEURS MUNICIPAUX	POPULATION en 1842	POPULATION en 1846	POPULATION en 1851	POPULATION en 1861	POPULATION en 1866	POPULATION en 1872	POPULATION en 1886	POPULATION en 1891
Beaucamps	147	167	172	700	7	754	168	79	778	750	761	961	1.015	1 010	1 225	1 165
Emmerin { *Châtellenie*	46															
Emmerin { *Empire*	82	188	188	817	22	1.161	247	110	1.292	1.340	1.400	1.688	1.770	1.528	.595	1 588
Englos	47	69	72	339	8	326	79	33	341	322	331	389	419	438	482	478
Ennetières-en-Weppes	254	365	365	1.706	20	1.789	409	140	1.749	1 721	1.652	1.635	1.664	1.650	1.733	1.684
Erquinghem-le-Sec	45	49	51	240	2	253	51	25	237	234	224	233	229	225	270	249
Escobecques	57	56	56	279	3	285	59	29	280	261	253	272	279	255	269	272
Hallennes	57	81	84	430	5	471	98	47	513	607	568	683	713	852	1.003	1.015
Haubourdin	240	330	317	1.860	57	2.151	408	160	2.119	3.130	3.210	3.651	4.204	4.431	7.083	7.457
Ligny	10	28	28	107	2	128	33	12	145	140	124	132	131	122	111	117
Lomme	213	355	370	1.757	42	2.067	496	155	2.309	2.480	2.421	2 952	3.596	3.870	4.836	5.245
Loos	132	230	234	985	11	1.564	253	130	3.404	4 117	4.082	5.172	5.702	6.333	7.753	7.924
Le Maisnil	129	147	148	608	13	668	133	67	589	558	509	518	517	486	460	501
Radinghem	231	260	285	1.271	42	1 171	245	110	1.364	1.280	1.251	1.170	1.138	1.138	1.149	1 112
Santes	260	369	375	1.471	15	1.462	341	125	1.556	1.667	1.614	1.696	1.726	1.772	2.035	2.096
Sequedin	101	122	122	631	14	567	125	57	593	585	578	640	678	633	732	777
Wavrin	340	485	485	2.049	47	2.622	513	185	2.818	2.780	2.818	3.106	3 137	3.070	3 592	3.675
Esquermes	111	271	275	1.177	21	1.642	283	130	2.180	2.659	3.127					
Wazemmes	63	830	931	5.095	144	5.942	691	310	7.963	10.483	13.086	Total	26 918	27 811	31.328	35 355

Le recensement de 1886 donne 1,670,184 habitants au Nord. La population ouvrière des villes et des campagnes en comprenant seulement les travailleurs proprement dits, sans compter leur famille, les enfants, les vieillards, forme un total de 385,193, soit 23 06 0/0.

Ouvriers industriels . . .	278,893	16 60 0/0
Agriculteurs.	106,300	6 37 0/0

Les ouvriers agricoles ne sont pas employés à l'année. Quelques-uns, vachers et valets de charrue, Belges pour la plupart sont loués au mois, logés et nourris dans la ferme. Leurs gages vont de 25 à 30 fr. Il y a 35 ans, ils n'avaient que 16 fr.; les valets de ferme, 12 fr. au lieu de 25. D'autres des villages voisins sont loués à la journée, à l'heure, non nourris, pour sarclage de blé, betteraves ; la journée est de 1 fr. 50. Les ouvriers à la tàche relèvent du piqueur qui entreprend les moissons, le battage des grains. Les ouvriers à la journée gagnaient autrefois 75 cent., mais tous sans exception prenaient place à la table de famille présidée par le maitre.

La prospérité d'une contrée est déterminée par le nombre et l'état des communications. Sur les bords des canaux, des routes, près des chemins de fer l'agriculture est prospère, les manufactures sont nombreuses, les habitations élégantes, la population est pressée, active, heureuse.

Parmi les usines du canton, nous citons : Fabrique de produits chimiques de Loos ; raffinerie de pétrole de Sequedin ; filatures de coton, de lin à Loos, Lomme ; teintureries à Lomme, Haubourdin ; fabriques et raffinerie de sucre à Santes, Haubourdin ; distilleries à Loos, Haubourdin, Lomme, Escobecques, Ennetières dont une en société de cultivateurs ; brasseries, amidonnerie à Haubourdin ; fabrique de pannes, carreaux, drains, tanneries, fabriques de colle à Haubourdin, Wavrin ; outils aratoires à Emmerin ; teillage de lin, huilerie, meunerie, fabrique de boutons de nacre à Wavrin.

Le canton est traversé par le canal de la Haute-Deûle que l'on passe à Planche-à-Quesnoy, Planche-de-Santes, Bac-à-Wavrin, à Haubourdin sur ponts tournants ; à l'abbaye de Loos et Haubourdin sur ponts fixes, — par le chemin de fer de Lille à Béthune avec stations à Loos, Haubourdin, Wavrin, halte à Santes — le chemin de fer d'Armentières à Wavrin avec stations à Ennetières et Erquinghem — par deux routes nationales — cinq chemins de grande communication — onze chemins d'intérêt commun.

Route nationale 41 de Lille à S. Pol passe à Loos (23^m), (le plateau crayeux d'Ennequin est d'environ 15^m plus élevé), à Haubourdin (24^m), à Hallennes (23^m et 27^m), à Wavrin (31^m2).

Route nationale 42 de Lille à Boulogne passe à Lomme, (Canteleu 19^m), (bourg de Lomme 38^m), (calvaire 45^m) ; elle limite le territoire d'Ennetières et le canton (Mont-de-Prémesques 37^m), (Wez-Macquart 21^m).

Le chemin de grande communication 7 de Lomme à Fournes qui va du calvaire de Lomme (45^m) à Englos (43^m), à Escobecques (Fin-de-la-Guerre 42^m4), à Beaucamps (36^m) partage les eaux ; les courants de Ligny, de Sequedin se rendent à la Deûle, le courant des Breux sort d'Englos, va à la rivière des Laies qui se jette à la Lys à Armentières ; ce chemin enserre avec le chemin 63 et la route nat^{le} 42 le plateau culminant du canton qui se termine au mont Pindo (41^m) ; au-delà commence la vallée de la Lys riche en herbages à Ennetières Trois-Fétus (20^m), à Radinghem, au Maisnil.

Chemin de g^{de} c^{tion} 22 d'Englos à Haubourdin passe à Hallennes, longueur 1890^m.

Chemin de g^{de} c^{tion} 41, d'Haubourdin à Carvin s'embranche sur la route nat^{le} 41, à Quinquibus-Wavrin, longueur $10{,}395^m$.

Chemin de g^{de} c^{tion} 48 part à la route nat^{le} 41 à la filature Thiriez passe à la Planche-à-Quesnoy (21^m) à la Croix-du-Temple et Canteleu, longueur $3{,}831^m$.

Chem. de g^{de} c^{tion} 68 du calvaire de Lomme, par le Grand-Bus (31^m), mène à Quesnoy-sur-Deûle, longueur $7{,}289^m$.

Chemin d'int. com. 4 de Salomé, Aubers à Escobecques Fin-de-la-Guerre passe au Maisnil (26^m) et sur Radinghem (29^m), longueur $16{,}676^m$.

Chemin d'int. com. 12 d'Haubourdin (église 25m), (cimetière (30m5) passe à Emmerin, Wattignies, Faches, moulin de Lesquin, longueur 10,090m.

Chemin d'int. com. 13 de Sequedin à Wavrin[1] va de la Croix-du-Temple à Sequedin (église 23m), bifurque à Haubourdin, une branche se termine à la gare de Wavrin, l'autre passe à Hallennes, se termine à la gare d'Erquinghem-le-Sec.

Chemin d'int. com. 37 de la Croix-de-Pierre à la Lys par Pérenchies passe à la Miterie-Lomme (34m4), longueur 8,705m.

Chemin d'int. com. 62 de Bois-Grenier à Wavrin, passe à Radinghem, (Martincamps 20m), (église 30m), intersection du chemin 4 (32m5) ; passe à Beaucamps et Ligny (29m7), longueur 7,717m.

Chemin d'int. com. 63 de Wez-Macquart à Santes, passe à Trois-Fétus (20m), moulin d'Ennetières (41m), à Englos, se termine au pont tournant sur la Deûle (Planche-de-Santes), longueur 12,997m.

Chemin d'int. com. 78 de Seclin, Gondecourt et Wavrin, longueur, 11,520m, dont 2,500m sur Wavrin.

Chemin d'int. com. 93 de Seclin à Haubourdin commence au calvaire d'Emmerin, longueur 11,450m.

Chemin d'int. com. 141 du Maisnil, Radinghem, Ennetières à la gare de Pérenchies, longueur 9,830m.

Chemin d'int. com. 142 de Loos, Emmerin et Faches, longueur 8,197m.

Chemin d'int. com. 237 de Fournes à la gare de Wavrin, longueur 2.423m.

A ces chemins, il faut ajouter les chemins vicinaux ordinaires sur une longueur de 76,190m, et grand nombre de chemins ruraux non classés à la charge des communes et sentiers modestes artérioles, qui vivifient la terre.

---

1 Sequedin n'a d'accès direct avec Haubourdin que par ce chemin dont les détours, déjà si considérables, vont être aggravés par la création du chemin de fer d'Haubourdin à St-André. Les conseils municipaux d'Haubourdin et de Sequedin émettent le vœu qu'un chemin direct relie Sequedin à la route Nle 41 en passant au-dessus de la Deûle. Nous demandions le tracé du chemin de fer entre la ferme du Bocqueau et l'abbaye de Los donnant plus-value aux biens de l'Hospice, garage et gare d'eau au nord d'Haubourdin, passage sur un pont annexe à celui du chemin de fer, défense de l'abbaye citadelle en temps de guerre.

DISTANCES EN KILOMÈTRES DES COMMUNES ENTRE ELLES	Beaucamps	Emmerin	Englos	Ennetières-en-W.	Erquinghem-le-Sec	Escobecques	Hallennes	Haubourdin	Ligny	**Lille**	Lomme	Loos	Le Maisnil	Radinghem	Santes	Sequedin	Wavrin
Beaucamps........	»	9L	3,6L	5N	2L	3N	4L	6L	1S	13L	7,1L	9L	3C	2N	3L	6L	4S
Emmerin.........	9C	»	6N	7N	8N	9N	5N	3N	9N	8L	8,7N	4,2N	13C	11N	4C	6N	7C
Englos...........	3,6C	6S	»	2N	3C	2,5C	1,3S	3S	4,6S	10L	3,5L	6L	6C	4C	4S	3L	7S
Ennetières-en-W.	5S	7S	2S	»	3S	2S	3,3S	4S	6S	10L	3,5L	7L	4,5C	2,5C	6S	5L	8S
Erquinghem-le-Sec	2C	8S	3L	3N	»	1N	2L	5L	3S	12L	6N	8L	4C	2,5L	2S	5L	6S
Escobecques......	3S	9S	2,5L	2N	1S	»	3L	6L	4S	12L	6L	9L	3C	2C	3S	5L	7S
Hallennes........	4C	5S	1,3N	3,3N	2C	3C	»	2L	5C	9L	6L	5L	6C	5C	2S	4L	6S
Haubourdin......	6C	3S	3N	4N	5C	6C	2C	»	6C	7L	7N	3L	10C	8C	3C	3N	7C
Ligny...........	1N	9S	4,6N	6N	3N	4N	5L	6L	»	13L	7,1L	9L	4C	3N	3C	7L	3S
Lille...........	13C	8C	10C	10C	12C	12C	9C	7C	13C	»	6C	5C	17C	15C	10C	6C	14C
Lomme........	7,1C	8S	3,5C	3,5C	6C	6C	6C	7S	7,1C	6L	»	4,5S	11C	8C	10S	3S	17S
Loos............	9C	4,2S	6C	7C	8C	9C	5C	3C	9C	5L	4,5N	»	13C	11C	6C	4,4C	10C
Le Maisnil.......	3L	13L	6L	4,5L	4L	3L	6L	10L	4L	17L	11L	13L	»	2L	6L	10L	7S
Radinghem.....	2S	11S	4L	2,5L	2,5L	2L	5L	8L	3S	15L	8L	11L	2C	»	5S	9L	6S
Santes...........	3C	4L	4N	6N	2N	3N	2N	3L	3L	10L	10N	6L	6C	5N	»	5L	3C
Sequedin.........	6C	6S	3C	5C	5C	5C	4C	3S	7C	6L	3N	4,4L	10C	9C	5C	»	9C
Wavrin..........	4N	7L	7N	8N	6N	7N	6N	7L	3N	14L	17N	10L	7N	6N	3L	9L	»

Ces distances ont varié avec le classement de voies nouvelles. La lettre N désigne direction vers nord; S direction vers sud; L direction vers est ou levant; C direction vers ouest ou couchant. Le canton d'Haubourdin est entre ceux d'Armentières, de Quesnoy au N.; de Lille à l'est; de Seclin au S.; de la Bassée, et une ligne de 600m du canton de Laventie (P.-de-C.) à la Boutillerie à l'ouest.

Le département du Nord se distingue par ces œuvres admirables de fraternité chrétienne : sociétés de secours mutuels, caisses de retraite qui subviennent par une sage prévoyance aux besoins des ouvriers que la maladie ou l'âge rend incapables de travail. On compte, à *Emmerin*, les sociétés de S.-Barthélemi, de S.-Martin ; — à *Haubourdin*, la société S.-Jean-Baptiste ; — à *Lomme* de S.-Hubert (celle-ci pour hommes et femmes), et de S.-Martin ; — à *Loos* de S.-Lucien ; — au *Maisnil* de S.-Pierre ; — à *Radinghem* de S.-Joseph ; — à *Sequedin* de S.-Joseph ; — *à Wavrin* de S.-Eloi ; — *Beaucamps* a une société S.-Joseph autorisée en 1850 ; — *Emmerin* de S.-Nicolas (1844) ; — *Santes* de S.-Pierre (1884) ; — *Ennetières-en-Weppes* de S.-Martin (1844), de S.-Eloi (1846), de S.-Jean-Baptiste (1848), de S.-Roch (1850) ; — *Englos* de S.-Jean-Baptiste (1844) ; — *Loos* de S.-Pierre (1846).

Cette vaste production d'institutions utiles et généreuses fait honneur à notre pays où les nécessités de la vie politique dans un long passé ont développé l'esprit d'association.

Les orphelinats sont spécialement constitués en vue de l'instruction professionnelle élémentaire des enfants des deux sexes. Haubourdin possède un orphelinat pour 25 enfants ayant l'âge scolaire, — Loos pour 15 enfants de 5 à 12 ans, — Santes pour 12 enfants d'âge scolaire, — Wavrin pour 10 enfants de 6 à 13 ans.

Haubourdin a un ouvroir de 40 enfants ayant plus de 12 ans. — Loos a deux ouvroirs, l'un dirigé par les sœurs du Bon-Pasteur comprend 100 jeunes filles ayant dépassé l'âge scolaire, l'autre confié aux sœurs de Charité est fréquenté par 50 enfants ayant dépassé l'âge scolaire.

Les sociétés d'archers, d'arbalétriers, que nous voyons en tous nos villages, tiennent à cette institution des compagnies dites *Serments*, du serment qu'elles prêtaient aux autorités, et qui traversa les âges en vue de se perfectionner dans le noble exercice de l'arc et de l'arbalète jadis armes de combat; elles sont maintenant des associations de plaisir avec leurs anciens dignitaires, président ou doyen, secrétaire ou connétable, capitaine, porte-drapeau à leur tête battant l'enseigne au son des tambours. Les exercices commençaient au printemps ; au tir d'honneur du 1er mai celui qui abat l'oiseau est roi ; dans les cérémonies publiques, aux processions, il marche en tête de la confrérie portant au cou une chaîne avec l'oiseau d'or ou d'argent. Philippe-le-Bon aimait ce jeu, il fut plus d'une fois le roi de la confrérie. Un tableau du musée de Bruxelles représente l'infante Isabelle, notre souveraine, tirant à l'oiseau.

Les archers d'Haubourdin *remontrent à MM. les comis du roi très chrétien* (Henri IV, Sr d'Haubourdin) *es Pays-Bas que désirant l'exercice de l'arc à main être établi et autorisé par leur supérieur en suite de leur commencement qu'ils en ont pris en certain lieu et droit la chaussée qui mène de ladite chaussée à l'Estang où les berceaux ont été dressés qui est du fief et Srie d'Haut-Bourdin, cognoissant que S. M. T. C. aurait remis en notre cognoissance l'entière disposition et ordre qui trouver convenir en ces terres de par deçà, supplient que votre plaisir soit au nom et de la part de S. M. leur accorder ladite place avec les fossés et clôtures d'alentour, avec l'établissement d'une confrérie sous l'invocation de Dieu et S. Sébastien en nombre de* 60 *personnes et avec les règlements qui sont établis es lieux voisins et leur dépêcher lettres d'octroi.* En marge on lit : *Accordé aux remontrants ce qu'ils requièrent lesquels devront pour vente de l'héritage*[1] *à eux accordé paier*

---

1 An V, 26 brumaire, un jardin dit *le grand jeu d'arc* contenant parmi fossés qui l'entourent 2 cents sur lequel se trouvent deux buttes, bois de haute futaye, taillis provenant des archers d'Haubourdin qui le tenaient par concession des ci-devant seigneurs d'Haubourdin (en 1599 Henri IV), fut vendu 688 L.

au profit de S. M. chacun an la somme de 2 fl. — Lille, 6 juin 1599. Sig. *Cuvillon.*

Henri IV leur donna un guidon en soie rouge sur lequel figurait en broderie S. Sébastien. Le sire de la Hovardrie y fit mettre plus tard : *Vicomté d'Haubourdin.*

Louis de Houchin, marquis de Longastre, vicomte d'Haubourdin, donne en 1701 à ses bons sujets et vassaux pour les entretenir dans une bonne union, paix et concorde et contribuer à leur divertissement un cent de terre aboutant au fief de l'arc pour y ériger une confrérie d'arbalétriers sous le titre de *S. Georges.* Les confrères doivent donner à chaque nouveau seigneur une arbalète *telle dont sera lors l'usage* avec une trousse de traits et tous les ans trois traits dont les pointes de fer seraient dorées.

Les arbalétriers de Lomme, Englos, Capinghem, Sequedin présentent au lieutenant de la gouvernance une requête tendant à être confirmés et maintenus dans l'exercice de leurs jeux en vertu des titres dont ils demandent l'enregistrement. Leur requête fut approuvée le 8 août 1750.

Les sociétés de musique, nombreuses dans le Nord, créent des liens d'amitié et de bonne camaraderie. *Emmerin* a l'union chorale autorisée en 1853 et sa musique autorisée en 1888. — La musique municipale d'*Haubourdin* fut fondée en 1809, la fanfare des Pompiers en 1882. — La fanfare communale de *Lomme* fut autorisée en 1871, la jeune fanfare de *Mont-à-Camp* en 1884. — La société philharmonique de *Loos* date de 1845 ; l'orphéon, société chorale, de 1880. — *Santes* a la Concorde vocale autorisée en 1878. — *Wavrin,* la musique municipale autorisée en 1885.

Parfois dans les rues se dressent des mâts portant des oriflammes, des arcs ornés de drapeaux, de banderolles avec ces mots *Honneur aux étrangers.* Sur des estrades garnies de feuillage se pressent de nombreux concurrents entourant leur chef et leur bannière. C'est le festival que nous avons vu à Haubourdin, à Loos, à Lomme. C'est parfois le retour, sous des arcs de triomphe, de nos vaillantes sociétés musicales qui ne comptent plus leurs victoires, *Honneur aux vainqueurs*. Nos pères avaient leurs puyds d'amour, leurs jeux sous l'ormel, leurs chambres de rhétorique, les représentations de la Passion à Haubourdin que D. Denis Bauvin, abbé de Loos, encourageait.

Ce bruit de fanfares.... c'est l'appel du tournoi, du carrousel où nos jeunes cavaliers armés d'une lance disputent le prix de l'adresse et de la bague. Nous rappelons ces belles réunions d'Haubourdin, de Loos, de Lomme, de Radinghem. Gardons-nous d'oublier, dans cette revue des villages, nos vaillants pompiers, sapeurs de feu, dont l'organisation déjà vieille remonte, pour Wavrin, à 1811.

Le territoire français fut en 1790 divisé en départements subdivisé en districts (arrondissements), cantons et communes; il n'y eut plus de provinces, de parlements, de gouverneurs, d'intendants, de bureaux de finances. L'administration départementale, une dans toute la France, composée de 36 membres élus, choisit 8 membres dans son sein pour former *le Directoire*, les autres, forment le Conseil général ; un procureur syndic général requiert l'exécution des lois. L'administration du district, organisée sur le même plan, se compose de 12 membres dont 4 au Directoire et d'un procureur syndic. En 1795, les directoires de département font place aux *administrations centrales* composées de 5 membres, il n'y eut plus de Conseils généraux ; en place des districts, il y eut, nous l'avons dit, dans chaque canton, une administration municipale, une municipalité du canton.

La constitution de l'an VIII, établit des préfets, véritables intendants et met près d'eux un Conseil de préfecture chargé du contentieux, un Conseil général chargé d'assurer aux contribuables l'impartialité de la répartition de l'impôt ; les cantons supprimés, chaque arrondissement eut un sous-préfet et un conseil chargés de répartir l'impôt entre les communes ; chaque commune, un maire, agent d'exécution.

La loi du 22 juin 1833 rendant aux conseils généraux le principe électif, disparu sous le Consulat, attribue 30 conseillers au département du Nord, dont 8 pour l'arrondissement de Lille. Lorain, vice-président du tribunal civil de Lille, Delespaul, membre de la Chambre des députés, représentent le canton S.-O. de Lille, celui d'Haubourdin au Conseil général.

La loi du 3 juillet 1848 fixe à 60 le nombre des conseillers généraux, un par canton ; le 20 août, le comte Adalbert d'Hespel, d'Haubourdin, est élu par le suffrage universel, conseiller général. — 1858, le comte Octave d'Hespel, maire de Wavrin, est élu en place de son père, décédé. — 1880, A. Potié. — 1885, Docteur Billon, maire de Loos.

Conseillers d'arrondissement.— 1800, P. F. Lezaire, remplaçant C. A. Wicart, qui opte pour les fonctions de maire d'Haubourdin, 1806, Célestin Clarisse. — 1835, comte Adalbert d'Hespel, commandant du bataillon cantonal d'Ennetières, garde nationale, conseiller général en 1848. — 1849, G^{ve} Menche. — 1858, Tierce, juge de paix. — 1866, Dr Billon. — 1885, comte Edmond d'Hespel.

La constitution de 1848, avait remplacé les conseils d'arrondissement par des conseils cantonaux.

Maires du canton. — *Beaucamps* — 1800, A. J. Lallemant. — 1808, Premecque. — 1821, Bidé de la Grandville. — 1830, Premecque. — 1834, Delesalle. — 1861, Premecque. — 1885, Lemesre. — 1889, Desbonnets.

Emmerin. — 1800, H^{ré} Testelin. — 1812, Castel. — 1822, Debuchy. — 1846, Cazier. — 1877, Castel.

Englos. — 1800, F. Becquart. — 1835, Delangre. — 1842, Becquart. — 1843, Delaval. — 1848, Procureur. — 1861, Delangre. — 1870, Poissonnier. — 1871, Procureur. — 1873, Delangre. — 1882, Bajeux.

Ennetières-en-Weppes. — 1800, Nory.— 1805, Denghin.

— 1816, Deroubaix. — 1841, Lefebvre. — 1852, Lelong. — 1875, Lefebvre.

Erquinghem-le-Sec. — 1800, J. Dathis. — 1816, Leturcq. — 1834, Henneron. — 1835, Loridan. — 1838, Lallemant. — 1868. Six. — 1886, Lallemant.

Escobecques. — 1800, J.-B. Lemahieu. — 1808, Delesalle. — 1816, Lefebvre. — 1818, Delefortrie. — 1822, Nollet. — 1823, Delefortrie. — 1855, Mathelin. — 1873, Delefortrie. — 1888, Fortrie.

Hallennes. — 1800, Romain Delemazure. — 1816, L. E. Hochart. — 1834, Premecque. — 1852, Hochart. — 1861, Premecque ✻. — 1870, Hochart. — 1871, Platel.

Haubourdin. — 1800, C A. Wicart. — 1806, J.-B. Cordonnier. — 1813, Romain Séraphin, comte d'Hespel de Guermanez ✻ ✻, fils d'Auguste-Joseph, ancien rewart de Lille. — 1830, Butin-Dillies. — 1837, Hri Coppin. — 1848, A. Fichaux. — 1852, G. Menche. — 1866, comte Edmond d'Hespel. — 1870, A. Potié. — 1871, comte d'Hespel. — 1876, Fichaux. — 1882, comte d'Hespel.

Ligny. — 1800, Lefebvre de Lattre. — 1807, Cardon de Garsignies. — 1815, Premecque. — 1834, Delecourt. — 1838. Ridon, — 1848, Waymel. — 1851, de Garsignies. — 1886, Waymel.

Lomme — 1800, F.-J. Deroullers. — 1812, H.-J. de Waresquiel. — 1819, de Waresquiel fils. — 1828, le baron de Mengin-Fondragon. — 1830, Ph. Coisne-Butin. — 1860, E.-A. Imbert de la Phalecque. — 1865, E.-A. Becquart. — 1870, Jolivet. — 1872, Becquart.

Loos. — 1800, C. Castellain. — 1803, C.-D. Platel. — 1813, C. Castellain. — 1830, F. Guilbert. — 1831, F. Masqueler. — 1835, Masurel-Duburcq. — 1843, Er. Lelièvre. — 1848, C. Gilquin. — 1855, Docteur Ed. Billon ✻.

Le Maisnil. — 1800, D.-M. Bartier. — 1812, Carlier. — 1838, Bartier. — 1855, Carlier. — 1871, Bartier. — 1882, Carlier. — 1884, Bartier. — 1889, Carlier.

Radinghem. — 1800, R.-F. Sion. — 1813, Piat, notaire. — 1843, Brice, notaire. — 1861, Galloo, notaire. — 1871, Cochet. — 1873, Lernould. — 1889, Barbery.

Santes. — A Lefebvre. -- 1803, Et. Lejosne. — 1811, A.-J. Lefebvre. — 1815, Delevallée. — 1837, Coustenoble. — 1840, F, Buisine. — 1843, Et. Coustenoble. — 1844, Ed. Fremaux. — 1848, F. Bernard, de la Commission départementale d'agriculture. — 1870, Laden. — 1872, Paul Bernard. — 1874, G. Bernard. — 1883, Fremaux. — 1889

Sequedin. — 1800, P.-J. Lelong. — 1816, Delannoy. — 1824, Delattre. — 1831, Lelong. — 1843, Despature. — 1855, Salomé. — 1872, Bailleux. — 1876, Philippo. — 1883, Corenwinder. — 1884, Blanquart.

Wavrin. — 1800, P.-J. Binauld. — 1808, Desmazières. — 1811, Beaurepaire. — 1816, Leturcq. — 1831, Binauld. — 1840, Deleporte. — 1848, Waymel. — 1852, Deleporte. — 1855, comte Octave d'Hespel, député en 1871, sénateur en 1876. — 1885, E. Conia.

Esquermes. — 1800. P. Lescroart. — 1804, A Dreptin. — 1808, Waymel. — 1824, Deleruyelle. — 1831, Prevost. — 1839. Houvenaghel. — 1840, Derenly. — 1841, Dhelemmes. — 1845, Braquaval. — 1848, Dhelemmes. — 1852, Bigo-Tilloy.

Wazemmes. — 1800, J.-F. Nauwelaerts. — S. Bauvin, adjoint. — 1808, Lepers. — 1813, Petit. — 1817, Nauwelaerts. - 1824, Faure. — 1830, J.-B. Petit. — 1834, Sarrazin-Moreau. — 1839, Colette-Roussel. — 1843. Lecherf. — 1848, Mourmant.

Wazemmes, Esquermes, détachés du canton d'Haubourdin en 1800, sont annexés à la ville de Lille en 1858. Le faubourg des Malades ou de Paris, séparé de Wazemmes en 1833, formait une commune qui prit le nom des Moulins ou de Moulins-Lille, de ses nombreux moulins à vent, tordoirs à huile. Elle eut pour maires en 1833, Fl. Parsy. — 1840, Bonte. — 1846, Bériot jusqu'à l'annexion de 1858.

Nous voulions donner à ce livre le caractère d'une douce et sainte solennité du foyer domestique, nous voulions faire de ce livre de famille le livre d'or des ancêtres et rappeler ceux qui furent l'honneur du pays ; mais combien d'hommes ont passé remplissant leur devoir avec ardeur et travaillant dans le silence. C'est dans les actes si simples de la vie rustique éternellement dure, mais éternellement honnête, calme et stable, que se forment ces vertus qui, s'étendant du foyer domestique à la cité, créent les fortes mœurs, les solides constitutions, les vraies libertés.

TABLE

CORRECTIONS - ADDITIONS

Page 45, ligne 17, *lisez :* donjon ; ligne 19, *lisez :* cistercienne.

Page 60. — 1312, nuit de Pasques fleuries, 7 avril, le châtelain de Lille et Guyote, sa femme, cèdent aux religieux d'Anchin, les droits de justice et seigneurie en leur maison, audit Emmerin et sur les terres qui en dépendent ; ils leur donnent aussi les droits de marais, comme aux habitants du lieu.

Page 76. — Nicolas-F^d-Imbert, chl^r, S^r d'Inglemarets, conseiller au Parlement de Flandre, épouse à Tournai, en 1703, Marie-Marg^te de Broide, dame d'Escobecques, native de Lille, paroisse S. Maurice, fille d'Henri de Broide, chl^r, S^r d'Escobecques et de Marie-Jeanne Faulconnier, dame de Gondecourt.

Page 84. — Cense de Fromez, traduction de la devise de Imbert : *Imber et ros benedicite Domino*, pluie et rosée bénissez le Seigneur.

Page 98, *au lieu de :* aux châtelains de Lille, *lisez :* aux seigneurs d'Haubourdin des maisons de Lille, Luxembourg, Bourbon.

Page 101, ligne 12. — Louis-François de Houchin, vicomte d'Haubourdin, député général et ordinaire du corps de la noblesse des Etats d'Artois meurt en 1750, laissant un fils unique, Louis-Albert-François de Houchin, vicomte d'Haubourdin, député à la cour par le corps de la noblesse des Etats d'Artois en 1754, qui épouse en 1734 Marie-Anne de Berghes, fille de Jean-Joseph, vicomte de Berghes, prince de Rache ; 2° 1740, Antoinette-Eugénie de Béthune, fille d'Eug -F^ois, marquis d'Hesdigneul; du premier lit, il eut Jean-Joseph — Anne-Marie de Houchin, qui fut vicomte d'Haubourdin.

Page 112, *lisez :* il fonde, en 1457, en la collégiale S. Pierre de Lille.

Page 117. — Germain Picavet dit *Cuvelier*, greffier de la gouvernance de Lille, né à Wasquehal, mort en 1473-74, achète un fief lige de 25 bonn. sis à Lomme, dont il sert le rapport, en 1447, au duc de Bourgogne et qui appartenait, en 1389, à Péronne de S. Venant, dame de Brias.

Page 125. — 1606, 27 mars, lundi de Pâques, vers les dix heures, s'éleva un vent tellement grand, impétueux, qu'il abattit les maisons, les granges, les greniers, emporta les moulins, les arbres, rompant les chênes par le milieu ; à Lille et aux environs, 12 clochers furent abattus.

Page 195, ligne 19. — Thierry de Wavrin souscrit aux lettres de la fondation de la collégiale S. Pierre de Lille, en 1066.

Page 209. — Pierre dit *Robert*, Sr de Calonne, Heromez, fils de Roger, Sr de Calonne et de Brunehilde de Wavrin, dame d'Héromez, aurait épousé l'héritière de Bondues de Mark, d'où Eustache, ch[lr], Sr de Bondues, Mark Héromez allié en deuxièmes noces à Marissende, fille du sire d'Antoing, qui lui survécut de 1140 à 1157. Leur fils Pierre dit *Sidrac*, Sr de Calonne eut, de Jeanne de Péruwelz, six enfants dont l'aîné, Pierre, capitaine des arbalétriers de Louis VIII, en 1223, fut Sr de Bondues Mark Héromez, allié à Blanche de Créquy ; Louis de Calonne, leur fils, Sr de Bondues, Mark Heromez, épouse Peronne, fille de Gilles de Croix, ch[lr] et de Marie de Mortagne.

Page 214. — La réunion définitive à la France qui, avec la sécurité amena le progrès et l'abondance, donne à l'agriculture un nouvel essor. Bientôt la charrue réclame une partie ou la totalité des anciens marais. Pour régler les droits indivis du seigneur et de la commune, l'ordonnance des *eaux et forêts* de 1669 vint en aide à l'agriculture par le droit de *triage* qui attribue un tiers au seigneur, le reste à la commune. Le marais de Wavrin contenait 263 B. 10[c] ; le 24 décembre 1772, il en fut distrait 74 B. 13[c] au sire de Wavrin, d'Egmont-Pignatelli, qu'il loue à son profit ; ils ont été desséchés et mis en culture par les locataires. Les 188 B. 14[c] remis à la communauté ont été desséchés, défrichés, mis en culture au moyen de partage par portion ménagère en exécution de lettres-patentes de mars 1777. Ainsi le marais se trouve desséché en culture à l'exclusion de 12 B. perpétuellement sous les eaux où elles ont été reléguées lors du dessèchement et qui servent à rouir et blanchir les lins des marchands, qui font un commerce considérable en ce village.

L'église de Wavrin fut vendue le 7 germinal an VII, elle fut rachetée le 24 nivôse an IX pour le prix de 3,857 fr. sur lequel A. Desmazière, P.-J. Glorian, Julie Leclercq, avancent 1889 fr.

reconnus comme dette communale. Cette église, fort caduque, s'écroula en prairial an IX, 3 juin 1801. Les habitants demandent, pour l'exercice du culte, la chapelle S. Éloi ; le 8 août on propose de réparer la nef échappée à l'écroulement avec le produit de la vente des débris. En juin 1803, Lewille, architecte, présente un plan pour la reconstruction de l'église, y compris réparations à la tour, s'élevant à 24,039 fr. ; elle fut reconstruite en 1813.

Page 228. — 1156, 31 déc. Adrien IV, pape, confirmant les biens de l'évêché de Tournai, mentionne les autels de Wazemmes et d'Esquermes.

Page 246, le jeudi 18 septembre 1692, on ressentit un tremblement de terre; des clochers, grand nombre de cheminées s'écroulèrent à Lille et dans toute l'étendue de la Belgique. L'église du monastère de Lôs fut lézardée en plusieurs points de la voûte supérieure, des pierres furent même ramassées sur le pavé de marbre du transept, mais, grâce à Dieu, il n'y eut aucun accident, et tout fut aussitôt réparé par nos soins. (Registre des faits mémorables de l'abbaye de Lôs, man. 225).

www.ingramcontent.com/pod-product-compliance
Ingram Content Group UK Ltd.
Pitfield, Milton Keynes, MK11 3LW, UK
UKHW021059220726
13924UKWH00005B/2160

9 782019 949020